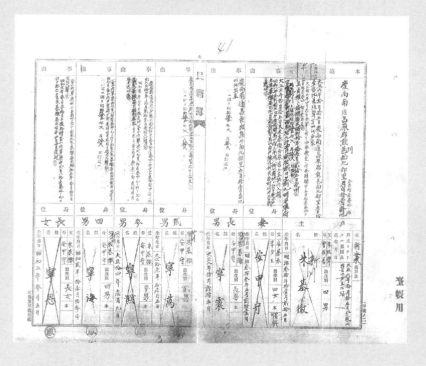

▲ 소양 주기철 목사
▼ 진해시청에 보관된 주기철 제적등본

新生命

第十三號

七月號

目次

—1924—

彰文社 發行

基督教와 女子解放

朱基徹

一、基督敎는 女子解放의 先驅者이다

二、基督敎는 女子狂悖의 撲滅者이다

三、基督敎의 女子解放은 이러한 것이다

科學의 破産

▲ 〈신생명〉에 실린 "기독교와 여자해방"

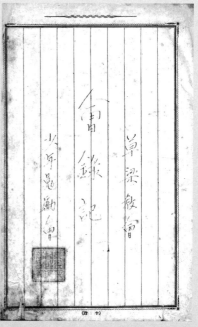

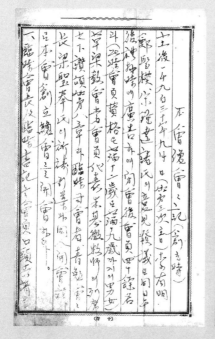

▲ 주기철 목사가 설립한 초량교회 소년면려회 회의록(1931)

▲ 주기철 목사가 윤치병 목사에게 보낸 편지(1931. 6.)
▼ 주기철 목사와 산정현교회 제직

[요절] 대개 스사로 놉이는자마다 낮어지고 스사로 낮초는자마다 놉
아지리라。 눅十四○十一

[성경] 마 十八○一, 야 四○六

[기도] 오! 주여! 나로하여금 당신의 낮어지신것을 깨닫게하며 주
옵소서。당신은 지극히 놉으시고 지극히 영화로우신 하늘의 보좌우에
서 천군과 천사와 하늘의 모든 정렬과 찬미를 받으시든 만유의 주재로 뵌
송을 받으시든 만유의 주재로 오시되 친한 사랑이되어 뜨발 세상에 미천
오셨나이다。오시되 왕돌상으로 금언옥두와 비단자리에 오시지않고 지극히
한 사람으로 말 구유에 오셨나이다。사람이 되실때 세런화 벗
녀의 귀린아이외 동무가 되셨고 걸인과 문둥이의 벗
이 되셨나이다。마춤내 법거벗은 몸으로 십자
가에 달리시고 음부에까지 나려가셨나이다。오 당신이
것을 생각할때 나는 어떻게 하오리까? 당신이 저자의 집에 들어가
야 당신압혜서 합렬하겠음니까? 당신이 쉐터의 발을 씻기었으니 나
는 문둥의 발을 핥게 하여 주옵소서。먼지의 짓밟히는
섯으니 나는 모든 사람의 밟히되 되기까지하여
주옵소서。

한 당신이었던것을! 그러나 나의옥에는 여전히 나따라는것이 남어
옵니다。당신이 진청하실지라도 이놈이 없어 있읍니다。그런하니 당신
이 밤을 평평과 찬송을 이놈이 받고귀하는때가 종종있음니다。남이
나를 대접함이 소홀하다 싶을때에 이놈이 숙어서 불평을 말하고 남이
이 나에게 효욕과 멸시를 가할때에 이놈이 숙어서 노를 말하나이다
오! 주여! 지천청으로도 오히려 효욕과 판대와 참횡을 받고싶어 하였
는데 나는 무엇이관대 당신의 롯받이된 침천과 영예를 받으려 하나
니이까? 오! 주여! 나로하여금 이 외람된놈을 단칼로 베무수어 주
소서。당신의 방망이로 있나마는 놈을 마친방응으로 따려 부수어 주
시사 당신과같이 부여의 정에까지 나의몸을 낮후어 주옵소서。주
여! 나는 최후를 사모하지 못합니다。나의 최악을 위하야 재여있
오! 당신의 마음을 사모하여 마음이 졸립하지 못합니다。당신의
환전을 사모하는 마음이 불같지 않음니다。이는 분명히 바밈이 비여있
어 가슴을 치는 통회가 심각하지 못합니다。나로 부족을 생각하고 한
지못한즙거요 내 스사로 무던하다는 오만이 있다요。주여! 당신의 얼굴빛
아래 내심령의 차레를 그대로 들어내어 애통하고 회
개하게 하옵시며 내 선정을 긴장하고 당신의 완전을 향하야 다름질
하게 하옵소서。오! 주여! 나는 당신의 겸손을 사모하옵고 당신과 같
이되기를 원하나이다。아멘

(주 기 철)

▲ 〈기도지남〉에 실린 기도문 "겸손하기 위하여"

二百餘長老敎代表

國民的赤誠高揚

황거요배, 황군에 감사전보

平壤第三十四回老會經過

行軍占領

진리의 부처 (眞理의 夫妻)

（순교자 주기철 목사님과 사모님 오정모 집사）

안용준

（上）

把守軍
THE WATCHMAN

▲ 산정현교회에서 열린 평양노회 기사. 〈매일신보〉, 1938. 3. 25.
▼ 안용준 목사가 쓴 주기철 부부 기사. 〈파수군〉, 1952. 1.

Oct 9 1939 Copy to Board

THE PRESENT CONDITION OF THE CHURCH IN KOREA

C. F. Bernheisel

3.

4.

▲ 주기철 목사와 산정현교회의 수난을 증언하는 번하이슬 선교 편지

주 朱

기 基

철 徹

믿음이란 한 알의 밀알이 땅에 떨어져 죽음으로 많은 열매를 맺음과 같이 진리의 열매를
위하여 스스로 죽는 것을 뜻합니다. 눈으로 볼 수는 없으나 영원히 살아 있는 진리와 목숨을
맞바꾸는 자들을 우리는 믿는 이라고 부릅니다.
〈믿음의 글들〉은 평생, 혹은 가장 귀한 순간에 진리를 위하여 죽거나 죽기를 결단하는
참 믿는 이들의, 참 믿는 이들을 위한, 참 믿음의 글들입니다.

주기철

— 사랑의 순교자

이덕주 지음

주기철 목사 성역 백주년 기념판

홍성사

들머리

주기철 목사 전기를 다시 쓰기까지

내가 처음 주기철 목사 연구에 관심을 갖게 된 것은 2000년 가을 장로회신학대학교 김인수 교수로부터 전화를 받은 다음부터였다. 김인수 교수는 "주기철목사기념사업회에서 매년 한 차례 주기철 목사 기념 학술강좌를 여는데 2001년 4월 강좌 때 논문 한 편 발표할 수 있느냐?"고 물어왔다. 주기철 목사라면 일제 말기 신사참배 문제가 일어났을 때 어떠한 회유와 탄압에도 굴하지 않고 신사참배를 거부하다가 결국 옥중에서 순교한 인물로 교파를 떠나 한국 교회사를 대표하는 인물이 아닌가? 그런 인물이기에 단행본 전기만 해도 10권 넘게 나왔고, 그와 관련한 논문이나 글도 50여 편이 넘게 발표되었으니 새로운 무엇이 나올 것인가? 선뜻 쓰겠다는 생각이 들지 않았다.

주기철과 관련해 새로운 게 뭐가 있겠습니까? 자료가 새로 발굴된 것도 아니고…

나도 그렇게 생각해요. 그러나 어떻게 합니까? 강좌는 해야 하고, 마땅한 인물은 없고… 해서 기념사업회 운영위원들이 협의한 결과 이번 강좌는 장로교 밖의 학자에게 부탁하기로 했습니다.

김인수 교수는 드러내놓고 표현은 하지 않았지만 그의 말에는 "이미 장로교 학자들이 충분히 연구해 놓아서 새로운 것은 없겠지만 혹시 감리교 시각에서 다르게 볼 수 있을 것도 있을지 모르니 와서 시간을 메꿔달라"는 뉘앙스가 깔려 있었다.

그러고 보니 그랬다. 주기철 목사가 장로교 목사여서 그러했겠지만 지금까지 주기철 관련 전기나 논문을 쓴 학자들은 모두 장로교 인사들이었다. 특히 장로교 계통 한국교회사 연구자치고 주기철 목사에 관한 글을 쓰지 않은 이가 없었다. 장로교 사학계, 신학계에 주기철은 학자로서 '등용문' 같은 존재였다. 주기철목사기념사업회에서도 그동안 다섯 차례 학술강좌(매년 2~8명 발표)를 하면서 초빙한 교수들 역시 장로교 계통 학자 일색이었다. 그렇게 장로교 학자들이 모두 동원된 다음 처음으로 '장로교 밖'에서 연구자를 찾다가 감리교 학자인 내게 논문 발표 기회를 주기로 했다는 것이다. "그렇다면?" 제안을 고려할 가치가 있었다. 그래서 "지금 당장 확답은 하지 못하겠지만 자료를 검토한 후에 뭔가 새롭게 얘기할 수 있는 것이 보이면 쓰겠다"며 한 주일만 여유를 달라고 했다.

교회사에서 '선행연구 검토'는 필수다. 김인수 교수와 전화를 끊고 나서 주기철 목사 관련 전기와 논문들을 검토하기 시작했다. 과연 연구결과가 많았다. 그런데 논문과 자료를 검토하는 과정에서 흥미로운 것을 발견했다. 지금까지 발표된 주기철 관련 저작들이 나름대로 하나의 계통(trend)을 이루고 있음을 알 수 있었다. 연구자 개인에 따라 약간씩 차이는 있지만 앞선 학자들의 연구 흐름에서 공통점을 발견하였다. 정리하면 다음과 같다.

주기철 목사는 비타협적 보수주의 신앙인이었다. 성경 진리에
철저하여 이단 척결에 엄하였고, 비진리에 절대 타협하지 않는

강고한 신앙의 소유자였다. 그는 장로교, 칼빈주의 신학에 철저하였다. 칼빈주의 정통 교리에 충실하였고 교인 치리에 엄격했던 목회자였다. 비타협적 원리주의자였던 그가 일제시대를 살면서 신사참배를 거부하고 순교한 것은 당연한 귀결이었다. 그에게 순교는 숙명이었고 삶 자체가 순교지향적이었다.

이러한 해석의 틀을 창시한 첫 번째 인물이 김인서(金麟瑞)였다. 그가 집필한《주기철 목사의 순교사와 설교집》(신앙생활사, 1958년)은 주기철 연구의 효시였고 그 뒤에 진행된 주기철 연구의 근거가 되었다. 그가 이 책의 부제로 삼은 '일사각오'(一死覺悟)는 이후 주기철을 상징하는 단어가 되었다. 특히 그가 이 책에 수록한 주기철 설교 20편은 주기철 목사의 신앙과 신학을 규명하는 유일한 자료로 현재까지 널리 이용되고 있다. 이후 전개된 주기철 연구는 큰 틀에서 김인서 벽을 넘지 못했다. 주기철 연구에서 김인서는 '절대 근거'였다.

나도 그렇게 생각하고 자료를 보기 시작했다. 그런데 자료를 검토하던 중 흥미로운 사실을 발견했다. 김인서가 활자화한 주기철의 설교가 하나같이 1954년 이후 복원된 것이라는 점이었다. 주기철 목사가 순교한 10년 후였다. 그리고 설교 복원 과정을 살펴보니, 대부분 설교가 일제시대(주기철 목사 생존 시) 주기철 목사가 설교할 때 현장에서 듣고 요약 메모해 두었던 것을 토대로 긴 본문을 완성한 것이었다. 어떤 경우에는 자신이 직접 듣지 못했지만 부인이나 제3자가 기억해낸 것을 전해 듣고 본문으로 만든 것도 여러 편 되었다. 결국 주기철 목사의 순교 사건이 있은 10년 후 김인서에 의해 복원된 설교를 근거로 지금까지 연구해 왔다는 사실을 알 수 있었다. 그렇다면, 주기철 목사가 순교하기 전, 생전에 그의 이름으로 발표된 글은 없을까? 순교하기 전에 이미 '명설교가'로 이름을 날렸던 주기철 목사였으니 그의 설교를 소개한 신문이나 잡지는 없을까?

그래서 일제강점기 주기철 목사가 순교(1944년)하기 전 간행된 신문과 잡지를 뒤지기 시작했다. 오래지 않아 〈기독신보〉와 〈기독교보〉, 〈종교시보〉, 〈복음시대〉 같은 일제강점기 교회신문과 〈설교〉와 〈신생명〉, 〈새사람〉 같은 기독교 잡지에서 그의 이름으로 발표된 글들이 발견되기 시작했다. 그의 글은 〈종교시보〉나 〈기독교보〉, 〈설교〉 같은 장로교 계통 신문과 잡지뿐 아니라 초교파 신문인 〈기독신보〉, 심지어 감리교의 전영택 목사가 편집, 혹은 발행하던 〈신생명〉, 〈새사람〉 같은 잡지에도 발표되었다. 그의 마지막 작품이라 할 수 있는 "겸손하기 위하야"란 기도문은 서울에 있던 감리교 계통 사회복지 선교기관인 태화여자관에서 발행한 《기도지남》이란 소책자에 실렸다. 이것만 보아도 주기철은 장로교 범주 안에 가두어 둘 수 없는 초교파 인물인 것을 알 수 있었다.

이런 식으로 총 19편의 글을 찾아냈다.

"基督敎와 女子解放"(〈新生命〉, 1924.7.)

"기도"(〈基督申報〉, 1928.6.6.)

"恩寵과 責任"(〈宗敎時報〉, 1934.5.)

"死의 準備"(〈宗敎時報〉, 1934.8.)

"天下에 福音을 傳하라"(〈宗敎時報〉, 1935.2.)

"선배의 고백과 부탁"(〈神學指南〉, 1935.3.)

"牧師職의 榮光"(〈基督申報〉, 1936.5.13.)

"무거운 짐 진 자여 예수께 오라"(〈福音時代〉, 1937.6.)

"傳道의 使命"(〈새사람〉, 1937.3.)

"성신과 기도"(〈說教〉, 1937.3.)

"마귀에 대하야"(〈說教〉, 1937.4.)

"이삭의 獻拱"(〈說教〉, 1937.5.)

"네가 나를 사랑하느냐"(〈說教〉, 1937.6.)

"하나님 압헤 사는 생활"(〈說教〉, 1937.8.)

"십자가의 길노 행하라"(〈說教〉, 1937.9.)

"십자가의 길로 가자"(〈基督教報〉, 1937.10.5.)

"주의 재림"(〈說教〉, 1937.10.)

"하나님을 열애하라"(〈說教〉, 1938.3.)

"겸손하기 위하야"(《기도지남》, 1939.2.)

그 외에 한국기독교역사박물관(관장 한영제)에 소장된 주기철 목사의 (윤치병 목사에게 보낸) 친필 편지도 발견했다. 모두 김인서의 손이 닿지 않았던 '원자료'들이었다. 이런 경우도 있었다. 해방 후 김인서에 의해 복원된 설교와 같은 설교가 일제강점기 인쇄된 잡지에 그대로 실렸는데, 제목과 본문, 소제목 순서에서 서로 일치하였다. 하지만 설교 본문을 읽을 때 두 설교가 내용과 분위기에서 전혀 다름을 느낄 수 있었다. 김인서에 의해 복원된 설교는 대부분 '순교 각오'에 초점이 맞추어져 있다면 일제강점기 주기철 이름으로 발표된 설교들에서는 그런 강렬한 '순교 의지'를 읽을 수 없었다. '순교' 이전 발표된 주기철의 설교들은 대부분 "어떻게 하면 제대로 예수를 믿을까?" 하는 고민을 담은 지극히 목회적인 설교였다.

결국 김인서는 평양에서 주기철 목사의 순교를 목격하고 해방 후 월남해서 주기철 목사의 설교를 복원하면서 자신이 의도하였든, 의도하지 않았든 '순교'에 초점을 맞추어 '순교지향적' 설교

본문을 만들어냈다고 볼 수 있다. 또한 김인서에 의해 복원된 설교가 과연 주기철의 설교인지, 김인서의 설교인지, 어디까지 주기철의 설교이고, 어디부터 김인서의 설교인지, 분간하기 어려운 '혼합본문'이 형성된 것도 여러 편이었다. '김인서 특유의 문투'가 주기철 설교 본문에서 읽혀지는 것도 복원 과정에서 편집자(김인서)의 의도가 강하게 반영된 결과라 할 수 있다.[1] 그러고 보니 '일사각오'를 주제어로 삼고 주기철 목사의 전기를 정리했던 김인서, 그리고 그 이후 연구자들은 김인서가 복원, 혹은 해석해 놓은 주기철 자료를 바탕으로 논문과 전기를 써왔다. 지금까지 주기철 연구가 '김인서 해석의 틀'을 벗어나지 못했던 이유였다. 교회사 연구의 기본 작업인 '자료 비평'(material criticism)을 소홀히 한 결과였다.

이처럼 자료를 검토하며 김인서에 의해 복원된 설교 자료에 문제점이 있음을 확인하면서 동시에 김인서의 손을 거치지 않은 주기철 자신의 자료를 발견하고 논문을 쓸 마음이 생겼다. 장신대 김인수 교수에게 "해 보겠습니다" 알린 후 주기철 자료를 읽기 시작했다. 김인서가 편집해서 발표한 자료는 의도적으로 피하고 일제강점기 주기철 목사의 이름으로 인쇄된 자료만 읽기로 했다. 이는 '순교'를 전제로 하지 않았던 주기철을 보려는 의도였다. 그런 식으로 글을 한 편 한 편 읽어가는 가운데 지금까지 묘사된 것과는 다른 주기철의 모습이 드러났다. 그것은 앞서 정의를 내렸던 '순교를 일념으로 살았던 철저한 보수파 장로교 목사'와는 사뭇 다른 모습이었다. '열린 마음으로' 다른 교파 신앙인들과 통하였으며, 한없이 부드러운 성정의 소유자로서 하나님과 그리스도를 향한 사

---

[1] 이 부분에 대해서는 이덕주, "주기철 자료에 대하여", 《사랑의 순교자 주기철 목사 연구》, 한국기독교역사박물관, 2003, 65-102 참조.

랑의 열정으로 가득 찼던 목사 주기철의 모습이었다.

지금까지 주기철 목사 하면 범인이 따를 수 없는 용기와 신념을 지닌 자, 그래서 (어느 영화에서 묘사한 것처럼) 불타는 못 판 위를 거침없이 걸어갈 수 있었던 '순교 영웅'이었다. 이런 영화 속의 그를 볼 때 사람들은 한편으로 존경하면서도 두려워했다. 겉으로는 "참으로 위대한 분이시다" 하면서 속으로는 "나는 저렇게 못해" 하는 자괴감으로 바라만 볼 뿐이었다. 그러나 주기철이 쓴 설교와 논문 자료를 읽으면서 멀리만 느껴졌던 그가 한층 가깝게 느껴졌다. 주기철 목사가 두 번째 검속을 당해 경북 의성경찰서에서 6개월 옥고를 치르고 풀려난 후 평양 산정현교회 교인들에게 했다는 말이다.

:　　**십자가를 진다는 것은 인간이 못할 일이다. 그러나 인간이 십자가를 지려고만 하면 십자가가 인간을 지고 간다. 그래서 갈보리 산상까지 갈 수가 있는 것이다.**

그렇다. 사람이 십자가를 지는 것이 아니라 십자가의 능력으로 지게 된다. 주기철 목사가 감옥 안에서 그 혹독한 고문을 견딘 것은 그의 강한 체력이나 불굴의 의지가 아니라 그와 함께하신 그리스도, 그 사랑의 힘이었다. 그것은 주기철 목사가 평양에서 검속 당하기 전 "네가 나를 사랑하느냐", "하나님을 열애하라", "십자가의 길로 가자", "십자가의 길로 행하라" 등 유독 '사랑'과 '십자가'를 주제로 한 설교를 자주 하였다는 점에서도 확인할 수 있다. 내가 얻은 결론은 이러했다.

"주기철은 나와 똑같은 성정을 가진 평범한 인간이었다. 죽음을 두려워했고 이별을 슬퍼했다. 다만 그에게는 그리스도에 대한 '뜨거운' 사랑이 있었고 그 때문에 주변 사람들이 신앙을 포기하고 훼절의 길을 갈 때 차마 사랑하는 그분을 배반할 수 없어 그분이 원하는 길을 가기 위해 노력했고, 그분이 그런 그를 도왔다. 그 결과는 그분처럼 십자가 순교였다. 태어날 때부터 순교와 완덕을 이룰 인물로 점지된 자는 없다. 모두 부족한 인간일 뿐이다. 다만 매순간 그리스도를 향한 마음으로 그분의 뒤를 따르려는 의지만 갖고 노력하면 순교자도 되고 완덕 성인도 될 수 있는 것이다. 순교나 완덕은 신실하게 살기 위해 노력한 신앙인들에게 주어진 선물일 뿐이다."

내 착각인 줄은 몰라도 논문을 쓰면서 주기철 목사가 가벼워지는 느낌이 들었다. 그동안 '순교 영웅'으로, '타협을 모르는 보수주의 장로교 신앙의 수호자'로 그에게 덧씌워져 있던 무거운 갑옷들을 벗겨낸 심정이었다. 광장 한복판에 무거운 투구와 갑옷, 거기에다 들기도 힘든 무거운 칼을 잡고 서 있는 이순신 장군 동상같이 엄중했던 주기철 목사가 두꺼운 외투를 벗고 간편한 옷차림으로 미소를 띠며 다가오는 것 같았다. 그런 주기철 목사는 내게 '불가능한 가능성'(impossible possibility)이 아니라 '가능한 불가능성'(possible impossibility)으로 다가왔다.

> **사람이 할 수 없는 것을 하나님은 하실 수 있느니라**(눅 18:27).

> **이는 힘으로 되지 아니하며 능력으로 되지 아니하고 오직 나의 영으로 되느니라**(슥 4:6).

결국 주기철 목사를 순교로 이끈 것은 불의에 항거하려는 투쟁 정신도 있었지만 그보다는 하나님과 그리스도를 향한 사랑의 열정, 거기에서 비롯된 영성의 힘이었다는 결론에 도달했다. 그래서 2001년 4월 23일 장로회신학대학에서 열린 제6회 '소양주기철목사 학술강좌'에서 "주기철 목사의 영성"이란 제목으로 논문을 발표하였다.[2]

그렇게 장신대에서 논문을 발표한 후 주변에서 "차제에 주기철 목사 전기를 다시 써보라"는 제안을 많이 들었다. 주기철의 전기가 많이 나와 있지만 새로 찾아낸 자료를 근거로 '평전'을 써보고 싶은 생각도 들었다. 감리교 목사로서 한국 교계를 대표하는 '장로교' 목사의 전기를 써보겠다는 의욕과 함께 한국 교회의 자랑거리인 '순교'에 대한 역사신학적 해석을 시도하고 싶은 욕심도 없지 않았다. 그래서 틈틈이 기존 전기를 읽으며 관련 자료를 모으기 시작했다. 마침 2002년 여름에 기독교유선방송(C3TV) 제작진과 함께 〈주기철 다큐멘터리〉를 만들기 위해 부산과 마산, 그리고 웅천 등 주기철 목사가 살았던, 혹은 목회했던 지역들을 답사하면서 많은 것을 보고 느꼈다. 특히 마산에서 10-20대 처녀 시절 주기철 목사

2   2001년 4월 23일 장신대에서 논문 발표가 끝나고 '유가족 인사' 시간에 주광조 장로님이 나와서 대단히 흥미로운 증언을 해주셨다. "주기철 목사님이 1940년 9월 마지막 검속을 당하실 때입니다. 경찰이 와서 연행하려고 할 때 목사님은 처음 경찰을 피해 다니다가 툇마루 기둥을 붙들고 연행되지 않으려 버텼습니다. 그러자 오정모 집사님이 달려와 그를 뒤에서 껴안고 한참 울다가, '목사님, 목사님은 개인이 아닙니다. 목사님 뒤에는 한국 교회가 있습니다. 지금 밖에는 교인들이 와서 지켜보고 있습니다. 약한 모습을 보이시면 안 됩니다' 하자 목사님은 한동안 침묵하시다가 '그래요. 져야 할 십자가라면 져야지요' 하시곤 두 분이 손을 잡고 함께 간절하게 기도하셨습니다. 그리고 방으로 가서 노모에게 하직 인사를 한 후 성경 찬송을 들고 교인 심방 가시듯 나가시면서 '하늘 가는 밝은 길이 내 앞에 있으니' 찬송을 부르셨습니다." 이런 증언을 들으며 그동안 알려졌던 '순교 영웅'과는 사뭇 다른 주기철 목사의 '인간적인' 모습을 볼 수 있었다. 그렇게 '나약한 인간'이지만 기도와 신앙의 힘으로 십자가를 질 수 있었던 그리스도인의 모습에서 주기철 목사가 한층 가깝게 느껴진 것도 사실이다.

의 설교를 들었던 80-90대 원로 권사님들을 만나 마산 목회 시절 주기철 목사와 가족에 대한 증언을 들으면서 기존 주기철 목사 전기에 교정될 부분이 적지 않음을 확인했다.

그리고 2003년 4월, 〈손정도 목사 기념 남북학술회의〉 예비 회담차 평양을 방문했다가 장대현교회와 숭실학당, 평양신학교가 있던 자리, 주기철 목사가 마지막 목회를 했던 산정현교회와 순교하였던 평양형무소, 굴욕의 평양신사가 있던 언덕, 그리고 주기철 목사 부부의 묘소가 있었던 돌박산 묘지 자리를 둘러볼 수 있었다. 지금은 전혀 옛 모습이나 흔적을 찾아볼 수 없게 바뀌었지만 단지 그분이 계셨던 자리를 방문한 것만으로도 내겐 감격이었다. 그해 10월 〈손정도 목사 기념 남북학술회의〉 본 회담에 참석하기 위해 평양을 재차 방문해서도 주기철 목사가 자주 찾았을 모란봉 을밀대와 토마스 선교사가 '순교'하였다는 대동강 양각도를 둘러보았고 주기철 목사와 함께 신사참배 반대운동을 벌였던 평북지역 목회자들이 기도했다는 평북 영변의 '단군굴'도 구경하였다.

이렇게 새 자료를 읽고 그 흔적을 찾아다니다 보니 주기철 목사의 생애에 대해서도 지금까지 잘못 알려져 교정이 필요한 부분들이 드러났고 전혀 몰랐던 새로운 사실들도 확인되었다. 그래서 용기를 내 본격적으로 전기를 쓰기 시작했다. 검증된 자료를 중심으로 가급적 긴 서술은 피하고 신사참배 저항과 순교에 초점을 맞추어 쓰기로 했다. 그리고 장신대에서 발표했던 〈주기철 목사의 영성〉 논문에 수록했던 주기철 목사의 신앙과 신학사상, 그리고 선행 '주기철 연구'의 흐름과 자료 비평까지 첨부했다. 그렇다 보니 500쪽이 넘는 두툼한 책이 되었다. 《사랑의 순교자 주기철 목사 연구》란 제목을 붙여 2003년 11월 한국기독교역사박물관 발행으로 간행했다. 이는 전적으로 기독교문사와 한국기독교역사박물관 설립자 향산(香山) 한영제 장로님의 호의와 지원으로 이루어진 일이다. 향산 장로님은 이 책이 나온 5년 후, 2008년 8월 여름날 '홀연히' 하늘로 들어 올리셨다.

그리고 20년 세월이 흘렀다. 그 사이 나는 감리교신학대학 한국교회사 교수로 들어가 15년 사역을 마치고 2018년 정년 은퇴하였다. 은퇴 후 '한국교회사 연구 40년' 역정을 돌아볼 기회가 생겼다. 보람과 감동도 있었지만 아쉬움과 후회도 없지 않았던 연구자의 흔적이 보였다. 지금까지 쓴 책들 가운데 그래도 꾸준히 인쇄되어 읽히고 있는 책들도 있었지만 아쉬움 가운데 '조기 은퇴'한 책들도 적지 않았다. 그런 중에 《한국교회 처음 이야기》로 시작해서 《한국교회 처음 여성들》, 《기독교 사회주의 산책》, 《이덕주의 산상 팔복 이야기》 등을 출판해 주었던 홍성사 편집진으로부터 "혹시 절판된 책들 가운데 아쉬운 것이 있으면 저희가 내드릴게요"란 과분한 제안을 받았다. 그래서 선뜻 《사랑의 순교자 주기철 목사 연구》를 내보였고 편집진으로부터 "내겠다"는 연락을 받았다.

이번에 홍성사에서 책을 다시 내면서 대폭 수정했다. 20년 전에 냈던 책은 《사랑의 순교자 주기철 목사 연구》란 제목에서 보듯이 '연구'에 욕심을 냈다. 그래서 '사료 비평'이란 명분으로 앞선 연구자들의 선행 연구에 대한 비판과 교정에 초점이 맞추어졌다. 연구보다 비평에 의욕이 앞섰던 결과였다. 그리고 문장에서도 일반 목회자나 평신도보다는 신학교에서 강의하는 교수나 교회사 전문 연구가들에게 읽힐 욕심에서 '학구적인'(academic) 검증과 주장에 주력하다 보니 일반 독자가 읽기에 지루한 부분이 많았다. 초보 연구자의 '치기(稚氣) 어린' 행보가 엿보이는 저술이었다. 그런데 은퇴하면서 내가 20년 전 선배들에게 했던 그런 비평과 비판을 후배들로부터 받아야 하는 입장이 되었다. 오만과 건방으로 점철되었던 내가 후배들의 질책과 교정을 받으면서 겸손의 자리로 되돌아오게 되었다.

그런 '회오'(悔悟)의 과정을 거치면서 이번에 다시 내는《주기철: 사랑의 순교자》는 우선 원고 분량을 반으로 줄였다. 그 과정에서 앞선 책의 앞부분에 실었던 '사료 비평'과 '선행 연구에 대한 연구' 부분을 뺐고 뒷부분에 실었던 '주기철의 신앙과 신학사상' 부분도 삭제했다. 생애 부분은 앞선 책의 내용을 가급적 그대로 살리되 그 사이 새로 발견된 자료, 특히 총독부나 일본정부에서 간행했던 비밀보고서나 〈동아일보〉, 〈조선일보〉, 〈매일신보〉 등 일반 언론지에 실렸던 관련 기사들을 참조하여 내용을 보완하였다. 그리고 주기철 목사의 '생생한 목소리'를 듣기 원하는 독자들을 위해 그가 생전에 신문이나 잡지에 발표했던 원 자료들의 일부를 본문에 인용하였다.

그렇게 해서 완성된 원고를 먼저 읽어주신 국사학계와 한국기독교사학계의 '큰 어른' 이만열 선생님, 신사참배 문제의 최고 권위자 김승태 선생님 두 분께 감사드린다. 특히 두 분 선생님의 꼼꼼한 지적과 교열로 이 원고의 완성도가 한층 높아졌다. 또한 해독이 쉽지 않은 총독부 기밀자료를 읽는 데 도움을 준 홍민기 교수에게도 감사한 마음을 전한다. 이번에도 책을 선뜻 출판해 준 홍성사 정애주 대표님을 비롯한 편집진 여러분께도 감사드린다. '종이책' 위기의 시대에, 세속적 타락이 심화되는 세상에서 선한 누룩이 될 기독교 양서를 출판하겠다는 사명감 하나로 똘똘 뭉쳐 일하는 홍성사 식구들을 볼 때마다 미안한 마음으로 경의를 표할 수밖에 없다. 제작자를 매개로 필자와 독자가 하나 되어 혼탁한 세상에 빛과 소금이 되는 책들이 많이 나왔으면 좋겠다.

이 책이 나올 2023년은 주기철 목사가 평양 장로회신학교

2학년 때 양산읍교회 조사로 파송을 받아 목회를 시작한 지 I백주년 되는 해다. '주기철 목사 성역 100주년' 기념으로 나오는 책이니만큼 '코로나 팬데믹'을 거치면서 더욱 흔들리고 있는 한국 교회 목회자의 영적 권위 회복에 조금이나마 보탬이 되었으면 좋겠다.

2023년 사순절에
서울 변두리 칡고개 만보재에서

이덕주

[4]
십자가 고난의 길

[5]
신사참배 반대운동 신앙인들의 연대와 투쟁

[6]
말세에 '바른 신앙' 지키기

[7]
어린양의 신부, 순교의 영광

부록

여호와께서 아브람에게
이르시되 너는 너의 고향과
친척과 아버지의 집을 떠나
내가 네게 보여 줄 땅으로 가라
내가 너로 큰 민족을 이루고
네게 복을 주어 네 이름을
창대하게 하리니 너는 복이
될지라
—

창 12:1-2

고향을 떠나 목사가 되다

목사란 자기가 되려고 해서 되는 것이 아니다. 사람이 시키려고 해서
되는 것도 아니다. 오직 하나님께서 택하시고 보내시는 것이다.
예레미야를 보라. 그 책 1장 5절을 읽으면 "내가 너를 배에서 만들기
전에 너를 알았고 네가 태에서 나오기 전에 너를 긍휼하게 하고 너를
세워 열방의 선지자가 되게 하였다"라고 기록되지 아니하였는가.
또 보라. 갈라디아 1장 1절의 기록을. "사도바울의 사도 된 것은
사람에게서 난 것도 아니오 사람으로 말미암아 된 것도 아니오 예수
그리스도와 및 죽은 자 가운데서 그리스도를 살리신 하나님 아버지로
말미암은 것이라" 한 것이다. 이렇게 목사의 직분은 직접 하나님과
교회의 머리 되신 예수 그리스도께서 택하여 세우시는 직분이다.
—
주기철, "목사직의 영광" 중에서

아브라함을 비롯하여 성경의 신앙위인들은 하나같이 고향을 떠나는 것으로 '공생애'를 시작한다. 고향의 친척과 아버지의 집을 떠나 낯선 곳에서 하나님의 훈련을 받고 하나님의 사람이 되어 하나님의 일을 하다 생을 마친다. 고향에서 살다 고향에서 죽는 경우가 거의 없다.

이 책의 주인공 주기철 목사도 그러하였다. 경남 웅천에서 태어나 십대 소년 때 평북 정주, 서울에서 유학생활을 하였고, 20대 청년 시절 부흥회에 참석했다가 하나님의 소명을 체험한 후 평양 장로회신학교를 졸업하고 목사가 되었다. 그리고 타향으로만 다니면서 목사로서의 생을 마쳤다.

'예수의 어린양', 소양(蘇羊) 주기철(朱基徹) 목사는 경남 창원군 웅천면 북부리(현 진해시 웅천 1동)에서 주현성 장로와 조재선 사이에서 1897년 11월 25일 출생했다. 그가 태어나 자란 웅천(熊川)은 태종 7년(1407년)에 '제포'란 이름으로 일본인(왜인)들의 합법적인 무역항이 된 이후 동래 부산포와 함께 조선시대 일본인들의 왕래가 가장 빈번했던 지역이 되었다. 삼포왜란(1510년)과 임진왜란(1592년) 때는 일본군의 조선 침략 교두보가 되어 일본 군인들이 지역주민들을 동원해 축성한 '왜성'(倭城) 유적이 여러 군데 남아 있다. 특히 임진왜란 중에는 포루투갈 출신 예수회 신부 세스페데스(Gregorio de Cespedes)가 천주교인들로 구성되었던 고니시(小西行長) 군대의 종군 사제로 내한해서 1년여 동안 활동하다가 돌아간 적이 있다. 그 때문에 그가 머물렀던 웅천은 한국 천주교회사에서 '최초 가톨릭 선교지'로 기록되고 있다.

또한 웅천에는 주산인 천자봉(天子峰)을 비롯하여 '천자암'(天子岩), '장군천'(將軍川), '자은동'(自隱洞) 등 중국 명나라 태조 주원장(朱元璋, ?-1398)의 탄생 설화와 관련된 유적들이 많다. 이들 설화에 따르면 천자봉 아래 백일부락 주(朱)씨 집안에서 태어난 주원장이 중국으로 건너가 명나라를 건설한 것으로 되어 있다. 웅천지역 주씨는 중국 남송시대 활약했던 유학자 주회(朱熹, 朱子)를 조상으로 삼는다. 즉 중국 신안(新安) 주씨 가문에 속했던 주회의 증손 잠(潛)이 고려 고종 때(1224년) 아들 여경(餘慶)을 데리고 중국을 떠나 한반도로 들어와 전라도 능주에 정착하여 살기 시작했는데 그중 일파

가 조선 광해군 때(1618년) 웅천 백일부락에 이주하여 정착한 것이
신안 주씨 웅천종파(熊川宗派)의 시작이 되었다. 앞선 주원장 설화
나 주잠 설화를 통해 알 수 있는 것은 웅천 주씨의 먼 조상이 중국
에서 건너온 유민이라는 것과 그들이 고려시대와 조선시대, 나름
대로 지역 토호세력으로 자리 잡고 있었음을 보여준다.

　　신안 주씨 웅천종파 족보에 의하면[1] 한반도에 처음 들어온
잠의 아들 여경은 고려 중기 고종 때 낙정 벼슬을 하였고 그의 아
들 열(悅)은 고려 원종 때 문과에 급제하여 전라 안렴사를 시작으
로 충렬왕 때 예부시랑, 동경유수, 경상도 안무사, 판도판서, 지
도첨의부사 등 고위직을 역임하는 등 가문에서 가장 화려한 벼슬
을 살았다. 그의 아들 인원(仁遠)도 안주 병마절도사와 삼사 좌윤
이 되었다가 독직 혐의로 파직되었고 뒤를 이어 원지(元之)는 이부
상서, 사충(思忠)은 호부 상서, 문익(文翊)은 세자사전을 각각 역임
하는 등 고려 말기까지는 집안 벼슬이 계속 이어졌다. 조선 시대에
들어서도 가문 벼슬은 계속 이어졌으나 고려시대만 못했다. 주기
철의 19대조가 태조 때 의금부 판서, 18대조가 진주 목사를 지낸 이
후 벼슬이 낮아져 17대조가 음부정, 16대조가 진사, 15대조가 통덕
랑, 13대조가 군공부랑, 12대조가 통덕랑을 지냈다. 이후 한동안 벼
슬이 끊어졌다가 7대조 덕윤(德潤)이 장사랑을 지낸 것을 끝으로 주
기철의 직계 조상 중에는 더 이상 벼슬이 나오지 않았다.

　　비록 조선 중기 이후 이렇다 할 벼슬을 내지는 못했지만 조
선 선비사회에 절대적 권위를 갖고 있던 성리학(性理學)의 창시자
주희를 조상으로 삼고 있던 웅천 주씨의 자긍심은 대단했다. 조선
세종 때 중국에서 가져왔다는 주자의 영정을 모신 주자영당(朱子影

---

[1]　《新安朱氏世譜》, 1-14卷;《新安朱氏 熊川宗派系譜名錄》, 1964.

堂)은 웅천 주씨뿐 아니라 유림들의 종교적 구심점이 되었다. '주자 후손'답게 웅천 주씨 가문에서는 충효(忠孝)에 모범이 될 만한 인물 들이 많이 나왔으니 임진왜란 때 창녕에서 의병을 일으켜 훈장을 받은 주의수(朱義壽)·주관(朱瓘) 부자와 조선 후기 효자로 나라에서 정문(旌門)을 세워주었다는 주한혁(朱漢奕), 주병석(朱秉奭) 등의 이름 이 구읍지에 나온다.[2] 그리고 근세에 들어와 항일 민족운동 분야에 서 두드러진 활동을 보인 인물들로 한말에 웅천 최초 사립학교인 개통학교를 설립하여 민족 계몽 교육을 실시하였던 주기효(朱基孝, 1867-1941), 일제강점기 민족주의 사회단체인 진해청년회를 조직하 였고 신간회 창원지회장을 역임하였던 주병화(朱炳和, 1879-1913), 정 주 오산학교를 거쳐 도쿄 고등사범학교를 졸업한 후 정주 오산학 교 교장을 역임했던 주기용(朱基瑢, 1897-1966), 일본 고베, 도쿄 등지 에서 목회하면서 〈복음시대〉라는 민족주의 교회 신문을 발행하고 일제 말기 황민화(皇民化) 정책을 비판하는 설교와 강연을 한 혐의 로 체포되어 옥고를 치룬 주기영(朱基榮, 1909-1962) 등을 꼽을 수 있 다.[3] 이들 가운데 주기효와 주기용, 주기영은 주기철과 같은 항렬 의 사촌 혹은 종형제(從兄弟) 사이였다.

　　앞서 살펴본 대로 주기철의 6대조 이후에는 벼슬 없이 '시골 선비'로 대를 이었다. 주기철의 할아버지 주경우(朱敬瑀, 일명 朱敬昌) 에겐 아들 여섯이 있었는데 셋째가 주기철의 아버지 주현성(朱炫 聲, 1853-1934)이다. 전형적인 유교 선비로 자를 우형(尤亨), 호를 주운 (株雲)이라 했던 주현성은 '웅천 아전' 출신으로 "말 잘하고 글 잘하 고 또 가법이 엄하였고 2백석 추수하는 중산계급"[4] 혹은 "머슴을

2　《熊川縣邑誌》;《嶠南誌》.
3　황정덕,《진해시사》, 지혜문화사, 1987, 640-647.

둘 두고 농사를 지었으며 술도가를 겸하고", "일년의 벼 생산이 약 50석 정도" 되는 중농(中農) 가정을 이루었다.[5] 첫부인(이규련)과 사이에 3남 3녀를 두었는데 맏아들 기원(基洹, 1882년생)은 자를 찬일(贊馹)이라 하였으며 그 아래 기은(基殷, 1891년생), 기정(基丁, 1895년생)이 있었다. 주현성은 첫 부인과 사별한 후 재혼한 조재선(曺在善)과 사이에 아들 하나를 두었으니 그가 곧 주기철이다.

주기철의 어린 시절 이름은 기복(基福)이었다. 어려서 집안 어른들에게 한문을 배웠고 1906년 웅천 개통학교에 입학하여 '신학문'을 공부하였다. 개통학교를 설립한 주기효는 웅천의 대표적인 근대 계몽운동가의 한 사람으로 웅천에 천도교를 도입한 인물이기도 했다. 따라서 개통학교는 천도교와 민족운동 이념을 바탕으로 운영되었고 김창세와 김창환, 유수성, 이규설 등 민족주의 성향 교사들이 포진해 있었다. 주기철은 개통학교에서 이복형인 주기정, 주기은, 동갑인 사촌 주기용과 함께 공부했다.

근세 이전 불교가 융성했던 웅천에 1900년 어간 동학(천도교)과 기독교가 거의 같은 시기에 들어왔다. 천도교는 개통학교 주기효를 중심으로 세를 확장하였다. 기독교는 두 가정 집회에서 시작되었다. 즉 1900년 어간 성내리에 거주하던 김원수(金元守)가 인근 김해교회의 배동식 장로에게 전도받고 돌아와 자기 가족에게 전도하고 어머니와 매부(김균일), 이웃 김도연 등과 함께 자기 집에서 예배를 드렸다. 그리고 1902년 부산 선교부의 북장로회 선교사 스미스(W. E. Smith, 沈翊舜)가 웅천에 들러 전도한 결과 교인들이 생겨나 송화여(宋化汝)의 집에서 예배를 드렸다. 김원수와 송화여 집에서

4   김인서,《주기철 목사의 순교사와 설교집》, 신앙생활사, 1958, 23-24.
5   《新安朱氏世譜》, 14卷; 김요나,《주기철 목사 순교 일대기: 일사각오》(증보판), 43-44.

모이던 교인들이 힘을 합쳐 서중리(西中里)에 한옥 예배당을 마련하고 함께 예배를 드리다가 교인 수가 늘어남에 1906년 북부리로 옮겨 오늘의 웅천교회가 되었다.[6] 웅천교회 교인들은 복음전도회를 조직하고 웅천과 마산 지역을 순회하며 대대적인 전도운동을 전개하였는데[7] 그때 웅천 지역의 많은 유지들이 기독교로 개종하였다.

웅천의 백일부락 주씨 집안에서 처음 기독교로 개종한 이는 주기철의 맏형 주기원이었다. 배 사업을 하던 주기원이 교회를 나가기 시작한 때는 1910년 어간으로 1911년 1월 학습을 받고 그해 10월 세례를 받았다. 이것을 계기로 그의 부모와 형제들까지 기독교로 개종하여 그의 가족 모두 교회에 출석하였다. 아버지 주현성은 1914년 10월 학습을 받았고 1915년 6월 세례를 받았으며 그해 11월 영수가 되었고 1919년 장로 안수를 받았다.[8] 이런 '개화꾼 기독교 집안'에서 자란 주기철도 1910년 성탄절부터 웅천교회에 출석하기 시작하여 주일학교에서 성경을 배웠고 개통학교에서 신교육과 민족주의 계몽 교육을 받았다. 기독교 신앙과 민족의식, 그것이 십대 소년 주기철이 고향 교회와 학교에서 배운 초등교육 내용이었다.

6 《조선예수교장로회사기》, 신문내교회, 1928, 160.
7 "경남 웅천지방 복음전도회", 〈基督申報〉, 1936. 4. 29.
8 〈熊川敎會 生命簿〉; 김요나, 앞 책, 58-60.

주기철이 개통학교 졸업반이던 1912년, 평북 정주의 오산학교 교사였던 춘원(春園) 이광수가 웅천에 와서 계몽 강연회를 열었다. 대한제국시기와 일제강점기 대표적인 민족운동가 남강(南岡) 이승훈이 설립한 오산학교는 신채호와 여준, 서진순, 이광수, 유영모, 박기선, 백남일, 윤기섭, 조만식, 박우병, 장도빈, 김도태, 서춘 등 기라성 같은 민족주의자들로 교사진을 꾸며 평양 대성학교와 숭실학당, 선천 신성학교, 의주 영신학교, 개성 한영서원 등과 함께 서북지역을 대표하는 민족주의 사립학교로 그 명성을 떨치고 있었다.[9]

처음 순수 민족주의 학교로 설립된 오산학교가 기독교 학교 색채를 띠게 된 것은 1910년 서울 경신학교 졸업생 유영모가 교사로 부임해 오면서부터였다. 유영모는 부임 후 "수업 첫 시간부터 정규수업을 시작하기 전에 성경을 가르치고 학생들을 향하여 머리 숙여 함께 기도하자"고 하였다. 그리고 "일주일 만에 말뚝처럼 곧던 학생들의 목이 잘 익은 벼이삭처럼 수그러지기 시작"한 것을 보고[10] 교주 이승훈은 학교를 기독교 정신으로 운영할 것을 결심하였다. 그 무렵 이승훈 자신도 평양에 나갔다가 장대현교회 한석진 목사의 설교를 듣고 감화를 받아 기독교로 개종함으로 이후 오산학교는 기독교계 민족주의 사립학교로 그 성격이 확립되었다.

---

9   《오산 팔십년사》, 오산중고등학교, 1987, 85-123; 엄영식, "오산학교에 대하여", 《남강 이승훈과 민족운동》, 남강문화재단 출판부, 1988, 120-127.

10   《오산 팔십년사》, 107.

이승훈은 해외 망명에서 돌아온 도산(島山) 안창호가 1907년 전덕기와 양기탁, 이동휘, 이동녕, 이시영, 안태국, 유동열, 윤치호 등 국내 서울과 서북지역 민족주의자들과 함께 조직했던 항일 비밀결사 신민회(新民會)의 핵심 회원이기도 했다. 신민회는 국내에서 민족주의 사립학교를 통한 민족의식 계몽운동, 민족자본 육성을 위한 경제활동을 은밀하게 펼쳤을 뿐 아니라 해외(중국)에 독립전쟁을 위한 무관학교 설립을 위해 군자금 모금운동을 벌였다. 그 과정에서 1911년 2월 황해도 지역에서 군자금 모금활동을 하던 회원들이 체포된 '안악사건'이 터져 이 사건 배후자로 이승훈도 체포되었다. 그리고 그해 10월 '105인사건'이 터져 신민회 조직이 탄로나 그 회원 수백 명이 체포되었을 때 이승훈도 주모자로 재판을 받고 4년 옥고를 치렀다.

이승훈의 투옥으로 오산학교는 위기를 맞았다. 이런 상황에서 이광수를 교장 대리로 세워 학교 운영을 맡겼다. 이에 따라 이광수는 수시로 전국을 순회하며 학생 모집과 학교 운영을 위한 재정 후원을 호소했다. 그런 목적으로 이광수는 1912년 겨울 경남지역을 순회하던 중 마산을 거쳐 웅천에 들러 교인과 학생들을 대상으로 강연회를 개최했다. 일본 유학을 다녀온 '신문학 운동가', 20세 청년교육가 이광수의 연설이 주기철의 마음을 움직였다. 주기철은 정주 유학을 결심하였다. 그는 1913년 봄 사촌 주기용과 함께 오산학교에 입학했다.

주기철이 입학할 무렵 오산학교는 '105인사건'으로 더욱 유명해져 전국 각지에서 민족의식이 강한 학생들이 몰려들었다. 정주 유지인 백씨 집안의 백인제과 백순제, 백봉제 형제를 비롯하여 훗날 미국으로 유학하여 기업인으로 성공한 김주항, 일제강점기 건축가로 이름을 날린 박동진, 평양 숭실전문학교 교수와 숭인상

업학교 교장을 지낸 김항복, 광복군 출신으로 해방 후 국군 창설의 주역이 된 김홍일, 영락교회를 설립한 한경직, 이승훈의 둘째 아들 이택호 등이 주기철과 오산학교에서 같은 무렵 함께 공부했다.[11]

그러나 주기철의 오산학교 유학을 끌어낸 이광수 교장은 '친일 논란'에 휩싸인 데다가 보수적인 교인들로부터 "예수 신앙 대신 톨스토이의 인문주의 사상을 학생들에게 주입시킨다"는 비판을 받고 1913년 11월 오산학교를 떠났고 유영모도 같은 무렵 일본유학을 이유로 교사직을 사임하였다. 그 대신 보수적 신앙의 고당(古堂) 조만식이 평양에서 내려와 오산학교 교장에 취임하였다. 그러면서 오산학교는 보다 종교적인 분위기로 바뀌었다. 게다가 장기 옥고를 치른 학교 설립자 이승훈도 감옥에 있는 동안 기독교 신앙에 몰입하여 1915년 2월 출옥한 후 평양 장로회신학교에 입학하여 신학을 공부할 정도가 되었다.

그 결과 오산학교 분위기는 민족주의 강경투쟁에서 경건주의 신앙노선으로 변화되었다. 그렇다고 오산학교 교육 내용과 운영 방침에서 민족주의 노선이 완전 폐기된 것은 아니다. 1910년대 일제의 '무단통치' 상황에서 탄압과 박해가 불가피한 표면적 투쟁은 잠시 접고 민족주의 저항은 내면에 감추고 종교적 분위기를 내세워 기독교계 사립학교로서 생존을 모색했다. 오산학교의 변함없는 민족주의 노선은 1919년 3·1운동 때 오산학교 교사와 학생들의 적극적인 참여와 그로 인한 수난으로 증명되었다.

이런 '신앙과 사상의 변천기'에 오산학교에서 수학한 주기철도 그런 분위기에 적지 않은 영향을 받았다. 그는 방학을 기해 조만식 교장이 인도하는 전도단의 일원이 되어 전국을 순회하며

11   《오산 팔십년사》, 166-186;《五山中高等學校 卒業生 名簿》, 1943, 38-42.

전도하였다. 그리고 졸업반 때인 1915년 11월 학교에서 세례를 받아 비로소 정식 기독교인이 되었다. 주기철은 재학 중 조만식 교장, 그리고 졸업반 때 학교로 돌아온 이승훈으로부터 신앙 교육과 민족의식 교육을 받을 기회가 있었다. 그렇게 주기철은 오산학교에서 교장과 설립자, 교사들로부터 '기독교 민족주의'(Christian nationalism) 교육과 훈련을 받은 후 1916년 3월 제7회로 졸업하였다. 평북 정주에서 4년 유학 생활을 마친 주기철은 곧바로 서울 '조선 예수교대학'(Chosen Christian College, 후의 연희전문학교, 오늘의 연세대 학교) 상과에 진학하였다.

주기철이 진학한 '조선예수교대학'은 설립된 지 1년도 채 되지 않은 신흥 대학이었다. 이 학교는 북장로회 개척 선교사 언더우드(H. G. Underwood) 개인의 의지와 노력으로 설립되었다 해도 과언이 아닐 정도로 언더우드가 마지막 심혈을 기울여 세운 학교였다. 서울에 기독교대학을 설립하려는 그의 의지는 1912년 봄 휴가를 얻어 미국을 방문했을 때부터 구체화되었는데, 그는 사업을 하는 형을 비롯하여 미국 친지들을 방문하여 대학 설립 자금 5만 2천 달러를 모금해 돌아왔다.[12] 언더우드는 처음부터 초교파 연합으로 대학 설립을 계획하였다. 여기에 미감리회 선교부가 호응하여 1914년 평양 숭실대학에서 가르치고 있던 베커(A. L. Becker)를 비롯하여 케이블(E. M. Cable)과 데밍(C. S. Deming)을 연합 대학 교수로 파견했다.[13] 얼마 후 남감리회와 캐나다장로회 선교부도 교수 파견과 학교 운영에 동참하였다.

언더우드의 대학 설립 작업은 안식년 휴가를 마치고 돌아온

---

12   L. H. Underwood, *Underwood of Korea*, New York: Fleming H. Levell Co., 1918(이 만열 옮김,《언더우드, 한국에 온 첫 선교사》, 기독교문사, 294-5, 349.)

후 서대문 밖 연희동(신촌)에 40에어커(160km²) 학교 부지를 확보하고 1914년 3월 조선총독부로부터 '조선예수교대학' 설립 인가를 받으면서 본격화되었다. 신촌에 교사 건축이 완료되지 않았기 때문에 언더우드가 회장으로 있던 서울 종로의 기독교청년회(YMCA) 회관 건물에 임시 강의실을 마련한 후 1915년 4월, 학생 75명으로 학교를 시작했다.[14] 이후 조선예수교대학은 1917년 4월 총독부로부터 정식으로 대학설립 승인을 받으면서 학교 명칭을 '연희전문학교'(延禧專門學校)로 바꾸었다.[15] 그리고 신축 교사 공사가 끝난 1918년 4월부터 기독교청년회관을 떠나 연희동 교사에서 수업하였다. 이처럼 조선예수교대학(연희전문학교) 설립에 마지막 정열을 기울였던 언더우드는 1915년 들어 건강이 급속도로 악화되었고 결국 1916년 4월 미국으로 들어가 요양하다가 그해 10월에 별세하였다. 언더우드 후임으로 세브란스의학교 교장이던 에비슨(O. R. Avison)이 조선예수교대학 교장직도 겸하였다.

1916년 4월 정주 오산학교를 졸업한 주기철은 곧바로 서울 '조선예수교대학' 제2기생으로 입학하였다. 주기철이 입학할 당시 조선예수교대학은 초창기 어수선한 분위기를 벗어나지 못하고 있었다. 교수진용은 불안했고 연희동 교사가 완공되지 않아 여전히 기독교청년회관을 빌어 강의하고 있었다. 학교엔 문과와 수물과

13　Annual Report of Foreign Mission Board of the Methodist Episcopal Church, 1912, 174; H. A. Rhodes, The History of the Korea Mission of the Presbyterian Church in the USA, Seoul: Chosen Mission of the Presbyterian Church in the USA, 1934, 38-39; Minutes of Korea Annual Conference of the Methodist Episcopal Church, 1915, 25; 이덕주,《백아덕과 평양 숭실》, 숭실대학교 출판국, 2017, 286-287.

14　L. H. Underwood, Underwood of Korea, 329-330; Annual Report of Foreign Mission Board of the Methodist Episcopal Church, 1915, 238.

15　"전문학교 간판",〈基督申報〉, 1917. 5. 16.

(공과), 상과 등 세 과가 있었는데 주기철은 상과를 선택했다. 그가 상과를 선택한 것은 오산학교 스승 이승훈과 조만식으로부터 받았던 '민족자본 육성'과 '민족경제 부흥' 같은 민족주의 교육의 영향도 있었지만 고향에서 배 사업을 하고 있는 가족의 기대에 부응하기 위한 것으로도 풀이된다. 어떤 경우든 사업이나 경제활동을 장래 목표로 정하였음은 분명하였다.

　　그러나 주기철의 대학 생활은 길지 못했다. 민경배 교수의 지적처럼 "그의 학적부에 입학 날짜와 떠난 날짜의 기록 항목이 비어 있을 정도로" 짧게 끝났다.[16] 주기철이 채 1년도 채우지 못하고 조선예수교대학을 중퇴한 이유에 대하여 후세 학자들은 경제적인 문제, 종교적인 문제, 건강상의 문제 등으로 설명하고 있지만 모두 분명치 않다.[17] 어떤 이유로든 주기철의 서울 유학은 단기로 끝났다. 어느 면에서 '실패한' 서울 유학일 수도 있었다. 결국 오산중학교 졸업장 하나를 가지고 고향으로 돌아왔다.

16　민경배, 《순교자 주기철 목사》(개정판), 대한기독교서회, 1997, 56.

17　주기철의 조선예수교대학 중퇴 이유에 대하여 "어린 시절부터 앓았던 안질이 악화되어 수업을 받을 수 없었다"는 설명(김인서, 《주기철 목사의 순교사와 설교집》, 25.)과 "보수적이었던 서북계 신학과 신앙에 비교할 때 상대적으로 자유로웠던 서울 기독교청년회와 그 안에서 감리교와 장로교 연합으로 운영되는 학교의 수업 내용이 보수적인 그의 거부감을 일으켰고, 결국 학교 분위기에 적응하지 못하고 중퇴하고 말았다"는 설명(민경배, 《순교자 주기철 목사》, 48-49, 55.), 그리고 "서울 유학 생활을 시작할 무렵 웅천 집안에서 재산 상속을 둘러싸고 형제들 간에 불화가 일어나 학업을 중단하고 고향으로 돌아갔다"는 설명(김요나, 《주기철 목사 순교 일대: 일사각오》, 한국교회 뿌리찾기선교회, 1992, 75.) 등이 있으나 확실치 않다. 생전에 주기철 목사를 평양에서 만난 적이 있던 김인서가 언급한 '안질 이유'가 그중 설득력이 있다.

고향 웅천으로 돌아온 이후 주기철의 행적도 분명치 않다. 확실한 것은 귀향 1년 후, 1917년 10월 김해읍교회 교인 안갑수(安甲守)와 결혼하면서 비로소 부친으로부터 분가하였다는 점과 1919년 10월 맏아들 영진(寧震)을 얻었으며 그 무렵 웅천교회 집사로 피택되었다는 정도다.[18] 그러나 서울 유학은 중도 포기하였지만 정주 오산학교 출신답게 고향으로 돌아와 지역에서 민족주의 계몽운동, 사회운동에 참여하였다.[19] 근거 자료가 부족하지만 1919년 3·1운동 때 "주기철이 '웅천 20인 지도부'의 일원으로 만세 시위를 주도하고 처가로 도피했다가 체포되어 한 달 정도 헌병대에서 유치되어 있다가 석방되었다"는 진술이 있다.[20] 주기철의 사촌 주기용은 오산학교 졸업 후 일본 유학을 다녀와서 3·1운동 당시 웅동면 계광학교 교사로 있으면서 웅동면 만세시위를 주도하고 체포되어 1년 6개월 옥고를 치렀다. 이런 그와 연락을 취하며 주기철도 웅천 만세시위에 참여했을 가능성은 충분하다.

주기철이 보다 분명한 형태로 민족주의 사회단체에 참여한

18 〈朱基徹 除籍符〉(웅천면 소장); 〈熊川敎會 特別捐補符〉.

19 이와 관련하여 "웅천으로 돌아온 후 지역 민족운동가 오상근과 함께 '웅천 청년운동단'이란 청년 단체를 만들어 시국 강연회를 개최하였다"는 기록(김충남, 《진달래가 필 때 가버린 사람: 순교자 주기철 목사 생애》, 백합출판사, 1970, 79.)과 "교남학회(嶠南學會)라는 민족 계몽운동 단체를 조직해 청소년 학생들을 대상으로 계몽강연을 열었다"는 진술("항일 순교의 빛, 소양 주기철", 《어둠을 밝힌 사람들》, 부산일보사, 1983, 329.)이 있으나 정황이나 시기적으로 맞지 않는다.

20 김요나, 앞 책, 95.

[1] 고향을 떠나 목사가 되다

것은 3·1운동 후 1920년 12월 오상근과 윤자영, 장덕수, 장도빈, 안확 등의 발기로 전국의 민족주의 청년단체 대표 1백여 명이 서울 중앙기독교청년회관에 모여 결성한 '조선청년회연합회'(朝鮮靑年會聯合會)에 중앙 임원인 '의사'(議事)로 이름을 올린 것에서 확인된다.[21] 기관지 〈아성〉(我聲)을 발간했던 이 조직은 총독부 고등경찰국에서 본국에 비밀 전보를 보낼 정도로 항일 민족운동단체의 성격을 띠고 있었다. 그리고 1921년 9월 〈동아일보〉에 "웅천교회 청년들이 여자야학교를 설립하여 여성 계몽운동을 실시하였다"는 기사가 실렸는데 주기철도 여기에 참여하였을 것으로 보인다.[22] 이 시기 주기철은 주기용과 함께 웅천, 창원 지역을 대표하는 민족주의 청년·사회운동 지도자로 알려졌다.

그러나 개인적으로는 뚜렷한 직업 없이 인생 좌표도 설정하지 못한 '불안한' 귀향 생활이었다. 건강, 혹은 가정 사정으로 학업을 중단하고 고향에 돌아와 결혼해서 아이까지 얻었으나 생업도 분명치 못했고, 신앙생활이나 민족운동 분야, 어디에도 신념을 가지고 참여하지 못했다. 귀향 후 아버지의 농사일을 돕거나 집안 형님의 배 사업을 도우며 교회 집사로 신앙생활을 이어나간 것으로 보인다. 고향에서의 신앙생활에 대해서도 후에(1930년대) "술 취한 상태에서 시골교회 강단에서 설교한 적도 있다"고 고백한 것을 보아[23] 독실한 신앙인으로 살지 못했음은 분명하다. 말 그대로 '어정쩡한' 사회생활이었고 신앙생활이었다.

그런 상황에서 주기철은 1920년 가을 김익두 목사 부흥회에

---

21 "조선청년회연합회 임원 일람표", 〈每日申報〉, 1920. 12. 2; "高警第349號(大正十年 1月 18日) 靑年會統一計劃", 〈朝鮮騷擾關係書類〉, 第3卷.

22 〈東亞日報〉, 1921. 9. 10.

23 김인서, 앞 책, 25.

참석하게 되었다. 김익두 목사는 3·1운동 직후부터 부흥사로 나섰는데 강력한 성령의 역사로 각종 병자가 고침을 받는 '신유'(神癒) 현상이 나타나 전국 교회에서 그를 초청하여 부흥회를 열었다. 그런 식으로 1920년 9월, 마산 문창교회에서 김익두 목사 부흥회가 열렸던 바 주기철이 그 집회에 참석했다가 "새벽기도회 때 '성신을 받으라'는 설교를 듣는 중에 갑자기 자기의 죄를 깨닫고 특히 술 취하였던 죄를 뉘우쳐 통회자복하였다".[24] 소위 '거듭남(중생)의 체험'을 한 것이다. 그리고 두 달 후, 11월 1일 웅천교회에서도 김익두 목사 초청 사경회가 열렸는데 주기철은 이 집회에서도 큰 은혜를 받고 "특별헌금 5원"을 냈다.[25]

주기철은 두 차례 김익두 목사 부흥회에 참석하여 은혜를 체험하고 목회자로 헌신할 것을 결심하였다. 서울 유학을 중도에 포기한 후 3년간의 방황과 좌절의 삶을 비로소 청산하게 되었다. 주기철은 목회자가 되기 위한 첫 번째 절차로 경남노회 시취(試取)를 받아야 했다. 그는 1921년 12월 13일 문창교회에서 개최된 제12회 경남노회에서 신학생 시취를 받았다. 웅천교회에서는 그와 주기용이 함께 '신학 청원'을 하였는데 시취 결과 주기철은 입학 허락을 받았지만 주기용은 "먼저 성경학교에 가서 공부한 후 허락하기로" 하여 입학이 좌절되었다.[26] 주기철은 입학시험을 치른 후 1922년 3월 봄 학기부터 평양 장로회신학교에 들어가 신학 공부를 시작했다.

주기철이 입학할 당시 평양 장로회신학교 교수진은 설립자 겸 교장인 마펫(S. A. Moffett, 마포삼열)을 비롯하여 로버츠(S. L.

---

24   앞 책, 25-26.
25   〈熊川敎會 特別捐補錄〉; 김요나, 앞 책, 98-99.
26   〈경남로회 뎨 九회로 뎨 二十一회까지 회록〉, 1927, 25, 27; 한국교회사학회편,《조선예수교장로회 사기》하권, 연세대학교 출판부, 1968, 244.

Roberts, 라부열), 클라크(C. A. Clark, 곽안련), 엥겔(G. Engel, 왕길지), 어드맨(W. C. Erdman, 어도만), 베어드(W. M. Baird, 배위량), 레이놀즈(W. D. Reynolds, 이눌서), 푸트(W. R. Foote, 부두일), 럽(A. F. Robb, 업아력), 매커첸(L. O. McCutchen, 마로덕), 니스벳(J. S. Nisbet, 류서백), 불(W. F. Bull, 부위렴) 등 선교사들로만 구성되었다.[27] 이들 교수들은 미국 북장로회와 남장로회, 호주장로회, 캐나다장로회 등 4개 장로교회 선교부에서 파송된 선교사들이었다. 이들 4개 장로회 선교부는 1909년 완료된 선교지역 분할 협정에 따라 평안남북도와 경상북도, 충청도, 경기도, 남만주는 북장로회, 전라도와 제주도는 남장로회, 부산과 경상남도는 호주장로회, 함경도와 북간도는 캐나다장로회에서 '배타적' 선교구역으로 정해 선교활동을 펼쳤다.

그런 배경에서 평양 경창리에 있던 장로회신학교 구내에도 이들 4개 선교회에서 마련한 기숙사 건물이 따로 있어 지역 노회 추천을 받아 입학한 학생들은 해당 선교부 선교사들의 지도를 받았다. 그 결과 신학생들은 신학교에 들어와서도 '지방별'로 생활해야만 하였다. 이런 지역 분할은 선교부 간의 불필요한 마찰과 낭비를 막을 수 있다는 긍정적인 면도 있지만 한국 교회의 '지방색' 조성이라는 부정적 측면도 없지 않았다. 같은 신학교 학생임에도 기숙사마다 서로 다른 지방 사투리가 '고유 언어'로 사용되는 현상을 목격한 주기철은 "지방별을 싫어하여 학생들과 의논하고", "지방별 기숙사 제도를 폐지하고 각 지방 학생들이 섞여 기숙함으로 남북 학생이 친목하는 것이 후일 남북 화합에 도움이 되겠다"고 교장에게 청원하여 관철시켰다.[28] 경상도 출신으로 이미 평북 정주에

---

27 〈조선예수교장로회 신학교 학우회보〉, 2호, 1923. 6, 15.
28 김인서, 앞 책, 27.

서 오산학교 유학 생활을 통해 남북 문화의 차이를 체험한 바 있던 그로서는 목회자 사이에 지역 갈등이 가져올 폐해를 예측했는지도 모른다.

주기철은 2학년으로 올라간 1923년 봄부터 경남노회 양산읍 교회 조사(助事)로 목회를 시작하였다.[29] 그리하여 매주일 양산으로 내려와 교회 일을 보고 다시 평양으로 올라가는 힘든 학창 생활을 하였다. 방학 때만 고향 웅천에 들렀다. 그 무렵(1923년 9월) 고향의 웅천교회가 신축 예배당 위치 문제로 교인들이 둘로 나뉘어 일부 교인이 남문에 별도 예배처소를 마련하고 나간 사실이 〈동아일보〉에까지 보도되어 그의 마음을 무겁게 하였다.[30] 그 사이 웅천의 부인은 둘째아들 영만(寧萬, 1922년 11월 5일 출생)과 영묵(寧黙, 1925년 1월 9일 출생)을 출산하였다. 부양가족이 늘어남에 따라 양산읍교회 조사 봉급(50원)으로는 살아가기 힘든 경제 상황이 되었다. 결국 그는 양산읍교회 조사와 신학교 수업을 겸할 수 없어 1924년 12월 개최된 제18회 경남노회에서 양산읍교회 조사직을 사임하면서 신학교도 휴학하였다.[31] 이후 그는 웅천으로 돌아와 가정을 돌보면서 웅천읍교회 화합을 위해 노력하였다.

그러나 주기철의 휴학 기간은 길지 않았다. 그는 1925년 6월 30일 열린 제19회 경남노회에서 '신학 3년생'으로 '추기 신학 허락'을 받아 평양에 올라가 남은 한 학기 수업을 마쳤다.[32] 결과적으로 그는 예정보다 6개월 늦은 1925년 12월 22일 제19회로 졸업하였다.

29 〈조선예수교장로회 신학교 학우회보〉, 2호, 1923. 6; 〈경남로회 뎨 九회로 뎨 二十一회까지 회록〉, 39, 48.
30 "웅천교회 분리문제", 〈東亞日報〉, 1923. 9. 14.
31 〈경남로회 뎨 九회로 뎨 二十一회까지 회록〉, 74.
32 〈경남로회 뎨 九회로 뎨 二十一회까지 회록〉, 88.

그의 졸업 동기는 모두 30명이었는데 같은 노회 소속으로는 통영의 진종학이 있었고 후에 평양신학교 및 서울 장로회신학교 교수로 사역한 김인준과 고려위가 포함되었다. 주기철은 졸업생 대표로 답사 순서를 맡았다.[33] 이로써 주기철은 고향에서 김익두 목사의 부흥회에 참석했다가 목회소명 의식을 가진 후 5년 만에 신학교를 졸업하고 본격적인 목회자의 길로 들어섰다.

주기철이 신학교를 졸업하고 목회자의 길을 갔지만 그의 사상 밑바탕엔 여전히 '민족주의' 흐름이 남아 있었다. 그가 평양 장로회신학교에서 '보수적' 선교사 교수들로부터 신학 수업을 받는 중에도 개통학교와 오산학교를 거치면서 형성되었던 민족주의, 계몽주의 사상을 완전히 청산한 것은 아니었다. 이는 신학교 2학년 때인 1924년 7월에 기독교계 잡지 〈신생명〉(新生命)에 발표한 "기독교와 여자해방"이란 글을 통해 확인할 수 있다.

〈신생명〉은 3·1운동 직후, 윤치호와 이상재, 최병헌, 이승훈, 김창준, 박승봉, 유성준, 김석태 등 기독교계 민족주의 인사들이 복음 전도와 계몽운동을 목적으로 설립한 조선기독교창문사(朝鮮基督敎彰文社)의 기관지로서 1920년대 진보적 기독교계를 대표하는 초교파 월간잡지였다. 이광수와 함께 일본 유학을 다녀와 신문학운동을 펼쳤던 전영택 목사가 편집을 맡았고 홍병선과 채필근, 김지환, 김창제, 송창근, 박승봉, 강매, 오천석, 유형기, 최태용, 조민형, 김인서, 방인근, 이은상 등이 필자로 참여하여 민족주의와 개혁주의, 계몽주의 성향의 글들을 발표하였다.

주기철의 "기독교와 여자해방"이란 글도 〈신생명〉의 성격에

33 "신학졸업생 배출", 〈基督申報〉, 1926. 1. 13, "신학교 소식", 〈神學指南〉, 8권 2호, 1926. 4, 192.

어울리는 것이었다. 한국 사회가 개화가 되었다고는 하지만 여전히 사회 구성원의 절대다수가 여성 교육과 양성 평등에 대해 부정적인 분위기에서 '여자해방'이란 주제를 다루었다는 사실 하나만으로도 그의 개혁 성향을 느낄 수 있다. 첫 문장부터 그러했다.

: 여자해방의 절규! 과연 오인(吾人)이 각성한 부르지즘이다. 여자해방의 운동! 과연 인간 사회의 최상 행복을 끼칠만한 최긴(最緊)의 운동이다. 이 자각(自覺) 잇는 부르지즘과 행복된 운동이 어디로브터 나왓스며 어디서브터 시작하엿는가? 이에 대하야 번설(煩說)을 비(費)할 것 업시 만구일치(萬口一致)로 여자해방은 기독교에서라 할 것이다.[34]

주기철은 여성해방을 '인간 사회의 최상의 행복을 끼칠만한 최긴의 운동'으로 보았고 이 운동의 기원을 기독교에서 찾았다. 그는 유교나 이슬람, 불교 등 다른 종교에서 속박과 구속의 대상이 되었던 여성을 해방시킨 것이 기독교였다고 주장하였다.

: 이 주공(周公), 공자, 석가, 마호멧의 교(敎)를 존숭(尊崇)하는 세계인류는 다 그들의 말대로 하야 전세계는 여자를 속박하고 말앗슴을 역사가 증명하지안나뇨? 그러하거늘 예수께서 남녀평등을 설명하신 후 견뢰(牽牢)한 철창의 문을 여시고 수천년 동안 불평에 울고 원한에 싸인 약한 여자를 향하야 사랑하는 딸들아 내가 너희를 풀어주노니 너희도 행복스럽게 살어라 한 사랑의

34 주기철, "基督敎와 女子解放", 〈新生命〉, 13호, 기독교창문사, 1924. 7, 19.

음성이 여자해방 절규의 제일성이 아니더냐.[35]

　　'여성해방'은 1920년대 한국 사회의 예민한 논쟁 주제의 하나였다. 이것을 수용하느냐, 거부하느냐에 따라 진보와 보수로 나뉘었다. 주기철은 여성 해방을 적극 옹호하고 지지하였다는 점에서 분명 '진보적'(progressive)이었다. 그러나 주기철이 추구한 '여자해방'이 무절제한 방종을 의미하지는 않았다. 1920년대 일부 급진적인 여성사회에 해방운동이 제동장치가 풀린 자동차처럼 기존의 사회 질서를 모두 부정하고 거부하는 것으로 인식되어 윤리적으로 많은 문제를 야기하고 있었다. 소위 '자유부인들'의 사치와 방종, 이혼 등의 문제들이다. 급진적인 여성 해방론자들은 기독교마저도 보수적 제동장치로 인식하여 기독교를 여성해방의 걸림돌이라 비난하였다. 이 점에 대한 주기철의 입장은 단호했다.

：　　이것이 참 해방인가? 사치, 일락이혼(逸樂離婚), 방종을 임의(任意)한다면 이것이 이상적 해방인가? 이러한 짓을 금지한다고 이상적 해방을 엇고저 하는 자는 기독교를 배척하자 하는가? 이것 엇지 해방이냐! 이것이 만일 해방이라 하면 나는 해방을 배척하지 안을 수 업다. 이것이 엇지 해방이랴. 오직 광패(狂悖)요 타락이다. 기독교는 이러한 광패를 박멸하는 것이다. 이 도도한 탁류를 기독교가 아니면 누가 방지할 것이뇨.[36]

　　여성의 사치와 방종, 이혼 등의 문제에서 주기철은 '보수

35　앞글.
36　앞글, 21.

적'(conservative)이었다. 여성의 인권과 의지를 억압하고 파괴하는 봉건적 사회 질서를 거부하였던 것처럼 일부 진보주의자들의 자유 방임을 무절제한 반사회적 행태로 보고 이를 용납하지 않았다. 그의 논문은 "기독교는 실로 여자해방의 선구자인 동시에 여자광패의 박멸자이다"는 선언으로 끝났다.[37] 기독교는 봉건적 사회 구조에서 억압받는 여성을 자유케 하는 '진보적' 원리였지만, 동시에 무절제한 자유방임주의로 인한 타락과 질서 파괴를 막기 위한 '보수적' 원리였다. 그렇다고 주기철을 진보와 보수 사이를 오락가락하는 기회주의자로 보아서는 안 될 것이다. 그는 여성 문제에 관한 한 성경에 기초한 분명한 입장을 견지하고 있었다. 주기철은 "기독교에서 가라치는 여성해방의 표준"을 성경에서 찾았고 그런 입장에서 보수주의와 자유주의 비판에 대응했다.

이처럼 주기철은 평양 장로회신학교에서 신학 수업을 받으면서 생각과 행동에서 '중용'의 틀을 구축하였다. 1920-30년대 한국 교회는 외부로부터 민족주의와 사회주의(공산주의), 무정부주의 급진 세력들로부터 거센 도전을 받았고, 내부적으로도 선교사 문제와 교회의 사회 현실 참여, 현실 도피적인 대중 부흥운동, 교권을 둘러싼 정치적 갈등, 보수/진보 간 신학적 갈등 등의 문제로 적지 않은 혼돈을 겪고 있었다. 이러한 시기에 신학도와 목회자는 분명한 자기 입장을 가지고 교회와 사회를 보는 신학적 해석 능력이 필요했다. 그런 점에서 주기철의 입장과 태도는 명확했다. 그는 모든 문제 해결 원리를 성경에서 찾았다. 그만큼 '성경적'이었고 신앙적이었다. 그렇게 주기철은 '성경 중심적'(Bible-centric) 입장에서 보수주의와 자유주의, 양 극단으로 치닫는 극단주의를 배격하였다.

37 앞글.

주기철은 신학교를 졸업함과 동시에 '신학준사', '강도사'를 거쳐 '목사'가 되었다. 즉, 1925년 12월 30일 진주 시원여학교에서 개최된 20회 경남노회에서 '신학준사'(神學準士) 주기철은 "요한 6장 22-29절을 보고 신앙은 사업이란 문제로 시취강도(試取講道)한"[38] 후 통과하여 강도사(講道師) 인허를 받았다. 같은 노회에서 신학교 동기 진종학도 강도사 인허를 받았다. 곧바로 같은 노회에서 부산 초량교회는 "매삭 봉급 70원으로 금년 졸업생 주기철씨를 목사로 청빙하기로"[39] 청원하였다. 노회는 이를 받아들여 노회 석상에서 주기철의 목사 안수식을 거행하였다. 이에 대한 경남노회 기록이다.

> 강도사 주기철씨를 목사로 장립할 새 회장이 주현성 장로의 기도와 박정찬 목사가 이사야 6장 1절노 8절까지 보고 중생한 교역자란 문제로 강해한 후 회장이 문답을 맛치고 안수례를 행한 후 회장의 권면과 축도로 식을 필하고 청빙서를 교부하다.[40]

노회원으로 노회에 참석했던 웅천교회 주현성 장로가 아들 주기철의 목사 장립식에서 기도 순서를 맡았다. 목사 안수식을 집례한 노회장은 거창교회에서 시무하던 김길창 목사였다. 그는 훗

---

38 〈경남로회 데 九회로 데 二十一회까지 회록〉, 101.

39 앞 회의록, 104.

40 앞 회의록, 104-105.

날 경남노회 안에서 가장 적극적으로 신사참배를 비롯한 일본의 종교 정책을 찬성, 수행한 '친일파' 인사가 되었지만 이때까지만 해도 개혁적 신학과 민족의식을 바탕으로 청년층 목회자와 교인들의 지지를 받던 '소장파 목사'였다.

이로써 주기철은 신학교를 졸업하자마자 초량교회 초빙을 받고 경남노회에서 목사 안수를 받은 후 1926년 1월 10일 초량교회 당회장으로 취임하였다.[41] 부산에서는 처음으로 1892년 설립된 초량교회는 초기엔 미국 북장로회와 오스트레일리아 장로회 선교사들이 맡아보다가 한국인으로는 한득룡 목사가 1912년 처음 부임하였고 그 후임으로 1915년 정덕생 목사가 부임하여 10년 동안 목회하였다. 정덕생 목사는 동래 출신으로 오스트레일리아 선교사 엥겔, 앤더슨 등의 조사가 되어 경남 일대에서 전도하였고 일본 고베 신학교 유학 경험도 있는 '엘리트' 목회자였다.

정덕생 목사는 1915년 평양 장로회신학교를 졸업하자마자 초량교회에 부임하였는데 당시 나이 35세였다. 민족의식이 강했던 정덕생 목사는 3·1운동 때 부산 지역 만세 시위를 배후에서 지원하였고 3·1운동 후에는 초량교회 교인이자 부산지역의 대표적 민족운동가였던 백산상회의 안희제와 윤현진 등과 교류하면서 해외 독립운동을 적극 지원하였다.[42] 정덕생 목사는 경남노회장이던 시절 독립운동자금을 모아 상해 임시정부에 전달하곤 했는데 1921년 2월 운동자금을 전달하던 특파원이 압록강을 건너기 전 중강진경찰서에 체포되는 바람에 그를 비롯하여 함남노회의 김영제 목사,

41 〈草梁教會 堂會錄〉, 1926. 1. 10;《초량교회 100년사》, 대한예수교장로회 초량교회, 1994, 134.
42 《초량교회 100년사》, 93-103.

충북노회의 최영택 목사, 전북노회의 이자익 목사, 경안노회의 김
영욱 목사, 그리고 김영욱 목사와 동행했던 평양신학교 학생 장사
성 전도사와 함께 체포되어 "3천리 길을 16곳 경찰서 유치장을 거
쳐" 중강진경찰서까지 연행되어 조사를 받고 50일 만에 석방되어
교회로 돌아오기도 했다.[43]

정덕생 목사가 담임한 10년 동안 초량교회는 양적으로도 크
게 성장하여 40명 규모였던 교인수가 250명 규모로 성장하였다.
이러한 성장을 바탕으로 1922년에 1만 3천 원 기금으로 70평 규모
의 벽돌 예배당을 건축하였다. 또한 유치원을 설립하고 그 명칭을
'삼일유치원'으로 하였다. 여기서도 정덕생 목사와 당시 초량교회
교인들의 민족의식을 확인할 수 있다. 이러한 정덕생 목사의 민족
주의, 지역사회를 위한 목회와 선교활동에 일본 경찰 당국의 감시
와 탄압, 그리고 교회 내부의 보수적 신앙인들의 반발이 없지 않았
다. 이에 정덕생 목사는 1925년 12월 초량교회를 사임하고 부산진
교회로 옮겨 갔다. 그러자 초량교회 장로들이 신학교를 갓 졸업한
주기철 목사를 후임으로 청빙한 것이다.

주기철 목사가 초량교회에 부임하였을 때 나이는 정덕생 목
사 때보다 더 어린 30세였다. 게다가 초량교회는 그의 첫 목회지였
다. 신학생 시절 양산읍교회에서 조사로 사역한 경험이 있었지만
2년도 미치지 못했고, 그것도 '주말(週末) 목회'였기에 온전한 목회
는 초량교회가 처음이었다. 그러한 면에서 그의 초량교회 목회는
평양 장로회신학교에서 배운 성경 중심의 보수적 신학의 적용이
었다 할 수 있다. 초량교회가 소장하고 있는 〈당회록〉이나 〈제직회

---

43 〈조선예수교장로회 총회 제11회 회록〉, 1922, 139. 장병욱, 《한국교회유사》, 성광문
화사, 1975; 김형태, 《목사의 일생》, 대한기독교서회, 2008.

록〉 등을 근거로 주기철 목사 담임 시절 초량교회의 중요 목회 상황을 정리하면 다음과 같다.

첫째, 교회의 조직과 체제를 민주적으로 정비하였다. 그가 부임할 당시 초량교회엔 방계성 장로 1인밖에 없었는데 1929년 양성봉, 강대형, 박윤문 등 3명을 장로로 세워 당회를 강화시켰으며 여러 명 유사와 권찰, 집사를 세워 목회를 돕도록 했다. 그리고 1926년부터 교인들을 5개 구역으로 나누어 권찰들로 하여금 담당하게 하였다.[44] 이로써 목사와 교인 사이에 유기적인 연락, 협력 체제를 구축할 수 있었고 장로, 영수, 권찰, 집사 등 평신도 지도자들의 능력을 발휘할 수 있게 하였다. 그는 당회나 제직회를 운영하면서 당회장의 권위를 내세워 지시하고 명령하는 형태가 아니라 먼저 임원이나 교인들이 충분하게 토론하도록 이끌어 결론도 교인들 편에서 내리고 책임도 함께 지도록 유도하였다. 교인들의 의견에 반하여 자기주장을 무리하게 내세우는 권위주의 목회를 지양하였다.

둘째, 주일학교와 면려회, 유치원을 통한 교육 목회를 강화하였다. 주기철 목사는 부임 즉시 기존의 유년주일학교를 활성화시키는 한편 새롭게 장년주일학교를 조직했다. 즉 방계성 장로를 교장으로 하여 조직된 장년주일학교는 1) 남자 성경공부반, 2) 여자 성경공부반, 3) 성경연습반, 4) 신입반 등으로 세분하여 신앙 수준에 맞추어 성경을 공부할 수 있도록 유도하였다. 1924년 설립 인가를 받은 삼일유치원은 그동안 시설 문제로 원생을 모집하지 못하고 있었는데 주기철 목사 부임 후 양성봉과 홍순택, 조윤환, 임봉구, 방계성 등 교인들의 노력으로 1929년 7월 유치원 건물을 새로 신축하고 '초량유치원'으로 개명한 후 본격적으로 유치원 사업

44 《초량교회 100년사》, 138-142.

을 시작하였다.[45] 그리고 이미 조직되어 있던 청년면려회 활동을 후원하는 한편 1931년 9월 12-19세 남녀 학생들로 소년면려회(少年勉勵會, 초대 회장 이유명)를 조직하고[46] 청소년 선교활동을 적극 지원하였다.

셋째, 가난하고 어려움을 당한 교인들을 돕기 위한 부조(扶助) 체계를 세웠다. 주기철 목사는 1931년 교인들 사이에 경제적으로 어려운 사람들을 위해 상부상조하는 '호상계'(互相契)를 조직하자는 의견이 나오자 이를 제직회에 상정하여 교인 상사(喪事)가 났을 경우 교인들이 십시일반으로 부조하여 장례를 치를 수 있도록 하였다. 그리고 제직 중심으로 호상위원회를 조직하였고 교인용으로 상여를 특수 제작하였으며 극빈자 가족의 경우는 장례비 일체를 교회에서 부담한다는 원칙도 세웠다.[47] 또한 성탄절 같은 교회 절기를 기해 가난한 교인들에게 양식과 의복을 나누어주는 구제 사업도 정기적으로 실시하였다.

넷째, 엄격한 '권징'을 통해 교인들의 신앙 질서를 구축했다. 평양 장로회신학교 재학시절 농도 깊게 배운 과목 중 하나가 '권징조례'(勸懲條例) 과목이었다. 장로교회 헌법에 기초하여 교인들의 신앙생활의 원칙과 기준을 정리한 것으로 이것을 기준으로 교인들을 엄격하게 치리(治理)하여 교회 질서와 전통을 삼고자 했다. 주기철 목사 담임 시절 기록된〈당회록〉은 이 같은 치리 상황을 자세히 전하고 있는데, '불신자와 혼인'을 이유로 책벌 받은 경우가 제일 많았고 '목사의 허락을 받지 않고 행한 안수 기도', '장기 결석', '간

45 "초량유치원 대규모로 신축",〈동아일보〉, 1929. 7. 10; "초량유치원 대규모로 신축, 초량교회에서 인수",〈中外日報〉, 1929. 7. 1;《초량교회 100년사》, 152-156.
46 〈草梁教會少年勉勵會 會議錄〉(1931-1941).
47 앞 책, 142-143, 151-152.

음' 등의 이유로도 책벌을 받았다.[48] 그러나 이 같은 권징과 책벌이 초량교회나 주기철 목사에게만 나타나는 '특별한 현상'은 아니었다. 주기철 목사 부임 이전, 정덕생 목사 시절에도 그러했고, 그 시기 다른 교회에서도 발견할 수 있는 '보편적인' 현상이었다. "목회 형태 중에서 치리는 중요한 신앙 훈련의 한 길"이었고 "그 때 교회가 일반적으로 교인들의 치리에 엄격하였음"도 사실이다.[49]

이처럼 주기철 목사는 초량교회에서 목회하면서 획기적이고 파격적인 변화를 시도하기보다는 전임자 정덕생 목사가 이룩해 놓은 바탕에서 차분하게 조직을 정비하고, 주일 예배와 성례전, 구역회, 주일학교 교육을 통해 내실 있는 신앙인을 육성하는 데 주력하였다. '처녀 목회자'로서 무리한 모험을 하지 않으려는 것도 있었지만 역사적 전통이 있는 교회만이 가질 수 있는 교인들의 자발적 참여와 헌신을 이끌어내려는 '민주적' 목회의 결과로도 볼 수 있다. 이같이 차분한 목회를 무리 없이 추진한 결과, 2백 명 교인이 4백 명 수준으로 늘어났다.[50] 주기철 목사가 부산 초량교회에 부임한 지 4년이 되는 1929년 10월, 민족주의 계열의 중앙일간지 〈중외일보〉에서 '부산 특집'으로 신문을 발행하며 부산의 경제와 산업, 의료, 교육, 종교 분야를 진단하는 기사를 부산 인사들의 집필로 꾸몄다. 그때 주기철 목사가 '부산의 종교' 부분을 담당했는데 그 기사 전문은 다음과 같다.

:   부산의 종교 중에도 특히 기독교를 말하고저 하는 바 이는 기독
      교만이 종교라는 것이 아니라 내가 기독교 이외의 종교를 알지

48 앞 책, 143-144.
49 민경배, 앞 책, 87.
50 《초량교회 100년사》, 159.

못한 까닭이다. 조선에 들어온 신문화는 부산을 거쳐 오지 안은 것이 별로히 업스련만 부산은 수송의 임(任)에만 분망(奔忙)하야 자기가 흡취(吸取)할 여유가 없었던지 인구로는 조선 제2 혹은 제3의 대도시인 부산이 기실(其實) 내용에 이르러서는 다른 도시에 비하야 훨씬 떨어진다. 기독교 역시 그러하다. 평양의 기독교, 선천의 기독교, 재령 대구의 기독교가 다 부산을 거쳐 간 것인만치 내보낸 부산은 그 여러 곳보다 뒤떨어진 상태에 있다. 이에는 설명을 하자면 여러 가지의 이유가 있을 것이나 간단이 지면에 그 이유까지를 다 말하지 못하고 다만 기독교의 상황 개략을 말하고 그치고자 한다. 부산에 기독교회는 5처가 있는데 4처는 장로교회요 1처는 성결교회이며 5처의 신도 수를 합하면 장년이 약 9백 명이오 유년이 약 천 명이다. 교회경영의 유치원이 4처가 있고 경남선교사회 경영의 여자소학교가 1처 있다. 부산이라고 영구히 이렇게 뒤떨어져 있을 이유는 없을 것이다. 평민의 종교요 빈민의 종교인 기독교가 빈민과 노동자를 중심으로 이룬 부산에 있어서 가장 진취한 발전을 취하야 반도의 동남방에서 영(靈)의 봉화를 올릴 날이 있을 것을 신(信)하는 바이다.[51]

부산이 기독교뿐 아니라 신문화를 한반도에 전파한 수입처임에도 불구하고 다른 도시에 비해 신문화 혜택과 기독교 교세가 미약하지만 분발해서 한반도에 '영적 봉화'를 올릴 날이 올 것이라는 희망과 기대를 담아 쓴 기사였다.

초량교회에서 목회하는 기간에 주기철 목사의 가족 상황에도 적지 않은 변화가 있었다. 우선 1927년 11월 셋째 아들 영해(寧海)

---

51 "부산의 긴급 문제와 명사의 관찰", 〈中外日報〉, 1929. 10. 30.

를 얻는 기쁨이 있었으나 이듬해 7월, 네 살박이 둘째 아들 영묵(寧黙)이 죽었고 1930년 3월 첫 딸 영덕(寧悳)을 얻었지만 1년 만에 죽는 슬픔을 겪었다.[52] 집안 경제상황도 그리 좋지 않았다. 양산읍교회 조사 시절에 비하면 월급은 올랐지만 그래도 '70원' 월급으로 다섯 식구가 살기엔 부족했다. 그것은 교인 가정이나 교회 사정도 마찬가지였다. 1920년대 후반 세계적인 경제공황 여파로 한반도에도 불경기가 지속되면서 교회의 재정상황은 나아질 기미를 보이지 않았다. 그런 상황에서 주기철 목사는 초량교회 제직회에 "세계의 불경기로 인해 어려움이 극심한데 교역자 된 우리가 전과 같은 액수의 봉급을 받는 것조차도 양심상 불안하다"며 자기 월급을 60원으로 낮춰달라고 요청하였다. 그러나 제직회는 "종전대로 70원을 지급하기로" 결의하였다.[53] 이처럼 스스로 생활비를 맞춰달라고 요구했던 사실이 교인들에게 알려지면서 목회자로서 주기철의 '영적 권위'는 오히려 높아졌다.

주기철 목사는 초량교회를 담임하는 동안 노회나 총회 관련 일에도 적극 참여하였다. 경남노회에서는 재무부, 학무부 위원으로 활약하였고 1928년 1월 3일 부산진교회에서 열린 제24회 경남노회와 1930년 6월 9일 부산 항서교회에서 개최된 제28회 경남노회에서 각각 부노회장에 피선되었다.[54] 그리고 1926년부터 경남노회에서 경영하는 부산 경남성경학원 교사로 나가 강의하였는데 손양원과 이정심, 전재선, 박손혁 등이 이 무렵 그에게 성경을 배웠다.[55]

52 〈朱基徹 除籍簿〉.
53 〈초량교회 제직회록〉;《초량교회 100년사》, 158-159.
54 〈경남로회 뎨 二十二회로 뎨 二十七까지 회록〉, 1929, 94;《조선예수교장로회 경남노회 제28회 회록〉, 1928.
55 민경배, 앞 책, 88.

주기철 목사는 1926년 7월 노회에서 총대로 선출되어 그해 9월 평양 서문밖교회에서 개최된 제15회 장로회 총회에 처음 참석하였다. 이 총회에서 주기철 목사는 '노회록 검사위원'으로 활동하였다.[56] 노회록 검사위원이 비중 있는 직책은 아니었지만 신학교를 졸업한 지 1년 만에 '총대'가 되었다는 사실 하나만으로도 주기철 목사가 노회와 총회에서 중요한 인물로 부각되기 시작했음을 알려주기에 충분했다.

---

56 〈조선예수교장로회총회 제15회 회록〉, 1926, 11.

1928년 6월 초교파 교회신문인 〈기독신보〉에 주기철 목사의 기도
문이 실렸다. 이 기도문은 주기철 목사가 평소에 존경하던 선배 목
회자 김영구(金永耉, 1887-1928) 목사의 급작스런 별세 소식을 접하고
쓴 것이다.[57] 김영구 목사는 서울에서 태어나 고아로 자라 일본 고
베신학교를 졸업하고 돌아와 전북 고창 오산학교 교사로 시무하다
가 1921년 초 서울 승동교회 조사로 시무하면서 1922년 봄 학기 평
양 장로회신학교 수업을 듣고 그해 9월 경충임시노회에서 목사 안
수를 받고 승동교회 담임자로 부임하였다.[58] 그는 명설교가로 이름
을 날렸을 뿐 아니라 자신의 봉급으로 고아와 고학생들을 보살펴
'종로의 성자' 칭호를 받았으며 일본 정부가 '종교단체법'을 제정하
여 교회를 통제하려는 의도를 보이자 한국 장로교회 대표로 방일
하여 일본 정치인들을 면담하고 법안 철폐 운동을 벌이기도 했다.
청년 학생층, 소장파 목회자들에게 절대 지지를 받았던 그는 미국
유학을 준비하다가 과로로 병을 얻어 1928년 5월 21일, 41세 나이로
별세하였다. 주기철 목사의 기도문은 이렇게 시작된다.

: 오! 사랑하시는 주여! 이것이 웬일이오닛가? 내가 가장 애경하
는 형님을 당신이 불러가셨사옵나이다. 떠나도 좋은 자는 오히
려 머물러 두시고 잇서서 필요한 이는 발서 불으셧사옵나잇가?

57 〈基督申報〉, 1928. 5. 23, 5. 30; 김충렬, "예수님을 물려주신 조부 목사님", 〈교회와 신
앙〉, 2004. 8. 11.
58 홍치모, 《승동교회 백년사》. 대한예수교장로회 승동교회, 1996, 166.

오! 주여! 이것이 웬일이오닛가? 당신의 총애하시는 참된 종을 이다지도 속히 불러가셨사옵니잇가? 만코만흔 당신의 사업을 누구에게 부탁고저 하시니잇가! 오! 주여 조선교회의 명성(明星)을 하늘나라로 옴기셨사옵나잇가? 사단의 역습에 부댓기어 고성(孤城)을 사수하여가는 당신의 교회들을 엇더케 하시고저 하니잇가? 불법의 기미가 발동하고 거짓 스승이 발호하는 이 때에 당신의 교회를 엇더케 하시고저 하니잇가? 오! 주여! 조선청년의 양사우(良師友)를 당신의 압흐로 불러가셨사옵나잇가? 저 희들은 다시 누구의 지도를 밧으오잇가?[59]

기도는 항의(?)로 시작되었다. 그만큼 '형님'처럼 존경하며 따랐던 김영구 목사의 죽음에 받은 충격이 컸다. 그러나 후반에 이르러 분위기가 변한다.

：　그러나 주이시여! 만사가 당신의 뜻이로소이다. 당신의 뜻을 누구가 막을 수 잇삽나잇가? 당신의 지혜를 누구가 측량할 수 잇스며 당신의 판단하심을 그 종적인들 차즐 자 누구가 잇겟습닛가? 당신의 뜻대로만 일우어지이다. 당신의 성지(聖旨)일진대 무엇이던지 복종코저 하나이다. 우리의게 유익하게 하심인줄을 밋사옵고 선히 복종코저 하옵나이다. 더욱 크신 사랑일줄 밋사옵고 깃붐으로 복종코저 하나이다. '모세'를 부르신 후에 '여호수아'를 보내시던 주님이시여! 당신이 가신 후에 성신을 보내시던 주님이시여! 보다 밝은 명성(明星)을 조선교회에 보내여주소서. 보다 굿센 진리의 옹호자, 보다 진실한 교회의 충복(忠僕)을

59　주기철, "祈禱(金永耇 牧師의 訃音을 듣고)", 〈基督申報〉, 1928. 6. 6.

"만사가 당신의 뜻이로소이다", "당신의 뜻대로만 이루어지이다", "당신의 거룩한 뜻일진대 무엇이던지 복종코저 하나이다", "선히 복종코저 하옵나이다", "기쁨으로 복종코저 하나이다", 목회자로서 주기철의 '순종 철학'을 발견할 수 있는 대목이다. 비록 원하지는 않았던 상황이었지만 그것까지도 '하나님의 뜻'으로 알고 받아들이겠다는 신앙 표현이었다. 또한 "보다 밝은 명성을 조선교회에 보내여 주소서", "보다 굿센 진리의 옹호자, 보다 진실한 교회의 충복(忠僕)을 보내여주소서"란 간구는 김영구 목사의 뒤를 이어 '조선교회의 명성', '진리의 수호자', '조선교회의 충복'으로 살겠다는 의지의 표현이었다. 짧은 기도문이었지만 주기철 목사의 신앙과 의지를 담기엔 충분하였다.

주기철 목사는 초량교회 목회를 마감할 즈음(1931년), 김영구 목사와 같은 의미에서 '형님'으로 불렀던 윤치병(尹恥炳, 1889-1979) 목사에게 '아픔의 편지'를 보낸 적이 있다. 김영구 목사 장례식에서 '약력 보고'를 한 바 있는 윤치병 목사는 김영구 목사에 대해 "영혼을 의지하는 관계", "참으로 영혼을 의탁할 만한 목사"라고 표현할 정도로 가깝게 지냈다.[61] 김영구 목사와 윤치병 목사는 전북 고창에서 농장을 경영하던 일본인 마스토미(枡富安佐衛門) 장로의 후원을 받아 1914년 일본 고베신학교에 유학하면서 "동창(同窓), 동고(同苦)의 친구" 사이가 되었다.[62] 충남 논산 출신인 윤치병 목사는 일

---

60 앞글.

61 〈故金永耉牧師 葬禮式順〉, 1928. 5. 23; "고 김영구 목사를 추모하는 지우들의 말", 〈基督申報〉, 1928. 5. 30.

62 백도기·서재경, 《聖貧의 牧者 非堂 尹恥炳 牧師》, 한민미디어, 1998, 12-13.

[1] 고향을 떠나 목사가 되다

본 유학을 마치고 돌아와 고창 오산학교 교사로 있다가 1926년부터 서울 안동교회 조사를 거쳐 1927년 12월 경안노회에서 목사 안수를 받은 후 영주읍교회 '동사목사'(同事牧師)로 부임하였다. 그러다가 1929년 7월, 영주읍교회 교인의 이혼 및 재혼과 관련하여 일어난 '교회 분규사건'에 연루되어 윤치병 목사는 경안노회에서 '목사 정직' 처분을 받았다.[63]

사건 직후 윤치병 목사는 김제 월봉리교회 교인들의 청빙을 받고 부임했으나 전북노회 역시 '정직' 중인 그의 자격을 문제 삼아 월봉리교회 청빙을 허락하지 않았다. 결국 윤치병 목사는 그를 지지하는 교인들과 함께 장로교회를 탈퇴하고 독립교회로 '월봉리복음교회'를 창설한 후 〈복음과 감사〉란 개인잡지를 내기 시작했다.[64] 이런 일로 윤치병 목사는 경안노회와 전북노회뿐 아니라 전

---

63 사건을 요약하면 다음과 같다. 1929년 4월 영주읍교회 교인 김병원의 부인이 아이를 생산하지 못하자 합의 이혼했는데 영주읍교회 당회장 서화선(徐華善) 목사가 "간음이 아니고는 이혼할 수 없다"는 장로교회 규칙을 적용하여 김병원을 책벌하였다. 이에 대해 동사목사였던 윤치병 목사는 주일 설교를 통해 김씨 부부의 이혼이 '불임'(不姙)이라는 불가피한 상황을 배경으로 한 것이고 부인 쪽에서 먼저 이혼을 제기했다는 점을 들어 김씨 부부의 이혼을 '이해할 수 있는 상황'이라며 당회의 책벌이 가혹했음을 지적했다. 이어 김병원이 대구에서 다른 여신도와 재혼하게 되었는데 윤치병 목사는 김병원의 부탁을 받고 재혼 주례를 거부하는 남산정교회 목사에게 주례를 하도록 권면하였다. 결국 이 일로 윤치병 목사는 영주읍교회와 경안노회 '보수적' 목회자, 장로들로부터 비난을 받기 시작했고 마침내 1929년 7월 '이혼 찬성', '간음 방조' 혐의로 경안노회 재판국에 회부되어 '목사 정직(停職)' 처분을 받았다. 이를 계기로 영주읍교회 교인들은 윤치병 목사를 지지하는 세력과 서화선 목사를 지지하는 세력으로 나뉘었고 결국 윤치병 목사를 지지하는 '청년' '진보' 세력들이 별도로 영주중앙교회를 설립하고 나갔다. 경안노회에서 '정직' 처분을 받은 윤치병 목사는 김제 월봉리교회로 옮겨 갔으며 이듬해 서화선 목사도 풍산 영처교회로 옮겼다. "경안노회", 〈基督申報〉, 1930. 1. 8; "경안노회", 1930. 7. 2.

64 윤치병, 〈追白〉, 1931. 9. 이 자료는 〈윤치병에게 보내는 주기철 서한〉(1931. 6. 15.)과 함께 한국기독교역사박물관에 소장된 〈윤치병 자료철〉 안에 있다.

국에서 '유명 인사'가 되었다. 교회 내부의 선교사나 보수적 목회자, 교인들로부터는 정직 혹은 징계를 받아 '이단성이 있는 목사'로 낙인찍혔지만 진보적 청년 교인과 일반사회에서는 '개혁적인 소장파 목사'로 인식되었다. 그런 상황에서 윤치병 목사는 1931년 6월 〈근고〉(謹告)라는 제목으로 독립교회를 세우게 된 동기를 밝히는 서한을 한국 교계에 발송했다. 부산에서 그 편지를 받은 주기철 목사가 윤치병 목사에게 보낸 답장 전문이다.

: 　동래읍에서 열니는 부산구역 교역자수양회에 참예하엿다가 일
　　전에 도라와서 형님의 하서(下書)를 보앗습니다. 일이 필경 그
　　러케 되고보니 교회와 형님을 위하여 유감 됨이 만슴니다. 그러
　　나 시비는 제2의 문제이고 합하지 못할 바에는 갈나서는 것도 무
　　방한 일이외다. 들어가 여러 사람의 총중(叢中)에 서시든지 나아
　　와 호올로 서시든지 오직 진리를 위하야 싸호아 나온 자최인줄
　　을 아오니 주께서 분명히 형님과 갓치 하실 줄을 밋슴니다. 만인
　　의 사명이 반드시 한 길이 아니겟사온즉 형님은 형님 길에서 주
　　님의 영광을 돌니소서.[65]

　주기철 목사는 우선 '형님'으로 불렀던 윤치병 목사가 장로교회를 탈퇴하고 독립교회를 설립한 것에 대하여 우선 "교회와 형님을 위하여 유감 됨이 많다"며 교회 분열에 유감을 표명하였다. 그러면서 분열은 안타까운 일이지만, "만인의 사명이 반드시 한 길이 아니겠으니", "합치지 못할 바에는 차라리 갈라서는 것도 무방하다"는 말로 윤치병 목사의 독립교회 설립을 인정하였다. 그뿐 아

---

65 〈윤치병에게 보내는 주기철 서한〉, 1931. 6. 15.

니라 주기철 목사는 "진리를 위하여 싸워 온 자취"를 보여준 윤치병 목사를 치하하며 "주께서 분명히 형님과 같이 하실 줄을 믿습니다", "형님은 형님 길에서 주님의 영광을 돌리소서" 격려하였다. 이는 "교인의 이혼과 재혼을 인정함으로 장로교회 교리를 위반했다"며 그를 징계했던 노회나 교회의 입장과는 분명한 차이가 있었다. 이를 통해 주기철 목사의 신학적 입장이 교리와 신조, 전통을 고집하며 변화와 개혁을 일절 배격하는 보수주의, 근본주의 신학의 폐쇄적 입장과 결이 달랐음을 알 수 있다.

이렇듯 부산 초량교회에서 처녀목회를 시작한 주기철 목사에게 '형님'이라 불렀던 김영구 목사의 별세와 윤치병 목사의 독립 교회 분립은 신앙적으로, 신학적으로 자신의 입장을 정리할 수 있는 계기를 만들어 주었다. 우선 김영구 목사의 죽음을 통해서 "모든 것을 하나님의 선하신 뜻으로 받아들여"(딤전 4:4) 순종하고 복종하는 목회 철학을 수립하였고, 윤치병 목사 사건을 통해서 성경과 교리에 대한 신학적 입장과 해석이 다를지라도 "다르다"는 이유로 무조건 배척하고 폐쇄적이기보다 공동선(진리)을 위해 대화하고 협력하는 '열린' 신학적 입장을 취하게 되었다. 그렇게 주기철 목사는 초량교회에서 5년 목회를 하는 동안 목회 초년생의 실험기를 거쳐 '성숙한' 목회자로 바뀌었다.

그들이 가버나움에 들어가니라
예수께서 곧 안식일에 회당에
들어가 가르치시매 뭇 사람이
그의 교훈에 놀라니 이는 그가
가르치시는 것이 권위 있는
자와 같고 서기관들과 같지
아니함일러라
—

막 1:21-22

말씀에 실린
목사의 권위

우리는 우리를 적게 여기고(삼상 15:17) 세상은 우리를 쉽게 알지마는
하나님은 우리를 취하사 자기의 사자(使者)를 삼으셨다. 우리를
모태에서부터 택하셨고 우리를 당신의 것이라는 이름을 주셨고
우리를 세워 자기의 대언자(代言者)가 되게 하셨고 자기의 영광을
위하여 살게 하시며 자기의 양떼를 기르게 하셨다. 그런즉 목사직의
어떠한 것을 알고저 하는가. 하나님의 영광을 아는 자가 목사의
영광을 알 것이요. 하나님의 존귀를 아는 자 목사의 존귀를 알 것이다.
그리고 하나님의 권위를 아는 자가 또한 목사의 권위를 알 것이다.
목사를 향하여 왕왕 모욕을 가하는 자가 있거니와 이는 하나님을
모르는 무지몽매한 자이다.
—
주기철의 "목사직의 영광" 중에서

말씀의 권위는 순종으로 증명된다. 창조주 하나님의 권위는 창세기 1장이 증언하는 바, "하나님이 이르시되……", "……그대로 되니라"는 기록에서 확인된다. 예수님의 말씀에도 그런 권위가 실려 있었다. 바울은 "하나님의 아들 예수 그리스도는 예하고 아니라 함이 없다"고 했다.

목사의 권위도 그러하다. 강단에서 선포한 말씀이 먼저 그 자신을 통해 그대로 이루어질 때 성도들은 그런 목사의 말씀에 순종한다. 하나님 말씀의 대언자로서 목사의 권위, 주기철 목사가 가장 중요시했던 대목이었다. 그가 삼십대 약관의 나이에 노회장으로, '명설교자'로서 명성을 얻게 된 배경이다.

1931년 7월 14일 동래읍 수안교회에서 경남노회 임시노회가 개최 되었다.[1] 이 노회의 주요 안건은 초량교회의 주기철 목사와 마산교 회(현 마산 문창교회)의 이수현 목사 이동에 관한 사항이었다. 즉 노 회는 "주기철 목사와 초량교회 총대 양성봉 장로의 설명을 들은 후 주기철 목사 사면 밧기로 회중 가결"하였고, "이수현 목사와 마산 교회 총대 심상익 장로의 설명을 들은 후 이수현 목사 사면 밧기로 회중이 가결"한 후 이수현 목사에 대한 순천노회 순천읍교회(현 순 천중앙교회)의 청빙서를 받아들였다.[2] 그리고 2주 후 7월 28일 부산 진교회에서 또다시 임시노회를 열어 이번에는 "마산교회에서 드린 주기철 목사 청빙서를 낭독함에 회중이 받기로 가결"하고 위임식 을 8월 1일 마산교회에서 갖기로 결의하였다.[3] 이로써 주기철 목사 는 이수현 목사 후임으로 마산교회 당회장으로 부임하였다.

주기철 목사의 초량교회 사임과 마산교회 부임은 주기철 목 사나 초량교회에 문제가 있어서라기보다는 마산교회 사정 때문이

---

1 주기철 목사가 초량교회에서 목회하던 1931년 "경남노회에 '신사참배 거절안'을 체 출하여 가결토록 하였고 그 때문에 일제의 압력을 받아 마산 문창교회로 옮겨 가게 되었 다"는 주장이 있으나(김충남, 앞 책, 136-137; 민경배, 앞 책, 90; 김요나, 앞 책, 157-158) 당 시 경남노회록에 이러한 기록이 없고, 또 경남노회가 신사참배를 가결하였다는 '1931년' 은 아직 신사참배 문제가 한국 교회에 야기되기 이전이기 때문에 신빙성이 없다. 이만열, "주기철 목사의 신앙 – 평양 이전의 생애를 중심으로-",《소양주기철목사 기념논문(1호-5호 합집)》, 소양주기철목사기념사업회, 2000, 272-220.

2 〈조선예수교장로회 경남로회 제29회 노회 임시 노회 회록〉, 1931. 7. 14.

3 〈조선예수교장로회 경남로회 제29회 노회 임시 노회 회록〉, 1931. 7. 28.

었다. 1901년 창립된 마산교회는 설립 초기엔 선교사들이 교회를 맡아 보다가 1912년 한석진 목사가 한국인으로는 처음 부임하였고 뒤를 이어 1919년 박정찬 목사, 1925년 박승명 목사가 부임하였다. 그런데 박승명 목사가 부임한 지 1년 만에 여성 교인들 사이에 박승명 목사를 배척하는 움직임이 일기 시작하였고 결국 교인들은 목사 반대파와 지지파로 양분되어 갈등을 빚었다. 이 사건은 교회 안의 청년층과 장년층, 마산 토박이와 외지출신 교인, 선교부와 지역 교회, 당회와 노회 전권위원회, 노회와 총회 조사위원, 서북 교회와 영남 교회 간의 지역갈등으로까지 확대되었다. 결국 교인 간의 물리적 충돌로 경찰까지 출동하여 〈동아일보〉, 〈조선중앙일보〉 같은 중앙 일간지에도 자세히 보도됨으로 사회적 관심이 증폭되었다.[4]

이 사건은 박승명 목사의 사임원이 경남노회에서 수리되고, 박승명 목사와 그를 지지하는 교인들이 1928년 4월 탈(脫) 선교사, '자치교회'를 선언하며 장로교회에서 탈퇴, '마산예수교회'(현 마산 중앙감리교회)를 설립하고 나갔다. 교회 분립으로 사건은 일단락되었지만 그 후유증은 오래 갔다. 장로회 총회장을 역임한 바 있는 함태영 목사가 분규를 수습하기 위해 1927년 12월 당회장으로 부임했으나 2년 만에 서울 연동교회로 옮겨 갔고, 그 후임으로 이수현 목사가 부임했으나 그 역시 2년을 채우지 못하고 마산교회를 사임한 후 순천읍교회로 옮겨 갔다.[5] 마산교회 분열 후유증은 경남노회로서 '풀기 어려운 난제'가 되었다.

4   〈경남로회 뎨 二十二회로 뎨 二十七까지 회록〉, 1929, 26-32, 69-79; 〈조선예수교장로회 총회 제16회 회록〉, 1928, 51, 122; 〈동아일보〉, 1926. 10. 27, 1926. 12. 10, 1927. 1. 10; "문창교회 분규사건", 《기독교대백과사전》, 제6권, 기독교문사, 1982, 600-601; 《문창교회 100년사》, 한국장로교출판사, 2001, 105-107.
5   《문창교회 100년사》, 111-113.

이런 상황에서 마산교회의 갈등과 분열 후유증을 치료할 인물로 주기철 목사가 거론되었다. 경남노회의 원로급 목회자들은 원만한 성품과 실력을 갖추고 있으면서 교회 안의 노·장층 간의 갈등을 해소하고 선교사 문제, 노회와 총회와 관계 등을 원만하게 해결할 수 있는 '젊지만 관록이 있는' 주기철 목사를 마산교회에 적극 추천했다. 결국 주기철 목사는 1931년 6월 초량교회에 당회장 사면의 뜻을 밝혔다. 이에 대해 〈초량교회 제직회록〉은 "마산교회 목사의 사면 이후로 교회 형편이 심히 난(難)인 바 원로 목사 제씨가 언(言)하기를 주기철 목사가 아니면 마산교회는 치리할 수 업다 하매 수순간(數旬間) 기도하고 생각하매 마산교회로 가는 거시 하나님의 뜻이라고 사면할 것을 표명"하였다고 기록하였다.[6] 초량교회 교인들은 분란에 싸인 교회를 살리기 위해 떠나는 주기철 목사를 '눈물로' 환송하였다.

주기철 목사는 경남노회 결의대로 1931년 8월 1일 위임식을 거쳐 마산교회 당회장으로 취임하였다. 마산교회는 고향 웅천과 가까웠을 뿐 아니라 10년 전 김익두 목사의 부흥회에 참석했다가 목회 소명을 받은 곳이기도 했다. 주기철 목사는 마산교회에 부임하자마자 자신의 목회 철학이나 의지를 내세워 획기적인 변화를 추구하지는 않았다. 오랜 교회 분규로 인해 입은 교인들의 마음의 상처를 치유하며 흐트러진 교회 조직과 체제를 정비하여 그 기능을 회복하는 것으로 목회를 시작하였다. 우선, 예배당 강단과 강대, 정문과 후문, 교회 간판, 사택 우물, 교회 게시판, 찬양대 의자 등을 개수하거나 새로 제작하는 등 눈에 띄는 부분을 수리하고 보완하였다. 그러면서 예배당, 특히 강단을 일반 교인들이 함부로 출입할

6 〈초량교회 제직회록〉, 1931. 6. 21;《초량교회 100년사》, 159.

수 없는 '거룩한 공간'으로 규정하였고, 예배당 정문은 주일과 수요일 외엔 폐쇄하였다.[7] 이는 오랜 갈등과 분규로 인해 상실된 '성전'(聖殿)의 종교적 의미를 회복하려는 의도가 담긴 것이었다. 예배당 안에서 드리는 예배의 종교성을 회복하는 것으로 교인들이 입은 마음의 상처를 치유하고 교회 본래의 선교와 교육, 친교의 기능을 회복하려 했던 것이다.

주기철 목사는 예배의 중심이 되는 설교 준비에 힘을 기울였다. 그는 매주일 예배 10분 전에 '준비 당회'를 소집하여 예배와 그날 행사에 대해 먼저 협의하였다. 주기철 목사는 목회의 비중을 "7분(70%) 설교에 힘 드리고 2분(20%) 심방, 1분(10%) 사무에" 두었다.[8] 그는 '원고 설교'를 하였으며 준비 없는 설교를 하지 않은 것으로 유명하였다. 그의 설교 준비는 월요일부터 시작되었는데 금요일까지 설교 준비를 마치고 토요일엔 설교를 위하여 기도하였다. 설교 준비를 위해 종종 무학산에 올라 산 기도를 드렸으며 교회 절기나 특별한 사유가 있을 때 전교인과 함께 1주간씩 새벽기도회를 하곤 했다. 이처럼 기도로 준비한 설교는 교인들에게 감동으로 전달되었고, 오래지 않아 '설교 잘하는 목사'로 알려지게 되었다.

기도와 설교, 예배 중심의 목회는 상처 입은 교인들의 마음을 치유하고 교인 간의 갈등을 해소하는 데 효과적이었다. 주기철 목사는 이를 바탕으로 흐트러진 교회 조직을 정비해 나갔다. 먼저 교적부를 정비하여 불출석 교인과 이사 간 교인들을 정리하였고 당회에서 서리 집사를 선정할 때 '배수 공천에 무기명 투표' 원칙을 도입하여 민주적인 의회 제도를 수립하였으며 헌금 영수를 위

7　〈마산교회 제직회록〉, 1931. 8. 21-1932. 11. 20;《문창교회 100년사》, 116.
8　김인서, 앞 책, 35.

해 영수 회계 제도를 도입하였고 제직회 안에 서기와 회계 외에 비품위원, 수리위원, 서무위원 등을 두어 교회 일에 평신도들이 자발적으로 참여하도록 유도하였다. 또한 교인 상례(喪禮)에 대한 원칙도 수립하였고 교회 사무용 화인(火印)도 제작했다. 주보도 그가 부임한 6개월 후부터 발행하기 시작했고 교회 연혁지(沿革誌) 편찬위원회를 조직하여 교회 역사 정리에도 착수하였다.[9]

주기철 목사는 초량교회에서도 그러했지만 마산교회에서도 당회장으로서 교회와 교인들의 신앙 질서를 해치는 행위에 대해서는 단호하게 징계하였다. 특히 불신자와 혼인한 교인에 대한 치리와 남녀 간의 '풍기문란' 행위, '7계 위반'(간음) 행위에 대해 단호하였다.[10] 여학생을 데리고 여행한 교회 임원, 여학생들과 한 방에서 기도한 남성 교사도 징계할 만큼 엄격했다. 이는 남녀문제에 대한 주기철 목사 자신의 엄격한 원칙 탓도 있겠지만 2년 전 마산교회를 갈등과 분규로 몰고 간 근본 원인이 목사의 '7계 위반' 혐의 때문이었다는 점에서 목사 자신뿐 아니라 교회 임원과 학생 지도교사들의 엄격한 윤리원칙이 필요했던 것이다.

다음으로 주일학교와 면려회를 적극 후원하였다. 기존의 유년주일학교와 장년주일학교 외에 청년주일학교를 설치하였고 면려회도 연령대별로 유년면려회와 소년면려회, 청년면려회, 장년면려회로 나누어 자치활동을 하도록 유도하였다.[11] 주기철 목사는 주일학교 및 면려회 사업과 관련하여 오늘날의 교육관에 해당하는 주일학교 전용 교사(校舍)를 마련하였다. 같은 예배당 공간 안에서

9 〈마산교회 제직회록〉, 1931. 9. 5-1933. 2. 5;《문창교회 100년사》, 120-121.
10 〈마산교회 당회록〉, 1931. 11. 15-1935. 12. 22;《문창교회 100년사》, 121.
11 〈마산교회 제직회록〉, 1934. 6. 3;《문창교회 100년사》, 117.

장년부 예배와 주일학교 예배 및 교육 활동이 이루어짐으로 '철모르는 아이'들에 의해 성전 공간이 훼손되는 것을 방지하고 주일학교 교육의 실효를 거둘 수 있도록 주일학교 전용 건물을 짓기로 하고 당회와 제직회를 설득하여 1932년 11월 7일 '주일학교교사 신축기성회'를 조직한 후 건축기금 모금운동을 전개하였다.[12] 주일학교 교사 신축운동은 교인들의 적극적인 참여에도 불구하고 사회적 불경기로 인해 진척이 늦어져 주기철 목사가 평양으로 떠난 후인 1937년에야 비로소 예배실과 교실, 사무실은 물론 영사실까지 갖춘 연건평 208평짜리 2층 목조 건물을 마련하였다.[13]

　　주기철 목사의 가난한 자, 어려운 교인을 위한 '구제 목회'는 마산교회에서도 계속되었다. 그는 교회 절기, 특히 성탄절이나 부활절을 맞아 교회 안의 가난한 교인을 구제하기 위한 특별 헌금을 실시하였고, 제직회 안에 '구제조사위원회'를 두어 교인 구제를 체계적으로 실시하도록 유도하였다.[14] 마산교회 교인뿐 아니라 인근 지역 미자립 교회와 수해지역 주민에 대한 구제 활동도 벌였다. 또한 초량교회 시절의 경험을 살려 교인 전용 상여를 제작하여 보관 창고에 안치하였고 가난한 교인의 장례는 교회에서 전적으로 맡아 치러주었다.

　　이처럼 마산교회에 부임한 후 주기철 목사의 목회 역량은 설교 중심의 예배 회복과 교회 조직 및 체제 정비, 엄격한 교회 질서 확립, 주일학교와 면려회 진흥, 구제와 자선사업 등 다양한 영역에서 유감없이 발휘되었다. 그 결과 오랜 갈등과 분규로 상처를 입었

12　〈마산교회 주일학교교사 신축기성회록〉, 1932. 11. 7-1935. 3. 3;《문창교회 100년사》, 118.

13　《문창교회 100년사》, 119.

14　〈마산교회 제직회록〉, 1931. 11. 1-1934. 12. 23;《문창교회 100년사》, 123-124.

던 교인들의 상처가 치유되고 교인 상호 간의 신뢰가 회복되었다. 이를 바탕으로 교회는 착실한 성장을 이룩하여 교회 분규 직후 1백 명 미만으로 떨어졌던 교세가 주기철 목사 부임 후 1년 만에 3백 명 수준으로 늘어났다. 주기철 목사는 경남노회 원로 목사들이 기대한 대로 마산교회의 분규 후유증을 말끔히 치유하고 안정과 성장을 이룩하였다. 이 같은 '목회 성공'으로 경남노회와 총회 안에서 주기철 목사의 위상이 더욱 높아졌다.

주기철 목사는 1932년 1월 5일 밀양읍교회에서 개최된 제30회 경남노회에서 노회장에 피선되었다. 그는 노회장으로 첫 회의를 주재하면서 개회 기도회에서 마가복음 1장 38절을 본문으로 하여 "예수오심의 정신"이란 제목으로 설교하였고 같은 날 열린 성찬 예배에서는 빌립보서 2장 5절부터 11절을 본문으로 하여 "예수의 마음"이란 제목으로 설교하였다.[15] 1933년 1월 3일 부산진교회에서 개최된 제31회 경남노회에서 다시 노회장으로 재선되었는데, 그때 개회 기도회에서는 여호수아 1장 1-9절을 본문으로 하여 "시대의 복음"이란 제목으로, 이튿날 개회 기도회에는 고린도전서 13장 4-7절을 본문으로 "사랑에 대하야"란 제목으로 설교하였다.[16] 주기철 목사는 2년간 경남노회장을 역임하면서 "'사랑'이라는 '예수 정신'에 투철한 '시대의 복음'을 전하는 교회"라는 좌표를 설정하고 노회와 교회를 지도하려 노력하였다.

노회장으로서 주기철 목사는 종교교육과 농촌사업에 특별한 관심을 갖고 지도하였다. 초량교회 시절부터 종교교육의 중요성을 강조하였던 그는 노회 안에 절대 다수를 차지하고 있는 농촌교회 목회자와 평신도 지도자 양성을 위해 노회 차원의 지원을 아끼지 않았다. 주기철 목사는 1932년부터 농촌지도자 양성을 목적으로 설립된 마산 호신학교(濠新學校) 이사로 활동하였고 진주에 있는

---

15   〈조선예수교장로회 경남로회 제30회 회록〉, 1932. 1. 5.
16   〈조선예수교장로회 경남로회 제31회 회록〉, 1933. 1. 3.

경남노회 성경학원 교사로 나가 농촌교회 전도사 육성사역에 진력하였다.[17] 그는 성경학교 교사로 신학적 수양을 높이기 위해 1934년 여름 평양 장로회신학교 연구과에 등록하여 2개월 집중교육을 받기도 하였다. 주기철 목사는 마산을 떠날 때까지 경남노회 성경학원 교사로 계속 사역하였다. 이 시기 그에게 강의를 들었던 대표적인 제자가 손양원 전도사였다.

주기철 목사는 노회장 임기를 마친 후에도 농촌사업에 지속적인 관심을 기울였다. 1934년 10월 30일 김해 죽림교회에서 열린 경남노회 종교교육협의회 주최 대강습회에 윤인구, 김영환 등과 함께 강사로 참석하여 농촌사업의 중요성을 호소하였으며[18] 같은 해 12월 8-12일 자신이 시무하던 마산교회에서 경남노회 농촌수양회를 개최하고 총회 농촌부에서 파송한 유재기 목사, 김성원, 최순녀 등을 강사로 초빙하였다.[19] 이때 강사로 참여한 유재기 목사는 민족의식이 투철하여 평양 숭실학교와 평양 장로회신학교 재학시절부터 농촌운동에 참여하였고 1934년 1월 의성읍교회 목사로 부임한 후 농촌 청년들을 중심으로 농우회(農友會)를 결성하여 농촌운동을 조직적으로 추진하였다. 유재기 목사의 농촌운동을 적극 후원하였던 주기철 목사는 그런 관계로 훗날(1938년) '농우회사건'에 연루되어 의성경찰서에 체포되어 악형을 받았다.

그러나 노회장으로 재직하던 시기 주기철 목사에게 의미와

17 1934년 당시 경남노회 성경학교 교사로는 앤더슨(안다손)과 라이트(예원배), 주기철, 최상림, 윤인구, 김영환 등이었고 4월 제8회 졸업식에서 로이용, 임경윤, 이수범, 김상박, 황철도, 신용건, 임병길, 공석규, 김봉갑, 김동렬, 정규복, 서환성, 윤진구, 박무준, 백일광 등 15명이 졸업했다. 〈宗敎時報〉, 1934. 4, 31.

18 〈宗敎時報〉, 1934. 12, 34.

19 〈宗敎時報〉, 1935. 2, 34.

보람만 있었던 것은 아니다. 장로교회 조직에서 노회장은 신앙지도와 훈육이라는 종교적 기능보다 '치리'라는 정치적 기능에 보다 무게가 실렸다. 노회장으로서 교회와 목회자, 교인 치리는 피할 수 없는 의무였다. 주기철 목사도 그러했다. 그는 1932-33년 조선예수교장로회 총회에 참석하여 노회 상황을 보고하며 교회 형편과 교육 형편, 장래 계획, 교회 통계 및 목회자 이동에 대한 일반적인 보고 외에 '특별 사항'이라 하여 노회 안에 제기된 '문제점'들도 숨김없이 보고하였다. 즉, 1932년 9월 평양 창동교회에서 개최된 제21회 총회에서 "본 로회 경내에는 백남용씨의 창도한 예수 순육설이 류행되야 거기 감염된 전도사와 교인들이 잇서 교회가 다소 어지러운 중에 잇사오며"라고 보고하였고[20] 1933년 9월 평북 선천남교회에서 개최된 제22회 총회에서도 "본 로회 경내에는 이단에 감염된 전도사와 교인이 잇서 루루히 로회로써 권면하엿스나 시종 듯지안코 점점 악화되여 나감으로 치리를 바든 자 만사오며"라고 보고하여[21] 1년 사이에 '이단' 문제로 그 관련자들을 치리하였음을 밝혔다.

주기철 목사 역시 노회장이 되자마자 부산진교회 안에서 일어난 교인 분규 사건과 관련해 목사에게 폭력을 행사한 혐의로 김덕경 장로를 책벌했으며[22] 자신의 초량교회 전임자였던 정덕생 목

---

20 〈조선예수교장로회 총회 제21회 회록〉, 1932, 115.

21 〈조선예수교장로회 총회 제22회 회록〉, 1933, 119.

22 1932년 5월 부산진교회 김덕경 장로가 당회장 박문찬 목사를 반대하여 교인들을 상대로 '불복 도장'을 받은 것이 도화선이 되어 결국 주일 예배 때 목사 반대파와 지지파 사이에 물리적 충돌이 빚어져 경찰까지 동원되었다. 경남노회에서 이 문제를 해결하기 위해 전권위원을 파송하여 중재하려 하였으나 실패하였고 결국 노회는 1933년 8월 김덕경 장로를 출교 처분하였다. 이 사건은 〈東亞日報〉, 같은 중앙 일간지에도 실려 사회적 지탄을 받았다. 〈조선예수교장로회 경남로회 제31회 회록〉, 1933. 1. 3; 〈東亞日報〉, 1932. 6. 7, 8. 11; 박효생, 《부산진교회 100년사》, 대한예수교장로회 부산진교회, 1991, 160-164.

사를 "〈권징조례〉 54조에 의거" 노회원 명부에서 '제명'하였다.[23]
이듬해(1934년)는 부산 항서교회에서 일어난 교인 분규사건과 관련
하여 노회에서 파송한 전권위원에 대한 '폭행 혐의'로 부산 항서교
회 당회장 박성애 목사를 '시무 정지'시켰다.[24] 그러나 이 정도의
치리는 교회법 적용이 엄격했던 당시 상황에서 다른 노회에 비교
할 때 그리 심한 것은 아니었다. 정작 주기철 목사의 가슴을 아프
게 한 것은 노회 안의 젊은 전도사들이 '이단 혐의'를 받고 있던 신
학사상문제로 치리를 받아야 했던 사건이었다.

문제는 경남노회 부산시찰의 청년 전도사들이 1931년 9월
12-19일 김해 대지교회에서 '무교회주의자' 백남용(白南鏞)을 초빙
하여 전도 집회를 한 데서 비롯되었다.[25] 백남용 집회에 참석한 전
도사들은 대부분 평양 장로회신학교와 경남성경학원에 재학 중인
신학생들이었다. 이들을 대상으로 신앙 강좌를 개최한 백남용은
전북 김제 출신으로 3·1운동 직후 일본에 유학, 일본대학에서 공부
하는 중 일본 무교회주의 신앙운동가 우치무라(內村鑑三)의 성서연
구 집회에 참석하면서 기독교로 개종하였다. 1924년 귀국한 백남

23 정덕생 목사는 초량교회를 떠나 부산진교회에서 시무하다가 1929년 부산진교회 당
회장직을 사임한 후 개인적으로 금광사업에 종사하였다. 그로 인해 '주일성수'를 제대로
하지 못하자 부산시찰회에서 금광 사업을 정리할 것을 권면하였지만 정덕생 목사는 이
에 불복하고 '조선예수교회'라는 독립 교회를 설립하고 나갔다. 결국 노회는 1933년 7월
3일 마산교회에서 개최된 임시노회에서 그를 제명하였다. 그러나 정덕생 목사는 1935년
6월 4일 경남노회에 복귀하였다. 〈조선예수교장로회 경남로회 제31회 회록〉, 1933. 1. 3,
7. 3; 〈조선예수교장로회 경남로회 제35회 회록〉, 1935. 6. 4; 〈조선예수교장로회 총회 제
22회 회록〉, 1933, 120; 박효생, 앞 책, 152 153; 이만열, "주기철 목사의 신앙", 221-228.
24 〈조선예수교장로회 경남로회 제32회 회록〉, 1934. 1. 16.
25 이 집회에 참석했던 전도사들은 백남용의 강의를 듣고 "다른 아무데서도 듣지 못한
새 설(說)", "이십세기에 반드시 있어야 할 영(靈)의 과학자" 등의 찬사를 보냈다. 배철수,
"김해집회 기사", 〈영과 진리〉, 34호, 1931. 11. 4.

용은 그보다 1년 앞서 무교회주의 신앙을 접하고 돌아온 최태용(崔泰瑢)과 함께 신앙잡지 〈천래지성〉, 〈영과 진리〉 발간과 신앙집회를 통해 제도권 교회의 '화석화'(化石化)된 신앙과 교리를 비판하였다. 그리고 앞서 장로교회를 탈퇴했던 윤치병 목사와 함께 1933년 '조선적(朝鮮的) 교회 설립'을 기치로 복음교회를 창설하였다. 그러나 복음교회는 그 무렵 '반선교사'(反宣敎師), '반교권주의'(反敎權主義)를 표방했던 김교신의 '무교회주의', 이용도 목사의 '예수교회', 대구 이만집 목사의 '자치교회' 등과 함께 제도권교회로부터 '교회 파괴주의자', '이단 사상'으로 비판과 정죄를 받았다.[26]

　　이런 분위기에서 부산시찰 내 '젊은' 전도사들이 백남용을 초청하여 신앙 집회를 가졌으니 문제가 될 것은 당연했다. 1932년 1월 7일 열린 경남노회 제30회 노회에서 "부산시찰 구내에 백남용씨에 대한 문제 듣기로 회중이 가결"한 후, "백남용씨에 대한 문제는 해(該) 시찰회와 관계된 당회에 맞겨 도라보고 래회에 보고하기로 가결"함으로 사건은 표면화되었다.[27] 이 결정에 따라 부산시찰 위원들은 사건 발단지인 김해 대지교회를 방문하여 "상회의 허락 없는 전도사회가 주최하야 김해 대지교회에서 당회장의 승낙도 없이 전라도 백남용씨를 청하야 일주일간 집회"한 혐의로 대지교회 전도사에게 '시무 정지' 명령을 내린 당회의 조치를 확인하였다.[28] 그리고 부산시찰회에서는 전도사들에게 '바른 정통 신학'을 가르칠 목적에서 1932년 7월 2일부터 5일간 동래읍교회에서 평양 장로

---

26 "이세벨의 무리를 삼가라", 〈基督申報〉, 1932. 12. 14.
27 〈조선예수교장로회 경남로회 제30회 회록〉, 1932. 1. 7.
28 1932년 1월 경남회에서 선정된 부산시찰위원은 선교사 앤더슨(G. Anderson, 안다손)과 라이트(A. C. Wright, 예원배), 박문찬, 이약신, 한익동, 금석호, 김만일 등이었다. 〈조선예수교장로회 경남로회 제30회 회록〉, 1932. 1. 7.

회신학교 박형룡 교수를 초빙하여 교역자수양회를 열기로 했다. 그러나 전도사들은 수양회에 앞서 울산읍교회에서 방학을 맞아 일본에서 들어온 장도원(張道源)을 초빙하여 '무교회주의 신앙' 집회를 열었다. 예정대로 동래읍교회에서 열린 박형룡 교수 초청 집회에서 "저 전도사들과 또한 동감된 교인 몇 사람들은 끝까지 참석하였으나 별로히 은혜를 받지 못함"으로 문제 해결은 이루어지지 않았다.[29]

이에 부산시찰회에서는 매켄지(J. N. McKenzie, 매견시)와 라이트(A. C. Wright, 예원배), 박문찬, 조승제 등 4인 조사위원을 울산읍교회에 파송하여 장도원 초청집회와 관련하여 안영두 장로와 오의상 집사를 조사하였으며 10월 18일 문제를 야기한 금석호와 배철수, 홍성만, 손양원, 오성문 등 전도사회 대표 5인을 소환하여 심문하였다. 손양원 전도사를 제외한 나머지 전도사들의 태도는 변함없었다. 게다가 11월 양산읍교회 전도사이기도 했던 금석호 장로가 최태용을 다시 초청하여 집회를 가짐으로 이들에 대한 시찰회의 인내는 한계점에 달했다. 결국 시찰회는 이미 시무 정지를 받은 김형윤 전도사 외에 주모급인 금석호와 우봉석, 홍성만, 오성문 전도사에게 '1년 휴직' 혹은 '시무 정지' 명령을 내렸다. 이 같은 부산시찰회의 결정 사항은 1933년 1월 3일 경남노회에 보고되어 그대로 추인되었다.[30]

그러나 이것으로 문제는 해결된 것이 아니라 오히려 복잡하

29 〈조선예수교장로회 경남로회 제31회 회록〉, 1933. 1. 3. 박형룡 교수는 부산 교역자수양회 강의를 한 후 평양 장로회신학교 기관지 〈神學指南〉에 "게노시스 기독론"(1933. 9), "신비적 속죄론"(1933. 11-12) 이란 논문을 발표하여 백남용과 최태용의 신학을 전통에서 벗어난 '이단'으로 규정하였다.

30 〈조선예수교장로회 경남로회 제31회 회록〉, 1933. 1. 3.

게 전개되었다. 대지교회와 울산읍교회, 양산읍교회에서 노회와 시찰회 결정을 무시하고 여전히 '문제의' 전도사를 초빙하여 교회를 맡기거나 집회를 열었던 것이다. 이에 1933년 7월 3일 마산 문창교회에서 열린 경남노회 임시노회는 부산시찰회의 보고에 근거하여 '치리 중에도 이단을 선전한' 혐의로 김형윤 전도사를 출교 처분하고, 배철수와 홍성만, 우봉석 전도사를 '상회 명령 불복과 이단 선전' 혐의로 전도사 면직, 이들을 교회에 초빙하여 집회를 하도록 한 양산교회의 금석호 장로와 울산읍교회 안영두 장로는 '상회 명령에 불복'한 이유로 면직, 노회의 허락 없이 양산읍교회 전도사로 시무한 김덕봉을 '이단을 선전'한 혐의로 무기 책벌하기로 결의하였다.[31] 문제된 장로와 전도사들에게 '일벌백계'의 엄한 책벌을 내렸다.

그리고 노회에서는 11인 전권위원을 선정하여[32] 이들로 하여금 노회 결정 사항을 해당 교회와 전도사들에게 통보하기로 하였다. 이들 전권위원들은 1933년 7월 20일부터 8월 1일까지 울산읍교회와 양산읍교회, 대지교회를 돌며 노회 결정 사항을 통보하였다. 이 과정에서 위원들과 교인들 사이에 물리적 충돌이 빚어졌다. 그리하여 노회 전권위원들은 1933년 8월 9일 노회 처사에 강력히 반발하는 울산읍교회 당회를 폐지하고 '예배방해와 폭행죄'로 배철수와 안영두, 오의상, 김순덕, 이규명, 금석호, 김덕봉, 정진생, 최학선, 강경회, 금길평 등 11명을 출교시키기로 결정하였다. 이 같은 결정 사항은 1934년 1월 16일 초량교회에서 개최된 제32회 경남

---

31 〈조선예수교장로회 경남로회 제31회 임시노회 회록〉, 1933. 7. 3.
32 노회 전권위원은 매켄지(매견시)와 김만일, 주기철, 박문찬, 조승제, 라이트(예원배), 이약신, 양성봉 등이었다. 〈조선예수교장로회 경남로회 제31회 임시노회 회록〉, 1933. 7. 3.

노회에 보고되어 그대로 승인되었다.[33] 이로써 문제는 일단락되었다. 경남노회 결정에 반발하여 울산읍교회의 안영두 장로를 비롯한 135명 교인들이 장로교회를 탈퇴한다고 성명한 후 노회와 예배당 소유권을 둘러싸고 상당 기간 소란을 야기하기는 했지만 징계받은 목회자들이 대부분 전도사들이어서 더 이상의 분쟁은 일어나지 않았다.

그러나 이 사건은 경남노회뿐 아니라 한국 교회 전체에 적지 않은 파장을 일으켰다. 이 사건은 1930년대 한국 교회가 안고 있던 진보/보수, 세대간 신학 및 신앙적 갈등 구조를 그대로 보여준 사건이었다. 선교사들과 원로급 교회지도자들이 취하였던 교리와 신조 중심의 보수적 신앙 구조에 대한 일본유학파 진보적 신학자와 변화를 바라는 젊은 세대 교인들의 도전이 만만치 않았다. 김교신의 무교회주의와 최태용과 백남용, 윤치병의 '복음교회' 운동은 보수적 신앙원리에 고착된 기성교회 문화에 염증을 느끼고 있던 진보적 청년세대에 매력적인 도전이었다. 경남노회 소속 전도사들이 주최한 김해 대지교회의 백남용 집회와 양산읍교회의 최태용 집회가 그렇게 해서 이루어진 것이고 이러한 전도사들의 움직임을 정통 교회와 교리에 대한 도전으로 받아들인 경남노회와 부산시찰회는 종교법상 가장 무거운 '출교'라는 형벌로 이들의 도전을 단호하게 물리쳤다.

사건 발생과 처리가 진행된 핵심 기간인 1932-33년 주기철 목사는 경남노회장으로 사건 처리의 최종 책임자였다. 사건 당사자들이 전도사들이었기에 시찰회나 당회가 주도적으로 사건을 처리하였지만 전도사와 장로 11명을 '출교'하는 마지막 결정은 노회

---

33 〈조선예수교장로회 경남로회 제32회 회록〉, 1934. 1. 16.

장인 그의 결단에 따른 것이었다. 그 자신 사건의 마무리 단계에서 전권위원으로 참여하였고 1933년 7월 자신이 시무하는 마산 문창 교회에서 임시노회를 소집하여 이들에 대한 책벌을 최종 결의하였다. 그리고 그해 9월 선천에서 개최된 조선예수교장로회 제22차 총회에 참석하여 경남노회장으로 "본 노회 경내에는 이단에 감염된 전도사와 교인이 있어 누누이 노회로써 권면하였으나 시종 듣지 않고 점점 악화되어 나감으로 치리를 받은 자가 많다"라고 보고하였던 것이다.

그만큼 주기철 목사는 '이단적' 혐의가 있는 신앙이나 사상에 대해서는 단호한 교회지도자로 변해 있었다. 이는 2년 전 장로교회를 탈퇴하고 독립교회를 설립한 김제의 윤치병 목사에게 포용과 격려의 서한을 보냈던 때와 확연히 달라진 모습이었다. 노회장으로서 주기철 목사는 교회 공동체가 추구해야 하는 공동 가치로서 '보수적 신앙 원리'를 확립해야 할 필요를 느꼈고 그런 점에서 이 같은 신앙 원리를 훼손하는 어떤 분파적 신앙이나 사상에 대해서도 단호한 입장을 취하였다. 이 같은 태도 변화의 원인은 그의 내적 신앙이나 신학 사상의 변화보다는 그가 살았던 시대 환경의 변화에서 찾아야 할 것이다. 그가 살았던 시대는 일제 말기, 다양성이 허용되지 않는, 양자택일이 요구되는 시간이었다. 그의 앞에는 참과 거짓, 진리와 위선 사이에 어느 하나를 선택해야만 하는 위기의 순간들이 다가오고 있었다. 이러한 시대적 상황에서 주기철 목사는 진보적 다양성이 담긴 문화적 여유보다는 보수적 통일성을 바탕으로 한 진리 파수(眞理把守)에 보다 무거운 비중을 두었다. 이는 곧 풍랑 치는 바다에서 함선의 키를 잡고 항해하는 선장과 같은 자세였다.

초량교회와 마산교회 목회를 거쳐 경남노회장을 역임하는 동안 주기철 목사의 지도력과 영향력은 교회와 노회를 넘어 총회 차원까지 확대되었다. 목회 초년 시절인 1926년 총회에 처음 참석했던 그는 경남노회장으로 선출된 후 1932년 9월 평양 창동교회에서 개최된 제21회 총회에서 재정부원과 헌의부원, 노회록 검사위원으로 활동하였으며[34] 이듬해(1933년) 9월 선천남교회에서 개최된 제22회 총회에서도 헌의부원과 재정부원, 공천위원, 진흥방침연구위원으로 활동하였다. 특히 이 총회에서 그는 그해 여름 수해로 큰 피해를 입은 경남 일대 25처 교회의 형편을 보고하며 총회 차원의 구제 사업을 추진하기로 결의하도록 이끌었다.[35]

　　이 같은 총회 활동은 노회장 임기가 끝난 후에도 계속되었다. 즉 1934년 9월 평양 서문밖교회에서 개최된 제23회 총회에 경남노회 대표로 참석하여 헌의부 서기와 재정부 부장, 진흥방침연구위원으로 활동하였다. 그는 총회 재정을 관장하는 재정부장으로 1) 총대들의 1일 식비를 일인당 1원 40전으로 정하여 교회의 총대 비용 산출의 객관적 근거를 세울 것, 2) 총회 재정 운용의 합리화를 위해 총회 산하 각 부 회계 선정을 유의하여 선정할 것, 3) 재정적으로 어려움을 겪고 있는 남만주의 대련교회, 목단강교회, 봉천성경학교의 예배당 및 교사 설립 지원을 위한 특별 헌금을 전국 교회

---

34 〈조선예수교장로회 총회 제21회 회록〉, 1932, 66, 69.

35 〈조선예수교장로회 총회 제22회 회록〉, 1933, 10.

에 요청할 것 등을 건의하여 그대로 통과시켰다.[36] 총회 재정을 절약하여 어려움을 겪고 있는 만주지역 이민교회를 돕자는 그의 호소에 총회원 모두 동의한 것이다. 이러한 총회 활동으로 주기철 목사는 총회 차원에서 영향력 있는 지도자로 부각되었다.

노회와 총회 활동으로 '주기철'이란 이름은 교계에 널리 알려지게 되었다. 그렇다고 그가 교회 정치를 잘하는 목사로 알려진 것은 아니다. 오히려 원칙을 지키며 약자를 돌보는 목회자, 양심적이고 설교 잘하는 목사로 알려졌다. 1935년 3월 통속 잡지인 〈삼천리〉에 "웅변가의 연설"이란 제목으로 전국에서 강연이나 설교를 잘하는 명사들을 소개한 글이 실렸다. 전국적 지명도를 가진 종교계 인물로 윤치호와 정인과, 옥선진, 신흥우, 김활란, 조만식, 박형룡 등을 거명한 후 지역에서 영향력 있는 인물로 "경남에 주기철씨, 전주에 배은희씨, 경성 강병주씨, 신의주 한경직씨 등은 아조 감화를 주는 연설가들이오 문사(文士)들 중으로 채필근 백락준 이돈화씨 등은 유창한 능변가들이다"고 적었다.[37] 〈삼천리〉 기사는 주기철 목사의 연설(설교)이 기독교인뿐 아니라 일반인들에게도 감동과 영향력을 끼치고 있음을 반증하는 것이기도 했다.

실제로 주기철 목사는 경남노회장 시절부터 종종 외부 교회와 기관의 초청을 받아 설교와 강연을 하였다. 다음은 1933-37년 언론 자료를 통해 밝혀진 그의 집회 강연 및 설교 내용이다.

---

36 〈宗教時報〉, 1934. 7, 29; 〈宗教時報〉, 1934. 10, 31; 〈조선예수교장로회 총회 제23회 회록〉, 1934, 40.
37 주운성, "웅변가의 연설", 〈삼천리〉, 7권 3호, 1935. 3, 140.

일자	장소	집회	설교(강연) 제목	출전
1933. 5. 13.	웅천읍교회	헌당식	헌신	〈基督申報〉 1933. 6. 1.
1933. 11.	평양장로회신학교	부흥회		〈信仰生活〉 1934. 1.
1934. 4. 8.	서울 남대문교회	부흥회	우리가 어찌할까	〈東亞日報〉 1934. 4. 8.
			심령의 개조	
			은총과 책임	〈宗敎時報〉 1934. 5.
1934. 7.	마산 문창교회	주일예배	사(死)의 준비	〈宗敎時報〉 1934. 8.
1934. 9. 24.	서울 연동교회	부흥대전도회		〈朝鮮中央日報〉 1934. 9. 25.
1935. 1.			천하에 복음을 전하라	〈宗敎時報〉 1935. 2.
1935. 1.	평양장로회신학교		졸업생들에게 주는 글	〈神學指南〉 1935. 3.
1935. 12.	평양장로회신학교	사경회		〈信仰生活〉 1936. 1.
1936. 4. 30.	금강산 기독교수양관	장로교 교역자 수양회	목사직의 권위	〈基督申報〉 1936. 5. 13.
1936. 8. 24-31.	평양 숭실전문학교	관서남녀기독교청년회 수양회		〈基督敎報〉 1936. 8. 25.
1936. 11. 18-22.	평양장로회신학교	특별새벽기도회		〈基督敎報〉 1936. 12. 1.
1937. 8. 17-24.	평양 장대현교회	평양노회 도사경회		〈基督敎報〉 1937. 9. 14.
1937. 9. 12-16.	대구 남성정교회	26회 장로회 총회 새벽기도회	"성신의 능력", "성신 받는 길", "십자가의 길로 가자", "하나님이 제일 미워하시는 죄", "예수를 사랑하는 마음이 변치 말자"	〈조선예수교장로회 총회 제26회 회록〉, 1937; 〈基督敎報〉 1937. 10. 5.

주기철 목사는 노회장 자격으로 1933년 5월 13일 고향교회인 웅천교회 신축 예배당 헌당식에 참석하여 "헌신"이란 제목으로 설교하였다. 고향교회 교인들은 노회장으로 '출세'(?)하여 돌아온 주

기철 목사의 설교를 들으며 감격하였겠지만 주기철 목사는 오랜 기간 두 파로 나뉘어 분쟁하던 고향교회 교인들이 마음을 합하여 새 예배당을 건축하였다는 사실에 감격하여 '헌신'이란 제목으로 설교하였다.

1934년 4월 서울 남대문교회 부흥회 강사로 가서 한 설교는 〈동아일보〉에도 그 제목이 실릴 정도였다. 이때 그가 한 설교 가운데 "은총과 책임"이란 설교는 장로교회 기관지 〈종교시보〉에 그 전문이 실려 있어 당시 그의 설교 주제와 신학적 분위기를 읽을 수 있다. 그는 이 설교를 통해 하나님께서 주신 은총에는 반드시 책임이 따른다는 것을 강조하였다.

:   어떤 사람이 묻기를 하나님께서 사람의 소유를 웨 차별이 있게 정하셨나뇨? 내적 외적이 부동하고 지혜 있고 미련하고 건강하고 연약하고 빈한하고 부자 됨이 각각 달라서 하나님의 뜻이 어내인지〔어느 것인지〕아지 못하나 한 가지 아는 것은 적게 가진 것이나 많이 가진 것이나 물론하고 가진 것은 하나님께로부터 온 것임을 아는 바이다. 예수는 자기의 것은 하나님으로서 온 것이라 하셨고 우에서 받지 않은 것이 없다 하셨으니 각양 은혜는 반드시 우으로서 온 것이 확실하다. 또 한 가지 알 것은 많이 준 자의게는 많이 찾고 적게 준 자의게서는 적게 찾는 사실이다. 옛날 이스라엘 민족은 하나님의게 특별한 은총을 받은 민족이다. 부르시고 율법을 주시고 선지자들을 보내주셨고 많은 은총을 받은 고로 책임도 많은 것이다.[38]

38   "은총과 책임", 〈宗敎時報〉, 1934. 5. 13.

그는 이사야 49장과 아모스 3장을 근거로 하여 이스라엘이 하나님의 특별한 은총과 함께 책임을 받았음에도 그 책임을 다하지 못한 것이 국가 패망의 원인이 되었음을 지적하였다.

: 이사야 四十九장 너를 이방인의 빛을 삼아 너로 나의 구원이 되어 따〔땅〕 끝까지 이르게 하리라 하는 책임을 맡기였으나 그러나 그 책임을 깨닷지 않고 하나님의 주신 은혜를 자기 혼자 누리고저 한 때문에 징책을 받아 아술〔앗스루〕국이나 바벨논으로 잡혀 간 것이다. 요나의 이야기를 생각한 즉 이방인의게 빛을 보내랴고 하신 모형이든 것이다. 즉 이스라엘이 받은 은혜를 사람의게 주지 않으니 타국에 포로가 되었다. 포도원 노래는 이스라엘의 역사를 이야기 한 것이다. 은총을 받고 책임을 감당치 못하야 징책을 받은 것은 오직 이스라엘 백성뿐 아니라 온 세상 사람이다.[39]

주기철 목사는 '책임을 다하는 신앙인' 입장에서 기독교인들이 주어진 재물과 건강과 지식과 '신령한 은혜'를 '남을 위해' 써야할 것을 강조하는 것으로 설교를 맺는다. 부자와 지식인들이 많이 나오는 남대문교회 교인들에게 적합한 내용이었다. 특히 '신령한 은혜'를 받은 교인들의 사회적 책임을 강조하였다. 그 예로 성경의 모세, 바울, 에스더 등을 들었다.

: 특별한 은혜를 주신 것은 특별한 사명을 주신 것이 아닌가? 모세의게 특별한 은혜를 주시기는 그의 특별한 사명을 행하기 위

---

39 앞글.

함이오 바울에게 특별한 부름을 주신 것은 그의 특별한 사명을 주시기 위함이다. 모르드개가 에스더의게 말하매 네가 왕후의 위를 얻은 것은 이 기회를 위함이 아닌가 하였다(에스더 4:13). 적은 수양녀 하나를 길러 왕후가 되게 하신 것은 그 민족을 구원함이 아니오 모세를 갈밭에서 구하심이 어찌 한 아해를 구원한 뜻이겠느냐. 민족 전체의 구원을 의미함이었다. 나를 부르심은 나 개인을 위함이냐? 이번 행복의 지위를 주심은 하나님의 특별한 사명이 있는 것을 결코 잊어서는 아니되겟다.[40]

그가 말한 교인들의 사회적 책임은 '민족 구원'이었다. 모세와 바울, 에스더는 그 구체적인 예였다. 특히 이스라엘 민족을 애굽의 노예 생활에서 구해낸 모세나, 바벨론 포로 생활 중에 위기에 처한 민족을 구해낸 에스더의 이야기는 일제하 식민지 상황을 살고 있던 당시 기독교인에게 도전이자 희망이었다. 개통학교와 정주 오산학교, 그리고 평양 장로회신학교 졸업반 시절 그의 사상을 형성하였던 민족의식은 목사가 된 후에도 여전히 그에게 중요한 주제로 남아 있었다.

1935년 2월, 〈종교시보〉에 실린 또 다른 설교, "천하에 복음을 전하라"도 이 같은 민족주의, 사회적 관심을 바탕에 깔고 있다. 오랫동안 총회 진흥방침연구위원으로 활동한 바 있는 그는 전도야말로 교회의 가장 중요한 사명인 것을 지적하면서 '전도가 없는 교회'의 실상을 날카롭게 비판하였다.

: 어떤 교회 신자가 이렇게 말한다. 현재 형편을 보니 성결교회나

---

40 앞글, 14.

어떤 교파에서는 신앙고백과 기타 전도 방법에 열심함으로 새로 믿는 사람이 많이 생기는대 우리 장노교회에서는 점점 심오한 철학을 설교하고 고상한 학설을 강논하려 하지마는 전도열이 냉각하여졌다고 평하였다. 우리 장노교회는 독선적인가? 신사적인가? 로쇠적인가? 새로 난 교파는 웨 열이 있는가? 이는 아직 그들이 신자를 얻기 위하야 도리를 전도하고 있는 까닭이다. 그런고로 우리 교회는 초대 교회의 운동하든 열심 전도의 열을 회복하자. 옥에 갖이며 핍박을 불구하고 복음 전도에 불탓든 것을 찾어보라! 현대 교회에서 열심 전도하지 아니하면 신앙의 힘이 쇠약하여 진다는 원측을 각오하고 교회는 교인으로 하여금 전도케 하자![41]

그는 특히 1920년대 이후 교회에 매력을 느끼지 못한 젊은 층에 파고들어 상당한 영향력을 확대하고 있는 사회주의(공산주의) 세력의 반종교 활동에 우려를 표명하면서 젊은 세대를 향한 교회의 전도가 시급함을 강조하였다.

:   저 사회주의자들의 선전은 놀날만하다. 말로 글로 공장으로 회사로 학교로 주야 활동한다. 욕을 해도 또 나와서 갓치어도 또 나와서 핍박해도 또 나와서 죽어도 선전한다. 이리하는 결과 생기 있고 용맹 있고 늠늠한 청년은 다 공산주의로 인도하여 가고 만다. 교회 안에는 몇 날 있다가 공동묘지에 갈 노인들이나 여서 예배하고 있다. 유망한 청년 후진들은 다 다른 주의로 따라갔다면 예수께서 가슴을 치실가? 기뻐하실가? 그런고로 청소년 전

<hr>

41 "천하에 복음을 전하자", 〈宗敎時報〉, 1935. 2, 11.

도 문제를 등한이 보지 못할 것이다.[42]

청년 전도(선교)는 단지 교인 증가를 목표로 한 것만은 아니었다. 일제의 간교한 문화 정책으로 조선의 청년 사회에 파급되고 있는 '퇴폐 문화'로부터 조선 청년들을 구하기 위해서도 전도는 필요하였다.

: 현재 조선 청년남녀의 풍기문란한 것은 말할 수 없이 타락인데 이는 정부에서 국가적으로 지도하고 있으며 중국의 장개석은 생활개선을 부르지지며 사상선도적 국제주의를 가지고 국내 청년을 지도하는데 교회는 교회 청년을 구원의 길로 인도하지 아니하고 버려두니 이 어찌 한심하지 아니리오. 조선교회는 조선 청년 아니, 조선 민족의 산성이 되어주어야 하지 않겠는가! 조선교회가 어느 사회적에나 토대가 아니 될 것이 무엇인가. 면려청년회가 있는가. 노방 전도를 시작하자. 신자 형제여, 자매여. 주일예배에 예배당에 참석하고 3장 찬송 후에 빨리 가구, 가구, 밤낮 하여 보아라. 교회가 되나 왕성하나! 오직 영생의 구원을 위하야 열심히 전도를 하여야 교회가 왕성할 것이다. 형제여, 자매여. 다시 작정하고 전도하자. 이 일을 아니하고 무엇하랴. 참말로 간절히 말하노니 조선교회여 전도열을 회복하사이다.[43]

교회가 "조선 청년, 아니 조선 민족의 산성(山城)"이 되어야 할 것이라는 그의 외침에서 조선 청년과 민족을 향한 그의 열정과

[2] 말씀에 실린 목사의 권위

의지를 읽을 수 있다. 이처럼 주기철의 설교에는 교회와 민족을 향한 열정과 헌신으로 가득 차 있었다. 주기철 목사에게 기독교 신앙과 전도의 궁극적인 목표는 "예수 믿고 복 받자"는 식의 기복주의나 "죽은 후에 천당 가자"는 식의 피안 지향적 현실도피가 아니라 "도탄에 빠진 조선 민족을 구원하자"는 현실적이고 사회 참여적인 것이었다. '민족 구원'은 여전히 그의 신앙과 목회에서 중요 과제였다. 그러했기에 기독교인뿐 아니라 일반인들도 그의 설교에 감동을 받고 호응할 수 있었다.

마산교회에서 목회하는 동안 주기철 목사는 경남노회장을 역임하면서 노회와 총회 차원에서 영향력 있는 목사로 부각되었다. 이처럼 주기철 목사는 목회자로서 '성공적인' 행적을 보였으나 가정적으로는 슬픈 일을 많이 겪었다. 마산교회 부임 6개월만인 1932년 3월 막내아들 광조(光朝)가 출생하는 기쁨도 있었지만 같은 해 손윗동서(김현철 장로)가 43세 나이로 별세하였고, 이듬해(1933년) 5월에는 부인 안갑수가 병을 앓다가 34세 나이로 별세하였다.

아내의 급작스런 죽음은 주기철 목사에게 큰 충격과 슬픔을 안겨주었다. 성격이 활달하고 지도력이 남달랐던 부인은 단순한 목회자 부인으로 끝나지 않고 교회와 노회의 여전도회 지도자로 활동하였다. 그는 1932년 1월, 남편이 주재하는 경남노회에 경남노회 여전도회 회장 자격으로 참석하여 1년 전 지리산 자락 하동군 진교리에 여전도회원들의 힘으로 교회를 설립하고 한상동을 전도사로 파견하여 전도한 결과 30여 명 교인을 얻어 예배당을 신축하였음을 보고하였다.[44] 교회에서도 여성 사역과 교인 심방, 주일학교 분야에서 안갑수 집사의 역할은 여느 전도사 이상이었다. 주기철 목사로서는 이런 목회의 훌륭한 동역자를 잃은 슬픔이 클 수밖에 없었다. 더구나 부인과 사이에 얻은 아들 4형제는 아직 나이가 어려 어머니의 보살핌이 필요한 때였다.

그렇게 부인과 사별한 1년 후 1934년 8월 고향의 부친 주현성

---

44 〈조선예수교장로회 경남로회 제30회 회록〉, 1932. 1. 5.

장로가 별세하였다. 주현성 장로가 한때 신앙적인 문제로 교회에서 치리를 받은 적이 있었지만 막내였던 주기철에게는 신앙과 삶의 버팀목이 되었다. 이처럼 부인과 부친이 1년 사이로 별세하자 주기철 목사는 불가항력적인 죽음 앞에 나약한 인간의 한계를 느꼈다. 그러나 그는 이 같은 '죽음 체험'을 또 다른 신앙 훈련으로 소화해 냈다. 이는 부친의 별세 즈음에 한 것으로 보이는 "사(死)의 준비"란 설교에서 잘 나타난다. 〈종교시보〉에 실린 이 설교에서 기독교인의 별세관(別世觀)을 읽을 수 있다.

그의 설교는 기독교인의 죽음 이해로부터 출발한다.

: 죽음이란 듣기에 불쾌하나 죽음은 참된 생에 드러가는 것이다. 고후 5장에 있는 장막집이 문허지면 하나님께서 지으신 집이 하늘에 있다하심은 우리가 육신을 떠나 하나님에게로 도라감을 일음이다. 고로 죽음의 준비는 곧 영생의 준비라 할 것이다. 세상 사람은 혼이 소년시대에는 방탕하야 늙은 때를 준비하지 못하니 매우 우둔한 일이다. 한 번 드러가고 다시 나오지 못하는 죽음에 대하야 준비를 아니함은 가석한 일이라 대개 일생일사(一生一死)는 정리(定理)라.[45]

주기철 목사는 인간으로 태어난 이상 죽음을 피할 수 없다는 것과 그 죽음의 순간은 어느 누구도 예측할 수 없다는 사실을 설명한 후 기독교인으로 죽음을 준비하는 자세를 갖추고 살 것을 강조하였다.

---

45 "사의 준비", 〈宗教時報〉, 1934. 8, 8.

:　준비란 무엇인가 수의? 무덤? 아니다. 곧 령명(迎命)의 심판대
에서 핑계하지 말고 거짓없이 오직 행한 대로 심판 받을 일을 잘
준비하여야 할 것이다. 사람이 죽는 일은 홀연히 당하며 주의 재
림도 갑작이 되는 것이다. 아츰에 건강하게 나가서 저녁에 죽엄
으로 이르는 일이 없는가? 죽음에 있어서는 빈부의 차별이 어데
있으며 형편의 다름이 무슨 사관이며 로소의 구별이 있는가, 없
는가. 한 주일동안 사경회로 인하야 본 교회를 떠났던 동안 로인
보다 청년이든 교인이 의외에 죽은 자도 있다.[46]

　　주기철 목사는 죽음에 대한 기독교인의 준비를 세 가지로 설
명하였다. 첫째, 죽음 후에 있을 심판의 두려움을 극복할 수 있는
'경건한 신앙생활'을 하는 것이다.

:　사망을 두려워하지 안토록 준비할 것이다. 웨 죽음을 두려워하
는가. 죽을 때에 두려워함은 형벌의 염려가 있음이다. 가령 경찰
서에서 호출할 때 만일 죄가 있는 자는 공포심이 생김은 죄인의
심리이다. 양심은 하나님 앞에서 행한 대로 증거 한다… 생전에
하나님을 경외하는 생활하고 하나님을 위하야 경외하면 천국에
갈 것이오 방탕한 생활로 배만 위하여 욕심으로 살면 지옥에 갈
것이다 우리는 세상에 사람이야 알 건 모르건 칭찬하건 말건 불
구하고 오직 하나님 앞에 경건한 생활을 할 것이다.[47]

　　둘째, 죽기 전에 미리 회개하며 사는 것이다.

46　앞글.
47　앞글, 9.

: 비애의 사망이 되지 않도록 준비할 것이다. 세상 사람은 림종시에 비애하지 않을 자 없나니 이는 소망이 없는 연고라 가난자도 보내는 자도 슬픔밖에 없다… 소망 없는 길을 떠나면 위로가 없고 슬픔밖에 없다. 신자는 천국에서 서로 맞나 주를 영접하며 영광중에 먼저 생활할 것이며 죄고(罪苦)가 없는 것을 생각하니 기쁠밖에 없다. 생전에 죄를 애통하는 자는 죽을 때에 찬미하고 간다. 그런고로 내 죄를 위하야 가슴 치고 애통하는 것은 귀하다. 애통의 눈물을 흘리는 신자의 수가 여기 몇이나 되는가?[48]

셋째, 살아서 '하늘에 보화를 쌓으며' 사는 것이다. 즉 가진 재물로 불쌍한 이웃을 구제하는 사랑의 실천을 강조하였다.

: 재물을 하늘에 쌓으라. 사망 시에 슬푸지 않다. 하와이 여행자가 돈을 본국에 보내어 토지를 산 다음 본국에 도라올 때에 슬퍼하지 않고 기뻐 도라왔다. 신자가 역시 재물을 하늘에 쌓고 소망을 저 나라에 두고 천국을 위하야 일할 것이라. 여기에 소망을 두고 재물을 뭉고 모든 것을 쌓으면 이것이 연연하야 떠날 때에 울고 슬퍼할 것이다.[49]

이 설교는 교인들을 향한 것이기도 하지만 자기 자신을 위한 것이기도 했다. 불과 2년 사이에 부친과 아내를 비롯하여 친척 4명을 잃는 '죽음으로 인한 고통'을 체험한 후 그는 오히려 '죽음 이후' 세상을 내다보며 죽음을 맞을 준비를 하는 성숙한 신앙인으로 바

---

48 앞글.
49 앞글.

꿰었다. 가장 가까운 식구를 잃은 그는 죽음이 자신에게도 멀지 않았음을 깨닫고 죽음을 준비하는 것으로 남은 삶을 살기로 결심하였다. 그런 의미에서 이 설교의 마지막 문장은 주기철 목사 자신의 결단이라 할 수 있다.

: **신자여! 준비합시다. 사(死)의 준비를!**[50]

1935년 3월 평양 장로회신학교 기관지 〈신학지남〉에 신학교를 졸업하고 목회 현장으로 나가는 후배들을 위한 선배들의 권면이나 당부의 글을 수록했다. 그때 주기철 목사도 선배 목회자로서 다음과 같은 글을 보냈다.

: **새로 목회를 시작하는 교역자에게 특별히 부탁하고 싶은 것은 '제일전(第一戰)에서 승리하라'는 것이외다. 즉 첫 시집을 잘 살라는 것이외다. 죽을힘을 다하야서라도 첫 번으로 맡은 교회는 높이 들리게 하라는 것이외다. 이리하고야 앞으로 닥처오는 모든 전선(戰線)에서 연전연승(連戰連勝)할 굳은 신념을 얻을 것이다.**[51]

주기철 목사가 교회를 '전장'(戰場)으로 인식한 것에서 목회의 긴장감을 느낄 수 있다. 그래서 첫 전투에서 "죽을힘을 다하여" 승리해야 그 다음 전투(목회)에서도 승리할 수 있다는 자신감을 갖고 나갈 수 있다. 주기철은 이를 "첫 시집을 잘 살라"고 표현했다.

---

50 앞 글.
51 "卒業生 諸氏에게 보내는 先輩들의 告白과 付託", 〈神學指南〉, 1935. 3, 55.

목회자는 교회에서 며느리와 아내 역할이어야 한다. 명령하고 지시하는 주인이나 어른이기보다는 순종을 미덕으로 삼는 종이어야 한다. 그것이 주기철 목사가 첫 목회지인 초량교회에서 '성공적인' 목회로 마무리할 수 있었던 비결이었다. 그는 첫 목회를 '듣는 목회'로 시작했다. 때로는 교회나 교인들의 생각과 의견이 자기와 맞지 않더라도 자기 것을 고집하고 내세우기보다는 듣고 따르는 자세를 취했다. 그 결과 초량교회를 떠날 때 교인 모두가 목사의 말을 따르게 되었다.

주기철 목사는 목회를 '전쟁'으로 보았다. 목회자가 교회에서 치러야 할 전쟁은 육적인 것이 아니라 영적인 것이며 세상을 향한 것이라기보다 자신을 향한 것이다. '교인 죽이기'가 아니라 '자기 죽이기'로 목회하라는 충고였다. 그런 의미에서 "죽을힘을 다하라"는 그의 말은 "끝까지 죽어라"는 말로 바꾸어 읽어야 한다. "목회자가 죽어야 교회가 산다"는 말이나 바울의 "나는 날마다 죽노라"(고전 15:31) 했던 고백이 그러했다. 주기철 목사에게 목회는 '육을 죽여 영을 살리는' 죽음 체험의 연속이었다. 주기철 목사는 이런 설교와 권면을 한 2년 후 신사참배로 인한 고난과 죽음이 앞서 기다리는 평양으로 목회지를 옮겼다.

주기철 목사는 평양 장로회신학교 후배 신학생들에게 '존경받는' 선배 목회자였다. 그런 배경에서 그는 종종 신학교 초청을 받고 올라가 부흥회와 사경회를 인도하였다. 우선 1933년 11월 신학교에 올라가 한 주간 학생 부흥회를 인도하였는데 당시 평양에서 신앙 잡지 〈신앙생활〉을 발행하던 김인서 장로도 부흥회에 참석했다가 "영적 감화가 컸다"고 언급하였다.[52] 주기철 목사는 1935년 12월 중순에도 평양에 올라가 신학교 부흥사경회를 인도하였던 바 역시 김인서는 "자신계야(自晨繼夜, 새벽부터 밤까지) 열렬히 기도하는 중 성신의 불이 임하야 모든 학생이 심각한 영화(靈化)를 경험하고 특별한 각오를 얻었다"고 기록하였다.[53]

그리고 1936년 3월 한 달간 일본을 다녀온 후[54] 그 해 4월 30일부터 5월 4일까지 금강산 기독교수양관에서 개최된 장로교 목사수양회에 강사로 참석하였다. 전국에서 2백여 명 목사가 참석한 이 수양회는 어수선한 가운데 개최되었다. 〈기독신보〉의 보도다.

예정한 순서에 의하야 진행하는 중 여러 가지 문제로 강연하였

---

52 "평양통신", 〈信仰生活〉, 1934. 1, 32.
53 "평양통신", 〈信仰生活〉, 1936. 1, 39.
54 김요나는 주기철의 일본 방문 목적을 '순회 전도'라고 기록하였으나(김요나, 앞 책, 254-255) 전도 집회보다는 오사카, 코베 지역에서 목회하고 있는 8촌 주기영 목사를 비롯한 한인교회 목회자(노진현, 전인선, 이승원 등)들을 방문하고 한인교회에서 설교를 하고 돌아온 것으로 보인다.

[2] 말씀에 실린 목사의 권위

으며 이 기회를 이용하야 암암리에 여러 가지로 책동하는 목사, 인쇄물을 산포하는 목사들이 있어 수양회를 음모와 책동하는 기회로 이용함을 본 다수한 회원은 이렇게 불순한 수양회는 아니 참예하는 것만 같지 못하고 후회하는 목사도 있었다고 하며 멧멧 선교사들도 이에 합류하야 같은 행동을 취하는 자가 있었다고 한다.[55]

기사 내용을 보아도 수양회가 그다지 '은혜롭게' 진행되지 못한 것을 느낄 수 있다. 수양회 기간 중에 배포된 유인물, 음모와 책동의 내용이 무엇인지 분명하지는 않지만 당시 장로교회와 기독교계는 '김춘배 목사의 여권 옹호사건', '김영주 목사의 모세 창세기 저작부인 사건', '아빙돈 단권성경주석 사건' 등 성경 해석과 교리적인 문제로 진보와 보수 진영사이에 심한 내홍을 겪고 있었다. 게다가 신편 찬송가와 〈기독신보〉 발행을 둘러싸고 서북(西北) 중심의 보수적 교회지도자들과 경기·서울 중심의 진보적 교회지도자들 사이에 갈등과 분규가 생겼다.

특히 그 무렵 서울과 경기도 지역 진보진영 목회자들이 보수파가 장악한 경성노회에서 탈퇴하여 경중노회를 분립하려는 운동을 벌이고 있어 이를 둘러싼 논쟁과 갈등이 심화되었다. 그런 상황에서 개최된 목사수양대회에 양측이 서로 비난하는 유인물을 만들어 배포하였다. 그 결과 수양대회가 열린 금강산 수양관은 입구에서부터 혼란과 소란을 빚었다. 결국 경찰까지 동원되었다. 이에 대한 〈기독신보〉의 보도다.

---

55 "장로회 목사수양회, 금강산 수양관에서", 〈基督申報〉, 1936. 5. 6.

이번 수양회에 강원도 경찰부를 비롯하야 고성경찰서, 장전경찰서에서 경관 60여명이 출동하야 엄중 경계하엿고 연사 중에 주의와 중지를 당한 사람까지 있었다 한다.[56]

질서 유지를 핑계로 출동한 경찰은 집회장 안에까지 들어와 목사의 설교(강연) 내용을 핑계 삼아 "주의!", "중지!"를 외쳤다. 목사 수양대회는 땅에 떨어진 교회의 권위와 일본경찰의 '무례한' 간섭과 통제를 보여주는 현장이 되었다. 이처럼 수양대회 장면을 자세히 보도한 〈기독신보〉는 본래 장·감 연합의 초교파 신문으로 1915년 창간되어 조선예수교서회에서 발행했는데 1933년 7월 장로교의 전필순 목사가 인수하면서 개인 신문으로 전락하여 기독교계 진보진영을 대변하는 신문으로 성격이 바뀌었다. 〈기독신보〉 발행인 전필순 목사는 경중노회 분립을 지지하는 진보진영의 대표급 인사였다. 그래서 〈기독신보〉엔 정인과 목사를 중심한 서북계 보수진영을 비판하는 논조의 기사가 많이 실렸다. 예를 들어 이런 기사였다.

선교사들이 귀한 돈을 드리고 각교회의 어린양들의 기름을 짜서 거두어 가지고 모이게 된 그 수양회의 목적이 형제를 욕하고 사람을 죽이는, 형제를 생매장하려는 인쇄물을 배포하는데 소용되는 회합이 된다는 것이야 어찌 통탄하지 아니할 것인가. 임종순 목사의, 주기철 목사의, 구례인 선교사의 그 말이 어떠하던가. 귀 있는 자는 드렀을 것이다. 그래도 양심의 화인을 마저서 은혜가 임하려는, 은혜 자리를 마귀의 장난판을 만들려고 할 것이야

56 앞 신문.

[2] 말씀에 실린 목사의 권위

〈기독신보〉는 수양회 강사로 참여한 주기철 목사와 임종순 목사(평양 서문밖교회), 크레인(J. C. Crane, 구례인) 선교사의 설교가 '은혜로웠음'을 강조하며 비난 유인물을 뿌린 세력을 '마귀 세력'으로 규정하였다. 은연 중 주기철 목사를 '자기 편'으로 끌어들여 상대편(보수진영)을 비판하는 의도가 담긴 기사였다. 과연 주기철 목사가 그런 내용으로 설교하였을까? 그때 수양대회에서 한 주기철 목사의 설교, "목사직의 영광"은 그 요약한 내용이 〈기독신보〉에 실려 있다.[58] 그런데 그 본문을 읽어보면 〈기독신보〉가 의도했던 바처럼 진보, 보수 양 진영 가운데 어느 한 편을 지지하거나 비판하는 입장을 발견할 수 없다. 오히려 성경을 바탕으로 원론적인 목회자론(牧會者論)을 펼쳤다고 볼 수 있다.

주기철 목사는 목사 수양대회라는 집회 성격에 맞추어 '목사'라는 직분의 성경적 의미와 해석에 초점을 맞추었다. 그는 예레미야 1장 4절 이하의 '예레미야 소명'을 본문으로 삼아 목사 개념을 다음과 같이 규정하였다.

: 목사라는 것은 영적 지도자라는 의미 즉 민중의 영적 지도자의

칭호이다. 성경에 기록되어 있는 선지자, 제사장, 사도, 목사, 감독, 장로 등의 직분을 총합한 직분이 목사직이다.[59]

주기철 목사는 목사직이 1) 하나님의 사자(使者)로 부르심을 받았다는 점에서, 2) 하나님께서 직접 택하여 세우셨다는 점에서, 3) 하나님의 대리자란 점에서, 4) 하나님의 영광을 위하여 사는 자라는 점에서, 5) 하나님의 양떼를 맡아 기르는 자란 점에서 다른 직업의 사람들이 갖지 못할 영광을 지닌 자들이라는 자부심과 책임감을 갖고 목회할 것을 강조했다. 이어서 자신이 목사가 된 것에 대하여 "나도 신학공부를 저사위한(抵死爲限, 죽을 각오로)하고 피하였던 것이다. 그러나 신학을 연구하게만 되고, 목사가 되게만 된 것이다. 이것은 신(神)의 강제라고 믿는 바이다"라고 진술하였다. 불가항력적인 하나님의 선택에 의해 목사가 되었으니 영광과 함께 막중한 책임이 따르는 직분이었다.

다음으로 목회의 중요한 부분으로 꼽는 설교에 대하여, "목사의 설교는 자기의 주의, 자기의 학설을 전파하는 것이 아니오, 자기의 의견, 자기의 생각을 발표하는 것이 아니라 하나님의 주시는 말씀을 반포하는 것이오 성신의 영감을 발표하는 것이다"고 정리했다. 그리고 당시 목사들 가운데 사회로부터 "자기의 구복(口腹)을 위하야 자기의 명예를 위하야 자기의 안락을 가(加)하야 사는… 직업적 목사요 영리적 교역자라 고(告)하는 자"가 있음을 지적하면서 "오직 살던지 죽던지 주만 영화롭게 하는 고귀하고 영광스러운 직분"을 맡은 자로 "먹던지 마시던지 오직 하나님께 영광을 돌리려는 하나님의 사자(使者)"의 자리를 지킬 것을 강조하였다. 주기철

---

59 "목사직의 영광", 〈基督申報〉, 1936. 5. 13.

목사의 목사관은 분명했다.

> : 세상에는 국가를 위하야 사는 자가 있고 민족을 위하야 사는 자
> 가 있고 사회를 위하야 사는 자가 있으되 우리 목사들은 하나님
> 이 직접으로 자기의 영광을 위하야 살게 하신 자들이다. 세상이
> 목사를 오해하야 민족주의자라 하는 자가 있고 세상이 목사를
> 오해하야 사회사업가로 아는 자가 있으나 목사는 그러한 국한
> (局限)에서 초월하야 오직 하나님의 영광과 이름과 나라를 위하
> 야 사는 하나님의 사자인 것뿐이다.[60]

민족주의자가 국가와 민족을 위해 살고, 사회사업가가 사회
를 위하여 살 듯 목사는 오직 하나님을 위하여, 하나님께서 맡기신
양떼를 위해 사는 존재다. 목회자에게 '민족'이 신앙과 삶의 중요한
관심사가 될 수 있지만 그것을 전업으로 삼는 민족운동가일 수는
없다. 목회자가 '사회'에 관심을 두는 것은 당연하지만 목사 자신이
사회사업가가 될 수 없다. 목사가 민족이나 사회 문제에 관심을 표
하고 때론 참여할 수 있지만 하나님의 영광을 위해, 하나님의 양떼
를 돌보아야 하는 목사의 궁극적인 목적을 잊어서는 안 된다는 것
이 그의 지론이었다.

신학과 지방색, 교권 등 여러 가지 문제로 갈등을 빚어 어수
선하고 혼란스런 분위기에서, 특히 무장한 경찰 60여 명이 회장을
둘러싼 삼엄한 분위기에서 행한 주기철의 설교는 수양회에 참석했
던 2백여 명 목사들에게 도전이자 감동이었다. 그의 설교 내용 중
에는 감시하기 위해 장내까지 들어와 앉아 있던 경찰관의 귀에 거

---

60 앞 신문.

슬리는 내용도 포함되었다. 특히 불의한 세력 앞에서도 당당하게
할 말을 하는 목사의 '예언자' 역할을 강조하는 부분이 그러했다.

:　보라! 모세와 엘리야와 나단과 세례 요한 등의 참된 선지자들을.
그들은 죽엄을 개의치 아니하고 하나님의 말슴을 그대로 전하였
다. 오늘의 교회 안에 안면(顔面)에 가리워, 위권(威權)에 눌리
워, 직업적 야비(野卑)로 인하야 직언(直言)이 없어진 것이 일대
통탄사(痛歎事)이다. 목사직의 본질은 그런 것이 아니다. 하나님
의 시키는 것이면 어떠한 때, 어떠한 곳, 어떠한 경우, 어떠한 사
람에게라도 전하는 것이 목사이다. 군왕을 충간(忠諫)하는 자 목
사이오, 대통령을 훈시하는 것이 목사이다. 목사는 이에 하나님
앞에 선 하나님의 대언자이다.[61]

"안면에 가리워, 권위에 눌려, 직업적 야비로" 할 말을 하지
못하고 직언이 사라진 교계 풍토를 비판한 것이지만 그것은 정치·
사회를 향한 도전이기도 했다. 특히 "군왕을 충간하는 자", "대통령
을 훈시하는 자"로서 목사의 권위를 말할 때 천황(天皇)을 신적(神
的) 존재로 우상화하며 제정일치(祭政一致) 군국주의를 실현하기 위
해 혈안이 되어 있던 일제 경찰 당국의 비위가 상했을 것은 당연하
다. 앞선 〈기독신보〉 기사의 "연사 중에 주의와 중지를 당한 사람
도 있었다"고 했던 대목이 주기철 목사를 지칭한 것이었을 가능성
이 크다.[62] 그렇게 주기철 목사는 금강산 수양관에서 열린 장로교

61　앞 신문.
62　김인서는 금강산 수양회에서 주기철 목사의 설교가 일본 경찰에 의해 중단되었다
고 증언하였다. 김인서,《한국교회 순교사와 그 설교집》, 174.

[2] 말씀에 실린 목사의 권위

목사 수양대회를 계기로 전국적으로 '유명한' 인사가 되었으며 그와 함께 일제 경찰 당국으로부터 '요주의 감시대상' 인물 명단에 오르게 되었다.

이 때로부터 예수
그리스도께서 자기가
예루살렘에 올라가 장로들과
대제사장들과 서기관들에게
많은 고난을 받고 죽임을
당하고 제삼일에 살아나야
할 것을 제자들에게 비로소
나타내시니 베드로가 예수를
붙들고 항변하여 이르되 주여
그리 마옵소서 이 일이 결코
주께 미치지 아니하리이다
예수께서 돌이키시며
베드로에게 이르시되 사탄아
내 뒤로 물러가라 너는 나를
넘어지게 하는 자로다 네가
하나님의 일을 생각하지
아니하고 도리어 사람의
일을 생각하는도다 하시고
이에 예수께서 제자들에게
이르시되 누구든지 나를
따라오려거든 자기를 부인하고
자기 십자가를 지고 나를 따를
것이니라
—

마 16:21-24

'조선의 예루살렘' 평양을 향하여 [3]

주께서 말씀하시기를 '십자가를 지고 나를 따르라' 하셨습니다.
그런즉 누구든지 예수를 따르고자 할진대 불가불 예수님께서 가라시는
길로 걸어야 되겠습니다. 그런고로 고생스러운 십자가의 길이 비록
가기 싫고 걷기 싫더라고 아니 가고는 안 될 것이올시다. 주님이
가라시는 대로 가기 싫어하면 경건치 못한 길밖에는 다른 길이
없습니다.
—
주기철, "십자가의 길로 가자" 중에서

예수 그리스도가 갈릴리 사역을 마치고 예루살렘으로 올라간 이유는 오직 하나, 유월절 어린양으로 십자가를 지시기 위함이었다. 사람이면 누구나 피하고 싶은 십자가 고난을 자초(自招)한 것은 그것이 당신을 이 세상에 보내신 하나님의 뜻을 이루는 유일한 길임을 아셨기 때문이었다.

주기철 목사가 '조선의 예루살렘'으로 불렸던 평양의 산정현교회(山亭峴敎會) 당회장으로 초빙을 받았을 때 주변 목회자들로부터 "영전이다", "출세했다"는 소리를 많이 들었다. 그러나 신학교 졸업 후 10년 만에 찾은 평양에서 그를 기다리고 있는 것은 십자가 고난이었다. 그는 거부하지 않고 그 길을 갔다.

주기철 목사가 마산에서 부인 안갑수 집사와 사별하였을 때 그의 나이 37세였다. 본인의 나이도 나이려니와 두 살 된 막내 아이를 비롯하여 초등학교와 중학교에서 공부하는 네 자녀를 위해서도 어머니가 필요하였다. 게다가 홀몸이 된 고향의 어머니까지 모셔야 했다. 주기철 목사의 재혼은 불가피했다. 마산 문창교회의 오정모(吳貞模) 집사가 그 후보자로 거론되었다. 오정모는 1903년 평남 강서군 성태면 가장리(可庄里)에서 안식교인 오석필의 장녀로 출생하여 고향에서 초등학교를 졸업하고 평양의 감리교 계통 정의여학교를 졸업한 후 마산 의신여학교 교사로 부임하여 시무하면서 문창교회 장년부 주일학교와 소년면려회 교사로 봉사하고 있었다.

오정모 집사는 새벽기도를 한 번도 거르지 않을 정도의 규칙적인 기도 생활과 금욕적인 신앙생활, 완벽을 추구하는 엄격한 신앙훈련으로 '빈틈없는 교인'으로 인식되었다. 나이 서른이 넘었음에도 독신을 고집하며 일본 유학을 계획할 정도로 의지가 넘치는 여성이었다. 오정모 집사는 주기철 목사의 부인 안갑수 집사가 투병생활을 할 때 정성껏 간호하며 돌봐주었다. 주기철 목사는 이런 오정모 집사에게 호감을 갖고 있었으나 정작 오정모 본인은 교인들 사이에 결혼 이야기가 나올 때 반대하였다. 그러다가 결핵성 복막염으로 사경을 헤매는 고통을 겪은 후 결혼을 '하나님의 뜻'으로 받아들이고 마침내 1935년 11월 주기철 목사와 결혼하였다. 당시 주기철 목사 나이는 서른아홉, 오정모 집사는 서른셋이었다.

주기철 목사는 결혼하면서 가정적으로는 안정을 얻었지만

교회 분위기는 그렇지 못했다. 주기철 목사와 오정모 집사의 결혼을 적극적으로 주선했던 교인들 사이에 "교인과 결혼한 목사는 그 교회를 떠나야 한다"는 말이 돌았다.[1] 게다가 주기철 목사는 당회를 통해 교회의 중진 장로의 자녀를 윤리적인 문제로 징계한 적이 있었는데 그 때문에 장로 두 명이 사임하는 등 교회 분위기도 어수선했다. 주기철 목사가 부임 즉시 야심차게 추진했던 주일학교 전용 교육관 건립도 경제적인 문제로 준공이 몇 년째 지연되고 있었다. 주기철 목사도 그러했지만 교인들도 지연되는 건축 때문에 '피로감'을 느끼고 있었다.

그런 때 평양 산정현교회로부터 청빙 연락이 왔다. 산정현교회는 일제강점기 '조선의 예루살렘'이라 불렸던 평양에 장대현교회과 남문밖교회, 창동교회에 이어 네 번째 설립된 장로교회였다. 1906년 1월 대동문 안 널다리골(板洞)에 있던 옛 평양(장대현)교회 예배당에서 백 명 미만 교인이 모여 장대현교회 기도처로 시작했는데 1년 만에 집회 참석자가 2백 명으로 늘어남에 따라 성내 융흥면 학동(鶴洞) 서쪽의 산정재 언덕, 마펫(마포삼열)이 기부한 부지에 56칸짜리 한옥 예배당을 짓고 이때부터 산정재교회 혹은 산정현교회로 불렸다. 설립 당시부터 선교사 번하이슬(C. F. Bernheisel, 편하설)이 당회장 혹은 소속 목사로 사역하였고 한승곤과 안봉주, 계택선, 이덕환, 김동원, 김찬두, 박정익, 이신행, 김일선 등 이 조사와 영수, 집사, 권사 등으로 수고하였다.[2]

산정현교회는 민족의식이 강한 교인들이 많이 출석했다. 그

---

1   이런 사실은 1998-1999년 필자가 마산 문창교회와 제일문창교회의 80-90대 원로 권사님들을 만나 청취한 내용이다. 증언한 원로 권사들은 주기철 목사가 시무할 당시 10-20대 소녀 혹은 청년들이었다. 이덕주, 《사랑의 순교자 주기철 목사 연구》, 한국기독교역사박물관, 2003, 169-170.

래서 일제강점기 독립운동에 참여했던 목회자와 교인들이 체포되어 옥고를 치르곤 했다. 1911년 '105인사건'이 일어났을 때 산정현교회 장로(1910년 장립)였던 김동원이 체포되어 2년 옥고를 치렀으며 설립 초기 산정현교회 영수로 사역하다가 장대현교회로 옮긴 이덕환도 역시 체포되어 2년 옥고를 치렀다. 그리고 '105인사건' 당시 선천 신성중학교 교사로 있다가 체포되어 2년 옥고를 치르고 나온 강규찬 목사가 평양 장로회신학교를 졸업한 후 1917년 산정현교회의 첫 번째 한국인 목사로 부임하였다. 산정현교회는 강규찬 목사 부임 후 교인들이 500명을 넘겨 1918년 예배당을 40여 평 증축하였다. 강규찬 목사는 1919년 3·1운동이 일어났을 때 장대현교회의 길선주 목사, 이덕환 장로 등과 함께 평양 독립만세운동을 주도하였고 그로 인해 또다시 체포되어 1년 옥고를 치렀다. 강규찬 목사와 함께 산정현교회의 김예진 집사(후에 목사가 됨)도 체포되어 옥고를 치렀다.[3] 이로써 산정현교회는 독립운동에 적극 참여하는 교회로 유명해졌다.

그런 전통은 1920년대에도 이어져 김동원 장로와 조만식 장로, 오윤선 장로 등은 평양 기독교청년회(YMCA)를 조직하고 이를 기반으로 조선물산장려운동, 민립대학설립운동, 농촌운동, 신간회 운동 등 민족주의 시민사회운동을 적극 추진하였다. 그 때문에 산정현교회와 이들 장로들은 일제 경찰 당국의 감시와 주목을 받았다. 그런 가운데도 교회는 꾸준히 부흥하여 1929년 6월 당시 교세를 보면 장년 800명, 유년 400명, 도합 1,200명을 기록하였고 미

---

2 변린서, 《平壤老會地境 各敎會史記》, 광문사, 1925, 27-29; 박용규, 《한국교회와 민족을 깨운 평양 산정현교회》, 생명의말씀사, 2006, 46-90.

3 변린서, 앞 책, 28-30.

국 유학을 마치고 돌아온 박형룡 박사가 조사(助事)로 시무하였으며 장로로는 김동원과 조만식, 오윤선 외에 변홍삼, 박정익, 최정서, 김찬두 등이 시무하였다.[4] 1920년대 평양 장대현교회가 노장파와 신진파 사이의 갈등으로 교회 안에 분규가 일어난 반면 산정현교회는 별 소요 없이 착실하게 성장하였다.

그러나 산정현교회도 1933년 봄 강규찬 목사가 15년 목회를 마감하고 은퇴하면서 상황이 달라졌다. 산정현교회는 후임 당회장으로 송창근 목사를 세웠다.[5] 송창근 목사는 함북 웅기 출신으로 3·1운동 당시 피어선성경학원 학생으로 서울 만세시위에 참가하였고 강우규 의사의 폭탄투척사건에 연루되어 옥고를 치른 민족운동가였다. 송창근은 이후 일본 아오야마학원과 미국 프린스턴신학교를 거쳐 웨스턴신학교에서 박사학위를 받은 후 1932년 5월 귀국하여 평양 장로회신학교에 편입, 1년 수학한 후 평양노회에서 목사 안수를 받고 산정현교회 당회장에 부임하였다.[6] 같은 프린스턴신학교 출신으로 먼저 귀국하여 평양 장로회신학교 교수로 있던 박형룡 목사가 산정현교회 협동목사로 봉직하고 있었고 역시 송창근의 뒤를 따라 아오야마학원과 프린스턴신학교, 웨스턴신학교를 졸업하고 1933년 귀국한 김재준도 평양 숭인상업학교 성경교사로 봉직하면서 산정현교회에 출석하였다.

이로써 산정현교회는 김인서의 표현대로 "사복음연구자 송창근 박사 주석(主席)이 되고 구약학자 김재준씨와 신학교 교수 박형룡 박사 — 좌우에 보조하고 있으니 산정현 강단은 조선 최고 강

4 "평양교회를 찾아서: 산정현교회편", 〈基督申報〉, 1929. 6. 26.
5 "평양통신", 〈信仰生活〉, 1933. 6, 33.
6 만우송창근선생기념사업회, 《만우 송창근》, 선경도서출판사, 1978, 15-41.

단"[7]이라 할 만했다. 그러나 실정은 달랐다. 같은 미국 프린스턴신학교를 졸업했어도 박형룡은 축자영감설과 성경 절대무오설을 신봉하는 보수주의(근본주의) 신학자였고 송창근과 김재준은 성경에 대한 문서비평과 역사비평을 수용하는 진보주의(신정통주의) 신학자로서 신학 노선이 달랐다. 그래서 박형룡은 보수적 선교사들이 운영하는 평양 신학교에서 교수로 강의할 수 있었던 반면에 송창근 목사와 김재준 교수는 강의 기회를 얻지 못했다. 게다가 1935년 9월 조선예수교장로회 총회에서 큰 이슈가 되었던 '아빙돈 단권성경주석사건'에서 박형룡 교수는 심판관, 송창근 목사와 김재준 목사는 피의자 신분으로 갈리었다.[8]

이처럼 독립운동 전력에다 일본과 미국에서 진보주의 신학을 수학하고 돌아온 30대 중반(35세)의 송창근 목사는 큰 포부와 기대감을 안고 첫 목회지 산정현교회에 부임했다. 그는 설교와 예배, 목회에서 개혁과 변화를 시도했다. 그런 송창근 목사의 시도를 청년 학생, 여성층은 지지하였지만 장로와 원로급 교인들은 우려하였다. 게다가 송창근 목사가 '아빙돈 단권성경주석사건'으로 총회와 노회에서 교리 심사를 받고 〈신학지남〉에 사과문을 발표한 것도 보수적인 원로 교인들에겐 부정적 평가 요인이 되었다.

---

7 "平壤之片言", 〈信仰生活〉, 1934. 8, 33.

8 미국 감리교 계통 출판사인 아빙돈출판사에서 편찬한 성경주석을 감리교의 유형기 목사가 운영하던 신생사에서 한글 번역판을 1934년 출판했는데 그 내용이 문서비평설을 비롯한 당시 서구 진보적 신학을 담고 있었다. 이는 성서 축자영감설에 바탕으로 성경 절대무오설을 신봉하는 장로교회의 신앙 전통에서 받아들일 수 없는 것으로 이 책의 번역 작업에 참여한 장로교회 목회자들이 총회 조사위원회와 노회의 심사를 받았다. 평양노회에서는 송창근과 김재준 외에 채필근, 한경직 등이 심사를 받았는데 박형룡 목사는 이들을 교리적으로 심판하는 역할을 하였다. 〈조선예수교장로회 제24회 총회 회록〉, 1935. 9, 53.

그런 상황에서 1935년 산정현교회 새 예배당 건축문제가 불거졌다. 산정현교회로서는 1천 명이 넘는 교인을 수용할 새 예배당 건축이 불가피하였다. 그런데 건축기금 마련방안을 두고 목사와 장로들의 의견이 달랐다. 장로들은 별도로 건축 헌금을 하지 말고 그동안 별세한 산정현교회 교인들이 교회에 헌납한 헌금과 토지들을 처분하여 건축비로 충당하자는 의견이었던 반면에 송창근 목사는 교인들이 '모험적으로' 건축 헌금을 해서 새 예배당을 마련하자고 했다.[9] 교인들도 둘로 나뉘어 젊은 층과 부인들은 송창근 목사를 지지했고 원로 교인들은 장로 편을 들었다. 결국 교인 분규까지 일어날 위기에 송창근 목사는 '역부족'을 느끼고 1936년 4월 산정현교회 목사직을 사임하였다. 그리고 "(평양) 서장대(西將臺)에 자기 교인 무덤을 일일이 심방하고" 부산으로 내려가 호주장로회 선교부 지원을 받아 사회복지기관인 성빈학사(聖貧學舍)를 설립, 고아들과 함께 살기 시작했다.[10] 송창근 목사는 후에(1940년) 서울에서 김재준 목사와 함께 조선신학교(현 한신대학교)를 설립하였다.

송창근 목사가 사표를 내고 떠난 후 산정현교회가 받은 충격도 컸다. 송창근 목사에게 호감을 가졌던 청년층과 여성 교인들의 당회에 대한 불만도 적지 않았다. 산정현교회로서는 신앙적으로 진보와 보수간, 연령으로 세대간 갈등과 분쟁의 요인들을 해소

---

9   이 문제와 관련하여 김인서는 자신이 발행하는 〈信仰生活〉을 통해 산정현교회 김동원 장로와 조만식 장로가 '수십만 원' 동원할 수 있는 조선일보 경영주들인 것을 상기하면서 "삼십만원 대신문사옥을 건축하는 산정현교회 장로들이 산정현 마루에 언제나 삼만 원짜리 예배당을 헌당하겠는가. 조선에 아름다운 것은 사옥보다, 교사보다, 상회보다, 하나님을 찬송하는 예배당이어니" 하여 산정현교회 장로들의 인색함을 꼬집었다. "平壤之片言", 〈信仰生活〉, 1935. 7, 41; 《만우 송창근》, 50-51.

10   "송창근 박사 남천(南遷)", 〈信仰生活〉, 1936. 4, 35; "산정현교회 구목(求牧)", 〈信仰生活〉, 1936. 6, 36; 김재준, "범용기(1)", 《김재준전집》, 13권, 한신대학 출판부, 1992, 145.

하고, '거물급' 장로들이 진을 치고 있는 당회와 교인들을 중재하여 목사 사임의 직접적 원인이 된 예배당 건축 문제를 슬기롭게 해결할 수 있는 목회자가 필요했다. 이런 상황에서 산정현교회 당회는 주기철 목사를 후임 목회자로 지목하였다. 주기철 목사의 오산학교 스승인 조만식 장로의 권면도 있었지만 산정현교회 협동목사 박형룡 박사의 추천도 강하게 작용하였다. 1932년 경남노회가 '백남용 집회' 문제로 혼란을 겪고 있을 때 노회장이던 주기철 목사는 박형룡 교수를 초청해 전도사 수양회를 개최한 적이 있었다. 박형룡 교수는 이단 문제에 관한 한 '단호한' 입장을 보였던 주기철 목사를 높이 평가하였다. 그리고 1936년 4월 진보와 보수 목회자들 사이의 갈등과 분규로 혼란스러웠던 1936년 4월 금강산 목사 수양대회에서 강사로 활약했던 주기철 목사의 명성은 산정현교회 장로들도 알고 있었다.

마침 마산의 주기철 목사도 재혼 이후 달라진 교회 분위기와 자녀 징계로 인한 장로들의 사임, 주일학교 교사건축 지연 등으로 고민하고 있던 터라 산정현교회의 청빙을 받아들이기로 했다. 그리하여 주기철 목사는 1936년 7월 6일 평양 서문밖교회에서 열린 평양노회에 이명서를 접수시켰고, 7월 19일 문창교회에서 마지막 당회를 주재한 후 7월 25일 부산진교회에서 개최된 경남노회 임시노회에 문창교회 당회장 사면원을 제출하였다.[11] 그리고 7월 26일 문창교회에서 마지막 주일 예배를 인도한 후 가족을 데리고 평양으로 이사하였다. 이로써 주기철 목사의 평양 목회가 시작되었다.

---

11 〈基督教報〉, 1936. 10. 27; 〈조선예수교장로회 경남노회 임시노회록〉, 1936. 7. 25.

평양 산정현교회에 부임한 주기철 목사가 제일 먼저 풀어야 할 목회 과제는 예배당 건축을 둘러싸고 형성된 당회와 교인 사이의 갈등이었다. 예배당 건축 문제는 전임 목회자의 사임을 몰고 온 표면적 갈등 요인이었지만 그 내면에는 장로 중심의 당회와 청장년, 부녀자 교인 사이의 세대간, 계층간 불신과 갈등이 깔려 있었다. 이런 내적, 외적 갈등 문제를 해결하기 위해서도 예배당 건축은 시급히 처리해야 할 과제였다. 주기철 목사는 부임 즉시 당회원들과 교인들의 의견을 수렴하여 건축 문제를 풀어나갔다. 그리고 이 문제에 관하여 당회와 교인들의 원만한 합의를 도출하는 데 성공했다. 즉 새 예배당 건축비 마련과 관련하여 전임 목회자가 주장했던 '교인 헌금'과 당회에서 주장했던 '작고 교인 기부 토지 매각'이라는 두 가지 의견을 절충하여 '일부 매각, 일부 헌금'이라는 방안을 제시했다. 당회와 교인들이 모두 동의하였다.

그리하여 송창근 목사가 항의성(?) 사표를 던지고 떠난 후 3개월 동안 후임 목사 없이 어수선했던 교회 분위기는 주기철 목사가 부임하면서 안정을 되찾았다. 이런 교회 분위기를 김인서는 〈신앙생활〉에 다음과 같이 썼다.

> 산정현교회에서는 마산 주기철 목사를 새로 청빙하는 동시에 2만 원 예산으로 새 예배당을 건축하고저 하야 이미 고인 된 모 미망인의 연보한 토지 6천여 원 어치를 방매하고 기여(其餘)는 살어있는 교인이 연보하리라 한다. 엇잿든 새 예배당에 새 목사

에 새 열심을 더하면 참 조흔 교회를 이룰거시다.[12]

힘을 모아 새 예배당을 건축하기로 뜻을 모은 교인들은 '보다 아름답고 웅장한' 예배당을 짓기로 했다. 그 결과 2만 원이던 건축 예산이 4개월 후 4만 원으로 증가했다. 다시 김인서의 증언이다.

감리교 남산현(南山峴) 예배당은 4만원 예산으로 신축하리라 하고 그 북대치(北對峙, 북쪽 반대편 언덕) 산정현(山亭峴) 예배당도 3, 4만원 예산으로 신축하리라 한다. 그러면 동양 제일의 예배당이 평양에 서게 될거시다.[13]

그 무렵 평양 남산재(남산현) 언덕에 위치한 남산현교회는 평양과 북한지역 감리교회의 모교회로서 3·1운동 때 옥고를 치른 바 있는 이윤영 목사가 1935년부터 담임하고 있었다. 이윤영 목사는 교회에 활력을 불어넣기 위해 지은 지 30년 된 벽돌 예배당을 헐고 4만 원 예산으로 1천 명을 수용할 수 있는 새 예배당을 짓기로 하고 1936-37년 건축헌금을 실시한 결과 2만 2천 원을 모았다.[14] 이런 감리교 측의 예배당 건축운동이 장로교인들에게 자극이 되어 산정현교회도 '4만원' 규모의 웅장한 예배당을 짓기로 했다. 당시 170여 교회로 조직된 평양노회의 1년 예산이 8만 원 수준이었던 것을 감안하면 개교회 예배당 건축비 4만 원은 적은 액수가 아니었다. 산

12 "平壤之片言", 〈信仰生活〉, 1936. 8, 40.
13 "平壤之片言", 〈信仰生活〉, 1936. 12, 42.
14 그러나 남산현교회 새 예배당 건축은 일제 말기 복잡했던 교회와 감리교단 상황 때문에 실현되지 못했다. 이덕주,《독립운동의 요람 남산재 사람들》, 도서출판 그물, 2015, 284-289.

정현교회가 확보된 건축비라고는 '작고한 교인'이 기부한 토지를 매각하여 확보한 6천 원밖에 없었다. 그런 상황에서 장년 교인 8백 명 수준인 산정현교회가 '동양 제일'의 예배당을 건축하는 일이 쉽지 않았다.

이런 상황에서 주기철 목사는 서둘지 않았다. 그리고 무리하게 건축을 추진하지 않았다. 건축이나 헌금보다 중요한 것은 이를 추진할 수 있는 교인들의 신앙과 마음의 자세였다. 주기철 목사는 새 예배당을 건축하려는 신앙적 열기가 먼저 타오르기를 기다렸다. 이 무렵 그가 '사랑'을 주제로 한 설교를 자주한 이유도 거기 있었다. 1937년 봄 산정현교회 주일예배 때 했던 "네가 나를 사랑하느냐"란 설교가 그 대표적이다. 주기철은 이 설교에서 바울과 베드로 등 주님을 사랑했던 사도들을 예로 들어 '주님께 받은' 은혜가 크면 클수록 '주님을 사랑하는' 믿음이 크다는 것을 강조하였다.

:   주님은 과연 그를 사랑하셨다. 실수한 후 그 마음을 지탱할 곳이 없는 베드로에게 주님은 단독으로 그에게 나타나 큰 위안을 주었고 또 그 마음속에 '주님이 나를 어떻게 생각하실까. 무슨 면목으로 주님을 뵈올까'하는 미안하고 죄송스럽던 생각을 일소해 버리셨다. 우리는 여기서 눅 7장 47절 말씀을 의미 있게 생각하나니 곧 '사함을 적게 받는 자는 적게 사랑하나니라' 함이니 이는 곧 '사랑을 많이 받는 자는 많이 사랑할 것이라'는 말이다.[15]

기독교인의 믿음과 그 행위는 이 사랑을 바탕으로 해서 이루어져야 한다.

15   주기철, "네가 나를 사랑하느냐", 〈說敎〉, 1937. 8.

: 이 사랑이야말로 제1차적 큰 문제이다. 우리에게 무엇보다도 이 사랑은 절실히 필요한 것이다. 신자에게 안식일을 지키는 것이나 연보하는 것이나 전도하는 일, 기타 내적으로 일어나는 정욕을 이기는 것이 쉬운 일이 아니다. 과연 그 같은 일은 우리의 힘이나 어떤 결심으로 될 수 없다. 그러나 우리에게 주님을 극진히 사랑하는 마음이 항상 넘쳐흐를 것이면 이상의 모든 난제(難題)는 문제가 될 수 없고 또 어려운 것이나 마지못해 함이 되지 안을 것이며 기쁘고 즐거움으로 행할 수 있게 될 것이다.[16]

은혜 받은 자의 마음속에서 우러나는 사랑에서 비롯된 예배와 봉사라야 진정한 헌신이 될 수 있다. 예배당 건축을 위한 헌금도 그런 사랑을 바탕으로 한 것이어야 했다.

같은 시기 한 것으로 보이는 "이삭의 헌공(獻供)"이란 설교도 그렇다. 아브라함이 독자 이삭을 하나님께 바친 이야기를 바탕으로 가장 귀한 것을 하나님의 제단에 바칠 것을 강조하는 내용이다.

: 오! 여러분! 부모 형제님들이여. 우리의 몸과 우리의 온갖 것을 주님의 제단 위에 솔직히 바치자. 그리고 주님에게 이렇게 도고를 드리자. '오! 주여 이 제단 위에 뜨거운 불을 내리사 이 제단 위에 놓여있는 제물을 불 붙혀 주시옵소서. 먼저 나의 자신을 뜨겁게 하여주소서. 그리하여 싸우지 않고 동하지 않고는 견딜 수 없으리만치 모든 것을 태울 힘을 허락해 주시옵소서. 마땅히 태울 것을 다 태울 때까지 밝은 빛을 환하게 비춰주소서. 또한 이 암흑을 정복할 밝은 빛을 주시옵소서. 그리하여 이 불을 가지고

---

16 앞 설교.

다시 오시는 주님을 맞게 하여 주소서.' 우리는 좀더 열(熱)이 있는 사람이 되어 그 뜨거운 사랑, 그 믿음을 가지고 산같이 싸인 죄악의 섶을 모두 태워버리고 또 주님의 광명한 빛을 받아서 암흑의 세계를 정복하여 광명한 세계를 만들고 빛 있는 생활을 하여보자.[17]

주기철 목사는 이삭을 바치는 아브라함의 정성으로 건축 헌금을 드리자고 호소하였다. 그는 부임 후 7개월 동안 이런 설교로 교인들의 신앙과 마음자세를 가다듬었다. 그리고 1937년 3월 7일 주일에 건축 헌금을 실시하였다. 그때 주기철 목사는 가족의 '재산목록 1호'였던 축음기를 팔아 건축 헌금을 했다. 이 축음기는 음악에 재능이 있던 맏아들 주영진을 위해 생모 안갑수가 사주었던 것으로 어린 자녀들은 축음기를 처분한 것에 무척 아쉬워하였다.[18] 그렇게 산정현교회 교인들이 참여한 건축헌금 결과를 김인서는 이렇게 보도하였다.

산정현교회는 예배 본전(本殿) 삼만원 종실(從室) 2만 5천원 예산의 대건축을 위하야 3월 7일 주일에 연보한 바 기토(寄土) 매가(賣價) 1만 1천원과 4인 각 5천원의 연보를 비롯하야 5만 5천원 예산의 연보가 발서 약 4만원에 달하엿다. 예배당을 위한 4만원 연보는 조선에서 처음일 거시오 조선 제일의 예배당은 아마

17 주기철, "이삭의 헌공", 〈說敎〉, 1937. 5.
18 주광조, "주영진 전도사의 생애와 순교", 〈제8회 주기철 목사 기념강좌 자료집〉, 소양 주기철 목사기념사업회, 2003. 4. 22, 44; 정석기, 《서마전동의 예수꾼: 백인숙 전도사 생애》, 정평해, 1982, 147.

[3] '조선의 예루살렘' 평양을 향하여

산정현에 서게 될거시다. 감사한 일이다.[19]

새 예배당 본당과 부속실 건축비 5만 5천 원을 목적으로 헌금을 실시한 결과 당일에 4만 원이 걷혔다. 예산에 미치지 못했지만 하루에 4만 원 헌금이 이루어진 것은 "조선에서 처음 일"이었다. 용기를 얻은 교인들은 곧바로 예배당 건축에 착수하였다. 기존의 한옥 예배당을 그대로 두고 그 옆 부지에 1천 명을 수용할 수 있는 2층짜리 벽돌 예배당을 지었다(대지 967평, 건평 414평). 공사 기간 동안 주일 예배는 숭실전문학교 대강당을 빌려 예배드렸다. 주기철 목사는 예배당 건축 중에도 1년 전 평양 장로회신학교를 졸업한 송영길(宋永吉) 목사를 주일학교 담당 부목사로 청빙하였다. 유년주일학교만 전담하는 목사를 청빙한 것은 산정현교회가 처음이었다. 유년주일학교 학생 3백여 명은 5월 6일 모란봉 건너편에서 송영길 목사 환영회를 성대하게 베풀었다.[20] 송영길 목사는 주기철 목사의 목회뿐 아니라 신사참배 반대운동의 든든한 동역자가 되었다.

여름 동안 산정현교회 예배당 공사는 순조롭게 진행되어 1937년 9월 5일 주일에 입당예배를 드릴 수 있었다. 김인서는 산정현교회 새 예배당 입당 소식을 다음과 같이 전했다.

산정현 새 예배당은 화려하고 웅장하게 건축되여 구월 오일 주일 입당예배를 올니엇다. 주기철 목사 외 제직과 교인들의 성력

19 "平壤之片言",〈信仰生活〉, 1937. 3, 36. 김인서는 이 날 주기철 목사가 "많이 준 자에게 많이 거둔다"는 제목으로 설교하였다고 증언하였다. 김인서,《주기철 목사의 순교사와 설교집》, 40.
20 "산정현교회 소식",〈게자씨〉, 1936. 6, 46; 박용규,《한국교회와 민족을 깨운 평양 산정현교회》, 239.

(誠力)이 컷슴은 물론이다. 그러나 예배당 건축의 논의도 업든 삼년 전에 오륙개월 동안이나 새벽마다 구예배당에 업대여 새 예배당 달나고 간구한 최권능 목사의 기도가 잇은거슬 아는 이는 적다. 새 예배당 허락바덧다고 깃버하는 그때 최 목사의 말을 이제야 나도 깨다랏다.[21]

김인서가 언급한 최권능(崔權能) 목사는 일제강점기 평양 시내를 전도하며 다니다 만나는 모든 사람에게 "예수 천당! 불신 지옥!"을 외쳤던 전설적인 전도자 최봉석(崔鳳奭, 1869-1944) 목사였다. 김인서는 주기철 목사가 부임하기 전부터 산정현교회 한옥 예배당에서 새벽마다 "새 예배당을 달라"고 간구한 사실을 언급하며 원로 목사의 기도가 응답된 것을 특기하였다. 최봉석 목사는 몇 년 후 주기철 목사와 함께 신사참배 거부운동을 주도하다가 체포되었고 주기철 목사보다 1주일 앞서 옥중 순교하였다.

이로써 평양에서 가장 "화려하고 웅장한" 예배당이 완성되었다. 김인서는 산정현교회의 새 예배당에 대하여 "본전(本殿)은 물론 8백 평 부지의 시설도 아름다웠고 변소는 지하에 만들었다"고 언급하면서 주기철 목사가 "새 예배당 입당의 기원"이란 제목의 설교를 통해 "이 강단에는 어떠한 간판이던지 달거나 붙이지 못 한다", "이 강단에는 못 자국 하나라도 못 낸다"고 선언하였음을 소개하였다.[22] 부산 초량교회와 마산 문창교회 시절에도 그러했지만 평양 산정현교회에 부임한 후 주기철 목사는 '성전의 거룩함', 특히 '하나님의 말씀'이 선포되는 강단의 '신성불가침'(神聖不可侵)을 더욱

21   "平壤之片言",〈信仰生活〉, 1937. 9, 42.
22   김인서, 앞 책, 41.

강조하였다. 새 성전 건축 후 세속적이거나 부정한 세력에 의해 강단이 훼손되거나 오염되는 것을 용납하지 않겠다는 확고한 입장을 밝혔다. 사상적으로, 신학적으로 갈등과 혼란이 심화되는 시대상황에서 주기철 목사의 신앙과 신학은 점점 더 보수화되고 있었다.

평양 시내가 한눈에 내려다보이는 산정재 언덕 위에 우뚝 솟은 새 예배당은 산정현교회 교인뿐 아니라 평양 기독교인들의 자존심을 상징하는 것이었다. 새로 지은 400평 규모의 2층 벽돌 예배당은 교회뿐 아니라 일반 사회에도 큰 영향을 끼쳤다. 계속된 경제 불황에다 중일전쟁 발발 후 더욱 악화된 경제상황에서도 5만 원 예산의 건축공사를 6개월 만에 끝낸 산정현교회와 주기철 목사의 능력에 많은 이들이 감탄했다. 무엇보다 40대에 막 접어든 '소장파' 주기철 목사가 '거물급' 장로들이 진을 치고 있는 산정현교회에 부임하자마자 교인들의 화합을 이끌어낸 후 난제로 여겼던 예배당 건축 문제를 무난히 해결함으로 교회 안에서 그 지도력(leadership)과 권위(charisma)는 더욱 확고해졌다. 그의 권위와 지도력은 산정현교회 안에 머물지 않고 평양과 전국 교회, 기독교계뿐 아니라 일반사회에서도 인정받았다. 바야흐로 평양으로 옮긴 후 주기철 목사의 목회는 '최고 전성기'에 접어들고 있었다.

이미 마산 문창교회 시절부터 노회와 총회 활동을 통해 증명된 주
기철 목사의 지도력과 영향력은 평양으로 옮긴 후, 특히 난제로 꼽
혔던 산정현교회 새 예배당 건축을 순조롭게 마무리 지은 후 더욱
확대되었다. 이는 그가 여러 교회와 종교 기관단체의 초청을 받아
집회 강사로 활동한 데서 확인된다. 주기철 목사는 평양 산정현교
회 부임 직후인 1936년 8월 24-31일 평양 숭실전문학교에서 개최된
제5회 관서남녀기독교청년회 수양회에 백영엽 목사와 함께 강사
로 참석하여 기도회를 인도하였고[23] 같은 해 11월 18-22일 평양 장
로회신학교 교내 특별 새벽기도회를 인도하였다.[24] 주기철 목사가
평양 장로회신학교 부흥회를 인도한 것은 이번이 세 번째였다. 그
리고 산정현교회 예배당 건축이 마무리 단계에 접어들었던 1937년
8월 17-24일 평양 장대현교회에서 개최된 평양노회 남녀 도사경회
(都査經會)의 저녁집회 강사로 활약했다.[25]

　　주기철 목사는 평양에서 개최된 각종 집회에서 강사로 활약
하면서 '설교 잘하는' 목사로 더욱 알려지게 되었다. 마산 문창교
회 시절에도 그의 설교가 〈종교시보〉 같은 장로교회 기관지에 실
린 적이 있었지만 평양으로 옮긴 후에는 더 자주 기독교계 언론지
에 소개되었다. 다음은 1937년 발표된 그의 설교 본문이다.

---

23 "관서남녀기독교청년회 수양회", 〈基督教報〉, 1936. 8. 25.
24 "평양신학교 소식", 〈基督教報〉, 1936. 12. 1.
25 "평양노회 도사경회", 〈基督教報〉, 1937. 6. 29, 9. 14.

"전도의 사명"(〈새사람〉, 1937. 3.)

"성신과 기도"(〈說教〉, 1937. 3.)

"마귀에 대하야"(〈說教〉, 1937. 4.)

"이삭의 헌공"(〈說教〉, 1937. 5.)

"네가 나를 사랑하느냐"(〈說教〉, 1937. 6.)

"무거운 짐 진 자여 오라"(〈福音時代〉, 1937. 6.)

"하나님 앞에 사는 생활"(〈說教〉, 1937. 8.)

"십자가의 길로 행하라"(〈說教〉, 1937. 9.)

"십자가의 길로 가자"(〈基督教報〉, 1937. 10. 5.)

"주의 재림"(〈說教〉, 1937. 10.)

　　그의 설교는 장로회 교단신문인 〈기독교보〉(基督教報)나 평양
장로회신학교에서 설교학을 강의하던 김규당 목사가 편집·발행하
던 초교파 잡지 〈설교〉(說教) 등에 자주 소개되었으며, 감리교 문필
가 전영택 목사가 발행하던 초교파 신앙잡지 〈새사람〉과 일본 고
베에서 발행되던 재일한인교회 신앙지 〈복음시대〉(福音時代)에도
실렸다. 그만큼 주기철 목사의 설교는 장로교뿐 아니라 초교파적
으로 폭넓은 독자층을 형성하고 있었다. 그의 설교는 성경을 바탕
으로 한 복음주의 신앙과 신학에 충실하면서도 쉽고도 깊이 있는,
그래서 청중을 감동시키는 설교로 정평이 났다.
　　이 같은 명성을 배경으로 주기철 목사는 1937년 9월 10-16일
대구 남성정교회(현 대구제일교회)에서 개최된 조선예수교장로회 제
26차 총회 기간 중 새벽기도회 강사로 활약하였다. 그가 총회 총대
들을 대상으로 매일 아침 6시에 인도한 새벽기도회 설교 제목은 다
음과 같았다.[26]

일자	성경 본문	설교 제목
9월 12일(일)	스가랴 4:1-6	성신의 능력
9월 13일(월)	누가복음 11:5-13	성신 받는 길
9월 14일(화)	마태복음 16:21-27	십자가의 길로 가자
9월 15일(수)	예레미야 44:1-6	하나님이 제일 미워하는 죄
9월 16일(목)	에베소서 6:10-23	예수를 사랑하는 마음이 변하지 말자

그중에 총회 다섯째 날(9월 14일) 새벽기도회 때 한 "십자가의 길로 가자"는 설교는 교단지 〈기독교보〉뿐 아니라 김규당 목사의 〈설교〉에도 실려 당시 총회 분위기와 주기철 목사의 심정을 파악할 수 있게 해준다. 주기철 목사는 예루살렘 입성과 십자가 죽음을 앞두고 그리스도께서 제자들에게, "누구든지 나를 따라오려거든 자기를 부인하고 나를 따를 것이니라" 하신 말씀을 본문으로 삼아 그리스도인이 살아야 할 '십자가의 삶'을 설명하였다.

그는 그리스도인이 십자가를 져야 할 이유를 세 가지로 설명했다. 첫째, 생명의 길이기 때문이다.

: 보시오, 주님께서 광야에서 금식하시며 기도하실 때에 원수는 와서 돌로 떡을 만들어 먹으라고 꾀었으나 주께서는 듣지 않으실 뿐만 아니라 단연히 하나님의 말씀으로 물리쳤습니다. '사람이 사는 것이 의식이 넉넉한 데 있는 것이 아니라 하나님의 입으로 나오는 모든 말씀으로 산다' 하시고 십자가에 길로 태연히 가신 것이며 기사와 이적을 많이 행함을 많은 무리가 보고 임금으로 추대하겠다고 열광적으로 환영하였으나 주님은 칭찬과 환영

26 〈조선예수교장로회 제26회 총회회록〉, 1937, 8-73.

을 받으시는 넓은 길을 버리시고 좁고 험하고 욕된 길 곧 십자가
의 고생스러운 길을 택하사 그 길로만 가신 것은 그 길에만 참
생명이 있고 진정한 영광이 있는 까닭이올시다.[27]

주기철 목사는 그리스도 안에서 성취된 '참 생명'과 '진정한
영광'을 얻기 위해 십자가의 길을 가야 할 것을 강조하였다. '칭찬
과 환영'을 받는 넓은 길이 죽음에 이르는 길이라면 '좁고 험하고
욕된 십자가 길'이 생명에 이르는 길이기 때문이었다.

둘째, 경건한 생활을 하기 위하여 십자가를 져야 했다.

: 디모데후서 3장 10절 말씀을 보면 '무릇 그리스도 예수 안에서
경건하게 살고자 하는 자는 핍박을 받으리라.' 하였으니 우리 주
님께서 허다한 평탄한 좋은 길을 버리시고 하필 십자가의 길 곧
고생스러운 길을 왜 택하셨을까? 그 까닭은 다름이 아니라 경건
한 생활을 하시기 위함이올시다. 동양에 옛 성인의 말[논어]에
보면 나라에 도가 있을 때에 가난하고 천하게 되는 것은 사람이
못나서 그렇게 되는 것이고 나라에 도가 없을 때에 부하고 귀하
면 이는 부끄러운 일이라고 하였습니다. 이 말이 과연 거짓말이
아니올시다. 이 십자가의 길은 진리의 길인 때문에 환난과 핍박
이 파도처럼 위험할지라도 안갈 수 없는 길이올시다.[28]

주기철 목사는 그리스도인의 경건은 십자가 고난을 통해 형
성된다는 수도자 영성에 익숙했다. 사치와 안일한 삶으로는 그리

---

27 주기철, "십자가의 길로 가자", 〈基督敎報〉, 1937. 10. 5.
28 앞글.

스도의 경건을 이룰 수 없다. 그는 마지못해 당하는 고난이 아니라 그리스도의 경건을 이루기 위해서라도 적극적인 자세로 십자가 고난을 취해야 한다고 주장했다.

: 그런고로 자기의 육체 욕심을 따라가고 싶은 유난하고 방일한 길을 버리고 사치하고 괴이한 길을 버리고 그리고 하나님 앞과 사람 앞에서 경건한 태도로 예수님이 가라는, 오라는 십자가의 길로 거름발이 빠르게 걸어갑시다.[29]

셋째, 그리스도와 동행하는 길이기 때문이다.

: 주님께서는 말씀하시기를 '십자가를 지고 나를 좇아오라.' 하셨으니 십자가의 길은 예수님이 가신 길이요 예수님과 동행하는 길이올시다. 여러분은 누구와 동행하시려나이까? 예수님과 동행하면 우리의 원수 마귀가 동행할 수 없을 것이요 하나님이 시기하시는 마귀를 떼어버리고자 할진대 불가불 이 십자가의 길로 가야 되겠습니다.[30]

주기철 목사는 하나님의 뜻을 거역하는 마귀의 길이 아닌, 그리스도가 취하신 거룩한 길을 가기 위해서 십자가를 져야 한다고 호소하였다. 주기철 목사에게 십자가 길은 마지못해, 끌려 나가 당하는 피동적인 길이 아니라 영생과 경건을 얻기 위해, 그리고 주님과 동행하기 위하여 적극적으로 택하고 걸어야 할 길이었다.

29 앞글.
30 앞글.

그 당시 장로회 총회 분위기는 그리 밝지 못했다. 우선 기독교 학교를 운영하던 선교사들이 신사참배를 거부한다는 이유로 대거 교장직에서 쫓겨나 총독부와 선교부 사이에 냉기류가 조성되었다. 게다가 총회 두 달 전(1937년 7월) 중·일 전쟁이 터지면서 '전시상황'이란 이유로 총독부는 신사참배를 비롯한 황민화 정책을 강력하게 추진하여 기독교계 학교뿐 아니라 교회에도 신사참배를 강요하는 분위기가 한층 고조되고 있던 상황이었다. 교회는 이런 총독부 정책과 요구에 대하여 순응이냐, 저항이냐 선택해야 할 기로에 섰다. 하나는 생명에 이르게 하는 '좁은 길'이고 다른 하나는 멸망으로 인도하는 '넓은 길'이었다.

이런 상황에서 주기철 목사는 총대들에게 총회와 교회 앞에 '두 길'이 놓여 있음을 지적하였다. 앞에 놓인 '마귀의 길'과 '그리스도의 길', '참 생명의 길'과 '심판의 길', '경건의 길'과 '죄악의 길', '칭찬과 환영을 받는 넓은 길'과 '좁고 험하고 욕된 십자가의 고생스러운 길' 가운데 하나를 선택할 순간이 다가온 것이다. 그는 이런 상황에서 총회가 옳은 길을 선택할 것을 간절한 마음으로 촉구하였다.

:   그런즉 주를 딸으는 우리 총회가 가기가 싫더라도 불가불 이 십자가의 길을 걷지 않어서는 안될 것이올시다. 사랑하는 여러 총회원께서는 자기를 이기고 각각 자기의 십자가를 지시고 생명의 길 되시는 예수를 따릅시다. 경건한 생활로 주님과 동행하사 무궁한 영귀를 함께 얻사이다.[31]

---

31 앞글.

주기철 목사가 총회 넷째 날과 다섯째 날 새벽기도회 때 한 설교문이 남아 있지 않아 그 내용은 알 수 없다. 하지만 제목만 보아도 그 분위기를 파악하기는 어렵지 않다. 넷째 날 새벽기도회 설교 제목은 "하나님이 제일 미워한 죄"였다. 하나님의 뜻을 어기고 우상 숭배하다가 하나님의 진노를 입어 망국의 노예가 된 예루살렘을 향한 예레미야의 예언을 본문으로 삼았다. 나라를 망하게 한 이스라엘 백성의 가장 큰 죄는 하나님의 계명을 어기고 곳곳마다 세워진 산당에 올라가 이방 신들에게 절하였던 우상숭배였다. 그의 설교를 들은 총대들은 대도시는 물론 각 면마다 설립된 일본 신사를 생각했을 것이다. 그리고 총회 마지막 날 새벽기도회 설교 제목은 "예수를 사랑하는 마음이 변하지 말자"였다. "하나님의 전신 갑주를 입고 악한 날에 마귀와 대적하라"는 에베소서 본문을 가지고 설교했다. 말세에 다가올 '종교 전쟁'과 '신앙 투쟁'에 임하는 그리스도의 정병(精兵)으로서 전의와 각오를 다지는 설교였다.

이처럼 주기철 목사는 자신과 교회 앞에 놓인 십자가의 길을 회피하지 않았다. 오히려 정면 대응하는 자세로 그 길 위에 펼쳐진 고난과 시련을 받아들일 각오를 다졌다. 1937년 9월 총회의 새벽기도회 강사로 활약하면서 주기철 목사의 위상이 더욱 높아졌다. 특히 신사참배 문제에 대해 회피하거나 타협하지 않고 '정도'(正道)를 걸어갈 교회 지도자로서 그 위상이 확고하였다.

3.4 총독부의 황민화 정책과 신사참배 문제

산정현교회 새 예배당 건축을 계기로 주기철 목사의 권위와 지도력이 커지는 만큼 교계 안팎에서 이를 부담스러워하며 견제하려는 세력이 있었다. 우선 1930년대 '황민화' 정책을 표방하며 교회에 대한 간섭과 통제를 강화하려는 일본 총독부와 경찰 당국으로서는 '민족주의' 신앙인들이 즐비한 산정현교회와 담임 주기철 목사의 명성이 높아질수록 부담이 되었다. 그리고 총독부의 회유에 넘어가 일본 정부의 종교 정책에 순응, 협력하며 '친일 노선'을 취하기 시작한 기독교계 지도자들로서도 '비타협적 원칙론자'로 자리매김을 해가는 주기철 목사의 지도력과 영향력이 교회 안에 확장, 파급되는 것이 달갑지 않았다. 결국 주기철 목사는 한국 교회 지도급 인사들에게 회유가 안 되면 탄압을 가하였던 총독부와 경찰 당국의 종교 정책에 그대로 노출되었다. 주기철 목사가 산정현교회 새 예배당을 건축한 직후부터 본격적으로 경찰 당국의 감시와 탄압을 받게 된 배경이 이러하였다.

　　일본 총독부는 1931년 만주 침략과 1932년 상해 침공에 이어 1937년 중일전쟁을 일으킴으로 중국대륙을 전쟁터로 만든 다음 1941년 하와이를 침공하여 미국과도 전쟁을 시작하였다. 이런 전시체제하에서 일본이 실시한 군국주의 통치 정책이 곧 '황국신민화'(皇國臣民化), 줄여서 '황민화' 정책이었다. 말 그대로 식민지 조선 민족을 천황(天皇)의 신하와 백성으로 만들겠다는 정책이었다. 메이지유신 이후 일본 정권을 장악한 군국주의 세력은 일본의 고유 민족종교인 신도(神道)와 절대군주 중심의 통치구조인 천황제(天皇

制)를 접목시켜 정치와 종교를 통합한 '국가신도'(國家神道)로 만들었다. 그 결과 일본에서 신도는 불교나 유교, 기독교 등 다른 종교보다 상위 종교로서 절대적 권위를 부여받았고 천황은 '살아 있는 신'(現人神), '인간으로 나타난 신'(顯人神)으로 종교적 신앙대상이 되었다. 일본 정부는 각 도시, 마을마다 신도 사찰인 신사(神社)를 설립하고 국민과 주민들을 참배시킴으로 전체주의 국민통합을 꾀하였다. 천황의 '적자'(嫡子)인 일본 국민에게 신사참배는 반드시 해야만 하는 국가의식이자 국민의례가 되었다.

일본 정부는 이런 황민화 정책을 '내지'(內地)로 불렸던 일본 본토뿐 아니라 식민지에도 똑같이 적용하였다. 오히려 천황제에 익숙한 사람들이 사는 일본보다 그것이 낯선 식민지에서 더욱 강력하게 추진했다. 조선 총독부는 1930년대 들어 황민화 정책의 구체적 실천으로 I) 일본 천황이 사는 도쿄의 황궁(皇宮)을 향한 요배(遙拜), 2) 주기적인 신궁(神宮) 혹은 신사참배, 3) 천황에 충성을 맹세하는 〈황국신민서사〉(皇國臣民誓詞) 낭송, 4) 일장기(日章旗) 게양과 배례, 5) 일본 국가(國歌) 부르기, 6) 국어(國語)인 일본어 상용, 7) 직장과 가정에 일본 천황의 위패를 봉안한 가미다나(神棚) 설치, 8) 신도 승려들에 의한 황도(皇道) 교육, 9) 종교 지도자들에게 신도 종교의식인 미소기바라이(기독교 세례의식과 비슷) 실시, IO) 창씨개명(創氏改名) 등을 강요하기 시작했다.[32] 한 마디로 요약하면 한민족을 일본 국민으로 만드는 정책이자 작업이었다. 그 결과 수천 년 전해 내려오던 한민족 고유의 역사와 문화, 그 전통과 정신이 멸절되고

32 손정목, "조선 총독부의 신사보급·신사참배 강요정책 연구", 《한국기독교와 신사 참배 문제》(김승태 편), 한국기독교역사연구소, 1991, 273-290; 김승태 편역, 《일제강점기 종교정책사 자료집》, 한국기독교역사연구소, 1996.

한민족이 지구상에서 소멸될 위기에 처하였다.

총독부에서는 황민화 정책을 펼치며 "일본과 조선은 하나다"(內鮮一體), "일본과 조선은 그 뿌리가 같다"(日朝同根), "일본과 조선을 동등하게 대우한다"(一視同仁)란 구호를 내세워 겉으로는 동등과 일체를 표명하였지만 내용은 강압적인 흡수통합이자 억지 '일본화'(日本化) 작업이었다. 이 같은 일제의 황민화 정책에 종교계도 예외일 수 없었다. 처음엔 권장으로 시작하였지만 시간이 지나면서 강요로 바뀌었다. 이러한 황민화 정책이 한민족, 특히 기독교인들에게 부담이자 위협이 될 것은 당연했다. 그중에도 신사(신궁) 참배와 동방 요배, 가미타나, 미소기바라이 같이 '종교적' 색채가 짙은 신도(神道) 의식은 기독교인들이 받아들이기 어려운 것이었다. 일제 당국은 "신사참배는 종교의식이 아니라 국민의례이다"는 식의 논리로 설명하였지만 일본 천황의 신위(神位)가 봉안된 신사에 참배하는 것은 엄연한 '종교 행위'였다. 참된 신앙인들에게 신사참배는 "다른 신을 섬기지 말라" 혹은 "우상을 숭배하지 말라"는 십계명을 어기는 것으로 범죄행위에 해당하였다.

이러한 총독부의 황민화 정책, 종교 정책에 대한 기독교인들의 대응은 순응과 저항, 두 가지로 나뉘었다. 순응하면 편안과 출세가 보장되었지만 저항에는 탄압과 박해가 따랐다. 기독교인들의 순응(adaption)과 저항(rejection), 두 가지 대응 방식을 또다시 적극(active)과 소극(passive), 두 가지로 나뉘었다. 적극과 소극의 차이는 신념과 행동의 일치 여부로 구분된다. 그 결과 일제 말기 신사참배 문제와 관련하여 기독교인의 대응 방식은 1) 적극적 순응(active adaption)과 2) 소극적 순응(passive adaption), 3) 적극적 저항(active rejection)과 4) 소극적 저항(passive rejection) 등 4가지 방식으로 나뉘었다. 적극적 순응은 총독부 정책을 신념으로도 지지하고 그것을 행동으로 실천하는 자세다. 오히려 총독부의 요구나 지시보다 앞서 나가 '충성'을 과시하는 경우도 있었다. 소극적 순응은 신념은 그렇지 않은데도 총독부가 시키는 대로 총독부 정책을 홍보하고 독려하는 일에 참여하는 경우다. 적극적 저항은 신사참배를 신념으로도 반대할 뿐 아니라 그것을 말과 행동으로 표현하고 실천하는 경우다. 거기엔 탄압과 투옥, 심지어 순교가 따랐다. 소극적 저항은 신념으로 반대하면서도 그것을 공개적으로 표현하거나 실천할 용기가 없어 신사가 없는 시골로 낙향하거나 상대적으로 신사참배 문제가 심각하지 않은 해외(중국이나 일본)로 도피하는 경우다.

이처럼 순응과 저항으로 나뉜 기독교인들에 대한 총독부의 대응 방식도 달랐다. 순응노선 인사들에겐 각종 혜택과 은전을 베풀었고 저항노선 인사들에겐 회유와 탄압을 병행했다. 저항 인사들은 회유해서 안 되면 가혹한 탄압을 가하였고 일반 교회 및 교인들과 격리시켰다. 가장 효과적인 격리 방법이 투옥이었다. 그런 회유와 탄압을 받으면서도 신앙의 지조를 지킨 목회자와 신앙인들이 많지 않았다. 적극적 저항노선을 택한 목회자와 교회 지도자들은 극소수였다(전국에서 1백 명 미만). 교파를 떠나 개신교회 지도급 목회자들은 적극과 소극의 차이가 있을 뿐 대부분 총독부의 지시와 요구에 순응하였다. 순응노선을 취한 지도급 목회자들은 교단 내 목회자와 교인들에게 신사참배를 수용하도록 설득, 지시하는 역할을 수행했다. 그 결과 저항노선을 취하며 신사참배를 거부하고 반대한 교계 인사들은 경찰 당국으로부터 받는 박해와 시련 외에 교회 내부의 순응노선을 취한 교회 지도부로부터 회유와 견제, 비난을 받았다.

한국 기독교계에 대한 신사참배 강요는 1931년 일본군의 만주 침공(만주사변) 이후 본격적으로 시작되었다. 일제는 처음부터 교회를 겨냥하기보다 기독교계 사립학교를 우선 공략하였다. 총독부는 1932년 7월 '만주사변 1주년'을 기해 애국심과 충성심을 고취시킨다는 명분으로 전국 학교에 신사참배 실시를 지시하였다. 공립학교나 일반 사립학교는 아무런 저항 없이 신사참배를 실시하였으나 선교사들이 운영하는 기독교계 사립학교의 경우는 달랐다. 보수적 신앙노선을 취하였던 미국 북장로회와 남장로회, 호주장로회 선교부에서 운영하는 학교들은 신사참배를 '종교 행위'로 간주하고 거부하는 분위기였다. 실제로 광주와 평양, 원산 등지의 일부 기독교계 사립학교들이 종교적인 이유로 신사참배를 거부하였다. 그로 인해 총독부 당국과 기독교계 사립학교, 특히 학교를 운영하고 있는 외국 선교부 사이에 냉기류가 형성되었다.[33]

　　총독부는 1935년 들어서 '폐교'를 위협하며 기독교계 학교에 더욱 강력하게 신사참배를 강요하였다. 그 시범 장소가 '조선의 예루살렘'으로 불렸던 평양이었다. 평안남도 도지사는 1935년 11월 14일 도내 공사립 중등학교 교장연석회의를 소집하고 경찰 고위관계자를 동석시킨 가운데 모든 교사와 학생의 신사참배를 촉구하였다. 그러나 그 자리에 있던 장로교 계통의 숭실학교 교장 매큔(G. S. McCune)과 숭의여학교 교장대리 정익성, 그리고 안식교 계통의 순안 의명학교 교장 리(H. M. Lee) 등은 "교리와 신앙 양심상 신사참배를 할 수 없다"고 공개적인 반대의사를 밝혔다. 이 사건을 계기로 총독부 학무국과 경찰 당국은 설득이나 회유 대신 강압 정책을 쓰기 시작했다. 총독부는 "모든 사립학교 교장은 도장관의 승인을 얻어 취임한다"는 개정사립학교규칙(1915년)에 근거하여 끝까지 신

<hr>

33　韓晳曦, "神社參拜の 强要と抵抗", 《日本の 朝鮮支配と宗敎政策》, 未來社, 東京, 1988, 180-196.

사참배 수용을 거부한 숭실학교 교장 매큔과 숭의여학교 교장 스누크(V. L. Snook)를 1936년 1월 파면시켰다.[34] 이는 신사참배를 거부하는 기독교계 학교에 대한 선전포고였다.

이어 총독부는 1935년 8월 신사제도를 한층 강화하여 '1면 1사(一面一社) 운동'을 전개, 전국에 면 단위로 신사를 건립케 하고 학생뿐 아니라 일반인에게까지 신사참배를 확대하였다. 참배 대상엔 기독교인들도 물론 포함되었다. 교회도 신사참배 문제를 피해갈 수 없는 상황이 되었다. 총독부는 1935년 봄 학무국을 통해 각 교단 지도부에 "신사참배는 종교행위가 아니고 국가의식이다"며 기독교인의 신사참배를 촉구하는 내용의 〈통첩문〉(通牒文)을 내려 보냈다. 이에 대하여 감리교회가 제일 먼저 1935년 4월, 교단 최고 지도자인 양주삼 총리사(감독) 명의로 총독부 학무국에서 내려보낸 통첩문을 본문 그대로 교단 기관지 〈감리회보〉에 게재했다.[35] 양주삼 총리사는 이 문건을 신문에 수록하며 "교인 각자의 판단에 맡긴다"고 하였지만 사실상 신사참배를 수용하는 교단 지도부의 입장을 밝힌 셈이었다.

1936년까지 총독부는 교회와 기독교인들의 '자발적인' 참여를 기대하였다. 그러나 기독교인들의 반응은 소극적이었다. 1937년 7월 중·일 전쟁이 터지면서 상황은 바뀌었다. 소위 '대동아전쟁'을 일으켜 중국대륙 전체에서 전쟁을 수행해야 했던 일본은 '전시상황'에서 한반도를 전쟁 승리를 위한 강력한 후방기지로 만들기 위해 '총후보국'(銃後報國) 혹은 '국민정신총동원'(國民精神總動員)이란

---

34   김승태, "1930년대 기독교계 학교의 '신사참배' 문제 소고",《한국기독교와 신사참배 문제》, 368-372.
35   "신사문제에 대한 통첩",〈감리회보〉, 1936. 4. 10.

표어를 내걸고 황민화 정책을 더욱 강력하게 추진하였다. 그 결과 기독교계 학교는 물론 교회에도 신사참배를 강요하기 시작했다. 신사참배는 더 이상 권고나 선택 사항이 아니었다. 교회 지도부는 신사참배를 수용할 것이냐, 거부할 것이냐 결정해야 할 시점이 되었다. 이미 감리교 지도부는 순응 노선을 택했고 문제는 장로교 지도부였다.

장로교회는 1937년 9월 총회에서 총회장에 선출된 이문주 목사 중심으로 새 지도부가 구성되면서[36] '적극적으로' 총독부의 정책과 시책에 순응, 협력하는 모습을 보여주기 시작했다. 우선 1937년 10월부터 교단 기관지 〈기독교보〉에 매호 1면에 "황국신민서사"를 인쇄하기 시작했고 1938년 4월 이문주 목사는 총회장 명의로 1938년 전국 교회에 '국민정신총동원 총후보국주간 행사'를 실시할 것을 지시하였다. 구체적인 내용으로는 4월 26일부터 5월 2일까지 한 주간 '총후보국주간'으로 지키되 4월 29일 '천장절'(天長節, 일본 천황의 생일)을 기해 전 교인이 교회에 모여 '봉축식'(奉祝式)을 거행하고 5월 1일 주일을 '국민정신보국주일'(國民精神報國週日)로 지킬 것을 통보하며 전국교회에 예배순서까지 정해 내려보냈다.[37] 그리고 7월에는 조선예수교장로회 총회임원회 결의사항으로 '지나사변'(만주침공) 1주년을 기념하여 전국교회가 7월 7일 새벽기도회에서 "황실의 존영과 황군의 무운장구를 위해" 기도하고 황군(일본

---

36 1937년 9월 11-16일 대구남성정교회에서 개최된 조선예수교장로회 제26회 총회에서 선출된 총회 임원은 총회장 이문주, 부총회장 홍택기, 서기 곽진근, 부서기 배승건, 회록서기 권태희, 부회록서기 조승제, 회계 고한규, 부회계 정일선 등이었고 총회본부 임원으로 종교교육부 총무 정인과 목사가 실권을 행사했다. "장로회총회 제26회 촬요", 〈基督教報〉, 1937. 9. 28.

37 "국민정신총동원 총후보국주간", 〈基督教報〉, 1938. 4. 12.

군) 위문을 위한 애국헌금을 실시할 것을 지시하였다.[38] 이 모든 사항이 총회장이나 총회 임원들의 자발적인 결의로 이루어진 것이 아님은 분명하다. 교단 지도부는 총독부 학무국을 통해 내려온 지시사항을 그대로 노회와 교회에 전달함으로 권력 앞에 무기력한 모습을 보여주었다.

총독부의 최종 목표는 장로교회가 총회 차원에서 신사참배를 결의하는 것이었다. 총독부는 1938년 2월 〈기독교에 대한 지도대책〉을 수립한 후 경찰력을 동원하여 전국의 지역 노회에 신사참배 결의를 유도하였다. 그 결과 1938년 봄 노회에서 평북노회와 평양노회, 평서노회, 안주노회 등이 신사참배를 결의하였다. 그리고 이런 노회들의 헌의를 받아 1938년 9월 10일 평양 서문밖교회에서 개최된 조선예수교장로회 제27회 총회에서 신사참배를 결의하고 새로 총회장에 선출된 홍택기 목사 명의로 다음과 같은 성명서를 발표했다.

> 아등(我等)은 신사(神社)는 종교(宗敎)가 아니오 기독교의 교리
> 에 위반치 않는 본의를 이해하고 신사참배(神社參拜)가 애국적
> (愛國的) 국가의식(國家儀式)임을 자각하며 또 이에 신사참배를
> 솔선여행(率先勵行)하고 추(追)히 국민정신총동원운동(國民精神
> 總動員運動)에 참가하여 비상시국(非常時局) 하에서 총후보국신
> 민(銃後報國臣民)으로써 적성(赤誠)을 다하기로 기(期)함.[39]

당시 주기철 목사를 비롯하여 신사참배를 반대하는 목회자

38 "지나사변 1주년 기념에 관한 장로회총회 임원회 결의", 〈基督敎報〉, 1938. 7. 5.
39 "장로회 총회의 성명", 〈基督新聞〉, 1938. 9. 15.

나 장로들은 투옥되었거나 노회에서 총대로 선출되지 못했기 때문에 총회에 참석한 한국인 목회자나 장로들은 큰 논란 없이 결의안을 통과시켰다. 결의 과정에서 총회에 참석했던 일부 선교사들의 '극렬한' 반대의사 표명이 있었으나 현장에 들어와 있던 경찰력의 진압으로 상황이 바뀌지는 않았다.

신사참배를 결의한 총회는 이어 부총회장 김길창 목사의 건의를 받아들여 "1) 당국[총독부]과 조선교회와 선교사단(宣敎師團)과의 3각적 관계의 원만을 도모할 일, 2) 자기 국민의 정신지배를 외국인에게 강요하지 아니하겠다는 당국의 방침을 원칙적으로 승인하되 재래의 종교상 관계 신의 우의를 절대로 존중할 일, 3) 선교사단의 인사문제양해운동조절위원을 선정하고 채결(採決)을 짓는 대로 그 문제 발단 경로를 선교사 본부(미국)에 보내어 양해를 구할 일, 4) 총후보국에 물자적 헌납운동은 물론 우선 정신총동원의 일부로서 내지(內地) 교회와 연락을 위한 친선사절을 보낼 일, 5) 국방헌금은 교회가 일정한 시일에 애국예배를 보는 동시에 국방헌금대(國防獻金袋)로 조성할 일, 6) 대외위원회를 실시하되 현 총회 임원을 중심으로 하고 그 외 약간 명을 피선하여 내내(來來) 총회까지 시국대책에 당(當)케 할 일, 7) 신사참배는 4대절(大節)에 일반시민과 같이 참배하도록 당국과 교섭할 일" 등을 결의하였다.[40] 이로써 장로회 총회는 신사참배뿐 아니라 총독부에서 요구하는 '총후보국운동'의 구체적인 내용까지 실천하겠다는 의지를 표명하였다.

이로써 일제강점기 한국 개신교회의 양대 축을 이루었던 장로교회와 감리교회 지도부는 신사참배를 비롯하여 총독부의 황민화 정책에 순응하고 '적극' 협력하는 자세를 취하였다. 시기와 정도

---

40 "장로회 총회 결의안", 〈基督新聞〉, 1938. 9. 15.

의 차이가 있을 뿐 성결교회나 구세군, 성공회, 복음교회, 하나님의 교회, 침례회(동아기독교), 재림교회, 그리스도의 교회 등 다른 개신 교파 교회 지도부도 총독부의 지시를 따랐다. 총독부는 성결교회 와 재림교회, 동아기독교는 그 강조하는 그리스도의 재림 교리가 '전시체제' 시국정책에 어긋난다는 이유로 교단 자체를 해산시키기 까지 했다. 그리고 총독부는 원활한 교회 통제를 위해 한국 교회를 일본 기독교회에 흡수 통합시킨 후 일본에서처럼 교파를 초월한 단 일 개신교단을 조직하려 하였다. 그 결과 1943년 기독교조선감리회 는 일본기독교조선감리교단으로, 조선예수교장로회는 일본기독교 조선장로교단으로 명칭과 조직을 '일본 기독교식으로' 바꾸었으며 해방 한 달 전인 1945년 7월 남아 있던 장로교와 감리교, 구세군, 성 공회 등을 통합한 '일본기독교조선교단'이 출현하였다.

　　이처럼 조선 총독부는 1930년대 들어서 '전시체제'를 빌미로 군국주의 통치체제를 구축하고 한국 교회에 신사참배와 궁성요배 를 비롯한 신도(神道) 종교의식을 강요하였다. 교파를 초월하여 각 교단 지도부는 총독부의 회유와 협박에 넘어가 황민화 정책에 순 응, 협력하는 자세를 취하였다. 교회 지도자들은 "신사참배는 종교 의식이 아니고 국가의식이다"는 총독부의 논리를 받아들여 신사 참배를 수용하였을 뿐 아니라 일반 목회자와 신도들에게 신사참 배를 권하고 지시하였다. 그러나 이는 '민족적 자존심'과 '신앙적 양심'을 저버린 반민족적(反民族的), 비신앙적(非信仰的) 행위임은 분 명했다. 다만 권력의 지시와 압력을 거부하고 저항할 용기가 없었 다. 이런 상황에서 총독부나 교단 지도부의 지시와 지휘를 따르지 않고 개인적으로, 혹은 뜻이 통하는 성도들과 함께, 신앙과 민족 의 양심을 지키며 신사참배를 거부하고 저항하며 투쟁한 '소수' 신 앙인들이 있었다. 이들에겐 박해와 탄압, 체포와 투옥, 고문과 악형이 뒤따랐다. 끝까지 신앙지조를 지키다 순교한 이들도 나왔다. 이런 '양심적 저항' 신앙인 무리를 대표하는 인물이 평양의 주기철 목사였다.

1937년 9월 대구 총회에서 총대로 참석해서 새벽기도회를 인도하며 "그리스도를 사랑하는 마음을 변치 말자", "십자가의 길로 가자"며 호소했던 주기철 목사는 총회를 마치고 평양으로 돌아온 한달 후, 1937년 10월 5-8일 평양 서문밖교회에서 개최된 평양노회 제33회 노회에서 부노회장으로 선출되었다. 주기철 목사는 이미 경남노회에서 노회장으로 사역한 바 있었다. 그런데도 평양노회로 전입한 지 1년 밖에 되지 않아서 다음 회기에 노회장으로 자동 추대될 부노회장이 되었다는 것은 그가 평양노회의 목회자와 평신도, 특히 젊은 목회자 사이에 절대적인 지지를 받았기 때문이었다. 같은 노회에서 중화읍교회의 박응률 목사가 노회장, 곡산읍교회 조택수 목사가 서기, 강동읍교회 장운경 목사가 회계로 선출되었고 각 시찰회 회장으로 평양시찰에 최지화 목사, 동면시찰에 김선환 목사, 중화시찰에 노영선 목사, 황주시찰에 이승길 목사, 수안시찰에 기주복 목사, 곡산시찰에 힐(허일) 목사, 청강시찰에 장운경 목사, 대중시찰에 김무생 목사 등이 임명되었다.[41]

　　1938년 당시 평양노회는 교회 수 278개, 교인 총수 38,234명, 기독교 학교 294개, 학생 39,084명, 주일학교 267개, 학생 35,893명, 선교사 29명, 목사 15명, 장로 411명, 영수 304명, 남녀 전도사 83명을 보유하였다. 전국 31개 노회 가운데 교회 수는 경남노회 다음, 교인 총수는 황해노회 다음 2위였지만 1년 재정(헌금) 총액은

41　"평양노회 제33회 촬요", 〈基督敎報〉, 1937. 10. 19.

200,479원으로 전국 1위였다.[42] 이처럼 교세나 재정 면에서 전국 최상위권에 들었을 뿐 아니라 '조선의 예루살렘'이라 불렸던 평양에서 가장 큰 교세를 보유하고 있던 평양노회였기에 평양뿐 아니라 한국 기독교계에서 그 차지하는 비중과 영향력이 클 수밖에 없었다. 신사참배를 비롯하여 황민화 정책을 적극 추진하려는 총독부나 경찰 당국이 평양노회를 주목했던 이유가 거기 있었다.

주기철 목사가 부노회장으로 선출된 제33회 평양노회를 마친 한 달 후, 1937년 11월 16일부터 사흘간 중화시찰회 주관으로 중화면 장산교회에서 연합제직회가 개최되었다. 중화군 내 8개 면의 목회자와 평신도 지도자 120여 명이 참석하였다. 제직회 이틀째인 11월 17일 시찰회장 노영선 목사 사회로 '시국좌담회'를 개최하였는데 중화경찰서장이 나와 황민화 정책을 설명한 후 참석자들을 중화읍내 서당 정의재(正義齋) 앞마당으로 인솔하고 국기배례와 동방요배를 실시하였다. 그런데 참석자 중 경찰서장의 호령에도 고개나 허리를 굽히지 않고 의식을 거부한 이들이 나왔다. 이에 중화경찰서는 평양의 평남경찰부 고등계 지휘를 받아 시찰회 회원들에 대한 탐문 수사에 나섰고 끝내 거부 의사를 밝힌 23명을 연행하여 평양경찰서 고등계로 넘겼다.[43] 연행된 이들은 대부분 30-40대 젊은 목회자와 평신도들이었다. 중화읍교회 당회장으로 노회장이던 박응률 목사와 시찰회장 노영선 목사는 연행되지 않았다.

평양경찰서로 연행된 목회자와 교인들은 경찰서에서 혹독한 고문과 회유를 당하였다. 그 결과 1938년 3월 하겠다고 서약한

42 《조선예수교장로회연감》, 조선예수교장로회총회 종교교육부, 1940.
43 〈東亞日報〉, 1937. 12. 10; "昭和12年 第73回帝國議會說明資料", 《朝鮮總督府 帝國議會說明資料》 제1권, 東京: 不二出版, 1994, 404; "支那事變後に於ける基督教徒の動靜と其の犯罪に關する調査" 〈思想彙報〉, 제16호, 朝鮮總督府 高等法院檢事局, 1938. 9.

10명은 석방되고 끝까지 거부의사를 굽히지 않은 신읍교회의 장성각 목사와 박태섭 전도사, 건산교회 김진식 목사, 간동교회 윤옥경 전도사, 장산교회 안용준 전도사, 화전리교회 이은영 전도사, 그리고 평신도로서 강학엽 장로와 이지화 장로, 채필우 영수, 최도순 집사, 박영섭 집사, 김이섭 집사, 일반신도 임우식 등 13명은 천황을 모독했다는 '불경죄'(不敬罪) 혐의로 검찰에 기소되었다. 그 가운데 김진식 목사는 사건 발생 3개월 전(1937년 8월)에 사택에서 교인들에게 애국가를 가르쳐준 사실이 드러나 '치안유지법' 위반 혐의가 추가되었다. 이들은 평양형무소로 이감되어 계속 고문과 악형을 받다가 1938년 7월 4일 평남검찰부의 '기소유예'로 석방되었다.[44] 이 사건은 신사참배 문제와 관련하여 평양노회 안에서 일어난 최초 수난 사례였다.

그렇게 중화시찰 목회자와 전도사, 조사들이 평양경찰서에 연행되어 조사를 받고 있던 1937년 12월 7일부터 한 주간 평양에서 평양노회와 평서노회의 연합사경회가 개최되었다. 보름 전 중화시찰회 사건으로 신경이 예민해 있던 평양경찰서에서는 2천 명이 넘는 목회자와 교인들이 참석한 연합사경회를 예의주시하였다. 그리고 사경회 전 과정을 지켜본 후 다음과 같은 비밀보고서를 작성했다. 거기에 연합사경회를 이끌었던 주기철 목사에 대한 내용도 실렸다.

평안남도 소재 평양 및 평서 양 노회는 12월 7일부터 평양부내

44 〈동아일보〉는 마지막으로 1938년 5월 석방된 이들도 결국 평남경찰부장 임석하에 중화읍 신사에 나가 참배하였다고 보도하였다. 〈東亞日報〉, 1938. 5. 2; "支那事變後に於ける基督敎徒の動靜と其の犯罪に關する調査"〈思想彙報〉, 第16號, 朝鮮總督府 高等法院檢事局, 1938. 9.

(平壤府內)에서 동계(冬季) 연합사경회를 개최하였는데 위 양 노회 간부는 신사참배문제 이래 각종 국가적 행사에 교리위반이라는 핑계로 당국의 방침에 길항(拮抗, 애써 버팀)하였던 바가 컸다. 특히 평양노회 소속 교역자는 지난 번 중화군에서 있었던 시국좌담회 중에 불상사건이 일어난(治安狀況 第38號) 사례도 있었다. 소관 평양경찰서에서는 사전에 책임자에게 엄중 경고한 것과 더불어 사찰취체(査察取締)에 맞춰 수뇌간부 등에게도 현하(現下) 시국에 구태의연한 자세를 취하면 노회 자체의 존립에 영향이 있을 것이며 어려움이 없게 점차 자중하여 시국에 순응하고 숭미사상(崇美思想)을 배제하며 교회의 쇄신을 주창하기에 이르도록 했다. 그 결과 혁신의식이 점차 교회 안에 미만(瀰漫, 가득)하여 사경회 회장으로서 민족파(民族派)의 급선봉(急先鋒)인 목사 주기철(朱基徹)도 이미 대세에 순응하여 제7일인 13일에 참석자 2천 명에게 시국을 인식한 언사를 애찰(挨拶, 적극적으로 밀어붙임)하지는 않았지만 출정군인(出征軍人) 가족을 위한 위문금 헌납을 제안하였던 바 즉석에서 56원 50전의 갹금(醵金, 갹출)을 거두었다. 주 목사의 전향(轉向)에 일반회중도 큰 감동을 받았고 이어서 간부 등은 '신사참배는 한편 기회를 볼 필요가 있고 국기게양과 동방요배는 앞으로 시행하자'는데 의견일치를 본 후 일반에게 알렸다. 계속해서 동정을 시찰하는 중이다.[45]

위 기사를 정리하면, 1) 평양에서 개최된(장소 미정) 평양노회와 평서노회 연합 겨울사경회를 앞두고 평양경찰서는 평양노회 임원들을 소환하여 "신사참배가 교리에 위배됨으로 할 수 없다"는

45   "基督敎徒ノ動靜", 〈治安狀況〉, 第44-47報, 京城地方法院檢事局, 1938. I. 14.

기존 입장을 고집하면 노회 자체를 해산시킬 수도 있다고 경고하며 총독부 정책에 적극 순응할 것을 요구하였고, 2) 이에 위기감을 느낀 노회 지도자들이 교인들을 설득한 결과 교회 안에 시국 인식과 교회혁신 의식이 증대되었고, 3) 그동안 '민족주의 노선'을 대표하였던 주기철 목사가 연합 사경회 마지막 날인 12월 13일 집회에 참석한 2천여 교인들에게 시국 인식에 대한 적극적인 발언은 하지 않았지만 출정군인 가족을 위한 위문금을 헌납하자고 제안하여 즉석에서 56원 50전을 거두었고, 4) 이러한 주기철 목사의 태도 전환은 참석한 교인들에게 큰 영향을 끼쳤고 노회 임원들은 즉각 "신사참배로 기회를 봐서 할 것이며 국기배례와 동방요배는 바로 시행하자"고 결의한 후 이를 일반 교인들에게 알렸던 바 경찰에서는 그 추이를 계속 살피겠다는 내용이었다.

경찰의 '일방적인' 해석이 담긴 기사라는 점을 인정하더라도 주기철 목사가 집회 마지막 날 교인들에게 "출정군인 가족을 위로할 헌금을 하자"고 제안한 것은 분명한 사실로 보인다. 경찰은 이런 주기철 목사의 행위를 '민족파'에서 '전향파'로의 전향으로 해석했다. 신사참배를 비롯한 황민화 정책에 완강한 거부 자세를 취했던 주기철 목사가 경찰의 요구에 순응하는 모습을 보인 것이 집회에 참석했던 교인들에게 지대한 영향을 끼쳤고 이에 노회 지도부는 동방요배와 국기배례뿐 아니라 신사참배도 적극 수용하기로 결의하였다는 것이 경찰의 해석이었다. 그러나 이런 경찰의 해석은 성급한 판단이었다. 부노회장이었던 주기철 목사로서는 '노회 해산'까지 언급하며 총독부의 시국정책에 협력할 것을 요구하는 경찰의 압력에 '종교적 색채'가 덜한 출정군인 위로금 모금을 제안했던 것으로 보아야 할 것이다. 출정군인 위로금은 종교행위인 신사참배와 성격이 달랐다.

아무튼 경찰 당국으로서는 우려했던 평양노회, 평서노회 연합사경회가 불상사 없이 끝났을 뿐 아니라 노회 지도부가 총독부 시책에 순응하는 자세를 취한 것에 안도하였다. 그리고 1938년도 접어들어 더욱 적극적으로 교회에 신사참배를 촉구하기 시작했다. 지역 노회가 그 우선 포섭 대상이었다. 그런 상황에서 1938년 2월, 이번에는 평양 장로회신학교의 교수와 학생들이 대거 체포되어 조사를 받는 사건이 터졌다. 사건의 발단은 당시 신학교 3학년생이던 장홍련(張弘璉) 전도사가 기숙사 앞마당에 있던 '기념식수'(紀念植樹) 한 그루를 도끼로 찍어버린 것에서 출발하였다. 그가 찍어버린 나무는 1931년 신학교 입학생들이 입학 기념으로 심었던 나무였는데 그 안내판에 입학생 대표로 표기된 '김일선'(金一善)이란 이름 때문에 나무가 화를 입었다. 김일선은 1934년 신학교를 졸업한 후 평북 노회에서 목사 안수를 받고 철산군 화탄교회를 담임하던 중 1937년 가을 노회에서 노회장에 선출되었다. 그리고 1938년 2월 9일 평북 노회에서 노회 단위로는 전국에서 최초로 신사참배를 가결하였다.[46] 봄 학기 개강을 앞두고 기숙사에 올라와 있던 평북노회 소속의 장홍련 전도사가 그 소식을 듣고 울분을 참지 못해 노회장 김일선의 이름이 부착된 기념식수를 찍어버렸던 것이다.[47]

신학교 기숙사 안에서 일어난 사건이기에 조용히 끝날 수도 없었지만 '신사참배' 문제로 예민해 있던 평양경찰서 고등계 형사들은 신학교 안에 있던 기념식수가 훼손되었다는 첩보를 접수하고 즉각 수사에 착수했다. 그리하여 2월 13일부터 사건 당사자인 장홍

46 "宣川老會가 率先 神社參拜를 決議",〈조선일보〉, 1938. 2. 17;〈每日申報〉, 1938. 2. 17.
47 안광국,《한국교회 선교백년비화》, 대한예수교장로회총회교육부, 1979, 230-232; 김양선,《한국기독교사연구》, 기독교문사, 1980, 190; 조윤승, "나의 목회시절 회상기",《기독교대한감리회 원로목사 체험기(1)》, 복지문화사, 1993, 411-412.

련을 비롯하여 평소 '불온사상'을 지닌 학생으로 주목하고 있었던 김양선과 장윤성, 안광국, 조윤승, 지형순, 장윤홍 등 신학생 7명과 이들의 배후 협의로 장로회신학교 교수 박형룡과 서무 한창선, 그리고 평양여자신학교 김인준 교수 등을 연행했다.[48] 경찰 당국은 기숙사에서 압수한 안광국 전도사의 설교 노트와 원고 등에서 '불온사상' 혐의를 발견하고 이 사건을 중대 사건으로 확대하려는 의지를 보였다. 그러나 사건의 내용이나 성격에서 중대 범죄로 몰 수 있는 증거가 부족했다. 결국 사건 관련자들은 경찰의 주의를 받고 2월 22일 전원 석방되었다.[49] 이로써 '평양신학교 기념식수 훼손사건'은 열흘 만에 종결되었다. 그러나 이 사건을 계기로 평양 장로회신학교는 경찰의 엄중한 감시와 통제를 받았다.

평양신학교 학생들이 석방된 1주일 후, 1938년 3월 3일 끝내 신사참배 수용불가 입장을 취한 북장로회 선교부가 운영하던 숭실 중학교가 마지막 졸업식을 거행하고 63명 졸업생을 내보낸 후 폐교절차를 밟았다.[50] 북장로회 선교부가 운영하던 평양의 다른 기독교 학교, 즉 숭의여학교와 숭실전문학교, 숭덕학교 등도 같은 절차를 밟았다. 미국 북장로회와 남장로회, 호주장로회, 캐나다장로회 선교부가 연합 운영하던 평양 장로회신학교도 위태롭기는 마찬가지였다. 결국 1938년 9월 평양에서 개최될 조선예수교장로회 제27회 총회를 앞두고 가을 학기 개강을 '무기 연기'했던 신학교는 끝내 문을 다시 열지 못하고 폐교되었다. 2년 후 1940년 4월 '친일 노선'을 취하였던 채필근 목사가 총독부의 설립 인가를 받아 '평양신

48 "평양신학교를 중심 교수학생 등 검거", 〈東亞日報〉, 1938. 2. 15; "신학교장 이하 10명을 검거", 〈每日申報〉, 1938. 2. 16; 안광국, 앞 책, 231-232.
49 안광국, 앞 책, 235.
50 "최후막(最後幕)의 숭중(崇中) 졸업식 반세기 역사종결", 〈基督敎報〉, 1938. 3. 15.

학교'란 명칭으로 신학교를 다시 시작했으나[51] 역사적으로, 신학적으로 장로회신학교로서 정통성을 인정받지는 못했다.

이처럼 평양 장로회신학교와 숭실중학교가 폐교 위기에 처했던 1938년 3월 22-25일, 평양 산정현교회에서 평양노회 제34회 정기노회가 개최되었다. 새 예배당을 건축한 이후 산정현교회에서 처음 열린 노회였다. 노회에는 평양노회 소속 목사 73명, 장로 151명, 선교사 3명 외에 안주노회와 평서노회 임원들도 참석했고 평양의 일반 교인과 서울과 의주에서 방청하러 온 목회자 수백 명도 참석하였다.[52] 그만큼 산정현교회에서 개최된 평양노회는 평양지역 교회뿐 아니라 전국 장로교회의 목회자와 교인들의 관심을 받았다. 물론 총독부와 평남도청, 특히 평양경찰서에서도 특별한 관심을 갖고 노회의 진행과정을 감시, 관찰하였다. 총독부 기관지 역할을 하던 〈매일신보〉 기자는 평양노회 전 과정을 취재한 후 "2백여 장로교 대표 국민적 적성(赤誠) 고양"이란 제목으로 기사를 썼다.

> 평양 부근을 중심으로 확고불발의 종교적 세력을 가지고 있는 장로교회 평양로회 관내 각 교회에서는 사변(事變)이 발생된 일로 혹은 황군무운장구(皇軍武運長久) 기도 혹은 헌금으로 국민적 자각이 현저히 촉진되어가는 사실을 보여주고 있더니 22일 오후 7시 반부터 평양 산정현교회 안에서 열린 동 로회 제34회 로회에서는 이 경향이 결정적으로 외부에 표현되었다. 즉 이번 회의에는 평양, 대동, 강동, 성천, 중화, 황주, 수안, 곡산 등 각지

---

51 "평양신학교 개교식 성대거행", 〈동아일보〉, 1940. 4. 13.
52 "평양노회 제34회 촬요", 〈基督教報〉, 1938. 4. 19.

에서 2백여 명 대표가 참석하고 방청자 수백 명이 쇄도하야 대성황을 이룬 가운데서 황은(皇恩)의 무궁함을 감사하는 심익현 목사의 개회기도로 개막되어 국방헌금, 무운장구기원으로써 애국지성(愛國至誠)을 공식으로 표시하며 다시 기독교회의 내선일체의 사실을 고(告)하고 회의 제2일인 23일 오후 2시부터는 특별히 애국례배시간으로 정하고 부내 행정(幸町) 일본기독교회 영전(永田) 목사를 초청하야 내선일체의 례배를 보았다. 이 례배시간에는 황거요배, 국민서사제창 등 의식을 수행함은 물론 제일선에서 악전고투하는 황군에게 감사하고자 사내(寺內), 전(畑) 양 최고지휘관에게 감사전보를 타전한 바 있었다. 또한 회장에는 대일장기(大日章旗)를 게양하야 국민적 정열로써 전 회장(會場)을 장식한 바 있었는데 평양부내 교회에서 국기를 게양한 것은 이것이 효시라 한다. 동 로회의 이러한 국민적 경건한 태도는 전 조선 기독교계에 조흔 영향을 미칠 것이라 하야 크게 기대되는 바 있다.[53]

〈매일신보〉는 산정현교회 예배당 안에 대형 일장기가 게양된 것에 대하여 "평양부내 교회에 국기를 게양한 것은 이것이 효시다"고 언급하면서 노회 참석자들이 산정현교회 앞마당에서 '황거요배' 하는 사진도 게재하였다. 평양노회 소식은 장로교단 기관지 〈기독교보〉에도 "평양노회 삼매"란 제목으로 실렸다. 기사를 쓴 오문환(吳文煥)은 "4만 원의 거액을 들여 산정재 높은 언덕 위에 웅대하게 지여놓은 새 예배당에서 모인 것만으로도 일반의 호기심과 방청욕(傍聽慾)을 자아내는 것이지만 이번 평양노회는 말할 수 없이

53 "2백여 장로교 대표 국민적 적성 고양", 〈每日申報〉, 1938. 3. 25.

긴장한 분위기 속에 휩싸여서 개회되었고 또한 진행된 것만은 누구나 부정할 수 없는 사실이었다"고 언급한 후 노회 진행사항을 다음과 같이 소개하였다.

개회 기도를 하는 심익현 목사는 황실의 번영과 황국의 흥융(興隆)을 간절히 기원하였고 회원 점명과 노회 개회의 선언이 있자 마자 출정 장사(出征壯士)를 위하여 기도회가 있었고 또한 계속 하여 국방헌금을 노회석상에서 거두기로 일치 가결되어 이를 곧 실행하였다. 그뿐 아니라 둘째 날인 23일 오후 두시부터는 애국 예배를 보기로 되어 두시 정각에 일반회원과 방청원들은 예배당 앞뜰에 집합하여 회장 박응률 목사의 인도로 황국신민서사를 제 창하고 이어 동방을 향하여 황거요배를 한 후 본 장로교회와 계 통이 같은 일본기독교회 영전(永田) 목사의 설교로 애국예배를 필하였다. 그리고 지나사변 출정 장병을 위문하기 위하여 사내 (寺內), 전(畑) 양 최고지휘관에게 위문문(慰問文)을 발송하기로 결의하여 즉일로 이를 실현하였으며 회장으로부터 일반회원에 게 특별히 시국인식을 강조하고 황국신민서사를 빠짐없이 배부 하여 황국신민을 교도(敎導)하기에 조금도 결함이 없게 하기를 설명한 바 있었다.[54]

기사를 쓴 오문환은 1910년대 일본 유학(사범학교)을 다녀와 숭의여학교 교사로 오랫동안 시무하면서 1928년 '도마스기념사업 회'를 조직하고 기관지 〈순교자〉를 발간하며 전국적으로 모금운동 을 벌여 대동강변 조왕리에 도마스기념예배당을 건립하였다. 그

---

54   오문환, "평양노회 삼매(三昧)", 〈基督敎報〉, 1938. 4. 12.

일로 전국적인 지명도를 얻은 오문환은 1938년 3월 숭의여학교가 신사참배 문제로 폐쇄된 후 평양노회 실무 간사로 일하기 시작했다. 일본어에 능통했던 그는 처음에는 '통역원'으로 활약하다가 점차 총독부 및 경찰 당국의 종교 정책을 한국 교회 지도자들에게 통보하고 추진하는 역할을 수행하였다. 그 결과 오문환은 일제 말기 평양 기독교계에서 가장 적극적으로 총독부 정책에 순응, 협력했던 지도급 인사 중 한 명이 되었다.

위 〈매일신보〉와 〈기독교보〉 기사를 종합해서 정리하면, 1) 노회 첫날 개회식에서 심익현 목사(대동군 하리교회)가 "황실의 번영과 황국의 흥융을 위해" 기도한 후 출정 군인을 위한 기도회와 국방헌금을 실시하여 1백 원을 모금하였으며 2) 노회 둘째 날 '내선일체'를 실천하는 의미에서 '애국예배'를 실시하면서 예배당 안에 대형 일장기를 게양하고 참석자 전원이 예배당 앞뜰에 모여 노회장 박응률 목사 인도로 황국신민서사 제창과 동방요배를 실시한 후 평양 일본기독교회의 나가타(永田猪之介) 목사의 설교를 들은 후 노회 명의로 중국에서 전쟁 중인 일본군 사령관에게 위문전보를 발송하였으며 3) 노회 참석자들은 지역교회 교인들에게 〈황국신민서사〉를 배부하여 낭송할 것을 결의하였다. 물론 앞서 살펴본 대로 목회자 임면과 장로, 전도사, 신학생 시취, 총대 선출 등 노회의 일상적인 사무도 처리했다. 그러나 1938년 3월 산정현교회에서 열린 34회 평양노회는 〈기독교보〉와 〈매일신보〉의 '편향적'(?) 보도로 인해 '애국 행사'를 대대적으로 실시한 모임으로 전국에 알려졌다.

과연 산정현교회에서 거행된 이런 노회 행사에 주기철 목사는 참석했을까? 참석했다면 어떤 태도를 취하였을까? 위 〈매일신보〉나 〈기독교보〉 기사에 '산정현교회 주기철 목사'에 관한 언급은 없다. 불참했을 가능성도 배제할 수는 없다. 당시 평양에 있었던 김인서는 이 부분에 대하여 주기철 목사가 '평양신학교 기념식수 절단사건'과 관련하여 "1938년 2월 8일 주일 헌당식 하려는 직전에" 평양경찰서에 검속되었다고 기록하였고 이후 대부분 교회사학자들도 이를 따라 주기철 목사의 1차 검속이 1938년 2월에 이루어져 3개월여 옥고를 치른 것으로 기록하였다.[55] 그렇다면 주기철 목사 부재 상태에서 노회가 열렸을 가능성도 있다. 그러나 '1938년 2월 1차 검속'은 신빙성이 약하다. 우선 김인서는 주기철 목사가 '1938년 2월 8일 주일'에 산정현교회 새 예배당 헌당식 직전 검속되었다고 기록하였는데 2월 8일은 주일이 아니라 화요일이었다. 또한 검속의 원인이 되었던 평양 신학교 기념식수 훼손사건으로 교수와 학생 10여 명이 경찰에 연행되어 조사를 받은 기간도 2월 13일부터 2월 22일까지 1주일이었다. 이 사건 관련자들의 증언록에서 "주기철 목사와 함께 연행되었다"는 기록도 발견할 수 없다. 주기철 목사가 경찰에 연행되었더라도 2월은 아니라는 말이다.

또한 당회장인 주기철 목사가 '신사참배 문제'로 경찰에 연행된 상태에서 산정현교회 당회와 교인들이 3월 22-25일 새 예배당을 노회 장소로 선뜻 내줄 수 있었을까? 후에 살펴보겠지만 주기철 목사와 함께 신사참배 거부운동을 적극 전개하였던 산정현교회 교인들이 과연 자기네 교회 안에 일장기가 게양되고 앞마당에서 동방요배와 애국예배를 실시하는 노회원들을 그저 바라만 보고 있었을까? 평양노회 임원과 회원들이 현직 부노회장인 주기철 목사가 경찰서에 검속된 상태에서 그가 담임하는 교회에서 노회와 '애

55   김인서 앞 책, 41-43; 민경배, 앞 책, 184; 대한기독교순교기념사업회편, 《순교사 제1집 주기철 목사편》, 22-23; 김충남, 앞 책, 175-176; 박용규, "소양 주기철 목사의 생애", 54-55; 이상규, "주기철 목사의 신사참배 반대와 저항", 172; 김요나, 앞 책, 290-292.

국행사'를 거행할 수 있었을까? 결국 여러 정황으로 볼 때 주기철 목사가 노회에 불참하기보다는 참석했을 가능성이 더 크다. 오문환의 기사보다 한 주일 늦게(1938년 4월 19일) 인쇄된 〈기독교보〉에 실린 "평양노회 34회 촬요"란 기사를 보면 주기철 목사는 여전히 '부노회장'으로 이름을 올렸을 뿐 아니라 9월에 열릴 총회의 '부총대'(副總代)로 선출되었다.[56] 박응률 노회장을 비롯하여 이미 '친일노선'을 택한 노회 임원들이 일본 경찰이 연행하여 자리에 없는 주기철 목사를 노회 임원으로 다시 선출할 가능성은 약하다.

결국 주기철 목사는 부노회장 자격으로, 새로 지은 산정현교회 예배당에서 처음 열린 평양노회에 참석한 노회원과 방청객, 손님들을 영접하는 '주인'(host) 입장에서 노회에 참석했다고 보아야 할 것이다. 그리고 노회 기간 중 노회장이 주도하는 각종 시국 행사와 의식에 피동적인 자세로 임하였을 것으로 보인다. 주기철 목사는 1937년 12월 평양 연합사경회 때처럼 1938년 3월 정기노회에서도 정치 행위(동방요배와 일장기 게양, 국기배례, 국방헌금, 황국신민서사 낭송)와 종교 행위(신사참배)를 구분하여 후자는 거부하였지만 전자는 수용하는 입장을 취하였던 것으로 볼 수 있다. 더욱이 차기 노회장으로 예정된 부노회장 신분으로 '노회 해산'을 위협하며 '애국행사'를 강요하는 경찰 당국에 맞서 투쟁하다가 교회와 목회자, 교인들이 피해 입는 상황은 피해야 한다는 '현실적' 판단을 했을 수도 있다. 경찰 당국이 본격적으로 종교행위(우상숭배)에 해당하는

---

56 '부총대'란 정식으로 선출된 총대가 개인 사정으로 총회에 참석하지 못할 경우 대신 참석할 수 있는 보충 요원이었다. 당시 평양노회의 목사 총대는 박응률, 조택수, 나기환, 유동희, 박형룡, 이인식, 김의창, 기주복, 이승길, 김승두 등 10명이었고 부총대는 주기철, 강병선, 정명채, 김선환, 심익현, 김치근, 김수봉, 왕계준, 김진영 등 10명이었다. "평양노회 제34회 촬요", 〈基督教報〉, 1938. 4. 19.

신사참배를 교회에 강요하기 전이었다는 점도 주기철 목사가 (정치 행위에 대한) '소극적 순응' 자세를 취한 배경일 수 있다.

그러나 주기철 목사의 이러한 자세와 행위는 일반 목회자와 교인들이 보기에 입장 및 노선 변화로 읽힐 수 있었다. 평소 설교를 통해 신앙의 기본원칙과 원리를 강조했던 주기철 목사가 평양 연합사경회를 인도하면서 '출정 장병가족 위문금' 모금을 제안하였을 뿐 아니라 자신이 담임한 교회에서 열린 노회에서 동방요배와 황국신민서사 낭송, 국방헌금, 국기 게양과 배례 등 '애국의식'을 거행할 때도 아무런 거부의사를 표하지 않았다는 소식을 접한 목회자와 교인들은 "주기철 목사도 결국 지조를 꺾고 총독부 지시를 따르기로 했구나" 생각할 소지가 충분했다. 경찰 당국도 그러했다. 경찰 기밀문서는 "주기철 목사가 전향했다"고 표현하며 그가 신사참배 문제에 대해서도 전향적인 자세를 취할 것으로 판단했다. 그러나 그것은 오해였고 착각이었다. 주기철 목사의 신사참배 반대의사 표명과 거부운동은 3월 말 평양노회 이후 본격화되었기 때문이다.

나는 이제 너희를 위하여 받는
괴로움을 기뻐하고 그리스도의
남은 고난을 그의 몸 된 교회를
위하여 내 육체에 채우노라
내가 교회의 일꾼 된 것은
하나님이 너희를 위하여 내게
주신 직분을 따라 하나님의
말씀을 이루려 함이니라
—

골 1:24-25

십자가 고난의 길 [4]

여기 고난이란 것은 예수의 고난을 내 몸에 채우는 것을 의미한다.
이는 결코 자신의 잘못이나 실수로 인해 오는 고난이나 세상으로부터
오는 고난이나 천변지재로 인해 오는 고난이 아니다. 내가 받지
않으려면 얼마든지 받지 않을 수 있는 고난이니 곧 주님을 위해 당하는
고난이다. 이 고난이야말로 값있는 것이니 대개 사람이 이 값있는
십자가의 길로 행할 필요는 그 길은 생명의 길이기 때문이다.
—
주기철의 "십자가의 길로 행하라" 중에서

전도자 바울은 "우리 주 예수 그리스도의 십자가 외에 결코 자랑할 것이 없다"(갈 6:14)고 하였다. 그가 복음을 증거하다가 체포되어 사람들에게 매를 맞아 생긴 몸의 상처를 자랑스러운 '예수의 흔적'(갈 6:17)이라고 했다. 모두 교회를 위해 자기 몸에 채운 '십자가 고난'의 흔적이었다.

주기철 목사는 1937년 9월 총회에 참석해서 새벽기도회를 인도하며 "십자가의 길로 가자" 호소하였다. 그러나 노회나 총회는 총독부의 요구대로 신사참배를 결의하여 십자가 고난을 회피하였다. 여기에 타협할 수 없었던 주기철 목사가 그 남은 고난을 자기 몸에 채워야만 했다.

1938년 3월 평양 산정현교회에서 개최된 평양노회가 무사히 끝났을 뿐 아니라 일부 목회자와 교인들의 저항이 예상되었던 '애국행사'까지 무난하게 치러내는 모습을 보고 자신감을 얻은 경찰 당국은 그 다음 작업으로 평양노회가 (평북노회처럼) 신사참배까지 결의하도록 본격적인 회유와 압박을 가했다. 그 과정에서 신사참배 문제에 대하여 예민하게 반응하는 교회 지도자들을 설득, 회유하기 위해 평양에 진출해 있는 일본인 교회 목회자와 일본 내 기독교계, 신학계 지도자들을 동원했다. 우선 평양의 일본인 목회자와 한국인 목회자들의 친목과 교류를 위한 모임을 만들었다. 이를 위해 평양노회는 노회장을 역임한 이승길 목사와 장운경 목사, 그리고 노회 간사 오문환을 '교섭 위원'으로 선정하였다.[1]

그렇게 해서 1938년 5월 1일, 평양의 최고급 호텔인 철도호텔에서 '내선교역자간친회'(內鮮敎役者懇親會)란 이름으로 평양노회 소속 목회자들과 평양 주재 일본인교회 목회자들의 대화모임이 열렸다. 대화 모임의 취지와 내용은 한·일 교회 및 목회자 사이의 친교를 도모하며 총독부의 '내선일체'와 황민화 정책에 대한 교회의 협력방안 모색이었다. 이 모임에 대하여 김인서는 〈신앙생활〉에 "호상간담(互相懇談)하여 교의(交誼)를 두터이 하였다"고 기록한 후 구체적인 협력 방안으로 두 나라 교회 지도자들의 상호 교환방문을 실시하기로 하고 우선 평양노회 대표자들이 일본을 방문하여 "내

---

1   "평양노회 제34회 촬요", 〈基督敎報〉, 1938. 4. 19.

지(內地) 각 방면에 일본정신(日本精神)과 기독교의 실체를 견학하기로" 결정했음을 소개하였다.[2] 모든 경비는 총독부 주선으로 일본인 기업가들이 부담하였다. 이에 따라 평양노회 교섭위원으로 선정되었던 이승길과 장운경, 오문환 외에 황해노회 노회장을 역임한 김응순(金應珣) 목사 등으로 한국 장로교회 대표단이 구성되어 5월 말부터 6월 초까지 일본을 방문하였다. 이에 대해 총독부 기관지인 〈조선〉(朝鮮)은 "[평양노회 대표자들이] 내지 주요 도시에 있는 각 교파 교회의 포교 상황을 시찰하면서 신사참배 문제에 관한 많은 자료를 수집하였는데, 내지 관민(官民)들의 열성어린 환대를 받고 감격하여 돌아왔다"고 보도하였다.[3] 귀국 후 이들이 평양노회와 황해노회뿐 아니라 한국 장로교회 총회 차원에서 신사참배를 설득하고 결의하는 일에 앞장섰다.

평양노회 대표단의 방일에 대한 답방 형태로 일본 기독교회 지도자들의 한국 방문이 이루어졌다. 일본 대표단을 이끈 인물은 일본에서 가장 오랜 역사를 자랑하는 도쿄 시바(芝)교회를 담임하였고 일본기독교회(일본장로교회의 후신) 대회의장과 일본기독교연맹 의장을 역임한 도미타미츠루(富田滿) 목사였다. 그와 함께 일본기독교회 상무위원이자 기독교신문 〈복음신보〉(福音新報) 주필인 히다카젠이치(日高善一) 목사, 일본신학교 교수 고오시조지(鄕司偡爾) 목사가 동행했다.[4] 이들은 신학적으로 보수적 장로교회 전통을 고수하면서도 신사참배를 비롯한 일본의 군국주의 종교 정책을 적극 지지, 후원했던 우익 인사들이었다. 이들의 방한 비용 역시 총독부

2   "平壤之片言", 〈信仰生活〉, 1938. 4, 26.
3   森浩, "事變下に於けるキリスト教", 〈朝鮮〉, 1938. 11;《日韓キリスト教關係史料》, II, 573.
4   "平壤之片言", 〈信仰生活〉, 1938. 6, 37; "人事", 〈基督教報〉, 1938. 7. 5.

가 지원하였다. 당연히 이들에겐 방한 중 한국 교회 지도자들에게 신사참배의 타당성을 설명하며 회유할 임무가 주어졌다.

도미타 일행은 1938년 6월 19일 도쿄를 출발, 시모노세키에서 배를 타고 6월 21일 부산에 도착하였다. 부산에 도착한 이들은 지역을 나누어 고오시는 목포, 히다카는 대구로 출발했고 도미타는 부산에 이틀을 머물면서 일본기독교부인회와 초량교회에서 강연회를 개최하였다. 도미타는 6월 25일 대구에서 히다카와 합류하여 서울로 출발했으며 그 사이 목포와 전주, 군산을 방문한 고오시도 서울에서 합류했다. 도미타는 서울에서도 일본기독교회와 한국 교회에서 강연회를 개최하였다. 한국인을 대상으로 한 강연회는 안동교회와 정동제일교회, 세브란스의학전문학교에서 개최하였고 별도로 기독교청년회관에서 한국인 교회 지도자들과 간담회 형태로 모임을 가졌다.[5] 도미타 일행은 강연회나 간담회를 통해 일본의 종교 정책과 신사참배의 당위성을 강조하였다. 부산이나 대구, 서울에서는 별 저항을 받지 않았다. 6월 28일에는 조선총독부를 방문하여 학무국장과 사회교육과장, 학무과장 등의 환대를 받았다.[6]

서울 일정을 마친 도미타 일행은 6월 29일 기차 편으로 평양에 도착하였다. 도착 직후 평양 기독교청년회 총무 김취성(金聚成)이 주최한 평양 기독교계 인사들의 환영식이 열렸고 이어 숭실학교 대강당에서 개최된 초교파 연합예배에서 오문환의 통역으로 도미타 목사가 설교하였다. 예배 후에는 평안남도 도청을 방문하여 장관(도지사)과 경찰부장을 면담하고 도장관이 마련한 오찬을 나눈

5 "京城 內鮮各派 基督教會가 聯合禮拜", 〈基督教報〉, 1938. 6. 28; "日本基督教會의 三使節을 마지하야", 〈基督教報〉, 1938. 7. 5.

6 隨越智生, "平壤通信", 〈福音新報〉, 1938. 7. 14; 《日韓キリスト教關係史料》II, 163-164.

후 오후에 장대현교회와 창동교회, 남산현교회, 서문밖교회 등을 방문하였고 저녁에 평양교외 대동강가 읍취각(挹翠閣)에서 평양과 평서, 황해, 안주 등 4개 노회와 평양 일본인기독교회가 연합으로 주최한 환영만찬회에 참석하였다. 환영만찬에는 1백여 명의 한국인 목회자와 장로들뿐 아니라 나가타 목사를 비롯한 평양의 일본인교회 목회자들도 참석했다. 그렇게 도미타 일행은 평양에서 환대를 받았다.[7]

환영만찬을 마친 도미타 일행은 자리를 평양 산정현교회로 옮겼다. 그곳에서 평양지역 4개 노회 목회자들과의 간담회가 열릴 예정이었기 때문이다. 6월 30일 오후 8시 30분 산정현교회에서 열린 도미타 간담회 내용은 동행했던 히다카 목사에 의해 일본에서 간행하던 〈복음신보〉에 자세히 실렸다. 히다카의 취재 기사는 이렇게 시작된다.

> 주[기철] 목사가 목회하는 산정현교회에 도착하니 팔을 걷어 부친 4개 노회 논객들이 모인 가운데 간담회가 열렸다. 좌장인 이승길 씨와 통역 오문환 씨, 도미타 의장과 기자[히다카]가 앞에 자리를 잡았다. 이 교회 목사는 전날(前日) 경찰서 유치장에서 석방된 바 있다.[8]

이 기사에서 주기철 목사가 평양경찰서에 구금되었다가 6월 29일 풀려났음을 알 수 있다. 주기철 목사의 '1차 검속'에 대한 확

---

7   "富田滿氏 一行을 平壤에서 熱烈한 歡迎",〈基督教報〉, 1938. 7. 5; "富田滿 牧師一行 滯壤日程",〈基督教報〉, 1938. 7. 5; 隨越智生, "朝鮮續信",〈福音新報〉, 1938. 7. 21;《日韓キリスト教關係史料》II, 165-166.

8   隨越智生, "朝鮮續信",〈福音新報〉, 1938. 7. 21;《日韓キリスト教關係史料》II, 166.

실한 기록이다. 그러나 언제 연행되어 얼마 동안 구류되었는지 밝혀 주는 자료는 찾지 못했다. 다만 1년 후 신사참배 문제로 산정현교회가 폐쇄 위협을 받았던 1939년 10월 22일 〈동아일보〉 기사에 "평양부내 산정현예배당에서는 작년 봄 동 교회 주기철 목사가 신사참배를 거절하여 평양경찰서에 피검되어 지금까지 오는 중"이란 내용이 있어[9] 그가 처음 체포된 시기를 '1938년 봄'으로 추정할 수 있다. 그렇다면 주기철 목사는 1938년 3월 22-25일 산정현교회에서 열린 평양노회에 참석한 후 4월부터 5월 사이에 평양경찰서에 검속되었다고 볼 수 있다. 즉 1938년 4월 29일 천장절(天長節, 일본천황 생일)을 맞아 총독부에서 전국 교회에 신사참배 실시를 지시하고 5월 1일 평양에서 이승길과 장운경, 오문환 등 평양노회 교섭위원 주도로 '내선교역자간친회'를 조직하고 '내선일체'를 표방하며 신사참배를 실시하려는 움직임을 보이자 주기철 목사가 신사참배를 반대하는 입장을 분명히 밝혔고 그 때문에 평양경찰서에 연행된 것으로 볼 수 있다.[10]

그 무렵 경찰서 안에는 신사참배를 반대하여 연행된 장로교 목회자들이 많았다. 신의주경찰서에서는 1938년 3월 26일 신사참배 반대를 선동한 혐의로 중국 만주 안동에서 목회하던 김상철 목사와 김석항 목사를 연행하였고 4월 29일 천장절을 기해 역시 같은 혐의로 신의주제일교회 윤하영 목사와 이영태 목사, 신의주제이

9 "神社參拜에 不應하면 山亭峴禮拜堂 閉鎖", 〈동아일보〉, 1939. 10. 22.

10 "全國長老敎會에서 銃後報國週間禮拜, 天長節에는 各敎會에서 式을 擧行", 〈동아일보〉, 1938. 4. 18; 김승태 편역, 《신사참배문제 자료집》I(국내신문기사편), 한국기독교역사연구소, 2014, 95. 김인서는 주기철 목사의 1차 검속이 산정현교회 헌당식이 예정된 '1938년 2월 8일 주일 직전'이라고 기록하였다. 그러나 2월 8일은 주일이 아니었다. 1938년에 '8일이 주일'인 경우는 5월밖에 없으므로 1938년 5월 8일 주일 직전에 연행된 것으로 볼 수도 있다.

교회 한경직 목사, 신의주제삼교회 최명준 목사 등을 연행하였다. 5월에는 수원 경찰서에서 일장기 게양과 신사참배를 반대한 혐의로 일본인 전도자 오다나라치(織田楢次) 목사와 한국 교인 6명을 체포하였다.[11] 이처럼 총독부와 경찰 당국이 1938년 봄부터 신사참배 반대의사를 밝힌 장로교 목회자들을 집중 검속한 것은 가을(9월)에 열릴 장로교 총회에서 신사참배 결의를 끌어내기 위해 각 지역 지도급 목회자들의 신사참배 반대의지를 꺾기 위한 사전 작업이었다. 그런 맥락에서 평양 지역 목회자 가운데 신사참배에 대한 반대의지가 가장 분명했던 주기철 목사가 경찰에 연행되었던 것이다.

주기철 목사 부재 상황에서 평양노회는 1938년 6월 10일 평양 서문밖교회에서 임시노회를 개최하고 목회자 이동에 관한 사무를 처리하였다.[12] 노회원들은 김응순과 장운경, 오문환 등 교섭위원들의 일본 방문 보고를 들었고 신사참배는 더 이상 '거스를 수 없는' 대세임을 인정하는 분위기였다. 그러나 경찰서 안에 있던 주기철 목사는 달랐다. 그는 평양경찰서에 연행되어 한 달 넘게 회유와 압박을 받았음에도 신사참배에 대한 반대의지를 꺾지 않았다. 오히려 압력을 받으면 받을수록 반발력이 커지는 용수철과 같은 형국이 되었다. 그런 중 도미타를 비롯한 일본 교회 대표들이 평양을 방문하였다. 경찰은 이를 주기철 목사를 설득할 기회로 삼았다. 즉 일본 신학계를 대표하는 도미타 목사의 강연과 일본 신학자들과의 토론을 통해 주기철 목사가 신사참배에 대한 반대 입장을 철회할 것으로 기대했다. 그래서 경찰은 도미타 일행이 평양에 도착하기

11 "神社參拜 不肯으로 牧師 二名 檢束", 〈동아일보〉, 1938. 3. 29; "新義州署 繼續活動 三一教會 牧師 檢擧", 〈동아일보〉, 1938. 5. 6; "神社參拜 不參拜로 4名 公判廻付", 〈동아일보〉, 1938. 5. 22; 김승태 편역, 앞 책, 92-109.
12 "평양로회 임시회 상황", 〈基督敎報〉, 1938. 6. 28.

하루 전에 그를 석방했던 것이다.

그렇게 해서 6월 30일 저녁 산정현교회에서 도미타 간담회가 열렸다. 그 자리엔 방금 경찰서에서 풀려난 주기철 목사 외에 평양과 평서, 안주, 황해 등 4개 노회를 대표한 '논객들'이 참석했다. 도미타 일행은 예배당에 들어서는 순간 조금 전 읍취각에서 즐겼던 환영 만찬회와는 전혀 다른 분위기인 것을 직감했다. 간담회는 도미타의 연설로 시작되었다. 현장에 함께하였던 히다카의 기록이다.

> 신사 문제였다. 도미타 씨는 이미 정부가 신사에 대하여 국가의 례일 뿐 종교가 아니라고 규정한 이상 이를 종교 대상으로 삼아서는 안 될 것이라는 점을 법령을 인용해서 설명을 해도 반복해서 질문이 나왔다. 가장 곤혹스러운 것은 일본 내지에서 신도와 기독교를 결합시켜 신사가 종교라고 기술한 책들을 국어〔일본어〕를 읽을 수 있는 목사들이 읽었다는 점이었다. 기자〔히다카〕는 그런 저술은 일본기독교회 신학자로서 결코 받아들일 수 없는 것이라고 반복해서 설명했다. 이들에게 국어〔일본어〕는 우리에게 영어와 같아서 말로 할 수는 없어도 읽는 데는 어려움이 없어 주〔기철〕 목사 같은 자는 통역을 내세워 끈질기게 논구(論究)해 왔다.[13]

토론의 주제는 신사가 종교인가? 국가의식인가? 신사참배가

---

13 隨越智生, "朝鮮續信", 〈福音新報〉, 1938. 7. 21; 《日韓キリスト教關係史料》II, 166; 김승태 편역, 《신사참배문제 자료집》II(일본어기사·공문·법규편), 한국기독교역사연구소, 2014, 273.

국민의례인가? 종교행위인가? 하는 점이었다. 도미타는 일본 정부의 법령과 해석을 근거로 "신사참배는 국민의례일 뿐 종교의식이 아니다"라고 설명했다. 하지만 일본어 책을 읽을 수 있었던 한국 측 논객들은 "신사가 국가신도(國家神道)의 일부로서 종교이자 국가 의식이다"라고 진술한 일본 학자들의 저술을 근거로 신사참배를 종교행위라고 반박하였다. 가장 '끈질기게' 물고 늘어진 논객이 주기철 목사였다. 경찰서에 한 달 넘게 구금되어 있으면서 오히려 투쟁 의지가 더욱 강화된 그는 '순교를 각오하고' 우상숭배인 신사참배를 수용할 수 없다고 밝혔다. 이에 대한 도미타의 답변이다.

> 제군의 순교적 정신은 훌륭하다. 그러나 언제 일본 정부가 기독교를 버리고 신도로 개종하라고 강요하였던가? 그런 실례가 있으면 보여 달라. 국가는 국민 된 제군에게 국가의 제사의식을 요구한 것에 불과하다. 경관이 개인의 종교 사상을 가지고 제군에게 강요하였다고 하는데 이 역시 국가가 승인한 것이 아니다. 기독교가 억압을 받는 때가 되면 우리도 순교할 것이다. 메이지 대제(明治大帝)께서 만대에 이를 대어심(大御心)을 가지고 전 세계에 비교할 수 없을 정도로 종교의 자유를 부여하신 것을 경솔히 여겨 모독하지 말라. 민간 학자들이야 제 마음대로 글을 쓴다. 제군이 그런데 일일이 마음을 두었다가는 방향을 잘못 잡게 될 것이다.[14]

도미타의 응답을 뒤집으면 주기철 목사의 주장을 읽을 수 있다. 주기철 목사는 일본에서 발행된 신사 관련 도서와 경찰에서 조사반았던 경험을 바탕으로 1) 신사참배는 국가 의식이 아닌 종교 의식이며, 2) 이를 강요하는 것은 신앙의 자유를 억압하는 것으로, 3) 순교의 각오를 가지고 이에 저항할 것을 표명하였다. 이러한 주기철 목사의 주장에 대해 도미타는 1) 신사는 국가 의식이라는 정부 입장을 여전히 강변하며, 2) 일본 정부는 종교 자유를 억압하지 않았고, 3) 신사를 종교와 일치시킨 일본 학자들의 저술이나 주기철 목사에게 신사참배를 강요했던 경찰의 행위를 '개인적인' 차원의 것이라며 평가절하하였다. 그러나 주기철 목사는 거기서 물러서지 않았다.

> 이번에는 기독교 측 저자와 그의 논문을 인용하며 재차 논쟁을 걸어 왔다. 기자〔히다카〕가 대신 나서 천계교(天啓敎, 특수계시) 와 자연교(自然敎, 자연계시)를 내지의 전문가, 특히 일본기독교 회에서는 명확하게 구분한다는 점을 자세하게 설명하였다. 도미타 의장은 정부에서도 그 책에 대해 발매 금지 조처를 내려 혼돈을 피하도록 조치했다고 설명하면서 그 외의 다른 기독교 교리 전문가들의 저작에서는 결코 그런 일이 없음을 분명히 하였다.[15]

저녁 8시 30분에 시작된 간담회는 자정을 넘겨 새벽 1시까지 이어졌다. 그날 토론은 '전투'에 가까운, 말 그대로 '논쟁'(論爭)이었다. 그만큼 분위기가 치열했다. 평양경찰서에서는 도미타 일행을 보호하기 위해 처음에 사복형사 두 명을 파견하여 장내에 배치하였는데, 토론이 점차 열기를 더해가면서 '형세 불온'(形勢不穩) 분위기를 감지한 경찰 측에서 예배당 밖에 운집한 군중들 사이사이에

---

15 앞글.

경찰들을 배치하여 만일의 사태에 대비했다. 경찰의 삼엄한 경계 가운데 진행된 간담회에서 양측은 한 치 양보 없이 평행선을 그리며 논쟁했다. 히다카가 전한 토론장 분위기다.

> 도미타 의장은 신앙을 위해서라면 우리도 생명을 버릴 수 있다
> 고 했다. 제군에 조금도 뒤지지 않는다고 하였다. 사회를 보던
> 이승길은 토론 분위기가 험악해지면 냉정을 되찾도록 종종 경계
> 를 주었다. 그러면 사방에서 '사회자 횡포다' 외치며 장내가 시
> 끄럽게 되었다. 오문환씨는 고소(苦笑)를 띄며 우리에게 속삭이
> 며 통역해 주었다.[16]

간담회 사회를 보던 이승길 목사는 과격하다고 생각되는 한국 측 발언자들에게 '종종' 경계를 주었고 통역 오문환은 이런 상황을 '고소를 띄고' 속삭이며 통역하였다. 이처럼 노회 지도부는 이미 신사참배 찬성 쪽으로 기울어 있었다. 그러했기에 주기철 목사를 비롯한 반대파의 항의와 저항도 치열했다. 히다카도 그 점을 알고 있었다.

> 밤이 깊어 새벽 한 시가 넘었음에도 참석자들은 조금도 지친 기
> 색이 없었다. 조선의 교역자들에겐 사활이 걸린 문제였다. 일신
> (一身)의 안위가 걸린 문제가 아니라 목회하고 있는 교회 교인들
> 의 안위가 걸린 일대문제였다. 토론은 밤을 넘겨 진행되었다고
> 들었다.[17]

---

16 앞글.
17 앞글.

[4] 십자가 고난의 길

히다카의 표현대로 신사참배 문제는 한국 교회 목회자와 교인들의 '사활이 걸린 중대 문제'였다. 목회자의 신앙 양심과 한국 교회의 자존심이 걸린 문제였다. 도미타 일행이 숙소로 들어간 후에도 한국인 목회자들은 자리에 남아 밤새 토론을 계속했다. 주기철 목사의 반대 입장엔 변함없었다.

도미타 일행은 이튿날(7월 1일) 아침 호텔로 찾아온 '프린스턴 신학 출신 평양신학교 교수[박형룡]'와 조찬을 함께하며 신학적 문제를 갖고 대화를 나누었다. 이에 대하여 히다카는 "회담은 유감 없이 통했다. 아직 발표하기 어려운 중대 문제지만 약간의 성안(成案)이 있었다"고 적었다. 그리고 오전에 전날 저녁 간담회에서 "최고로 강경한 입장을 취하였던 사람을 포함하여" 목회자 20여 명이 호텔로 찾아와 "어제 밤의 실례를 사과하며" 전날처럼 치열하지는 않았지만 신사참배에 대한 대화를 이어갔다. 호텔 로비에서 진행된 대화 모임이었기에 고성 없이 온건한 상황에서 이루어진 대화였다. 그래서 히다카는 "결과는 모두 만족하고 '신사는 종교가 아니다'라고 이해할 수 있었다"고 적었다. 도미타 일행은 평양 창동 교회의 이춘섭 장로의 초청을 받아 오찬을 나누고 오후엔 평양 감리교회 목회자들이 마련한 화신백화점 만찬에 참석했다. 그날 저녁 숭실전문학교 대강당에서 다시 한 번 평양 장로교연합 강연회가 열려 도미타는 1천여 명의 참석자들에게 신사참배 관련 강연을 다시 한 번 하였다. 이로써 도미타 일행의 평양 일정이 끝났다.[18]

도미타의 평양 방문과 간담회는 기대했던 결과를 얻지 못했다. 히다카는 이후 평양 경찰 간부로부터 "간담회 후 형세가 완전히 일변하여 4개 노회 형제들이 모두 만족하고 있다"는 보고를 받고 "우리의 사명이 헛되지 않아 조선 35만 형제들의 안위에 관련된 문제에 서광을 얻어 형제들이 종교가 아닌 의전에 대한 심정이 점차 이해되어 가는 것을 매우 기뻐한다"고 썼지만[19] 내막은 그렇지 못했다. 양측의 이견을 노출시킨 간담회였다. 도미타 일행은 간담회를 통해 한국 교회 지도자들의 신사참배에 대한 부정적 이해가 해소되기를 기대했고 주기철 목사를 비롯한 한국 교회 지도자들은 도미타 같은 일본 교회 지도자들이 일본 정부의 신사참배 강요를 막아줄 것을 기대했다. 그러나 이런 기대는 애초부터 불가능하였다. 도미타 일행은 일본정부와 총독부가 이미 정해 놓은 규범 안에서 "신사는 종교가 아니다"는 말만 되풀이하였고 그런 해명은 "신사참배는 종교행위일 뿐 아니라 기독교인으로서 받아들일 수 없는 우상숭배다"는 주기철 목사와 한국 교회 지도자들의 인식을 바꾸어 놓지 못했다. 간담회는 타협이 불가능한 상호 입장을 확인하는 것으로 끝났다.

도미타 간담회는 뚜렷한 결과를 얻지 못했지만 역사적으로 중요한 의미를 지닌 모임으로 기록된다. 무엇보다 주기철 목사의 신사참배 반대 입장이 대내외에 극명하게 드러났다. 간담회에서 신사참배 반대 입장을 밝힌 다른 목회자와 교회 지도자들도 있었겠지만 가장 적극적으로 반대 토론을 전개한 인물은 주기철 목사였다. 토론장 안과 밖에서 지켜본 목회자와 교인은 물론이고 도미타 일행을 보호하기 위해 출동했던 경찰 관계자들도 주기철 목사의 확고한 반대 입장을 확인하였다. 그와 함께 한국 교회 안에 주

18 앞 글. 이후 도미타 일행은 7월 2일 신의주로 가서 저녁에 일본기독교회에서 특별 강연을 하였고 7월 3일 신의주제일교회에서 조선기독교연합회 주최 강연회에 참석한 후 7월 4일 평양에 들렀다가 이승길 목사의 '간곡한' 방문 요청을 받고 겸이포교회에 가서 환대를 받은 후 서울로 가서 7월 6-7일 '내선일체' 구현을 목표로 결성된 '조선기독교연합회' 창립대회에 참석한 후 일본으로 돌아갔다. 김승태 편역,《신사참배문제 자료집》II(일본어기사·공문·법규편), 274-276.
19 隨越智生, "朝鮮續信",〈福音新報〉, 1938. 7. 21;《日韓キリスト敎關係史料》II, 167-168.

기철 목사와 같이 신사참배를 극력 반대하는 목회자와 교인들이 존재하고 있음도 재확인하였다. 평양을 방문했던 일본인 목회자의 기사를 통해 주기철 목사의 신사참배 반대 입장은 일본 기독교계에도 알려졌다. 도미타 간담회를 주선했던 평양노회와 내선간친회, 평남도청과 평양경찰서 관계자들은 당혹감을 느꼈다. 1937년 12월 평양 연합사경회와 1938년 3월 평양노회에서 부노회장으로서 주기철 목사가 '애국 행사'(국방헌금, 국기배례, 동방요배 등)에 협조하는 모습을 보여주어 "전향했다"고까지 판단했던 경찰 당국은 도미타 간담회에서 보여준 그의 강고한 신사참배 반대 입장을 보고 충격을 받았을 것이다. 특히 한 달 넘게 주기철 목사를 유치장에 구금하고 설득과 회유 작업을 해왔던 평양경찰서는 석방 후 그 반대의지가 오히려 커진 것에 당혹했을 것이다. 실망한 경찰이 주기철 목사를 회유와 설득의 대상에서 감시와 격리, 탄압 대상으로 바꿀것은 당연했다.

또한 도미타 간담회를 통해 한국 장로교회, 특히 평양노회지도부 인사들의 신사참배에 관한 입장이 찬, 반 양쪽으로 극명하게 나뉘었다. 동방요배나 국기배례 같은 국민의례에 대해서는 그경계선이 모호하였지만 신사참배를 종교행위(우상숭배)로 인식한목회자와 교인들의 반대 입장이 공개적으로 드러나기 시작했다.평양에서 주기철 목사는 신사참배를 반대하는 신앙적 양심 세력의기수로서 그 위상이 뚜렷하게 드러났다. 반면에 박응률 노회장을비롯하여 교섭위원으로 일본을 다녀온 김길창과 장운경, 오문환등은 신사참배뿐 아니라 총독부의 황민화 정책과 '총후국민총동원'시책을 적극 지지하고 참여하는 입장을 공개적으로 표명하였다.이들에게 신사참배 반대를 고집하는 주기철 목사는 걸림돌이고 장애물일 뿐이었다. 노회 실권을 장악한 이들은 부회장인 주기철 목사를 '배제하고' 노회를 운영해 나갔다. 주기철 목사를 배제한 평양노회가 '친일 순응' 노선을 취할 것은 당연했다. 이로써 도미타 간담회 후 주기철 목사와 평양노회 지도부는 각기 다른 길을 걷기 시작했다. 하나는 출세와 안위(安位)가 보장된, 그러나 그 끝이 멸망으로 연결된 '넓은 길'이었고 다른 하나는 시련과 질곡(桎梏)이 점철된, 그러나 그 끝이 생명으로 연결된 '좁은 길'이었다(마 7:13-14).

도미타 간담회를 계기로 신사참배 문제에 대한 평양노회 지도부 입장은 수용 쪽으로 분명하게 정리되었다. 특히 평양노회 박응률 노회장과 노회 교섭위원으로 일본을 다녀온 후 도미타 일행을 평양으로 초청했던 이승길과 장운경, 오문환 등이 앞장섰다. 이들은 1938년 5월 평양 거주 일본인 목회자와 한국인 목회자의 친선을 내걸고 조직했던 '내선교역자간친회'를 발전시켜 8월에 '평양기독교친목회'(平壤基督教親睦會)를 창설했다.[20] 이는 7월 6일 서울에서 조직된 '조선기독교연합회'(회장 丹羽清次郎)에 버금가는 친일 성향의 기독교 단체로서 평양노회 간사 오문환과 평양 의암교회 김표엽(金影燁) 목사가 조직과 활동을 주도하였다.[21] 평양기독교친목회는 독자적인 기관지까지 발행하였고 한·일 기독교 학생 교환, 황군위문사절단 파견 등 '내선일체'와 '총후보국'을 표방한 사업을 추진하였다.[22] 평양기독교친목회의 활동을 적극 지원, 보호하였던 경찰 당국의 목표는 9월 평양에서 개최될 조선예수교장로회 총회를 앞두고 평양노회를 비롯한 평남지역 교회의 신사참배 결의를 이끌어내는 것이었다. 평양기독교친목회가 결성된 8월 들어 그 결과가 나타나기 시작했다.

1938년 8월 초순, 평양노회 관내의 강동과 개천, 순천, 중화

20 森浩, 앞 글.

21 "全朝鮮基督教聯合會 結成",〈基督教報〉, 1938. 7. 12; 森浩, 앞 글; 김인서, 앞 책, 42-43.

22 "內鮮基督教界 學院에서 推薦學生을 交換",〈每日新報〉, 1938. 10. 30; "基督教界의 銃後 支援 皇軍慰問使節 派遣",〈每日新報〉, 1938. 12. 15.

지역 교회 '수뇌부' 목회자와 장로들이 각 지역별로 모여 "신사는 종교가 아니오 국가적 의식임을 명확히 인식하는 한편 기독교도도 일본제국 국민인 이상 신사참배는 당연한 것이오 그 실행은 교리와 아무 배치됨이 없음을 확인한다"는 성명서를 채택하였으며 순천에서는 교회 지도자들이 성명서 채택 후 실제로 신사에 나가 참배하였다.[23] 평양 시내 교회 지도자들은 1차로 8월 8일에 장로와 제직 70여 명이 평양경찰서에 모여 "신사참배는 기독교 교리에 배치됨이 없다는 사실을 확인하고 신사참배를 행할 의사를 표시"하였고 2차로 8월 10일 목회자 10여 명이 역시 평양경찰서에 모여 같은 내용으로 결의하였다. 이어 강서와 덕천 지역 교회 목회자와 장로들도 소관 경찰서에 모여 신사참배를 결의하고 시행하였다.

이로써 평양노회 관할 모든 교회가 신사참배를 결의하였다. 〈매일신보〉는 이를 "평남도내의 장로교회 전부 신사참배 결의"란 제목으로 대서특필하였다.

> 이것으로써 본토 관내 각군 교회에서는 전부 의사표시를 마치였음으로 앞으로는 대중적 실행 문제가 남았을 뿐인데 지금과 같은 형세로 본다면 9월 16일 총회의 결의를 기다릴 것도 없이 그 전으로 자발적 실행이 있을 것이라 예측된다. 오랫동안 끌어왔든 이 문제도 바야흐로 해결을 짓게 되는 모양이라 총후국민의 단결을 일층 촉진케 할 것이라 하야 각 방면에 감격을 일으키고 있다.[24]

23   "平南各地 長老教會 神社參拜 意思表明", 〈每日新報〉, 1938. 8. 10.
24   "平南道內의 長老教會 全部 神社參拜 決議", 〈每日新報〉, 1938. 8. 12.

평남도 내 장로교회의 신사참배 결의가 교회 지도자들의 자발적인 토론과 결의 형태로 되어진 것처럼 기록되었지만 경찰서 안에서 경찰이 지켜보는 가운데 위협적인 분위기에서 이루어진 것임은 분명했다. 경찰의 지시는 이에 그치지 않았다. 1938년 8월 27일 〈동아일보〉는 "평양성내 예수교 장로파에서는 지난 24일 오후 3시부터 평양서의 지시를 받아 평양[경찰]서 응접실에 장로, 목사 등 59명이 회합하여 신사참배에 관한 간담회를 개최코 다음과 같은 선언을 도내 30만 장로교 신도에게 발하고 25일에는 대표 21명이 평양신사에 참배하였다"고 보도하면서 '평양 예수교장로회 교직자 일동' 명의로 발표한 선언문을 소개했다.

> 신사(神社)는 국가공연(國家公然)의 시설(施設)이오 종교가 아니므로 신사참배는 기독교리(基督敎理)에 배치되지 아니할 뿐 아니라 초비상시(超非常時) 국가총동원(國家總動員)의 추(秋)에 당하야 국민으로서 당연히 참가할 것을 확인하야 이에 선언함.[25]

이로써 평양노회 지도부는 신사참배를 결의하였을 뿐 아니라 평양 경상리에 있는 평양신사에 가서 참배하는 모습을 공개하였고 관내 교회의 신도들에게 신사에 참배할 것을 통지하였다. 교세로 보나, 정치적 위상으로 보나 한국 장로교회 안에서 큰 영향력을 발휘하던 평양노회가 신사참배를 결의한 것은 다른 지역 노회들의 신사참배 결의를 유도했다. 더욱이 9월 총회가 평양에서 열리기로 되어 있어 평양노회의 신사참배 결의는 파급효과가 컸다. 평양노회는 여기서 멈추지 않고 8월 26일 인근 안주노회, 평서노회와

---

25 "平壤長老會 宣言", 〈동아일보〉, 1938. 8. 27.

함께 총회의 신사참배 결의를 촉구하는 성명서까지 발표하였다.

> 기독교도 중에는 과거에 있어서 신사참배에 석연치 않은바 있었음으로 외(外)로 일반의 오해를 끌고 내(內)로 다수 신도로 하여금 그 귀추(歸趣)를 그릇치는 바 있었든바 아등(我等)은 신사는 종교가 아니요 또한 기독교 교리에 반(反)치 않는 본의를 이해하고 신사참배가 애국적 국가의식인 것을 자각하여 금번 개최될 우리 예수교장로회 제27회 총회의 기회에 그 결의에 의하여 성명서를 발표할 것을 제안함과 동시에 신사참배를 솔선 실행하며 나아가 국민정신총동원운동에 참가함으로써 시국하(時局下)에 있는 총후보국신민(銃後報國臣民)으로서의 적성(赤誠)을 다할 것을 결의함. 아등의 태도 표명에 찬동하시와 속히 궐기하심을 요망함.
>
> 소화(昭和) 13년 8월 26일
>
> 평양 평서 안주 3노회 연합대표자 일동.[26]

평양노회장 박응률 목사와 평서노회장 박임현 목사, 안주노회장 유상봉 목사 명의로 발표된 이 성명은 9월 총회의 가장 중요한 안건이 신사참배 결의가 될 것을 알려주었다. 〈기독교보〉를 이어받아 1938년 8월 16일부터 초교파 신문으로 변모한 〈기독신문〉(基督新聞)도 사설을 통해 그 점을 분명하게 지적했다.

> 우리는 몇 날 전에 평양, 평서, 안주 세 노회가 9월 9일에 모이는 총회를 앞두고 솔선하야 신사참배를 실행할 뿐 아니라 전날에

---

26 "평남 3노회의 신사참배 결의와 솔선실행", 〈基督新聞〉, 1938. 9. 1.

석연치 못하야 일반에게 걱정을 끼치고 자체의 오해를 샀든 것을 바로 인식하게 되어 '신사참배는 종교적 행사가 안이오 국가의식이니 거리낌이 없노라' 하는 성명서를 발표하야 써 다년간 오해하고 의심하고 거리끼고 문제되든 이 신사참배 문제도 최초에 이 문제가 발생됨은 평남에 있는 세 노회가 이만치 태도를 정함에 이르고 또는 총회에까지 이 문제가 상정될 것으로 예측할 수 있는 것이다.[27]

이로써 총회의 신사참배 결의는 개회 전부터 '피할 수 없는' 대세가 되었다. 평양노회를 중심으로 평남지역의 3개 노회가 총회의 신사참배 결의를 끌어내는 일에 앞장을 서게 되었다. 총독부와 경찰 당국도 장로교 총회를 예의 주시하였다. 이는 9월 2일부터 개최된 전조선 고등과장 외사과장 연석회의에서 "27차 장로교 총회 문제 집중 논의한 것"에서 잘 드러난다.[28] 특히 총회가 열릴 평양 경찰서는 치밀한 준비를 통해 신사참배 가결에 장애되는 요인들을 사전에 제거하였다. 우선 신학생들의 총회 난입을 방지하기 위해 9월 1일 개학 예정이던 평양 장로회신학교 개강을 무기 연기시켰다.[29] '기념식수 절단사건'으로 봄 학기 수업도 제대로 하지 못했던 신학교는 결국 폐교의 길을 걷게 되었다.

그리고 경찰은 총회에서 신사참배를 결의하는 과정에 반대하거나 방해할 소지가 있는 인사들의 총회 참석을 사전에 차단하였다. 제7회(1918년) 총회장을 역임한 바 있는 김선두 목사의 총회

---

27 "장로회 총회에 임하야 평양 장로회신학교 문제에 一言을 贈함", 〈基督新聞〉, 1938. 9. 8.
28 〈每日新報〉, 1938. 9. 3.
29 "平壤神學校 開學 無期延期", 〈基督新聞〉, 1938. 9. 1; "平壤神學의 存廢 長老總會의 態度 如何", 〈東亞日報〉, 1938. 9. 4.

참석이 좌절된 것이 대표적인 예였다. 당시 만주 봉천의 신안촌 제2교회를 담임하며 봉천신학교 강사로 사역하고 있던 김선두 목사는 1938년 8월 3일 평양에 와서 신사참배를 반대하는 설교를 했다는 이유로 평양경찰서에 체포되었다가 1주일 만에 풀려났다. 그는 석방 후 김두영, 김병호 등과 함께 일본을 방문하여 중의원 마츠야마(松山常次郎)와 군부원로 히비키(日疋信亮), 궁내대신 차관 세키야(關屋貞三郎) 등을 만나 총독부의 신사참배 강요정책의 부당성을 지적했다. 이들 일본 기독교계 거물급 정치인들은 9월 1일 서울을 방문하여 미나미 총독을 비롯한 총독부 관계자들과 교계 지도자들을 만나 여론을 청취했다. 김선두 목사도 귀국하여 9월 4일 서울에서 이들을 다시 만나 지원을 요청하였으나 "총회에서 신사참배를 가결시키라는 미나미 총독의 행정 지시사항은 번복시킬 수는 없다. 그러니 총회 석상에서 총회원들이 부결시키는 수밖에 없다. 총회원들이 체포된다면 10일 내에 석방시키도록 노력하겠다. 평양으로 내려가 총회원들을 설득하라"는 말을 들었다. 이에 김선두 목사는 총회원들을 설득하기 위해 평양으로 가던 중 개성에서 체포되어 총회 참석조차 할 수 없었다.[30]

또한 경찰은 신사참배를 반대하는 선교사들의 동태를 집중 감시하며 한국인 목회자들과의 접촉을 차단하였고, 총회 직전 총대 선교사들을 각 지역 경찰서에서 소환하여 "총회에서 신사참배 안건이 올라오더라도 발언해서는 안 되며, 발언할 경우 회의장 밖으로 추방당할 것이라" 협박하였다.[31] 그리고 전국 각 지역 노회 대

30 "奉天 金善斗 牧師 平壤署서 檢擧", 〈동아일보〉, 1938. 8. 7; 김두영, "신사참배 결의 전야", 〈기독교계〉, 창간호, 1957. 8, 152-157; 김양선, 《한국기독교사연구》, 193-194.
31 H. B. Blair's letter to Dr. J. L. Hooper, Sept. 12, 1938; C. F. Bernheisel's letter to the First Presbyterian Church of Oklahoma City, Nov. 9, 1938.

표로 총회에 참석할 총대 중에 신사참배에 반대 의사를 지닌 인사들을 사전에 파악하여 다른 인물로 교체하도록 지시하였다. 그 결과 '차기 노회장'으로서 당연히 총회에 참석할 자격이 있었던 주기철 목사는 평양노회 부노회장 지위를 박탈당한 것은 물론 총대 후보에서도 탈락되었다.[32] 뒤에 자세히 살펴보겠지만 그도 김선두 목사처럼 총회가 열리기 전에 경찰에 체포되어 총회의 신사참배 결의를 안타까운 마음으로 지켜보아야 했다.

경찰 당국의 이런 '사전 작업'을 거친 후 1938년 9월 9일 저녁 평양 서문밖교회에서 장로교회 제27회 총회가 개최되었다. 27개 노회에서 목사 총대 80명, 장로 총대 79명, 선교사 총대 16명 등 총 175명 총대가 참석하였고 방청객 700여 명이 참관하는 가운데 첫째 날 임원개선을 통해 총회장 홍택기 목사, 부총회장 김길창 목사, 서기 곽진근 목사, 회계 고한규 장로 등으로 총회를 새로 조직했다. 총회원들의 최대 관심사는 총회 둘째 날 이루어질 신사참배 결의였다. 당시 총회장 분위기를 번하이슬 선교사는 이렇게 증언하였다.

> 전국 교회에 대한 신사참배 강요는 갈수록 심했다. 몇 개 노회는 견디지 못하고 신사참배를 수용했으며 정부 당국자들은 총회가 신사참배를 결의할 것으로 예상하고 있었다. 단 몇 명만 제외하고 거의 모든 총대들이 총회에 참석하기 전에 이미 신사참배를

---

32 평양노회에서 새로 선출한 총회 대표는 목사로 박응률과 조택수, 이승길, 이인식, 나기환, 유동희, 박형룡, 김의창, 기주복, 김승주, 장로 대표로 조원걸과 조영학, 조원선, 임윤성, 한영풍, 이승규, 이춘섭, 김광원, 황석기, 이성환 등이었으며 북장로회 평양선교부에서 선출한 선교사 대표는 로버츠(라부열)와 힐(허일), 모우리(모의리), 클라크(곽안련), 번하이슬(편하설) 등이었다. "조선예수교장로회 제27회 총회", 〈基督新聞〉, 1938. 9. 8.

찬성하도록 강요받았다. 거부 의사를 지닌 총대들은 아예 총회에 참석하지 못하도록 조치하였다. 따라서 이 안건은 투표하기 전에 이미 결론이 난 상태였다. 사전에 동의할 사람과 재청할 사람이 정해져 있었다. 총회가 열리는 날, 경찰 간부 두 사람이 정복을 입은 경관 10여 명이 강단 위에 올라가 회중석을 바라보며 앉았고 사복을 입은 형사들이 회중석을 둘러싸고 감시하였다.[33]

예정대로 신사참배 결의안은 총회 둘째 날인 9월 10일 오전 11시, 첫 번째 안건으로 상정되었다. '각본에 짜여진 대로' 총회는 "평양, 평서, 안주 3노회 연합대표 박응률씨의 신사참배 결의 급(及) 성명서 발표의 제안건(提案件)은 채용하기로 가결"하였다.[34] 평양노회장 박응률 목사는 총회의 신사참배 결의안을 제안하는 악역(?)을 마지막까지 수행하였다. 신사참배 결의안을 통과시킨 총회는 총회장 홍택기 목사 명의로 다음과 같은 선언문을 채택하였다.

> 아등(我等)은 신사(神社)는 종교가 아니오 기독교의 교리에 위반하지 않는 본의(本意)를 이해하고 신사참배(神社參拜)가 애국적 국가의식(國家儀式)임을 자각하며 또 이에 신사참배를 솔선 여행(勵行)하고 추(追)히 국민정신총동원(國民精神總動員)에 참가하여 비상시국하(非常時局下)에서 총후황국신민(銃後皇國臣民)으로써 적성(赤誠)을 다하기로 기(期)함.[35]

33 C. F. Bernheisel's letter to the First Presbyterian Church of Oklahoma City, Nov. 9, 1938.
34 〈조선예수교장로회총회 제27회 회록〉, 1938, 9; "27回 長老敎總會에서 今日 神社參拜를 可決", 〈동아일보〉, 1938. 9. 11; "長老敎徒 神社參拜決議 聲明", 〈조선일보〉, 1938. 9. 11.

그리고 이어서 "부회장과 각 노회장으로 본 총회를 대표하여 즉시 신사참배를 실행하기로 가결"한 후 부총회장 김길창 목사 인솔하에 27개 노회장들이 평양신사로 가서 공개적으로 참배하였다. 이들 조선예수교장로회 총회 대표들이 평양신사에 참배한 사실은 사진과 함께 〈조선일보〉와 〈동아일보〉, 〈매일신보〉를 통해 전국에 알려졌다.[36]

이로써 한국 교회의 마지막 보루로 여겨졌던 장로교회마저 신사참배를 수용하고 말았다. 총회의 신사참배 결의안 채택 과정에서 블레어(W. N. Blair)와 킨슬러(F. Kinsler), 헌트(B. F. Hunt) 등 일부 선교사들이 반대 의사를 표명하다가 경찰들에게 끌려 퇴장당했다. 선교사 총대 25명은 총회 결의 후 별도 회합을 갖고 신사참배가 장로교 헌법과 성경에 위배된다는 내용을 담은 7개항 신사참배 반대 결의안을 작성하여 9월 13일 총회에 제출하려 하였지만 총회장의 묵살로 상정조차 하지 못했다.[37] 이미 신사참배 문제로 선교회에서 운영하던 학교들이 대거 폐쇄된 상황에서 총회가 신사참배를 결의함으로 총회와 외국선교회의 관계는 더욱 멀어졌다. 그리고 총회의 신사참배 결의로 그동안 입장 표명을 미루었던 노회와 일선 교회도 신사참배를 피할 수 없게 되었다. 노회나 교회 차원의 신사참배 반대는 총회 결의를 거스르는 '반역' 행위가 되었기 때문

35 〈조선예수교장로회총회 제27회 회록〉, 1938, 9; "長老會總會의 聲明", 〈基督新聞〉, 1938. 9. 15.

36 〈조선예수교장로회총회 제27회 회록〉, 1938, 9; "各老會長 卽日로 參拜", 〈동아일보〉, 1938. 9. 11; "平壤神社 參拜하는 長老會代表", 〈조선일보〉, 1938. 9. 12; "平壤神社에 參拜하는 長老敎總會 首腦部들", 〈每日新報〉, 1938. 9. 12.

37 "宣敎事業 存續 25名 宣敎師가 會合 抗議書 正式提出", 〈동아일보〉, 1938. 9. 14; "神社 參拜 不可타고 宣敎師 反對提出", 〈매일신보〉, 1938. 9. 14; C. F. Bernheisel's letter to the First Presbyterian Church of Oklahoma City, Nov. 9, 1938.

이다. 그렇게 신사참배는 거스를 수 없는 대세가 되었다.

난제로 여겼던 장로회 총회의 신사참배 문제가 '순조롭게'(?) 해결되자 총독부는 평양을 비롯한 평안남도의 각 경찰서 관계자들을 표창하는 것으로 자축하였다.[38] 그리고 평양노회와 총회의 신사참배 결의를 이끌어내는 데 결정적 공로를 세운 평양기독교친목회의 기세도 치솟았다. 그 대가로 친목회 관련 인사 20여 명은 일본기독교회 도미타 의장의 초청을 받아 일본을 방문, 10월 7일 도쿄에서 개최된 제52회 일본기독교회대회에 참석하였다. 방문단을 인솔한 오문환은 대회에서 한국 교회를 대표하여 '내선일체의 필요성'을 역설하였다. 방문단은 대회를 마친 후 10일간 도쿄와 요코하마, 나고야, 교토, 오사카, 코오베, 시모노세키 등지를 여행하고 돌아왔다.[39] 이들에게 일본 여행은 일종의 '포상휴가'와 같은 것이었다.

1938년 10월 4일부터 7일까지 평양 서문밖교회에서 평양노회 제35회 정기노회가 개최되었다. 전례에 따르면 1년 전 노회에서 부노회장으로 선출된 주기철 목사가 당연히 노회장직을 승계하여야 했지만 경찰의 지휘를 받는 노회가 신사참배를 반대하고 그 때문에 경찰서에 구금된 그를 노회장으로 선출할 리는 없었다. 결국 노회원들은 평양 승호리동부교회 당회장 나기환 목사를 노회장으로 선출하고 평양 연화동교회의 최지화 목사를 부노회장, 곡산읍교회의 조택수 목사를 서기, 평양 서성리교회의 강병석 목사를 부

38　평안남도 경찰부 산하 경찰 28명에게 경찰부장 명의의 감사장을 주었고 41명에게 특별상, 20명에게 승진 혜택을 주었다. "神社參拜 問題解決 功勞警察官 表彰", 〈每日新報〉, 1938. 10. 2.

39　"第52回 日本基督教會大會 開會", 〈基督新聞〉, 1938. 10. 13; "人事", 〈基督新聞〉, 1938. 11. 4; 西塚定雄, 《最近に於ける朝鮮治安狀況》, 東京, 巖南堂書店, 1939, 400.

서기, 강동읍교회의 장윤경 목사를 회계, 중화읍교회의 김천덕 장로를 부회계로 선출했다.[40] 새로 구성된 평양노회 지도부는 신사참배를 비롯하여 총독부에서 지시하는 총후보국 국민정신총동원 활동(국방헌금, 황군위문, 전승기원예배 등)에 적극 참여하였다. 반면에 경찰 당국의 지시에 따라 신사참배를 거부하거나 반대하는 목회자나 교인들을 견제하고 압박하는 역할을 수행하였다. 그렇게 1938년 9월 이후 총회도, 노회도 총독부와 경찰 당국의 지시와 요구에 적극 순응하는 '친일 어용' 기구로 전락하였다.

그러나 이러한 노회와 총회의 '친일 어용화' 작업에 대한 반대와 저항도 만만치 않았다. 저항은 선교사들에게서 먼저 나타났다. 신사참배 문제에 관한 한 타협의 여지를 보이지 않았던 장로교 선교사들은 1938년 9월, 일제의 압력을 견뎌내지 못하고 한국 장로교 총회가 신사참배를 가결하자 이를 계기로 일본 정부 및 굴복한 한국 교회에 실망을 느끼고 거리를 두기 시작했다. 특히 총회 기간 중 선교사들이 신사참배 결의를 재고하라는 내용의 건의안을 제출했으나 묵살한 후 일제에 협력하는 총회 지도부에 실망이 컸다. 총회 후 선교사들 사이에 "학교 사업 인퇴뿐 아니라 한국 교회와 관계를 재고해야 한다"는 의견이 제시되었다. 극단적인 선교사들은 신사참배를 수용한 교회와 관계를 단절해야 한다고 주장했다. 이런 분위기는 총회가 열렸던 평양 지역의 선교사들, 즉 번하이슬과 블레어, 말스베리, 해밀튼, 힐, 킨슬러 등 '보수적' 선교사들에게서 강하게 나타났다. 그들은 총회 직후 교회 및 노회에서 맡았던 직위를 사임하는 것으로 신사참배를 수용한 한국 교회에 항의를 표하

---

40 "평양노회 제35회 촬요", 〈基督新聞〉, 1938. 11. 3; 《耶穌敎長老會年鑑》, 조선예수교장로회 총회교육부, 1940, 173-177.

였다. 총회 직후 평양 선교사들의 분위기를 번하이슬은 이렇게 보고했다.

> [총회가 신사참배를 결의한] 결과로 우리 선교사들은 그동안 갖고 있던 당회장 직책을 내놓았습니다. 노회에는 지방 교회들은 계속 순회하며 설교하고 사경회를 인도하겠지만 성례 집회나 치리는 하지 않겠다고 밝혔습니다. 당회 권한은 자동으로 한국인 목회자들에게 넘어갔습니다. 총회 결정을 받아들이지 않는 목사는 아무도 지방 교회를 순회할 수 없게 되었습니다. 경찰이 막을 것이기 때문입니다.[41]

이 같은 평양지역 선교사들의 '사임' 시위는 다른 지역 선교사들에게 자극이 되었다. 서울 세브란스의학교 교수였던 에비슨 (D. B. Avison)의 보고다.

> 평양에 있는 우리 교회 계통학교들은 모두 폐교된 상태이다. 남녀 신학교와 피어선기념성경학원과 다른 성경학원들까지 폐지되었다. 우리 전도자들은 할 일 없이 시간만 보내고 있다. 평양에 있는 우리 선교사들, 그리고 제가 생각하기엔 재령에 있는 선교사들까지도 각자 속해 있는 노회와 관련된 공적인 직책을 내놓았다. 정부의 신사 정책을 반대함으로 이들은 스스로 한국 교인들과 멀어지게 되었다.[42]

41 C. F. Bernheisel's letter to the First Presbyterian Church of Oklahoma City, Nov. 9, 1938.
42 D. B. Avison's letter to Dr. J. L. Hooper, Oct. 11, 1938.

에비슨의 표현대로 한국 교회 및 노회에서 인퇴(引退)한 선교사들은 한국 교인들과 '멀어지게' 되었다. 이는 경찰 당국이 의도한 바이기도 했다. 1911년 105인사건과 1919년 3·1운동 때 총독부는 한국 기독교 민족운동 세력의 배후에 선교사가 있다고 파악하여 선교사와 한국 교회를 격리하려 애썼다. 신사참배 문제가 나왔을 때도 총독부와 경찰 당국은 신사참배에 부정적인 시각을 갖고 있는 보수적 선교사들이 신사참배를 수용한 기성교회와는 거리를 두면서 신사참배 반대자들과 연락을 취하며 신사참배 반대운동을 지원하지 않을까 우려하였다. 그래서 선교사와 한국인 목회자의 접촉을 경계하며 감시하였다. 1939년 2월 번하이슬이 본국에 보낸 보고서를 통해 당시 평양 선교부 분위기를 읽을 수 있다.

> 경찰은 선교사와 한국인 목사들과 다른 교인들 사이를 이간시키려고 갖은 노력을 기울이고 있습니다. 경찰은 한국인들에게 우리 집을 방문하지도 말고 우리와 접촉도 하지 말라고 지시하였습니다. 선교사들과 현지 목회자들이 한 달에 한 번씩 모여 협력과 친교를 다지는 평양 교역자회의도 지난번 모임이 마지막이 될 것 같습니다. 목사들에게도 이 모임을 멀리하라고 주의를 주었다고 합니다. 오늘 목사 한 사람이 공적인 일로 나를 찾아왔는데 어두워져서야 돌아갔습니다. 그는 내게 명함을 주었다가 돌려 달라고 했는데 행여 자신이 선교사를 만났다는 사실을 경찰이 알까 두려워했습니다. 이것만 보아도 교인들이 경찰을 얼마나 무서워하고 있으며 행여나 눈 밖에 날까 두려워하고 있음을 알 수 있습니다. 이런 현상은 전국적인 것입니다.[43]

43   C. F. Bernheisel, "The Present Condition of the Church in Korea", Feb. 2, 1939.

매달 한 차례씩 선교사와 한국인 목회자들이 함께 모여 친목을 다지며 선교 사업에 대해 논의하던 교역자회의가 중단되었다는 것은 선교사와 한국 교회 사이의 대화와 협력 관계가 단절되었음을 의미하였다. 그러나 공개적인 선교 지원이나 협력은 이루어지지 않았지만 선교사들은 일본 경찰의 감시를 피해 신사참배를 반대하는 목회자 및 교인들과 연락을 취하며 일제의 종교 정책에 저항하는 '지하운동'을 전개하였다. 산정현교회 협동 목사였던 번하이슬이 그 대표적인 경우였다.[44] 번하이슬은 누구보다 적극적으로 한국 교회의 신사참배 반대운동을 지지, 후원하였고 그 결과 한국 교회 수난의 현장 목격자가 되었다. 특히 주기철 목사와 산정현교회의 투쟁과 수난을 현장에서 목격한 후 그 실상을 외부에 알림으로 박해시대 증인(witness)의 역할을 감당하였다.

44 C. F. Bernheisel's letter to Rev. P. S. Wright, Nov. 14, 1939; H. A. Rhodes·A. Campbell, 앞 책, 89-90.

4.3 농우회사건과 2차 검속

이처럼 노회와 총회가 '반역'의 길을 가고 있을 때 주기철 목사는 어디서, 무엇을 하고 있었을까? 주기철 목사는 1938년 봄(4-5월) 평양경찰서에 1차 검속을 당했다가 도미타의 평양 방문 하루 전(6월 28일)에 석방되어 6월 30일 저녁 산정현교회에서 열린 도미타 간담회에 참석, 신사참배의 부당성을 누구보다 강력하게 설파하여 경찰 당국은 물론이고 이미 신사참배를 수용하기로 결심한 노회 지도부로부터 신사참배 문제에 관한 한 '타협이 불가능한' 외골수 인물로 낙인찍혔다. 그 결과 도미타 간담회 후 주기철 목사는 경찰로부터는 감시와 탄압, 노회 지도부로부터는 배제와 무시를 당하며 '외로운' 투쟁을 시작하였다. 그가 믿고 의지할 곳은 하나님, 그리고 그가 목회하던 산정현교회밖에 없었다. 그의 설교를 들었던 산정현교회 성도들의 기도와 아내 오정모 집사의 지지, 그리고 함께 사역하고 있던 송영길 목사와 방계성 전도사가 뜻을 같이하여 '진리 파수'의 길에 동행한 것이 큰 힘이 되었다.

경찰은 산정현교회 교인 중에 첩자를 심어 주기철 목사의 설교 내용과 목회를 탐지하였고 직접 예배당 안에까지 들어와 주일 예배 설교를 감청하였다. 빌미를 잡아 다시 가두기 위함이었다. 그런 위협 가운데 강단에 오른 주기철 목사의 설교는 거침없었다. 다음은 산정현교회의 새 예배당 건축공사가 막바지에 이른 때, 주기철 목사가 1차 검속을 당하기 직전인 1938년 3월, 평양에서 간행되던 신앙잡지 〈설교〉에 실린 주기철 목사의 "하나님을 열애하라"란 제목의 설교다.

: 나는 구약성경 중에서 특히 신명기와 시편을 좋아합니다. 그 두
권은 특별이 그 기자들이 하나님을 열애한 기록인 때문이외다.
하나님에게 대한 깊은 정서의 발로이기 때문이외다. 그들은 어
떻게 하나님을 열애하였을까요? 그들이 하나님을 칭할 적마다
'우리 하나님 여호와'라는 애경에 넘치는 언사를 슨 것이라던
지 '여호와께서 내게 베푸신 은혜를 내가 무엇으로서 갚으리요',
'나의 좋은 것은 주밖에 없다' 하는 말들을 나열한 것을 보면 그
들은 어떻게 그렇게도 하나님에 대하여 애경을 바쳤을까요. 시
148-150편을 보시오, 그들은 어떻게 하나님을 찬양할 마음이
그 심중에 가득하였을까요. 그들은 실로 하나님을 사모하여 갈
급함이 사슴이 시냇물을 찾으려고 갈급함과 같았습니다.[45]

주기철 목사는 설교 제목을 '뜨거운 사랑'이란 뜻의 "열애"(熱
愛)로 붙였다. '하나님을 사랑하되 뜨겁게 사랑하자'는 뜻이었다.
그러면서 성경에서 그 '뜨거운 사랑'의 증거들을 찾았다. 모세 율법
의 핵심인 신명기와 다윗의 시편이 대표적이었다. 주기철 목사는
구약 후반부의 예언서도 그런 '하나님 열애'의 기록이었음을 지적
한 후 가장 하나님을 열애한 주인공으로 예수 그리스도를 꼽았다.

: 우리 주님의 마음에 끓고 있었던 것이 무엇이냐? 곧 아버지 하
나님에 대한 열애였습니다. 성경에 기록된 예수의 첫 말씀도 하
나님을 아버지라고 부르신 말씀이며(눅 2:49) 최후의 말씀도 하
나님을 아버지라고 부르신 말씀인데(눅 23:46) 주께서는 당신
의 아버지 하나님께 대하여 그야말로 무한의 호경(好敬)을 다 바

---

45 주기철, "하나님을 열애하라", 〈설교〉, 1938. 3.

쳤습니다. '아버지 외에는 아들을 아는 이가 없고 아들과 아들의 소원대로 지시한 자 외에는 아버지를 아는 자가 없느니라' 하신 말씀처럼 주께서는 하나님을 알았습니다. 하나님의 마음을 알았고 하나님의 정을 알았고 하나님의 뜻을 알았습니다.[46]

하나님을 사랑한다면 하나님을 아는 것이고 하나님의 마음과 뜻을 알아 그대로 살아야 한다. 오로지 하나님의 영광을 위해 살 뿐이다.

: '아버지께서 나의게 맡기신 일을 내가 이루어 아버지를 영화롭게 하였사오니' 하는 말씀처럼 예수는 일(一)에도 아버지의 영광이었고 이(二)에도 아버지의 영광이었습니다. 기아(飢餓)로 생명이 경각에 이른 때도 아버지의 영광이었고 십자가의 위험이 족하여 박두한 때에도 아버지의 영광이었습니다. 그리하여 주께서 가르치신 기도문의 기원의 순서를 보아도 아버지의 영광을 먼저 구하였고 주님의 정신생활의 순서도 언제든지 하나님을 먼저 생각하였습니다.[47]

그리스도가 하나님의 뜻에 순종하여 고난을 받고 십자가를 진 것도 그 '뜨거운 사랑'의 표현이었다. 그런 그리스도를 믿고 따르는 기독교인이라면 당연히 그리스도가 받은 고난과 십자가 고통을 감수하여야 한다. 현실 교회와 기독교인 중에 그처럼 '뜨거운 사랑'으로 하나님을 섬기는 자가 얼마나 될까?

---

46 앞글.
47 앞글.

: 　보라, 세계의 억조창생 중에 하나님을 열애로 섬기는 자 몇이나 있는가? 대다수의 인생이 아직껏 무지와 허망에 빠져 하나님을 모르고 거스리고 있으며 눈에 보이는 약간의 교회가 있다 하나 오늘날 세계 수억의 교회원〔교인〕 중에는 과연 하나님을 열애로 섬기는 자 몇이나 있나요? 조선교회를 보매 그 교회원 된 동기는 불순 유치한 것이 많고 성심과 열애로 하나님을 섬기는 자는 극히 적도다. 오늘날 교회의 정세가 이를 말하고 있습니다. 주께서 당시에 당신을 따르는 군중을 향하야 '너희를 아노니 하나님을 사랑하는 것이 너의 마음에 없도다.' 하신 탄식은 오늘날 조선의 신자를 향한 탄식이 아니 될 수 없습니다(요 5:42).[48]

주기철 목사의 설교는 이렇게 끝난다.

: 　하나님이 아니 계시냐? 그러면 우리는 나가서 무신론자가 되자. 그러나 하나님이 참으로 계시냐? 그러면 우리는 정성으로 섬기고 사랑으로 섬기자.[49]

믿으려면 제대로 믿고, 사랑한다면 참으로 사랑하자는 호소였다. 주기철 목사의 설교는 모세 율법의 핵심인 "마음을 다하고 뜻을 다하고 힘을 다하여 네 하나님 여호와를 사랑하라"(신 6:5)는 말씀에 귀착되었다. 사랑한다면 그 마음과 뜻을 헤아려 그렇게 살아야 한다. 하나님을 진정으로 사랑한다면 "하나님 외에 다른 신을 두어서도 아니 되고 자신을 위하여 새긴 우상도, 어떤 형상도 만들

48　앞글.
49　앞글.

지 말고 그것들에 절하지도, 그것들을 섬기지도 말아야" 한다(출 20:3-5). 그것이 하나님을 '뜨겁게' 사랑한다는 증거다. 진정한 사랑은 배반을 거부한다. 배반할 수 없는 사랑 때문에 '다른' 신을 둘 수 없고 거짓 우상에게 절할 수도 없다. 이런 '뜨거운 사랑' 때문에 신사참배를 수용할 수 없었다.

주기철 목사로부터 이런 설교를 듣는 산정현교회 교인들은 하나님을 믿는 참된 신자라면 어떻게 살아야 하는지, 왜 신사참배가 죄가 되는지 알 수 있었다. 산정현교회 교인들 사이에 신사참배 거부 움직임이 확산될 것은 당연했다. 이런 현상이 경찰 당국의 심기를 불편하게 만들 것은 당연했다. 도미타 간담회를 통해 주기철 목사의 입장이 바뀌기를 기대했던 경찰은 토론회 이후 오히려 그의 신사참배 의지가 강화된 것에 실망과 분노를 느꼈다. 경찰로서는 다시 그를 체포하여 교회와 교인들로부터 격리시킬 충분한 이유가 있었다. 그런 중에 1938년 7월 경북 의성에서 '농우회사건'(農友會事件)이 터졌다. 경찰은 이 사건과 연관하여 주기철 목사를 체포하였다.

농우회사건은 일제 말기 민족주의 세력을 말살하기 위해 경찰 당국이 기획, 조작한 대표적인 사상사건의 하나였다. 신사참배 문제를 둘러싸고 일제 당국과 교회 사이에 긴장 관계가 조성되던 1938년 봄부터 경북 의성경찰서는 의성지역 기독교인들의 동태를 감시하며 조사하던 중 의성읍교회 교인 집에서 "지구 동쪽 금수강산 삼천리 조선/ 옛적부터 땅을 파서 살던 이 법을/ 천대만대 누릴 이는 기농소년회/ 만세반석 굳은 터에 높이 세우세"라는 내용의 '기농소년회가'(基農少年會歌) 가사가 적힌 노트를 발견하였다. 민족주의 성격이 짙게 깔려 있는 노래 가사를 발견한 경찰은 이를 추적하여 4년 전 의성읍교회에서 목회하면서 '기독교농촌소년회'를 조

직, 농촌운동을 전개했던 유재기(劉載奇) 목사를 배후 인물로 지목하였다.[50]

경북 영주 출신인 유재기 목사는 대구 교남학교를 졸업하고 일본에 유학, 일본대학교 전문학부를 다니다가 중퇴한 후 귀국하여 평양 숭실전문학교에 입학, 1927년 졸업하였다. 숭실전문학교 졸업 후 강서 요촌교회, 경북 하양교회 전도사로 목회를 시작하였고 1929년 평양 장로회신학교에 입학, 1934년 졸업한 후 경북노회에서 목사 안수를 받은 후 칠곡교회를 거쳐 1935년부터 의성읍교회를 담임하다가 1937년 대구 침산동교회로 옮겨 목회하고 있었다.[51] 그는 숭실전문학교 재학시절부터 농촌문제에 관심을 두고 학내에 '농촌연구회'를 만들어 구조적인 농촌경제 문제 해결을 위한 협동조합 연구에 집중하였다. 유재기 목사는 숭실전문학교 재학 시절 '기독교사회주의' 노선을 취하였으나 평양 신학교에 다닐 때 산정현교회의 조만식 장로에게 사상적 지도를 받으면서 '기독교 민족주의' 노선에서 농촌운동을 모색하였고 1929년부터 〈기독신보〉에 농촌운동과 농촌사업에 관한 논문을 집중 발표하여 '농촌운동가'로서 명성을 얻었다.[52]

유재기 목사는 의성읍교회 부임 후 조선예수교장로회 총회 농촌부원으로 활동하며 총회에서 운영하는 고등농사학원에 나가 협동조합법을 강의하였고 전국을 순회하며 농촌계몽 강연을 개

50 "基督教徒ノ農研事件",〈鮮內思想事件ニ關スル件 其一 思想及民族運動ノ狀況〉, 朝鮮軍參謀部, 1939. 2.
51 주태익,《이 목숨 다 바쳐서: 한국의 그룬트비히 虛心 劉載奇傳》, 선경도서출판사, 1977, 25-164.
52 "世界協同組合運動 考察"(〈基督申報〉, 1929. 11. 27-12. 25), "農村消費組合의 組織法"(〈基督申報〉, 1929. 7. 3-7. 29), "敎會 發展과 經濟生活"(〈基督申報〉, 1931. 3. 4.), "愛의 社會的 施設과 産業組合"(〈基督申報〉, 1935. 1. 1-1. 30) 등과 같은 논문이다.

최하였다.[53] 그는 또한 총회 농촌부 총무 배민수 목사와 간사 박학전, 김성원 등과 동지적인 관계를 맺고 농촌운동을 전개하였다. 특히 지역교회의 청년면려회를 중심으로 '농우회'(農友會)를 조직하여 체계적인 농촌계몽과 산업협동, 소비자 운동을 추진하였다. 유재기 목사가 관심을 두었던 농촌조합운동과 농우회 운동은 단순한 농촌 계몽운동의 성격을 넘어 농촌경제 자립과 농민운동조직 결성을 통한 구조적 사회개혁운동의 성격을 띠고 있었다. 총독부와 경찰 당국은 이런 농촌운동이 갖고 있는 민족주의 성격을 파악하고 1930년대 중반 들어 탄압하기 시작하였다. 장로교 총회는 그 압력을 견디지 못하고 1937년 농촌부를 폐지하였다. 농촌부 폐지 후에도 농촌운동 지도자들은 경찰의 감시를 받았다. 그런 상황에서 유재기 목사의 농우회사건이 일어난 것이다.

의성경찰서는 농우회 조직을 '불온사상', '비밀결사', '항일민족운동' 조직으로 인식하고 유재기 목사를 체포하였다. 경찰 당국은 이 사건을 "기독교도의 조선독립음모사건"으로 명명하였다. 경찰 당국이 밝힌 유재기 목사의 혐의는 다음과 같았다.

> 평양 장로회신학교 및 숭실전문학교 재학 중 사상학생 10여 명을 규합하여 기독교사회주의를 실현시킴으로 의(依)하여 조선독립을 달성할 수 있도록 농촌연구회를 조직함과 동시에 전선(全鮮) 각지에 협동조합, 소비조합 등의 단체를 결성하고 이를 통하여 농민 각 계층에 투쟁의식을 주입한 자임.[54]

---

53 〈조선예수교장로회총회 제23회 회록〉, 1934, 56-57.
54 《最近に於ける朝鮮治安狀況》, 30.

경찰은 이 사건을 민족운동 성격을 넘어 사회주의(공산주의) 사상사건으로 확대하려 하였다. 경찰은 '불온사상'의 연원을 유재기 목사가 숭실전문학교와 평양 장로회신학교 재학시절 만들었던 '농촌연구회'에서 찾았으며 농촌협동조합운동과 소비조합운동을 그 구체적인 실천으로 보았다. 그에 따라 유재기 목사의 평양 유학과 의성읍교회 목회, 농촌부원 활동 시절 그와 관계를 맺었던 인사들이 줄줄이 체포되었다. 의성에서는 의성읍교회 후임자 정일영 목사와 권중하 전도사, 면려회 회장 이재인과 회원 박대환, 구학수, 이동수, 천성훈, 오진문, 정해동 등이 체포되었다. 평양에서는 숭실전문, 평양 장로회신학교 재학 시절 농촌연구회와 농우회 조직운동을 함께했던 박학전, 이유택, 송영길, 김철훈, 김진수, 한원준 등이 체포되었다.[55] 이후 전국적으로 조그만 혐의만 있어도 체포되었는데 유재기 목사를 강사로 초빙하여 강연회를 개최한 교회 목회자까지 연행되었다.

그 과정에서 평양의 주기철 목사가 사건에 연루된 혐의로 경찰에 체포되어 의성으로 압송되었다. 유재기 목사와 '농촌연구회' 활동을 했던 송영길과 한원준은 산정현교회 부목사와 집사였다. 그리고 유재기 목사에게 사상적 지도를 한 조만식 역시 산정현교회 장로였다. 의성 경찰서는 농우회라는 항일 비밀결사의 '수괴'로 조만식 장로를 지목하고 이를 사상사건으로 몰고 갔다. 주기철 목사는 유재기 목사와 개인적 친분 관계가 있었다. 1934년 12월, 주기철 목사가 마산 문창교회에서 목회하던 때 경남노회 주최 농촌수양회 강사로 내려온 유재기 목사와 마산에서 5일 동안 함께 지낸

---

55 김요나, 앞 책, 316쪽; 민경배, 앞 책, 199-200.

바 있었다.[56] 경찰로서는 유재기 목사의 농촌연구회나 농우회 조직의 배후 혐의로 주기철 목사를 체포할 이유가 충분했다. 그러나 경찰이 주기철 목사를 체포한 근본적인 이유는 농우회 관련 혐의보다는 신사참배 문제로 보아야 할 것이다. 도미타 간담회 후 주기철 목사의 신사참배 반대 의지는 더욱 강화되었고 이에 경찰은 주기철 목사를 교인들과 격리시킬 필요를 느꼈다. 또한 그가 부노회장으로 있던 평양노회로 하여금 신사참배 결의를 끌어내야 하였는데 주기철 목사가 그 걸림돌이 될 것을 우려하였다. 그런 때에 산정현교회의 부목사와 장로, 집사가 연루된 농우회사건이 터지자 평양경찰서는 서둘러 주기철 목사를 체포하여 의성으로 압송하였던 것이다. 주기철 목사의 2차 검속은 그렇게 이루어졌다.

주기철 목사의 검속 이유가 신사참배 문제 때문이었다는 것은 산정현교회 소속목사인 번하이슬의 증언에서 확인된다. 번하이슬이 1939년 11월 본국에 보낸 편지 내용이다.

작년[1938년] 9월 안식년 휴가를 마치고 귀환했을 때 이[산정현] 교회 담임 목사와 부목사, 그리고 전도사[집사]가 감옥에 들어가 있는 것을 알았습니다. 이들은 정부가 모든 교인들에게 신사참배를 강요하고 있을 때 이를 거부한 이유로 체포되었습니다. 당회는 나에게 주 목사가 돌아올 때까지 강단을 맡아달라고 요청하였습니다. 나는 기꺼이 승낙하였습니다.[57]

번하이슬은 1937년 7월 안식년 휴가를 얻어 귀국했다가 제

---

56 〈宗教時報〉, 1935. 2, 34.
57 C. F. Bernheisel's letter to Rev. P. S. Wright, Nov. 14, 1939.

27회 총회 개회 이틀 전인 1938년 9월 7일 평양으로 돌아왔다. 이미 그때 주기철 목사와 송영길 목사는 경찰서에 연행되어 평양을 떠나 있었다. 번하이슬은 산정현교회 당회의 요청을 받고 주일예배 설교를 맡아 하였다. 그 때문에 주기철 목사는 1938년 8월 평양노회가 신사참배를 결의하고 노회 지도자들이 평양신사에 가서 참배하는 것과 9월 평양에서 개최된 장로회 총회가 신사참배를 결의하고 역시 총회 지도자들이 신사에 참배하는 '굴욕적인' 모습을 현장에서 목격하지 않아도 되었다. 대신 의성 경찰서에서 혹독한 고문과 악형을 받고 있었다.

주기철 목사는 1938년 여름(7-8월), 자신과 전혀 관계가 없는 '농우
회사건'에 연루되어 체포된 후 의성 경찰서로 압송되었다.[58] 평양
에서는 주기철 목사 외에 산정현교회 부목사 송영길 목사, 평양 신
현교회의 이유택 목사도 같이 체포되었다. 번하이슬은 이들 세 명
이 장로회 총회 농촌부원으로 활동한 것을 빌미로 체포하였다고
증언했다.[59] 총회는 이미 총독부의 압력을 받아 농촌부를 폐쇄한
후였지만 경찰은 전국적인 조직망을 갖춘 농촌부와 그 산하 기구
인 농우회를 통해 교회 자금이 독립운동에 전용되었을 가능성을
예측하고 수사를 시작하였다. 경찰은 처음부터 이 사건을 민족운
동사건으로 단정하고 수사했다. 그러나 사건 자체가 부풀려진, 수
사관에 의해 꾸며진 것이었기에 물증이 없었다. 유일한 증거는 피
의자들의 자백뿐이었다. 경찰은 자백을 끌어내기 위해 혹독한 고
문과 악형을 가하였다. 결국 고문 후유증으로 권중하 전도사는 목
숨을 잃었고 박학전 목사는 정신 이상 증세를 보이기까지 하였

58 주기철 목사의 2차 검속 시기에 대하여 김인서는 "1937년 7월에 주 목사와 김화식,
이유택 세분 목사는 순교동지로 묘향산 단군굴에서 금식기도하고 도라와서 둘째 번 체
포되었다"고 기록하였고(김인서, "주기철 목사 순교기", 〈신앙생활〉 10권 10호, 1951. 10,
25) 김요나는 1938년 7월에 '예비 검속'되어 평양경찰서에 구금되어 한 달간 있다가 농
우회 사건과 관련하여 8월 18일에 의성으로 압송되었다고 기록하였으며(김요나, 앞 책,
320) 민경배는 1938년 7월 농우회사건으로 곧바로 체포되어 의성으로 압송되었다고 기
록하였다(민경배, 앞 책, 197-198). 1938년 8월에 평양기독교친목회가 결성되고 평양노회
의 신사참배 결의와 시행이 이루어졌다는 점에서 8월 이전에 체포되었을 가능성이 크다.
59 C. F. Bernheisel, The Present Condition of the Church in Korea, Feb. 2, 1939.

다.[60] 번하이슬은 평양에서 잡혀간 목사들이 받은 고문을 이렇게 소개하였다.

평양에서 잡혀 간 세 목사 중 두 명은[61] 감옥 안에서 아주 심한 고문을 당했는데 몽둥이로 심하게 맞았으며 위에 물이 가득 찰 때까지 먹이곤 배를 때렸답니다. 이를 물고문이라 합니다. 이런 식으로 그들은 서너 번 죽음 직전까지 갔습니다. 다른 많은 목사와 장로들이 최근 수년 동안 이런 식으로 고문을 당했는데 항상 경찰은 목숨이 끊어지기 직전에야 고문을 멈추었답니다. 이들 중 한 목사는 어떤 이들이 자기는 기꺼이 그리스도와 교회를 위해 피를 흘리겠다고 말하는 것을 듣고는 자신도 그럴 수만 있었다면 죽었을 텐데 고문은 항상 죽음 직전에 멈추었다고 진술했습니다. 이런 식으로 고문을 계속 반복함으로 목사들은 대부분 굴복하기 직전까지 갔습니다.[62]

주기철 목사도 고문을 피할 수 없었다. 번하이슬의 증언이다.

산정재교회의 주 목사는 몸이 약해서 이런 형벌을 받지는 않았는데 대신 심하게 채이고 얻어맞는 구타를 당했답니다. 하루는 경찰이 그를 구타하러 들어오자 그는 경찰에게, 언젠가는 내가 하나님의 심판대 앞에 서게 될 터인데 그 때 지금 당한 일과 또 다른 죄까지도 고발하겠다고 말했답니다. 그러자 경관은 악의적인 고문을 중단했다고 합니다.[63]

60 주태익, 앞 책, 204-205; 김요나, 앞 책, 327.
61 이유택, 송영길 목사로 추정된다.
62 C. F. Bernheisel, The Present Condition of the Church in Korea, Feb. 2, 1939.

그런 고문을 당하면서도 목회자들의 신앙은 꺾이지 않았다. 번하이슬은 송영길 목사를 통해 감옥 안에서 신앙생활을 어떻게 했는지 자세히 들을 수 있었다.

〔잡혀 갔던〕 목사 중 한 사람〔송영길〕이 산정재교회 교인들에게 전한 내용에 의하면 매주일 아침 11시 목사 두 명이 같은 감방 안에 모여 교회에서 하던 순서대로 주일 예배를 드렸답니다. 어떤 찬송을 부르고 어떤 성경 말씀을 읽었는지 알지 못하지만 그들은 성경을 읽고 기도하고 찬송을 불렀답니다. 설교 시간에는 교회에서 설교하는 목사를 위해 기도를 하였으며 12시가 되면 축도를 하고 예배를 마쳤답니다. 그의 말에 따르면 주 목사는 매 주일 오후에 유치장 안에 있는 죄수들에게 설교할 수 있는 기회를 얻었답니다. 여러 가지 상황이 좋아 이렇게까지 할 수 있었답니다. 경찰보다는 간수들이 훨씬 부드러운 마음씨를 갖고 있었음이 분명합니다.[64]

유치장 안에서 주일마다 '옥중 예배'가 이루어졌으며 주기철 목사는 주일 오후에 죄수들에게 설교할 수 있는 기회까지 얻었다. 물론 이러한 상황은 유치장 간수들의 우호적인 협조가 있었기

---

63 앞 글. 주기철 목사가 석방된 후 평양으로 가서 주기철 목사를 만났던 부산진교회의 김석진 목사도 비슷한 증언을 하였다. "그이[주기철 목사]는 옥중에서 몸을 거꾸로 달아매고 코에 물을 부어 넣는 고문을 당하려 할 때 머리를 들고 고문을 하는 자를 향하여 정색으로 '나는 악자리 당신네들의 악형을 받기는 하겠으나 죄 없는 사람에게 이처럼 악형을 가하면 그 죄 값을 받을 것이오. 그 죄 값은 이보다 더 중한 줄로 알아야 할 것이오'라고 하니 그 고문관은 고개를 숙이고 고문 행위를 중단하더라는 것이었다." 김석진,《김석진 자서전: 한 세상 다하여》, 세진기획, 1972, 138.

64 C. F. Bernheisel, The Present Condition of the Church in Korea, Feb. 2, 1939.

에 가능했다. 유치장 간수들은 고문을 해서라도 혐의를 밝혀내려는 고등계 형사들과는 분명 달랐다.

이 사건은 처음부터 부정확한 정보와 추정에 근거하여 의성 경찰서가 과욕으로 만든 사건이었던 관계로 고등계 형사들은 피의자들에게서 정식 재판에 회부할 만한 독립운동 혹은 사상사건 혐의를 찾을 수 없었다. 결국 의성 경찰서에서 5개월 동안 혹독한 고문과 조사를 받은 피의자들은 1938년 12월 검찰에 이첩되면서 대구 형무소로 옮겨졌다. 검찰에서는 농촌연구회와 농우회 조직을 주도한 유재기 목사만 치안유지법 위반혐의로 재판에 회부하고 다른 피의자들은 불기소 처분을 내렸다. 재판에 회부된 유재기 목사는 1939년 4월 14일 대구지방법원에서 징역 1년을 선고받고 항소하였으나 5월 1일 대구복심법원에서 1년 징역형을 선고받았다.[65] 검찰의 불기소 처분을 받은 나머지 피의자들은 당연히 석방되어야 했지만 경찰은 무혐의자들에게 석방 조건을 붙였다. 번하이슬의 증언이다.

> 작년[1938년] 12월 평양에서 잡혀갔던 집사 한 사람이[66] 풀려났습니다. 그의 말로는 경찰에 의해 그들의 혐의가 벗겨졌으며 신사에 참배하겠다고 동의만 하면 풀어주겠다고 하였답니다. 불행하게도 그 집사는 동의하고 풀려난 것입니다. 목사들과 다른 이들은 굴복하지 않아 계속 갇혀 있었습니다. 이 모든 것을 종합해 볼 때 처음 혐의는 단지 핑계일 뿐이고 이들을 체포한 진짜 이유는 이들이 신사에 가서 경의를 표하지 않았다는 것임을 알 수 있

---

65 "昭和14年 刑公第299號 劉載奇 判決文"(大邱地方法院, 1939. 4. 14); "昭和14年 刑抗公 129號 劉載奇 判決文"(大邱覆審法院, 1939. 5. 1)
66 산정현교회의 장원준 집사로 추정된다.

습니다.[67]

뚜렷한 혐의를 발견하지 못한 경찰은 신사참배를 석방 조건으로 내걸었다. 결국 농우회사건으로 체포되었던 대부분 피의자들은 "신사참배를 하겠다"는 서약을 하고 풀려났다. 마지막 순간까지 이를 거부한 평양의 세 목사는 풀려나기까지 까다로운 절차를 거쳐야만 했다. 번하이슬의 증언에 따르면 평양에서 주기철과 이유택, 송영길, 세 목사가 풀려날 것이란 소식을 들은 것은 1939년 1월 마지막 주간이었다.

> 지난주에 이 세 사람이 대구로 보내져 석방될 것이라는 소식이 전해왔습니다. 주 목사 부인은 즉시 남편을 만나러 대구로 갔습니다. 주 목사 부인이 도착해 보니 이들은 장로 한 사람이 자기 집에 사흘 동안 머물게 하면서 정부 명령을 받아들이도록 설득한다는 조건으로 임시 석방되었다는 것을 알았습니다.[68]

주기철 목사 일행은 가석방 상태로 대구 신정교회(후의 서문교회) 김정오(金正悟) 장로 집에 머물고 있었다. 주기철 목사와 먼 사돈 간인 김정오 장로는[69] 마산 출신으로 당시 대구 서문시장에서 약방을 경영하며 대구 신정교회 장로로 시무하고 있었다. 그는 대구부(大丘府) 협의회 회원이었던 관계로 대구 및 경상북도 도청 관계자들과 안면이 있었다. 그래서 김정오 장로는 주기철 목사가 의

---

67 C. F. Bernheisel, The Present Condition of the Church in Korea, Feb. 2, 1939.

68 앞 글.

69 주기철 목사의 조카딸(주영옥)이 김정오 장로의 고종사촌 동생 이수필 목사의 부인이다. 김요나, 앞 책, 329.

성경찰서에 수감되어 있을 때부터 그를 면회하였고 대구로 이송된 후에도 경상북도 경찰부에 수감되어 있던 그를 면회하였다. 그런 관계로도 경찰부는 김정오 장로를 불러 "사흘 유예기간을 줄 테니 신사참배 하도록 설득하라"는 조건으로 주기철 목사를 석방하였던 것이다. 그래서 김정오 장로는 세 목사를 대구 집에 묵게 하고 평양에 석방 소식을 전했다. 소식을 들은 주기철 목사의 부인 오정모 집사가 제일 먼저 대구로 내려왔다. 오정모 집사는 주기철 목사를 만나자마자 "승리요?" 하고 물은 후 석방 조건에 대한 설명을 들은 후 "사흘 있다가 다시 감옥에 갈 준비를 하세요"라고 하였다.[70] 주기철 목사도 그런 각오를 하고 있었다. 오정모 집사보다 하루 뒤에 유계준 장로도 대구로 내려왔다.

경찰은 김정오 장로에게 주기철 목사 일행의 석방 조건을 계속 주지시켰으며 '사흘 안에' 신사참배를 수용하도록 설득할 것을 촉구하였다. 번하이슬은 실제로 주기철 목사 일행이 김정오 장로의 집에 있는 동안 동료 목회자나 장로들로부터 그런 설득을 받았음을 증언하였다.

목사와 장로를 포함하여 많은 친구들이 몰려 와서 그들에게 그만 승복하고 시련을 끝내라고 권면하였답니다. 그러나 그들은 완강하게 거절하면서 굴복한 이들의 죄를 통렬하게 꾸짖었답니다.[71]

주기철 목사의 신사참배 반대 투쟁은 유치장 안이나 밖이나

---

70 김인서, 앞 책, 52-53; 민경배, 앞 책, 210-211; 김요나, 앞 책, 330-331; 안용준,《태양신과 싸운 사람들》, 41-42.
71 C. F. Bernheisel, The Present Condition of the Church in Korea, Feb. 2, 1939.

마찬가지였다. 오정모 집사도 김정오 장로를 비롯하여 설득하러 찾아온 사람들에게 "행여나 주 목사님에게 잘못 권면해서 시험에 들지 않게 하여 달라고" 부탁하였다.[72] 설득을 포기한 김정오 장로는 그들을 다시 경찰서로 데리고 가는 수밖에 없었다. 주기철 목사 일행은 경찰서로 떠나기 앞서 '마지막' 기도회를 가지기로 했다. 번하이슬의 증언이다.

> 사흘이 다 가고 집을 제공했던 그 장로는 그들에게, '좋습니다. 바울이 에베소의 장로들을 불러 기도회를 가지면서 다시는 자기 얼굴을 보지 못할 것이라고 말한 것처럼 우리도 당신들이 감옥에 다시 들어가기 전에 마지막 기도회를 가집시다' 하고 기도회를 가졌습니다. 기도회를 마친 그들은 다른 사람 모르게 집을 나와 가까운 교회로[73] 가서 아주 필요했던 휴식을 서너 시간 가질 수 있었습니다. 그 사이 밖에서는 그들을 찾으려 야단이었습니다. 휴식을 마친 이들 일행은 경찰서로 되돌아갔습니다.[74]

바울이 체포될 것이 예상되는 예루살렘으로 떠나면서 에베소에서 장로들을 모아 기도회를 가진 것처럼(행 20:17-38) 주기철 목사 일행은 김정오 장로 집에서 기도회를 가진 후 가까운 교회로 가서 오랜만에 방해받지 않은 상태로 조용한 기도와 휴식을 취한 후 경찰서로 향했다. 이들을 데리고 경찰서로 간 김정오 장로는 사실대로 보고했다.

---

72 안용준, "진리의 부처(夫妻) 순교자 주기철 목사님과 사모님 오정모 집사", 〈把守軍〉, 제4권 제4호, 1952. 4, 19-20.

73 김정오 장로가 시무하던 대구 신정교회로 추정된다.

74 C. F. Bernheisel, The Present Condition of the Church in Korea, Feb. 2, 1939.

장로는 사흘 동안 설득해 보았으나 효과가 없었다고 보고했답니다. 그러면서 이들을 굴복시킬 가능성이 전혀 없으니 그냥 석방시켜 달라고 요청했답니다. 서울에서 열린 (농우회사건에 대한) 마지막 평결을 보고 돌아온 경찰 고위 간부는 대단히 화를 내더니 결국 '그들에게 나가도 좋다고 하라.' 했답니다.[75]

주기철 목사 일행의 석방은 이미 경상북도 경찰부에서 결정할 사항이 아니었다. 농우회사건에 대한 총독부 관계자들의 '최종 평결'을 전달받고 돌아온 경찰 간부는 "대단히 화를 내며" 주기철 목사 일행을 석방하는 수밖에 없었다. 안용준은 해방 후(1952년) 김정오 장로의 증언을 바탕으로 대구 경찰서에서 주기철 목사 일행이 풀려나는 장면을 이렇게 기록하였다.

그러는 동안에 3일이 지났고 주 목사님은 약속한 대로 다시 들어갈 각오를 하시고 대구 경찰서로 갔었는데 아래층 입구에다가 주 목사님과 오 집사님을 기다리시게 하고 김 장로님만 들어가 보니 마침 그 주임이 갑자기 일이 생겨서 경주로 출장을 가서 없는지라. 그 다음 부장에게 말하기를 '앞으로 생각해 보겠다고 한다'고 하니 '요싯(좋다)' 하고 '평양으로 가라'고 하였다는 것이다. 김 장로님은 나와서 아무 말도 않고 평양으로 가라고 허락받았다고 하고 대구역으로 가서 일행이 길을 떠나도록 하였다. 떠나기 전에 '명조착평양주송이'(明朝着平壤朱宋李, 내일 아침 주기철 송영길 이유택 평양 도착)란 문구로 타전을 하려는데 주 목사님이 밑에 '할렐루야'라는 말을 부가하라고 하시어 '명조착평양

75 앞글.

주송이할렐루야'라고 쳤다. 그리고 일행은 대구를 떠났다. 할렐
루야는 승리를 고시하는 말이었다.[76]

주기철 목사의 요구로 전보에 첨가되었던 문구, '할렐루야'
에 담긴 의미처럼 주기철 목사와 송영길 목사, 이유택 목사는 '승리
한 성도'로 평양에 돌아갈 수 있었다. 대구에서 3일간 함께 지냈던
오정모 집사도 '승리한' 남편과 함께 평양으로 돌아왔다.

1차 검속도 그러했지만 2차 검속에서도 주기철 목사는 뚜렷
한 혐의 없이 경찰서에 구금되었다가 검찰에 기소되거나 재판에
회부되지 않고 석방되었다. 이는 주기철 목사에게서 기소할 만한
혐의를 발견하지 못한 때문이기도 하지만 그보다 주기철 목사의
검속이 '격리' 차원에서 이루어진 것으로 보아야 할 것이다. 경찰
당국은 1938년 봄, 1차 검속 기간 중 신사참배 반대 입장을 굽히지
않았던 주기철 목사를 6월 29일 석방하였지만 도미타 간담회를 통
해 그 반대 의지가 더욱 강화된 것을 확인한 후 한 달이 못 되어 농
우회사건을 빌미로 2차 검속을 단행했다. 그리고 그가 의성 경찰서
에서 조사를 받는 동안 8월 평양노회와 9월 장로회 총회는 신사참
배를 가결하였다. 평양에서 열린 노회와 총회의 신사참배 가결에
반대할 것이 분명했던 주기철 목사를 '평양 밖' 경북 의성으로 격
리, 유치하였다. 그리고 난제로 꼽혔던 총회의 신사참배 결의가 순
조롭게 끝나고 총회 후 지방의 각 노회들이 신사참배를 연이어 결
의함으로 전국 교회에 신사참배는 거역할 수 없는 대세가 되었다.
이에 총독부와 경찰 당국은 주기철 목사를 노회 및 총회와 '격리시
킬 기간'이 끝났다고 판단해서 풀어주었던 것이다.

76 안용준, 앞 글, 20.

경북 의성과 대구에서 5개월여 옥고를 치른 주기철 목사 일행이 풀려나 평양으로 돌아온 1939년 1월 29일은 마침 주일이었다. 주기철 목사는 부인 오정모 집사, 그리고 산정현교회 부목사 송영길 목사와 함께 주일 아침 평양역에 도착하였다. 주기철 목사의 귀환 장면을 번하이슬은 다음과 같이 증언하였다.

> 지난해 8월 말 평양 산정재교회 목사 두 명과 신현교회 목사가 체포되어 앞서 갇혀있던 성도 무리에 합류하였습니다. 이들 중 한 사람은 지난 토요일, 1월 28일에 석방되어 집으로 돌아왔고 나머지 둘은 그 이튿날 주일 아침에 돌아왔습니다. 이들은 뜨거운 환영을 받았는데 많은 교인들이 역까지 마중 나가 이들을 맞이했습니다. 이들은 모두 소속 교회 주일 예배에 참석했지만 회중들에게 간단한 인사말만 하였고 예배를 인도는 할 수 없었습니다.[77]

산정현교회 교인들은 평양역까지 나가 주기철, 송영길 목사를 맞이하였다. 교인들은 '개선장군'을 맞이한 백성들처럼 교회로 행진한 후 주일예배를 드렸다. 역에서부터 동행한 형사들이 예배당 안에까지 들어와 감시하는 바람에 주기철 목사는 예배와 설교를 인도할 수 없었다. 주기철 목사가 없는 동안 설교 강단을 맡았

---

77 C. F. Bernheisel, The Present Condition of the Church in Korea, Feb. 2, 1939.

던 번하이슬이 예배를 인도하였고 주기철 목사는 인사 시간을 통해 그간의 '신앙 투쟁'을 보고할 수 있었다. 교인들은 그 보고를 '설교'로 새겨들었다.

그런데 그날 주기철 목사가 산정현교회 교인들에게 했다는 인사(설교) 내용은 증언자에 따라 두 가지 내용으로 전해지고 있다. 하나는 당시 산정현교회 청년회 회장이었던 유기선(劉基善)의 증언(1954년)을 바탕으로 김인서가 복원한 "5종목의 나의 기원"이란 설교다. 이에 따르면 주기철 목사는 평양에 도착하자마자 곧바로 교회로 들어가 주일 예배를 인도하면서 "마태복음 5장 11-12절과 로마서 8장 18, 31-39절을 본문으로 1) 죽음의 권세를 이기게 하여 주옵소서, 2) 지루한 고난을 견디게 하여 주옵소서, 3) 노모와 처자를 주님께 부탁합니다, 4) 의에 살고 의에 죽게 하여 주옵소서, 5) 내 영혼을 주님께 부탁합니다"는 내용으로 설교하여 교인들을 감동시켰다고 한다.[78] 후대의 대부분 학자들은 김인서의 기록을 그대로 받아들여 이를 주기철 목사의 최후 신앙고백이자 '유언 설교'로 해석하였다.[79]

두 번째 내용은 또 다른 산정현교회 교인이었던 오재길(吳在吉) 집사의 증언(1952년)을 토대로 안용준 목사가 정리한 것이다.

> 그 다음날 도착하든 날이 바로 주일날 아침이라 주 목사님은 그 얼굴 그 옷 그대로 산정현 바로 교회로 가시여서 유치장에서 암송하신 로마인서를 웨이시면서 설교하신 바 그 때 그 은혜스럽든 일은 모두들 일생을 두고 잊지 못할 장면이었다. '십자가를 진다

---

78 김인서, 앞 책, 53-67
79 민경배, 앞 책, 214-219; 김요나, 앞 책, 337-347; 박용규 앞 글, 59; 이상규 앞 글, 177.

는 것은 인간이 못할 일이다. 그러나 인간이 십자가를 질라고 하면 십자가가 인간을 지고 간다. 그래서 갈보리 산상까지 갈 수가 있는 것이다.' 라는 말씀은 옥중생활을 체험하시고 나서 하시든 말씀이었다고 그때 들은 오재길 선생은 지금도 말을 한다.[80]

　　유기선의 증언을 바탕으로 김인서가 정리한 설교에서는 순교자 주기철 목사의 '마지막 유언'과 같은 비장함을 느낄 수 있다면 오재길의 증언을 바탕으로 안용준이 소개한 기록에서는 옥중에서 체험한 '십자가의 능력'의 진한 감동과 감격을 느낄 수 있다. 같은 날, 같은 장소에서 했던 설교(인사말씀)임에도 증언자와 기록자(편집자)에 따라 그 주제와 느낌이 다를 수 있음을 보여준다. 어떤 경우든 주기철 목사의 변함없는 신사참배 반대 의지와 자세를 보여주기에 충분하였다. 그런 주기철 목사에 대한 경찰 당국의 감시와 압력이 지속되었음은 물론이다. 주기철 목사는 수시로 경찰서에 불려가야만 했다. 번하이슬의 증언이다.

　　최근 감옥에서 풀려난 평양의 세 목사는 월요일 아침 경찰서에 불려가 신사참배에 대한 입장을 조사받았습니다. 그들은 당당하게 자신들의 입장을 밝혔습니다. 그러자 경찰은 그들에게 신사 문제에 대한 정부측 논리를 담은 책을 주면서 읽으라고 하면서 며칠 후 다시 와서 다른 교육을 받도록 지시하였습니다. 이들이 목회를 계속하지 못할 것 같아 걱정이 됩니다.[81]

80　안용준, 앞글, 54-55; 안용준,《태양신과 싸운 이들》, 상권, 칼빈문화출판사, 1956, 55.
81　C. F. Bernheisel, The Present Condition of the Church in Korea, Feb. 2, 1939.

[4] 십자가 고난의 길

경찰은 불만이었겠지만 산정현교회 교인들은 옥중 고난을 겪었음에도 신앙양심과 지조가 꺾이지 않은 주기철 목사에게 존경과 지지를 보냈다. 주기철 목사 역시 자신이 교회를 비운 사이 산정현교회 교인들의 변하지 않은 신앙을 확인하고 안도했다. 그가 연행된 동안 산정현 강단을 지킨 번하이슬 선교사의 지도 결과였다. 평양주재 선교사 중에 신사참배에 대해 누구보다 부정적인 입장을 취하고 있던 번하이슬의 설교는 옥중에 있는 주기철 목사의 설교와 다를 바 없었다. 주기철 목사가 교회로 돌아온 후에도 번하이슬의 목회 협력은 계속되었다. 그는 오랜 투옥 생활과 고문 후유증으로 건강이 악화된 주기철 목사를 대신하여 저녁 예배를 인도했으며 주기철 목사의 목회와 투쟁을 적극 지지하였다. 이로써 주기철 목사 귀환 이후 산정현교회는 목사와 교인, 선교사가 함께 하는 신사참배 반대운동의 강력한 거점이 되었다. 그러나 그것은 주기철 목사와 산정현교회 교인들이 경찰과 노회로부터 탄압과 핍박을 받을 수밖에 없는 원인이 되었다.

주기철 목사가 평양을 떠나 있던 5개월 사이 교회 상황은 크게 바뀌어 있었다. 평양노회와 기독교계는 오문환과 김표엽 등 평양기독교친목회의 '친일파' 인사들이 주도하였다. 평양노회와 총회로 하여금 신사참배를 결의하도록 만드는 데 결정적인 역할을 한 평양기독교친목회는 그 공로로 10월 평양지역 목회자, 평신도 대표 20명으로 2차 방문단을 조직해 일본을 다녀왔다. 그리고 12월에는 새로 총회장에 선출된 홍택기 목사와 부총회장 김길창 목사, 직전 총회장 이문주 목사 등 장로교 대표자들이 감리교의 양주삼, 김종우 목사, 성결교의 이명직 목사 등과 함께 일본 도쿄와 교토, 나고야 등지를 방문하여 신궁과 신사를 참배하였는데 일본천황의 종묘에 해당하는 이세신궁(伊勢神宮)까지 참배하고 돌아왔다.[82] 교

파를 초월하여 한국 교회 지도부는 총독부의 지시와 요구에 적극
순응하는 비굴한 모습을 보여주었다.

이런 교회 지도자들의 신사참배 행렬은 신사참배에 대해 부
정적 인식을 갖고 있던 일반 교인들의 생각과 자세를 바꿔놓았다.
교인들은 "우리 교회 목사도, 노회장과 총회장까지 일본에 가서 신
사참배를 하는 마당에 우리라고 거부할 수 있을까"는 생각에서 신
사참배 참여를 당연시하기 시작했다. 바로 그것이 총독부와 경찰
이 바랐던 바였다. 그런 교회 지도자들의 변절이 선교사와 양심적
신앙인들에게 실망을 안겨줄 것은 당연했다. 번하이슬의 증언이다.

> 이미 앞서 언급한 것처럼 대부분 장로교회 목사들은 끈질긴 경
> 찰의 압력을 견디지 못하고, 감옥에 가서 당해야 할 끔찍한 고
> 문을 당할까 두려워 굴복하고 신사에 참배할 것을 약속하였습니
> 다. 그들은 신사참배가 애국운동이지 종교적 의미가 없다는 정
> 부 측 설명을 받아들이겠다고 하였습니다. 그들은 신사참배가
> 잘못된 것임을 알면서도 압력을 거부할 수 없어 결국 교회를 배
> 반하고 말았습니다. 이로써 그들은 거짓 목자가 되었고 그 때문
> 에 많은 교인들이 크게 실망하였습니다. 감리교회나 천주교회,
> 일본인 교회가 그러했던 것처럼, 장로교회도 총회와 많은 노회
> 들이 신사참배를 결의하고 나서자 많은 교인들은 저항이 불가능
> 하다는 것을 깨닫고 신사참배 대열에 참여할 수밖에 없다고 생
> 각하고 있습니다.[83]

82 "基督教代表 5氏 伊勢神宮 參拜次 內地行", 〈基督新聞〉, 1938. 12. 15.
83 C. F. Bernheisel, The Present Condition of the Church in Korea, Feb. 2, 1939.

누구보다 목회자들의 고뇌가 컸다. 신사참배를 수용하지 않고는 목회를 계속할 수 없는 분위기였다. 번하이슬의 계속된 증언이다.

현재 정부 당국은 신사참배를 하지 않으면 교회 목사직을 허락하지 않으려 하고 있습니다. 그 결과 상당수 목사들이 승복하기보다는 교회를 포기하는 실정입니다. 많은 목사들이 〔신사에〕가겠다고 약속을 해놓고 가지는 않고 마음의 갈등을 일으키고 있습니다. 다음번에는 신사에 참배하거나 아니면 목사직을 내놓아야 할 것입니다. 많은 목사들이 교회를 목자 없는 상태로 두기보다는 외형적으로나마 신사참배를 수용하려는 분위기입니다. 이런 그들을 너무 심하게 비난하지는 맙시다. 이들은 오랫동안 엄청난 압박을 받아왔는데 어떤 경우엔 정신적 중압감을 이기지 못해 정신이상 증세를 보일 정도까지 되었습니다. 이들의 의지는 산산조각 나버렸습니다.[84]

목회자들은 신사참배를 하면서라도 계속 교회에 남아 교인들을 지도할 것인가 아니면 신앙 양심을 지키기 위해 교회를 떠날 것인가 선택해야만 했다. 대부분 목회자들은 교단 지도부의 설명과 설득을 받아들여 '교회를 지킨다'는 명분하에 신사참배를 수용하였고 극소수만 신사참배를 거부하다가 교회에서 추방당하였다. 교회와 함께 신앙양심을 지키기 어려운 종말론적 상황이 되었다.

그런 상황에서 평양으로 돌아온 주기철 목사를 힘들게 한 것도 경찰의 감시와 탄압보다 뜻을 함께했던 신앙 동지들이 하나 둘

84 앞글.

떠나고 혼자 남는 '고독한 상황'이었다. 이 부분에 대해 김인서는 다음과 같이 기록하였다.

> 주[기철] 목사 박해받던 초기에는 결사의 전우도 적지 않았고 추종자도 많았지만 날이 갈수록 한 사람 두 사람 이별이 되었다. 권연호(權連鎬) 목사는 기양교회에서 자주 찾아다니다가 철산교회에 옮겼고, 김상권(金尙權) 목사 신암교회에 있어 급한 때 강단을 돕다가 원산에 가고, 박병훈(朴炳勳) 목사 신학교에서 추종하다가 일본 중앙신학교(中央神學校)에 전학하였다. 김명집(金明執) 목사는 주 목사가 '피신하라' 권하여 북지(北支, 북만주)에 보내었다. 싸움은 남았는데 친구는 떠나갔다.[85]

신앙적으로, 신학적으로 주기철 목사와 통했던 박형룡 교수마저 평양을 떠났다. 박형룡 교수는 1938년 2월 '평양 장로회신학교 기념식수 훼손사건'에 연루되어 평양경찰서에서 조사를 받은 후 신학교가 신사참배 문제로 폐교 위기에 처하자 그해 7월 일본으로 '도피성' 유학을 가고 없었다.[86] 주기철 목사는 신학적으로 자유주의, 근대주의 신학사조의 도전에 대응하여 한국 교회의 근본주의, 보수신학을 고수하였던 박형룡 교수가 신사참배 문제를 외면하고

---

85 김인서, 앞 책, 49.

86 박형룡 교수는 1938년 6월 평양을 방문한 도미타를 만나 대화한 후 일본행을 결심하고 그를 따라 일본으로 가서 도미타가 교장으로 있던 일본신학교에서 연구와 집필 활동을 하였다. 박형룡은 일본신학교에서 3년 동안 연구와 성경 주석 집필 활동을 하다가 1941년 만주신학교 초청을 받고 봉천으로 옮겼다(장동민, 《박형룡의 신학 연구》, 한국기독교역사연구소, 1998, 268-270). 김인서는 해방 후(1958년 4월 22일) 부산 초량교회에서 열린 주기철 목사 순교 기념식에서 박형룡 교수가 "도망한 나는 면목이 없다"며 눈물을 흘렸다고 증언하였다(김인서, 《한국교회 왜 싸우는가?》, 신앙생활사, 1961).

국외로 피신한 것에 큰 실망을 느꼈다. 이 대목에서 김인서는 "박형룡 박사가 일본에 피신하여 떠나든 날 밤에 주 목사 부부는 눈물 뿌려 울었다"고 증언하였다.[87]

그 무렵 주기철 목사는 김인서 장로와도 거리가 멀어졌다. 주기철 목사는 1차 검속에서 풀려난 직후(1938년 7월) 평양 곤우동에 있던 신앙생활사로 김인서를 방문한 적이 있었다. 3·1운동 직후 연통제 사건으로 옥고를 치른 경험이 있던 김인서는 "신사참배 반대운동을 함께하자"는 주기철 목사의 제안에 "감옥에 갈 용기가 없어 신사참배 문제에 나서서 싸우지는 못하겠고 붓을 던지기엔 미련이 남아 글은 계속 쓰겠다"고 하자 주기철 목사는 "나는 감옥에서 죽겠군" 하고 떠났다.[88] 월간 잡지 〈신앙생활〉을 발행하면서 서북지역 교계 여론을 이끌고 있던 김인서는 신사참배 문제에 관하여 침묵하였는데 이는 '암묵적 지지'와 '소극적 순응'을 의미하였다. 김인서는 자신이 발행하던 〈신앙생활〉 1938년 7월호부터 '황국신민서사'를 수록하였고 12월호에는 "소화(昭和) 13년(1938년)은 국가비상시(國家非常時)인만치 나 개인도 견인지구(堅忍持久)의 정신을 가지고 근신리(謹愼裡)에 국민의 본분을 지키엇다"고 진술하여 체제순응적인 입장을 취하였음을 밝혔다.[89] 박형룡 교수의 '도피성 외유'나 김인서 장로의 '침묵 순응'이 평양기독교친목회 인사들이 보여준 노골적이고 적극적인 '친일행각'과는 차이가 있었다. 하지만 그들이 보여준 '소극적 저항' 및 '소극적 순응' 자세는 신사참배 문제에 관한 한 '적극적 저항'으로 방향을 잡은 주기철 목사에게 실망을

---

87 김인서, 《주기철 목사의 순교사와 설교집》, 50.

88 김인서, 앞 책, 45-46.

89 "平壤之片言", 〈信仰生活〉, 1938. 12, 34.

안겨주었을 것은 당연하였다.

　그 무렵 부산진교회의 김석진 목사가 주기철 목사를 방문하였다. 주기철 목사는 김석진 목사 부부를 전도하고 세례를 베풀었으며 경남노회장 시절 그를 부산진교회가 초빙하도록 주선해준 인연으로 둘 사이는 남다른 관계를 맺고 있었다. 당시 김석진 목사는 신사참배 문제에 대해 "전적으로 수긍할 수 없으면서도 종교적 관점에서 떠나 국가 의식의 하나로 외관상으로만 신사참배에 응하면서 말살하려는 기독교를 되도록이면 유지해 나가는 것이 좋겠다는 현실타개적인 중립주의 편에"[90] 서 있었다. 당시 대부분 목회자들이 취하고 있던 '타협적', '현실 순응적' 입장이었다. 주기철 목사는 위로차 찾아온 김석진 목사를 "자기의 극단적인 반대편에 돌아서도록 무척 애를"[91] 썼다. 그때 둘 사이에 이루어진 대화의 내용을 김석진은 다음과 같이 증언하였다.

주〔주기철〕:

　계명에 우상을 섬기지 말라고 하여 선조에게 제사의 절을 하지 아니하는 기독교인이 일본의 신령 앞에 절을 하는 것이 어찌 죄가 아니 되겠는가?

본인〔김석진〕:

　일본사람 자기들이 말하기를 국민으로서 군주에게 경례하는 국가의식과 같다고 하고 종교적으로 예배하는 것은 아니라고 하니 그들 말대로 국가 의식으로 본다면 꼭 죄가 된다고 보지 않아도

90　김석진, 《김석진 자서전: 한세상 다하여》, 세진기획, 1972, 133-134.
91　앞 책, 135.

[4] 십자가 고난의 길

될 줄로 앎니다.

주:

일본인 자신들은 '아마데라스오-미가미'(天照大神)뿐만 아니라 천황은 '아리히도가미'(現人神)라고 불러 길흉화복을 비는 대상으로 삼고 있는데 그것을 국가의식으로만 보고 종교적 행사로 보지 않는다고 하는 것은 어불성설의 기만적 말이라고 볼 수밖에 없지 않아요?

본인:

그들이 무어라 하던지 우리는 내심으로는 사람 앞에 인사하는 의식으로만 삼고 종교적이 아니라고 생각하면 무방하지 않겠는가라고 생각합니다.

주:

그러면 신사참배하는 것이 김 목사 양심에 허락된다는 말인가요?

본인:

양심에 아무런 거리낌이 없다는 말은 아닙니다. 오래된 습관을 바꾸는 데 있어서는 양심에 허용되지 않는 바가 더러 있다고 생각됩니다. 예를 들면 우리 민족이 오랫동안 지켜 내려오던 부모로부터 받은 신체발부(身體髮膚)는 훼손하지 못한다는 습관을 바꾸어 이조말 고종 때의 단발령에 의하여 할 수 없이 생명같이 여겨오던 두발을 깎을 때에 양심이 허락지 아니하였지마는 생사에 관계가 없어서 부득이 단발한 것과 같은 일일 것입니다.[92]

일본 총독부의 논리를 액면 그대로 받아들여 신사참배를 (종교 의식이 아닌) 국가의식으로 인식하고, "양심에 허락되지 않지만", "생사에 관계가 없어서", "부득이" 신사참배를 하는 대부분 목회자들 사이에서 주기철 목사는 '극단주의자'로 인식되었다. 국가 의식보다 신앙 양심에 우선가치를 두고 이를 지키기 위해 고군분투하는 주기철 목사의 모습이 이들 타협, 순응론자들에겐 대화가 통하지 않는 '고집불통'일 뿐이었다. 이스라엘의 아합 왕이 끝까지 대세를 따라 바알 섬기기를 거부하였던 엘리야를 만났을 때 던진 질문, "이스라엘을 괴롭게 하는 자여 너냐?"(왕상 18:17)와 같았다. 그들과 대화가 되지 않기는 주기철 목사도 마찬가지였다. 그들이 주기철 목사를 떠난 것과 같이 주기철 목사도 그들을 떠났다. 절친했던 김석진 목사도 그렇게 떠나간 목회자 중 한 사람일 뿐이었다.

주기철 목사와 마음을 같이할 수 있는 동지라고는 목회 일선에서 은퇴한 지 오래인 채정민(蔡廷敏) 목사와 최봉석(崔鳳奭) 목사, 평양 장로회신학교 재학 중이던 이인재(李仁宰) 전도사, 그리고 산정현교회에서 전도사로 함께 사역하던 방계성(方啓聖), 백인숙(白仁叔) 전도사 정도에 불과했다. 특히 주기철 목사가 부산 초량교회 시절 장로로 세웠던 방계성 장로가 만주에서 신학을 공부한 후 전도사가 되어 1937년 봄부터 산정현교회에 부임한 것도 큰 힘이 되었다.[93] 2차 검속 때 경북 의성까지 함께 잡혀가서 옥중 고문을 당하면서도 신앙의 지조를 지켰던 이유택 목사, 송영길 목사도 평양으로 돌아온 후 일본 유학을 떠나 더 이상 주기철 목사와 투쟁을 함께하지 못했다. 주기철 목사는 이처럼 신사참배 문제가 본격 대두

92 앞 책, 135-137.
93 〈基督教報〉, 1937. 3. 23.

되면서 '떠나간' 동료, 친구 목회자들을 바라보며 실망과 두려움보다 고독을 느꼈다. 그것은 십자가 고난을 앞두고 도망치거나 그리스도를 부인하는 제자들을 바라보는 예수님의 심정과 같았다. 그러나 그 십자가 길은 어차피 '혼자' 걸어야 할 길이었다.

신사참배에 관한 한 주기철 목사를 회유한다는 것이 불가능하다
는 것을 확인한 경찰 당국은 주기철 목사와 산정현교회를 분리시
키는 작업을 추진하였다. 산정현교회 당회가 그 첫 대상이었다. 주
기철 목사의 2차 검속 기간 중에 이미 당회원 중 일부가 일본 경찰
로부터 회유를 받기 시작했다.[94] 회유 내용은 솔선해서 신사참배를
하라는 것과 주기철 목사를 교회에서 사임시키라는 것이었다. 그
러나 당회원 다수는 신사참배를 거부하며 주기철 목사를 지지하였
다. 게다가 부인들과 젊은 집사, 청년들의 절대 지지는 당회원들에
게 무언의 압력으로 작용하였다. 번하이슬은 신사참배 문제에 관
한 한 목사와 장로, 교인들이 하나 된 모습에 감동을 받았다.

> 교회는 신사 문제에 관한 한 그[주기철 목사]를 적극 지지하며
> 하나가 되어 있었습니다. 작년[1938년] 이 문제로 주 목사가 체
> 포되었을 때 이 교회 장로 세 명도 같은 혐의로 체포되었는데 이
> 들은 신사에 참배하겠다는 약속을 하고 풀려났습니다. 그러나
> 곧바로 약속한 것을 후회하게 되었고 다시는 신사참배하지 않겠
> 다는 확고한 자세를 보여주었습니다.[95]

94 김요나는 유기선의 증언을 토대로 수양동우회사건에 연루되어 재판을 받고 있던
김동원 장로가 평양경찰서로부터 집중 회유를 받고 '주기철 목사 사면건'을 당회원들에
게 타진한 것으로 기록하였다. 김요나, 앞 책, 333-336.
95 C. F. Bernheisel's letter to Rev. P. S. Wright, Nov. 14, 1939.

당회 설득이 여의치 않자 경찰 당국은 주기철 목사에게 직접 교회 사면을 강요하기 시작했다. 경찰서에서는 평양으로 돌아온 주기철 목사에게 "3개월 내에 교회를 사면하라"고 요구하면서 매 주일 예배 때 경관들을 파견하여 시위를 벌였다. 경찰서에서는 목사 사면만 하면 신사참배는 강요하지 않겠다는 조건을 내세웠다. 주기철 목사의 신사참배 반대 의지를 꺾지 못할 바에야 그가 설교를 통해 교인들에게 신사참배를 거부하도록 촉구하는 것이라도 막아보겠다는 계산이었다. 그러나 앞서(1936년) 금강산 목사수양회에서 밝혔듯, 주기철 목사의 '목사관'은 분명했다.

: 목사란 자기가 되려고 해서 되는 것이 아니다. 사람이 시키려고 해서 되는 것도 아니다. 오직 하나님께서 택하시고 세우시고 보내시는 것이다.[96]

경찰의 사임 압력에 주기철 목사는 목사직을 그만두는 것도 인간이 결정할 수 없음을 분명히 밝혔다. 신사참배 문제에 관한 한 그는 타협 불가능한 인물이었다. 경찰의 압력이 강하면 강할수록 그의 저항도 강했다. 그 결과 신사참배 반대자로서 주기철 목사의 위상은 높아갔다. 그의 영향력은 산정현교회 교인들뿐 아니라 다른 교회 교인들에게까지 미쳤다. 회유와 탄압에 굴하지 않고 '신앙의 지조를 지키는' 주기철 목사 주변에 교인들이 몰려들 것은 당연했다. 특히 신사참배를 수용한 목사가 목회하는 교회의 교인들이 실망하고 주기철 목사의 산정현교회로 예배를 드리러 왔다. 그 결과 우상숭배와 대항하여 고군분투하며 "여호와의 선지자는 나만

---

96 "목사직의 영광", 〈基督申報〉, 1936. 5. 13.

홀로 남았으나 바알의 선지자는 사백오십 명이로다"(왕상 18:22) 했던 엘리야를 호렙산 동굴로 부르신 하나님이 "내가 이스라엘 가운데에 칠천 명을 남기리니 다 바알에게 무릎을 꿇지 아니하고 다 바알에게 입 맞추지 아니한 자니라"(왕상 19:18) 했던 것과 같은 형국이 되었다. 그 무렵 평양에 있던 안이숙(安利淑)의 증언처럼, "모든 신도들은 홍수같이 밀려서 풀려나온 목사 댁을 찾아가서 위로해 드리고 선물을 선사하며 옥중 고난담(苦難談)을 들었다."[97]

> 그 무렵 주 목사가 평양경찰서에서 석방되어 나와서 밤중에 많은 사람이 변복을 하고 찾아 드는 중에 나[안이숙]도 끼어서 한 구석에 겨우 자리를 잡고 그의 말을 들으려고 전 신경을 다 돋우어서 그의 일동 일언에 주의했다. 나는 그의 용모와 표정에서 벌써 큰 감화를 받아서 가슴이 설레었었다. 그는 부드러운 음성으로 똑똑하고 선명하게 '그들의 악착한 매의 채찍은 살을 찢고 신경에 불을 지르지요. 아픈 것이 그렇게 심하고 무섭다는 체험을 말하기 힘듭니다. 그러나 지금이 시작이지요. 앞으로 어떠한 더 심한 고문이 올지. 그렇지만 각오하고 있습니다. 그렇게 악착한 매질에 기적이 있기를 기대할 수 없지요. 예수님이 친히 당하신 그것을 당하는 것이니까요. 힘에 지나치게 어려워도 당해야지요.' 이 말에 모두들 소리 없이 울었다.[98]

안이숙은 평북 보성여학교 교사로 있던 중 1938년 신사참배를 거부하고 교사직을 사임한 후 평양으로 이주하여 최봉석 목사

---

97 안이숙,《죽으면 죽으리라》, 기독교문사, 1976, 54.
98 앞 책, 429.

와 평양 장로회신학교 학생 이인재, 김린희 등과 함께 신사참배 반대운동을 전개하고 있었다. 안이숙처럼 교회 지도자와 목회자들의 신사참배 수용에 실망한 교인들은 출석하던 교회를 떠나 주기철 목사가 인도하는 산정현교회 예배에 참석했다. 그 결과 산정현교회 주일예배는 언제나 만원이었다. 안이숙의 증언이다.

> 쓸여 모여드는 신자들은 마치 쫓기는 대중같이 뒤도 옆도 보지 않고 산정현 예배당만을 향하고 급하게 달려갔다. 나도 머리에 무엇을 뒤집어쓰고 빨리 가서 급하게 성전에 들어섰으나 벌써 예배당 안은 꽉 찼다. 나는 겨우 길을 뚫고 들어가 자리를 잡아 앉았다. 여기저기서 수군거리는 말을 들어보면 사복한 형사들이 수십 명이 대중에 끼어 배치되어 있다는 것이다. 이 많은 대중은 기침 소리 하나 내지 않고 엄숙하고 조용하게 모두 고개를 숙이고 준비 기도를 드리며 예배 시작을 기다리는 것이었다. 강대에 주 목사 혼자만 있고 다른 사회자가 없는 것은 이 좌석에 형사들이 많이 와서 지키는 고로 다른 이들을 아끼는 마음으로 형사들에게 내주지 않도록 주 목사 자기가 혼자서 다 맡아 주장을 하는 사연인 것 같았다. 11시 정각이 되자 주 목사는 의자에서 일어나서 강대에 나섰다. 왜 그런지 그는 예수님이 다시 오셔서 그 자리에 서신 것 같은 큰 감동을 일으키며 섰는 것이 그렇게도 신비스러웠다.[99]

주일예배 사회도, 기도도, 설교도 주기철 목사 혼자 담당하였다. 그의 설교는 언제나 기독교인의 '바른 신앙생활'에 초점이 맞

---

99 앞 책, 430.

추어져 있었다. 조용하면서도 힘이 있는 설교였다. 청중들은 그의 설교에 빠져들었다. 안이숙의 계속되는 증언이다.

> 이처럼 진지하고 박력을 가진 설교에 나는 황홀해지며 내 심부를 꿰뚫는 것 같이 영력이 막 쏟아져 들어왔다. 그리고 나를 극도로 긴장을 시키면서 온 신경을 예민케 하고 흥분케 했다. 그는 자기도 흥분케 했다. 그는 자기도 흥분이 되어서 주먹으로 꽝하고 강대를 쳤다. 동시에 벼락같은 웅장한 소리로, '이 같이 거룩하신 하나님을 우상이 무서워 배반하는 행동을 하자는 모독배들은 모두 이 자리에서 떠나가라' 하고 고함을 질렀다. '하나님의 이름을 부르는 것조차 가증스럽고 있을 수 없는 모독이다' 하고 또 고함을 쳤다. 그 소리는 벽력 소리였다.[100]

주기철 목사는 "신사참배는 국가의식이고 종교의식이 아니다"는 총독부 논리로 교인들을 설득하려는 교회 지도자와 목회자들을 향해 '모독배'(冒瀆輩)란 칭호를 쓰며 경고하였다. 그런 그의 설교를 듣는 교인들은 '맹인 된 인도자', '회칠한 무덤', '독사의 새끼들'이란 칭호를 써가며 종교 지도자였던 서기관과 바리새인들을 책망하셨던 예수 그리스도의 모습을 떠올렸을 것이다(마 23:15-36). 주기철 목사는 신사참배 문제에 관한 한 그 어떤 타협도, 양보도 거부하였다. 그런 주기철 목사와 산정현교회를 가까이서 목격했던 번하이슬의 증언이다.

> 그는 반석처럼 버티고 서서 이교도와 어떠한 타협도 거절하고

100 앞 책, 432-433.

힘 있게 목회해 나갔습니다. 신사참배를 수용한 다른 교회 교인들까지 그를 우러러 보았습니다.[101]

경찰 당국도 주기철 목사의 이런 설교와 목회 내용을 파악하고 있었다. 경찰은 예배당 안에까지 들어가 예배와 설교를 감청하였고 교인과 목회자 사이에 첩자를 심어놓아 주기철 목사의 행적도 소상하게 파악하였다. 1938년 8월 총독부 경무국이 간행한 비밀 정세보고서에는 평양경찰서에서 보고한 것으로 보이는, "주기철은 [1939년] 4월 10일 소속교회에서 교도들에게 '신사참배는 교의(敎義)에 어긋나는 것으로 그리스도를 따르는 자들은 절대로 받아들여서는 안 된다'라고 설교하였다"는 내용이 실려 있을 정도였다.[102] 주기철 목사는 경찰이 자신의 일거수일투족을 감시하고 있음을 알면서도 기회 있을 때마다 "신사참배는 우상숭배요, 하나님을 믿는 기독교인으로서 해서는 아니 될 범죄라"는 것을 설파하였다. 이런 주기철 목사의 설교와 행적이 경찰 당국에 부담이 될 것은 당연했다. 특히 경찰은 평양뿐 아니라 다른 지역, 다른 교회에서 신사참배를 수용한 목사들에게 실망한 교인들이 주기철 목사의 설교를 들으려 산정현교회로 몰려드는 것을 우려하였다. 이에 경찰 당국은 주기철 목사와 산정현교회를 떼어놓는 작업에 착수하였다. 그 실무를 평양노회가 맡았다.

우선 평양노회는 주기철 목사를 노회의 주요 직책이나 임무에서 배제시켰다. 주기철 목사는 1937년 가을노회에서 부노회장으로 선출되어 1년 후 1938년 가을노회에서 노회장으로 자동 선임되

101 C. F. Bernheisel's letter to Rev. P. S. Wright, Nov. 14, 1939.
102 "宗敎及宗敎類似團體ノ狀況", 〈昭和14年 前半期 朝鮮思想運動槪況〉, 1939. 8. 31.

어야 했다. 그러나 노회는 의성경찰서에 갇혀 있던 그를 대신하여 나기환 목사를 노회장으로 선출하고 부노회장에 최지화 목사, 서기 조택수 목사, 회계 장운경 목사 등을 선출했다. 이들과 이미 평양노회장과 총회장을 역임한 이승길 목사, 평양노회장을 역임한 박응률 목사, 그리고 평양노회 간사로서 평양기독교친목회를 이끌고 있던 오문환 등을 중심으로 꾸려진 평양노회 지도부는 6개월 옥고를 치르고 1939년 2월 평양으로 돌아온 주기철 목사를 철저히 외면하였다. 이런 상황에서 주기철 목사가 1939년 총회에 참석할 총대 후보에서 제외될 것은 당연하였다.[103] 1939년 9월 8-15일 평북 신의주 제2교회에서 개최된 조선예수교장로회 제28회 총회에서 1년 전 신사참배 결의를 주도했던 홍택기 목사 후임으로 신의주제일교회의 윤하영 목사가 총회장에 선출되었다. 그리고 평양노회의 조택수 목사와 장운경 목사가 총회 부서기 및 부회계로 선출되었다. 1939년 총회 지도부는 총회 중 신의주신사에 가서 참배하였으며 총독부가 주도하는 '국민정신총동원연맹'을 총회 및 각 노회별, 교회별로 조직하고 정부 시책에 적극 협력하기로 결의하였다.[104] 총회 기간 중 신사참배를 반대하거나 항의하는 의사 표시는 전혀 없었다. 신사참배는 되돌릴 수 없는 대세가 되었다.

그러나 총독부와 경찰 당국은 안심할 수 없었다. 경찰의 지시대로 움직이는 교회 지도부와 달리 일선교회 목회자와 교인들 사이엔 여전히 신사참배를 거부하고 반대하는 분위기가 만만치 않

103 "평양노회 임시회 촬요", 〈基督新聞〉, 1939. 6. 22. 평양노회 대표로 1939년 총회에 참석한 목사대표는 나기환과 조택수, 장운경, 박응률, 이승길, 김정칠, 서성일, 김화식, 최지화 등이었다. "조선예수교장로회 총회 각노회 총대", 〈基督新聞〉, 1939. 9. 7.
104 "조선예수교장로회총회 제28회 회의순서", 〈基督新聞〉, 1939. 8. 31.; "長老會總會와 東洋宣敎會年會에도 國總聯盟을 結成할 터", 〈基督新聞〉, 1939. 8. 31.

앉다. 그리고 신사참배 강요가 강화될수록 이를 반대하는 목회자와 평신도들이 교회 조직 밖에서 연대하여 신사참배 거부운동을 전개하려는 움직임도 나타났다. 주기철 목사의 설교를 듣기 위해 평양 산정현교회로 몰려드는 교인들이 그러하였다. 이에 평양경찰서는 주기철 목사를 목사직에서 파면시켜 설교할 기회를 박탈할 방안을 모색했다. 그리고 그 일을 목사 임면권을 가진 평양노회에 맡겼다. 평양노회의 1939년 가을노회는 10월 3-6일 평양 서문밖교회에서 개최되었다. 부노회장이던 최지화 목사가 노회장이 되었고 부노회장에 장운경 목사, 서기 김표엽 목사, 부서기 류동희 목사, 회계 김천덕 장로, 부회계 이인명 장로 등으로 임원진을 구성했다. 평양노회는 목회자와 장로 임명 처리 외에 '시국회'를 조직해서 정부시책에 적극 참여키로 했다.[105] 그리고 신문 기사에는 나오지 않았지만 평양노회는 주기철 목사의 산정현교회 목회에 관련하여 중대한 결의를 하였다. 이에 대한 번하이슬의 증언이다.

> 10월 노회가 열렸을 때 경찰은 노회장에게 이후로 신사참배하지 않는 목사나 장로는 교회에서 설교하거나 기도하지 못하도록 조처하라고 강요했습니다. 주 목사는 경찰로부터 서너 차례 경고를 받았음에도 이런 결정에 전혀 개의치 않았습니다. 결국 그는 10월 중순 연행되었는데 그들 말로는 주 목사는 정부 명령을 어겼기 때문에 체포하였으며 이런 자가 공개적으로 목회하는 것을 허락할 수 없다는 것이었습니다.[106]

105 "평양노회 제37회 촬요", 〈基督新聞〉, 1939. 10. 19.
106 앞 편지.

번하이슬의 증언에 따르면 1) 평양노회에서는 경찰의 지시에 따라 "신사참배하지 않는 목사나 장로는 교회에서 설교하거나 기도하지 못하도록" 결의하였고, 2) 이 결의에 따라 경찰은 주기철 목사에게 산정현교회 주일예배 인도를 하지 말라고 지시하였지만, 3) 주기철 목사는 이를 거부하였고 결국 10월 중순 평양경찰서에 연행되었다. 그 무렵 산정현교회 주일예배에 참석했다가 현장을 목격했던 김인서의 증언이다.

> 어느 주일에 일본 경찰대는 또 산정재 예배당을 포위하고 주 목사에게 '오늘부터 설교하지 마라' 엄명한 즉 주 목사는 '나는 설교권을 하나님께 받은 것이니 하나님이 하지 말라 하시면 그만 둘 것이오 내 설교권은 경찰서에서 받은 것이 아닌 즉 경찰서에서 하지 말라고 할 수는 없소.' 경찰관이 '금지함에도 불구하고 설교하면 체포하겠소.' 주 목사. '설교하는 것은 내 할 일이오, 체포하는 것은 경관이 할 일이오. 나는 내 할 일을 하겠소.' 경찰관. '대일본제국 경찰관의 명령에 불복하는가?'고 노호(怒號)함에 대하여 주 목사는 '일본의 헌법은 예배 자유를 허락한 것이오. 당신들은 지금 예배 방해요, 헌법 위반이오.' 단판의 말을 끊고 강단에 올라서는 주 목사의 기세는 무어라고 형용할 수 없이 엄엄숙숙(嚴嚴肅肅) 비장하였다.[107]

이것이 주기철 목사가 산정현교회 강단에서 행한 마지막 설교가 되었다. 주기철 목사가 서문밖교회에서 열린 평양노회에 참석했는지 여부는 확인할 수 없다. 다만 "신사참배 하지 않은 목사나

---

107 김인서, 앞 책, 68-69.

장로는 설교와 기도를 할 수 없다"고 결의한 평양노회(IO월 3-6일)가 끝나고 맞이한 첫 주일, IO월 8일 주일예배 때 김인서가 증언한 바와 같은 경찰과 주기철 목사 사이의 실랑이가 벌어졌던 것이고 그 다음 주일인 IO월 I5일 이전에 주기철 목사가 경찰에 연행된 것으로 보인다. 이로써 주기철 목사의 3차 검속이 이루어졌다. 주기철 목사는 이후 다시 산정현교회 마당 안에 들어오지 못했다.

근신하라 깨어라 너희 대적
마귀가 우는 사자 같이 두루
다니며 삼킬 자를 찾나니
너희는 믿음을 굳건하게 하여
그를 대적하라 이는 세상에
있는 너희 형제들도 동일한
고난을 당하는 줄을 앎이라
—

벧전 5:8-9

신사참배 반대운동 [5]
신앙인들의
연대와 투쟁

주 안에 있는 자를 마귀는 엿보지도 못하고 만지지도 못하는 것이다.
그러므로 마귀를 이기려는 자 좀 더 주님께 가까이 나갈 것이며
성신을 풍성히 받을 것이다. 성신의 갑옷을 두텁게 입을 것이다.
그같이 하는 지에게 기쁨과 화평이 넘쳐 흐르지며 거룩한 생활을
할 수 있는 것이다. 개인, 교회, 가정에 성신이 떠나시면 마귀가
들어온다. 그 들어오는 길이나 때를 우리는 알 수 없다. 그러나 분명히
들어오기는 하는 것이다. 그러므로 주님을 가까이하고 성신을 충만히
받아 마귀를 멀리할 것이다.
—
주기철의 "마귀에 대하여" 중에서

사탄(마귀)의 목적은 오직 한 가지, 하나님을 믿고 따르기로 결심한 사람을 어떻게든 하나님으로부터 떼어놓고 등을 돌리게 하는 것이다. 그러므로 사탄은 믿음이 없는 사람에겐 접근도 안 한다. 믿음이 크면 클수록 집요하게 달려든다. 그래서 목회자는 마귀로부터 남다른 유혹과 시련을 당한다.

그런 마귀의 유혹과 시련을 이겨낼 수 있는 길은 오직 하나, 성령의 도우심을 받아 더욱 하나님께 가까이 가는 것뿐이다. 주기철 목사가 십자가 고난을 견뎌낼 수 있었던 것도 그런 믿음의 힘이었다. 믿음의 사람(homo fide) 주기철 목사 주변에 그런 믿음을 사모하는 신앙의 동지들이 모였다.

주기철 목사가 경찰에 연행된 후 산정현교회 교인들의 신사참배 거부운동이 본격적으로 시작되었다. 당회는 우선 번하이슬 선교사에게 주기철 목사 대신 강단을 맡아달라고 요청했다. 번하이슬도 기꺼이 맡겠다고 했다. 그러자 경찰은 노회를 내세워 방해하고 나섰다. 이미 평양노회는 경찰의 지시에 따라 신사참배를 반대하는 목사뿐 아니라 선교사도 설교할 수 없도록 지시를 내려놓은 상태였다. 노회는 번하이슬 선교사에게 산정현교회 주일예배 인도를 맡지 말 것을 요구했다. 그러나 번하이슬 선교사도, 산정현교회 당회도 그러한 노회의 지시를 무시했다. 그러자 경찰이 직접 나서 선교사와 당회를 위협했다. 번하이슬의 증언이다.

"주 목사가 연행된 후 당회는 다시 나에게 설교를 맡아 달라고 요청했습니다. 그러자 경찰서에서 들고 일어났습니다. 그들은 자신들의 목적을 이룰 수 있는 간접적인 방법으로 선교사들이 교회에서 설교하지 못하도록 노회에 지시한 바가 있었습니다. 경찰서장은 교회의 선임 장로 두 사람을 경찰서로 불러 솔선해서 신사에 참배하면 교인들이 따라 할 것이라며 신사참배를 촉구했습니다. 그러나 장로들은 신사에 참배하지 않을 것이며 그렇게 하면 교인들과 관계만 더 나빠져 교인들이 그들의 말을 듣지 않을 것이라 말했습니다."[1]

1   C. F. Bernheisel's letter to Rev. P. S. Wright, Nov. 14, 1939.

협박이 통하지 않자 경찰은 선교사와 교인들을 분리시키려 하였다. 그 때문에 번하이슬은 수시로 경찰에 소환되었다.

나는 경고를 받고도 산정현교회에 가서 설교를 하였는데 설교 직후 경찰 본부에 소환되었습니다. 그들은 내가 다시 한 번 설교 하면 내게 형벌을 가하거나 추방할 것이며 추후 다른 선교사들 의 사업도 심각한 상황에 처하게 될 것이라 협박했습니다. 나는 이 문제를 평양 선교부 동료들과 상의했습니다. 마침 이곳에서 열리고 있던 장로회 선교부 실행위원회에 나가 산정현교회 교인 들을 버려둘 수 없다고 말했습니다. 특히 교회 전도사로 나와 함 께 교회 일을 맡아 하던 방〔계성〕 장로가 경찰에 체포된 이후 교 회 사정을 말하면서 호소했습니다. 선교부 동료들과 마찬가지로 실행위원들도 교회 일에 대한 나의 결심을 지지해 주었습니다.[2]

경찰이 아직은 외국인을 함부로 다룰 수 없는 상황이었기에 다수 선교사들의 지지를 받고 있는 번하이슬의 설교를 물리적으로 막을 수 없었다. 유일한 방법은 산정현교회 교인들이 번하이슬의 강단 설교를 거부하는 것인데 그것도 쉽지 않았다. 오히려 교인들 은 주기철 목사가 연행된 후 신사참배를 공개적으로 반대하는 번 하이슬 선교사가 와서 설교를 맡아 준 것과 주기철 목사와 같은 설 교를 들을 수 있었던 것에 감사했다. 그 결과 주기철 목사가 없는 데도 산정현교회의 신사참배 반대 분위기는 계속 이어졌다.

이에 경찰도 산정현교회에 직접 손을 대기 시작했다. 경찰은 주기철 목사가 연행된 다음 주일 예배를 드리기 직전인 IO월 2I일

2   C. F. Bernheisel's letter to Dr. J. L. Hooper, Dec. 20, 1939.

(토), 산정현교회 장로와 집사 18명을 경찰서로 호출하고 '교회 폐쇄'를 언급하며 신사참배를 수용할 것을 요구하였다. 〈동아일보〉가 그 사실을 자세히 보도하였다.

> 평양부내 산정현 예배당에서는 작년 봄 동(同) 교회 주기철 목사가 신사참배를 거절하여 평양경찰서에 피검되어 지금까지 오는 중인데 그동안 주 목사 대신 편하설(片夏卨)이란 서양 선교사가 교회 일을 맡아 보아 오는 동시에 동 교회에서는 몇 사람을 빼노코는 신사참배를 불이행하여왔다. 그런데 21일 아침 돌연 평양경찰서에서 동 교회 장로, 집사 등 18명을 호출하고 1, 교회 위원은 전부 매주일 한 번식 신사참배를 이행할 것. 2, 설교 또는 기타 교회 사무는 위원들만이 집행하고 서양인과 기타인은 교회 일에 관여하지 말 것. 3, 금일 오후 3시까지 회답할 일. 세 가지 항목을 지시하고 만일 불응하는 데에는 내일부터 교회를 폐쇄한다는 강경한 방침을 보였다. 동 교회에서는 타개책을 강구중이며 경찰서에서 지시한 기간 내로는 회답이 어려울 것 같다고 한다.[3]

군사 작전처럼 '기습적으로' 이루어진 지시였다. 교회 임원들은 주기철 목사를 면회할 수 있을 것으로 기대하고 경찰서로 갔다가 예상 밖의 지시사항을 통보받고 당황했다. 임원들은 교회에 돌아와 모임을 갖고 논의하였으나 교회법에 교회 제직회(당시 37명)를 소집하지 않고는 결정할 수 없는 사안이었다. 임원들은 다음 날이 주일이라 제직들과 충분한 토의를 거치는 것이 옳고 의견을 모은 뒤 유계준 장로를 비롯한 대표 3명을 경찰서로 보내 마감 시한

---

3 "神社參拜에 不應하면 山亭峴 禮拜堂 閉鎖", 〈東亞日報〉, 1939. 10. 22(A夕).

을 하루 연기해줄 것을 요청하였다.[4] 교회와 경찰 사이의 보이지 않는 전쟁이 시작되었다.

산정현교회 교인들은 전도사로 시무하던 방계성 장로의 인도로 IO월 22일 주일 예배를 드렸다. 예배 후 교회 제직 27-28명이 모여 경찰서 통보 사항에 대해 논의한 결과, I) 제직자 이외의 사람은 설교, 기타의 교회 일 보지 않기로 하고, 2) 신사참배 문제에 대해서는 신중히 협의할 문제인 만큼 제직회에서 처리할 수 없다는 결론을 내렸다.[5] 가장 중요한 문제인 신사참배 문제에 대해 유보 결론을 내린 것은 거부와 같은 의미였다. 제직회 대표로 선출된 오윤선 장로와 정재명(鄭在鳴) 집사를 통해 이 같은 결정 사항을 통보받은 경찰은 실망과 분노를 표하였다. 평양경찰서의 아유가와(鮎川) 경찰서장은 "만일 신사참배를 하지 아니하면 교회를 폐쇄하겠다"고 재차 경고하였다. 이에 교회 대표들은 "교회가 폐쇄되더라도 신사참배는 할 수 없다"고 대답했다. 경찰이 다시 "주기철 목사 대신 적당한 목사를 물색해 보라"고 하자 그들은 "장로교회에서는 교인 회중이 투표로 자기 목사를 선택한다"고 대답했다.[6] 경찰서장과 교인 대표를 만난 〈동아일보〉 기자는 양측의 입장을 다음과 같이 소개하였다.

4   "敎徒에게 意思傳達 全體態度를 決定키로", 〈東亞日報〉, 1939. IO. 22(A朝).

5   IO월 22일 제직회에서 조만식과 오윤선, 김봉순 등 장로 3명이 장로 사직서를 제출했는데 이들이 사임을 표명한 이유가 신사참배 반대를 결의한 제직회의 결론에 동의할 수 없다는 것인지, 아니면 압력을 행사하는 경찰 당국에 대한 항의를 뜻하는 것인지 분명치 않다. "最後劈頭에 선 山亭峴敎會", 〈東亞日報〉, 1939. IO. 25(A朝).

6   "山亭峴敎會 諸職會 參拜問題만은 保留", 〈東亞日報〉, 1939. IO. 23.(A夕); C. F. Bernheisel's letter to Rev. P. S. Wright, Nov. 14, 1939.

경찰서장:

3년 동안이나 동 교회에 반성을 요구했으나 아직까지 무반성으로 재미스럽지 못하다. 그런데 금번은 최후의 결정을 볼 것으로 끝끝내 반성이 없다 하면 집회를 금지하던지 교회를 폐쇄할 것이다.

교인대표:

제직회원의 대부분은 참배를 찬성치 아니한다. 만일 금번 참배를 정식으로 결정하여 일반 신도에게 통과시키면 사태는 중대화 될 것 같다. 당국도 이를 양해하여 점진적으로 참배를 결의 실현하면 좋을 것이라고 믿는다.[7]

양측 입장은 팽팽했다. 이에 평안남도 경찰부와 학무과 간부들은 산정현교회 문제를 협의한 후 산정현교회가 끝내 신사참배를 거부할 경우 경찰부에서는 집회를 금지시키고, 학무과에서는 조선총독부가 발표한 〈포교규칙〉에 근거하여 노회 소유로 등록되어 있는 건물(예배당과 사택) 사용을 금지시키기로 결정하면서 구체적인 방안은 도 경찰부 고등과장(谷重)과 평양경찰서장(鮎川)이 마련하도록 하였다.[8] 그러면서 이미 경찰서에 구금되어 있는 주기철 목사를 계속 설득하였다. 그러나 주기철 목사나 산정현교회 모두 경찰 의도대로 움직이지 않았다. 산정현교회 당회는 번하이슬에게 계속 예배 인도를 부탁하는 한편 경찰에는 "문제 해결을 위해 노력할 터

7 "山亭峴敎會側 强硬 參拜決意를 猶豫", 〈東亞日報〉, 1939. 10. 24(B朝).
8 "最後劈頭에 선 山亭峴敎會", 〈東亞日報〉, 1939. 10. 25.(A朝); "平壤 山亭峴敎會가 神社參拜를 不應함으로 閉鎖運命이 直面", 〈基督新聞〉, 1939. 10. 26.

이니 너무 재촉하지 말아 달라"는 메시지를 보냈다. 이에 대한 〈기독신문〉의 보도다.

> 평양 산정현교회에서 22일 주일에는 서양 선교사 편하설 목사의 사회로 예배를 보았으나 그렇게 오랫동안 계속할 수도 없는 것이 분명한 일이다. 그 교회 장로들이 경찰당국에 탄원하여 얼마 동안 참아주면 불온한 것이 없도록 잘 처리하겠다고 하여 당국에서는 그 처리하는 것을 주시하고 있는 모양이다.[9]

그러나 경찰은 작전 집행(?)에 나서 번하이슬 선교사가 사회를 본 10월 22일 주일 아침과 밤 예배에서 방계성 전도사가 설교한 것을 두고 "제직회원이 아닌 자에게 설교를 시켰다"며 트집을 잡았다. 부산 초량교회 시절부터 주기철 목사와 함께했던 방계성 장로는 만주에서 사업을 하다가 주기철 목사가 산정현교회에 부임한 후 그의 부탁을 받고 들어와 산정현교회 전도사로 봉사하고 있었다. 그는 주기철 목사가 교회를 비울 때마다 대신 강단을 지키며 산정현교회의 신사참배 반대운동을 이끌고 있었다. 경찰에서는 이런 그의 설교를 중단시키려 하였다. 그리하여 경찰은 10월 25일, 수요일 저녁 예배를 인도하기 위해 교회로 들어가는 방계성 전도사를 곧바로 경찰서로 연행하였고 그 장면을 목격한 "3백여 교인들은 방성대곡"하였다.[10] 그 시각 번하이슬 선교사도 경찰서에 억류되어 있었다.

---

9   "平壤 山亭峴教會 後報", 〈基督新聞〉, 1939. 11. 9.
10   "三百 教人이 放哭", 〈東亞日報〉, 1939. 10. 26(B朝).

수요일 오후, 저녁 기도회를 인도하기로 되어 있는 방 전도사가 내게 와서 아무래도 자신이 기도회 전에 체포될 것 같다면서 나에게 그렇게 될 경우를 대비해 기도회를 인도할 준비를 하고 와 달라고 하였습니다. 물론 그러겠노라 약속했습니다. 기도회 시작 45분쯤 전에 경찰 한 사람이 나를 찾아와 경찰서에 볼 일이 있다면서 몇 분이면 된다며 잠깐 가자고 하였습니다. 나는 아내와 함께 차를 타고 가면서 경찰서에서 곧바로 교회로 갈 생각을 하였습니다. 아내는 차 안에 기다리게 하고 나만 경찰서 안으로 들어갔습니다. 20분을 기다려서야 간부가 나왔습니다. 그는 주 목사를 체포한 이유를 길게 설명하고 나와 교회의 관계를 물었습니다. 그리고는 교회 임원들에게 제시한 조건들을 말한 후 신사에 대한 자기 의견을 장황하게 늘어놓았습니다. 중앙 정부에서 이미 밝힌 바처럼 신사는 종교적인 것이 아니며 애국적인 행사라는 것, 지난 수년간 선교사들의 귀를 현혹시킨 온갖 유언비어와 잘못된 정보를 조심하라는 등. 그가 이러는 것은 내가 저녁 기도회를 인도하지 못하게 하려는 것임을 곧바로 눈치챘습니다.[11]

저녁 8시 반이 되어서야 경찰의 연설이 끝났고 번하이슬 부부는 곧바로 차를 몰아 교회 근처 장로 집으로 가서 그동안 일어난 상황을 전해 들었다. 방계성 전도사도 그날 밤으로 풀려 나왔다. 교회 임원들과 교인들의 의지에는 변함이 없었다. 10월 29일 주일에도 번하이슬 선교사는 "의도적으로 경찰에게 내가 '설득당하지' 않았음을 보여주며 전혀 그들이 두렵지 않다는 것을 보여주려고", "또한 방 전도사에게 용기를 불어넣어 체포될 것이 무서워 예배 인

---

11   C. F. Bernheisel's letter to Rev. P. S. Wright, Nov. 14, 1939.

도를 꺼려하는 우를 범하지 않도록 하려는 의도"에서 주일 오전 예배와 저녁 예배를 당당하게 인도했다.[12]

10월 29일 주일이 되어 경찰은 오전에 조만식과 오윤선, 김동원 장로 등 9명을 경찰서로 호출하였으나 모두 불응하고 주일 예배에 참석했다. 이에 평양경찰서 고등계 주임 시미즈(淸水川)는 주일 예배 후 오윤선 장로 사택에 모인 장로 5명에게 후임 목사가 결정되기까지 당회가 교회 사무를 전담할 것을 지시하였다. 그러나 장로들은 교인들의 반대가 있을 것이란 이유를 들어 난색을 표하였다.[13] 그러자 시미즈는 타협안을 냈다. 번하이슬의 증언이다.

> 그날 오후 경찰은 교회 바로 아래 있는 오 장로 집에서 열린 제직회에 참석하여 서너 시간 함께 있으면서 위협을 가했습니다. 그러나 제직들은 어떤 약속도 해주지 않았습니다. 마지막으로 방 전도사나 내〔번하이슬〕 대신 제직들이 예배를 인도하라고 지시했습니다. 저들의 입장에서 보면 이것은 엄청난 양보였습니다. 교회 문을 닫는다거나, 신사에 끌고 가겠다거나, 신사 불참배자를 제단에 세우지 말라는 말을 하지 않은 것만도 대단한 일입니다.[14]

경찰은 신사참배 반대 입장을 고수하고 있는 번하이슬이나 방계성 전도사를 제외한 다른 설교자를 세울 경우 예배당 폐쇄를 유보하겠다는 양보안을 냈다. 어찌 보면 교회의 승리라고도 할 수

12   앞 편지.
13   "山亭峴敎會事件 今日中 決定?"〈東亞日報〉, 1939. 10. 30.(A夕); "山亭峴堂會員 責任負擔 回避",〈東亞日報〉, 10. 31(B朝).
14   C. F. Bernheisel's letter to Rev. P. S. Wright, Nov. 14, 1939.

있었다. 그러나 산정현교회의 승리라고 하기엔 일렀다. 이후 교회는 또 다른 문제에 봉착했다. 설교자를 구하는 문제였다. 주기철 목사나 번하이슬, 방계성처럼 신사참배 반대에 분명한 소신을 가지고 설교할 수 있는 설교자를 찾기도 어려웠고, 그런 설교자가 있더라도 체포를 각오한 용기가 있어야 했다. 원로 채정민 목사가 그런 용기를 보여주었는데, 그 역시 11월 1일 산정현교회에 와서 수요예배를 인도한 후 경찰서에 연행되었다. 예배 때마다 설교자를 구하는 일로 곤경에 처한 당회를 조롱하듯, 경찰서에서는 11월 2일에도 오윤선, 유계준 등 장로 4, 5명을 경찰서로 불러 다시 한 번 '주기철 목사를 경질할 것'을 촉구하였다.[15] 당회는 궁여지책으로 11월 5일 주일 예배를 당회원인 오윤선 장로에게 맡기기로 하였지만 순탄하게 진행되지 못했다. 이에 대한 〈동아일보〉 보도다.

> 4일(토요일) 저녁 열린 당회에서 협의한 결과 오윤선 장로가 마터보도록 결정을 보았던 바 전부터 오 장로의 예배 인도에 대하야 불만을 갖고 있던 신도들은 이것을 미리 알고 5일 아츰 부인신도 3, 4인이 오 장로를 찾어와 '우리 신도들은 좀 더 적극적이고 태도가 철저한 결사의 설교를 요구하니 오 장로는 나서지 않기를 바란다.'고 신도들의 요구를 통달하였다. 이 말을 들은 오장로는 신도들이 배격한다면 교단에 나설 수 없다고 이를 피하야 11시부터 시작될 예배가 지도자가 없어 혼돈된 상태에 있어 약 40분 후 제직회원들의 권고로 종래 오 장로가 예배를 인도하게 되자 교당 내는 긴장한 공기에 휩싸인 채 예배가 끝났다.[16]

15 "牧師更迭 慫慂", 〈東亞日報〉, 1939. 11. 4(B夕).
16 "吳長老 說教를 敎徒들이 拒絶", 〈東亞日報〉, 1939. 11. 7(B朝).

오윤선 장로가 신사참배 문제에 대해 '타협적인' 입장을 취하고 있다고 여긴 교인들은 "좀 더 적극적이고 태도가 철저한 결사의 설교를 듣고 싶다"며 그의 예배 인도를 거부하였던 것이다. 비록 제직들의 중재로 예정보다 40분 늦게 오윤선 장로의 인도로 주일 예배가 진행되기는 했지만 이날 이후로 당회 내부, 그리고 당회와 교인 사이에 균열이 드러나기 시작했다. 바로 경찰이 노린 바였다. '분리시켜 격파하는'(divide and rule) 이간책은 독재 권력이 즐겨 쓰는 계책이었다.

초반에 강하게 밀어붙여 기를 꺾는 데 성공했다고 여긴 경찰 측에서 짐짓 여유를 보인 것도 이때부터였다. 〈동아일보〉가 "당국에서는 교역자들에게 개인으로 그 반성을 요구하면서 이 문제를 점진적으로 처리하려는 방침을 세운 듯하다"[17]고 보도한 것도 이런 분위기를 반영한다. 그러나 그 사이 당회의 통제를 벗어난 교인 대중의 신사참배 반대운동 분위기는 더욱 강화되었다. 번하이슬의 증언이다.

> 그 다음 한 주간 동안 경찰은 교회 임원들을 계속 괴롭혔습니다. 그 다음 주일 오전 예배는 장로 중 한 사람이[18] 인도했고 그 날 오후 전체 임원이 모여 어떠한 경우에도 신사참배한 사람은 제단에 세우지 않겠다고 만장일치로 결의했습니다. 그들은 심지어 작년에 단 한 번 신사참배를 했던 장로 세 사람마저 설교자에서 제외시켰습니다. 왜냐하면 그들 중 한 명이라도 강단에 오르면 경찰은 신문에다 산정현교회가 마침내 굴복하고 신사참배자

---

17 앞 신문.
18 오윤선 장로를 지칭한다.

를 강단에 세웠다고 선전할 것이기 때문입니다. 당사자인 세 장로들도 교회가 곤경에 처하지 않기를 바라는 뜻에서 이런 결정을 기꺼이 받아들였습니다. 이런 결정 사항은 곧바로 경찰에 알려졌습니다.[19]

산정현교회 제직회의 "신사참배자에게는 강단을 허용하지 않는다"는 결정은 이후 산정현교회뿐 아니라 다른 지역의 신사참배 반대운동의 기본 원칙이 되었다. 이 결의를 계기로 산정현교회 교인들의 신사참배 반대운동은 더욱 가속화되었다. 교인들은 이미 주기철 목사가 연행된 직후부터 매일 '특별새벽기도회'를 개최하여 신앙의 각오를 다지고 있었다. 주일과 수요일 예배 인도를 차단당한 번하이슬도 새벽기도회만은 참석할 수 있었다.

지난 6주 동안 교회에서는 매일 아침 5시 반에 기도회로 모이고 있습니다. 많은 교인들이 모여서 정성을 다해 하나님께 사자의 발톱에서 구원해 주실 것을 간구하고 있습니다. 나도 아내와 함께 거의 모든 기도회에 참석하였습니다. 우리 집에서 교회는 1마일 정도 떨어져 있지만 우리는 차로 가기 때문에 그다지 어렵지 않지만 매일 새벽마다 참석하는 것이 육신적으로 힘든 일인 것만은 사실입니다.[20]

이처럼 당회장인 주기철 목사를 경찰서 유치장에 가두고 번하이슬 선교사와 방계성 전도사의 설교를 중단시켰음에도 산정현

19   C. F. Bernheisel's letter to Rev. P. S. Wright, Nov. 14, 1939.
20   앞 편지.

교회 교인들의 신사참배 반대 의지는 꺾이지 않았다. 오히려 교인들은 "신사참배자는 강단에 세울 수 없다"는 원칙을 세우고 강력하게 반대운동을 전개해 나갔다. 이에 당황한 경찰 당국은 주기철 목사 파면과 엄포로 제시하였던 '교회 폐쇄'를 현실화시킬 계획을 추진했다.

경찰 당국은 산정현교회 문제를 조속히 마무리 짓기 위해 손을 쓰기 시작했다. 경찰은 유치장에 갇혀 있는 주기철 목사에 대한 설득을 시도했지만 실패했다. 다음은 1940년 2월 조선총독부에서 작성한 비밀정보문서 〈1939년 후반기 조선사상운동〉에 실린 내용이다.

평양부 계리 산정현교회 목사 주기철은 신사불참배(神社不參拜) 때문에 평양서에 피구금(被拘禁) 중 본인의 반성을 촉구하는 면회를 하려는 유력자 모(某)에게 '신사의 본질을 이해하기 어렵고 교의를 준수하는 것은 예수로부터 받은 사명이며 절대 신사참배는 불가능하다 운운'이라고 답하고 의연히 신사불참배 태도를 고수하였다.[21]

경찰에 연행된 후에도 주기철 목사의 태도엔 변함이 없었다. 당회장 목사를 빼앗긴 산정현교회 교인들의 태도도 변함없었다. 10월 사태 이후 산정현교회는 외견상 조용해 보였으나 일반 교인들, 특히 여성 교인들의 신사참배 거부 의사는 더욱 견고해졌고 이들의 당회에 대한 불신과 불만이 점차 확산되었다. 이에 산정현교회 문제를 조용히 매듭짓기는 어렵다고 판단한 경찰은 주기철 목사 파면과 교회 폐쇄라는 강경책을 쓰기로 했다. 이를 위해 경찰은

21 "宗教及同類似團體ノ狀況", 〈昭和14年 後半期 朝鮮思想運動槪況〉, 朝鮮總督府警務局, 1940. 2. 28.

평양노회를 움직였다. 목사 임면권과 예배당 건물 소유권이 노회에 있었기 때문이다. 번하이슬의 증언이다.

> 그 사이 경찰은 노회를 이용하여 주 목사를 사면시키고 예배당을 폐쇄할 음모를 꾸몄습니다. 그들은 노회장에게 교회 문제를 자기네 각본대로 처리하기 위한 임시노회를 소집하도록 지시하였습니다. 노회장은 처음에 그 지시를 거부하였는데 모두 21회나 지시가 내렸음에도 거부하였습니다. 결국 경찰은 노회원 4, 5명을 시켜 노회장에게 임시노회 소집요구서를 제출토록 하였습니다. 교회법에 의하면 노회원들의 소집요구가 있으면 노회장은 (강제성만 없으면) 임시노회를 소집해야 합니다. 그래서 노회를 소집했습니다.[22]

당시 평양노회장은 1939년 10월 가을 노회에서 새로 노회장이 된 평양 연화동교회의 최지화(崔志化) 목사였다. 그는 주기철 목사 파면을 위한 경찰의 노회 소집 요구를 스무 한차례나 거부하였다. 그러나 경찰의 회유와 협박에 넘어간 노회원들의 임시노회 소집 요구엔 어쩔 수 없었다. 노회 소집 공고가 나가자 노회 임원들보다 경찰이 바쁘게 움직였다. 번하이슬의 증언이다.

> 그러자 경찰들이 바쁘게 움직였습니다. 그들은 모든 노회원들을 소집해서 경찰 계획을 설명했는데, 그들 계획은 주 목사를 사면시키고 교인들이 신사참배 목사를 청빙할 때까지 당분간 교회를 폐쇄한다는 것이었습니다. 그리고는 노회원들에게 이런 동의안

22 C. F. Bernheisel's letter to Rev. P. S. Wright, Nov. 14, 1939.

에 찬성할 것을 지시하였습니다. 최소한 반대표는 던지지 말 것
과 명령을 거역하면 어떤 일을 당할지 말해주었습니다.[23]

이런 사전 작업을 거쳐 1939년 12월 19일, 평양 남문밖교회에
서 평양노회 임시노회가 개최되었다. 평양과 대동, 선교 등 3개 경
찰서 고등계 형사들이 남문밖교회 안팎을 둘러쌌고 평양경찰서 고
등계 주임 마츠모토(松本)와 전에 평양경찰서 고등계 주임으로 있
다가 평원경찰서 서장으로 영전된 시미즈(淸水川)가 노회 진행 상황
을 일일이 감시하였다. 〈매일신보〉가 노회 진행상황을 자세히 보
도했다.

> 로회장 최지화 목사로부터 신사불참배의 전후 경과를 보고하고
> 현재 평양서에 계류중인 주기철 목사와 면회하고 조선장로교총
> 회로부터 신사참배를 결의한 것과 최근 또 신사에 참배토록 발
> 송하여온 통첩에 대하야 의론하엿스나 주목사도 꿋꿋내 이에 응
> 치 안엇다는 것을 보고하자 서양인의 편목사가 즉시에 이러나서
> 장로교 헌법 조문을 드러 량심을 구속 운운의 불온한 말을 하다
> 가 림석한 경관에게 발언을 중지당하고 퇴장을 당한 다음 다시
> 의사를 속행하야 문제 중의 주 목사를 사면식히고 압흐로는 신
> 사에 참배할 교역자를 산정현교회에 임명하기를 결의하엿다. 그
> 리하야 파란만튼 산정현교회 문제는 이로써 해결되엿다.[24]

이 보도를 통해 평양경찰서에 유치 중인 주기철 목사를 면회

23 앞 편지.
24 "問題의 牧師는 辭免코 神社參拜를 實現하기로", 〈每日新報〉, 1939. 12. 20.

하고 입장 번복을 설득한 교계의 '유력자 모씨'가 평양노회장 최지화 목사였음을 알 수 있다. 노회장은 주기철 목사 면회 결과를 보고한 후 노회원들에게 주기철 목사 파면이 불가피함을 알렸다. 그때 선교사 번하이슬의 반대 발언이 있었다. 한 달 전 산정현교회 '포교 담임자'에서 이름이 지워진 번하이슬은 산정현교회 강단에도 설 수 없는 형편이었지만[25] 노회에 참석하여 저항의 목소리를 냈던 것이다. 번하이슬의 증언이다.

노회는 어제[12월 19일] 경찰본부 건물과 가까운 남문밖교회에서 개최되었습니다. 시내 몇 곳 경찰서에서 금줄과 긴 칼을 찬 경관들이 모두 동원되었고 사복 차림의 형사 25-30명 정도가 함께 경계했습니다. 노회장은 최근 총회장이 발송한 경고 서한을 낭독하고는 우리 노회 안에 오직 한 교회만 목사와 함께 모든 교인들은 신사참배를 하라는 총회장의 명령을 어기고 있다고 말했습니다. 그 서한은 인쇄된 것인데 한쪽은 일본어로 다른 한쪽은 국한문 혼용으로 되어 있었습니다. 저는 그 때 일본어로 된 교회 통지문을 처음 보았습니다. 제가 보기에 그 서한은 경찰 측이 만들어 총회장을 협박해서 서명을 받은 뒤 배포한 것 같았습니다. 거기에는 신사참배는 총회가 결의한 사항이라는 것과 신사참배는 종교 행위가 아니며 주님의 뜻에도 합치되는 것이라는 내용이 담겨 있었습니다. 그리고 시국 상황이 급박한 만큼 일반 국민이든 교인이든 신사참배를 하지 않는 것에 더 이상 관용을 베풀지 말고 단호하게 척결할 것을 지시하였습니다.[26]

25 장로교회 기관지 〈長老會報〉는 1939년 11월 20일자로 산정현교회 '포교 담임자'가 번하이슬 목사에서 주기철 목사로 변경되었음을 공고하였다. 〈長老會報〉, 1940. I. 24.
26 C. F. Bernheisel's letter to Dr. J. L. Hooper, Dec. 20, 1939.

[5] 신사참배 반대운동 신앙인들의 연대와 투쟁

더 이상의 저항은 불가능하다고 판단한 노회장은 경찰이 지시한 대로 신사참배를 독촉하는 내용의 총회장 '경고 서한'을 낭독한 후 평양노회 안에서 '유독' 신사참배를 반대하는 산정현교회의 주기철 목사 문제를 처리하기 위해 노회를 소집하였음을 밝혔다. 주기철 목사 파면을 유도하는 발언이었다. 그 순간 번하이슬이 일어났다.

> 그런 다음 노회장은 노회의 현안 문제를 설명한 후 어떻게 처리할지 물었습니다. 나는 벌떡 일어나 무슨 일이든 처리할 때는 교회법과 규례에 준해 처리해야 할 것이라고 발언했습니다. 금줄찬 경관이 나를 보고 앉으라고 소리쳤습니다. 나는 교회는 교인들의 양심을 구속하는 어떤 재판도 할 수 없다는 내용의 교회 정치 제1장 7조를 낭독했습니다. 그리고 작년 총회는 많은 총대들의 양심을 억누른 것이라고 말했습니다. 그러고 나서 …… 여기까지 말하였을 때 경관 세 명이 내게 달려들더니 나를 건물 밖으로 끌고 나가 경찰서로 연행했습니다. 나는 할 말을 다하지 못한 것이 아쉬웠지만 이로써 전에 하지 못했던 발언을 했다는 사실이 역사에 기록될 것입니다.[27]

번하이슬의 항의 소동으로 잠시 중단되었던 회의는 그가 경찰에 끌려 나간 후 계속되었다.

> 내가 추방당한 후 회의는 속개되었습니다. 반대표가 얼마인지 놓고 논쟁이 벌어졌다고 합니다. 찬성한 사람은 8명인 것 같은

---

27 앞편지.

데 반대 의사를 물었을 때 어떤 사람은 5, 6명이 반대했다고 하고 또 어떤 사람은 단 한 명만 반대했다고 하였습니다. 나머지 50명이 넘는 노회원들은 묵묵부답이었답니다. 표결은 통과된 것으로 선포되었고 이로써 주 목사는 산정현교회 당회장직에서 파면되었습니다.[28]

노회장은 총회장의 경고문을 무시하였다는 이유로 장로교회 권징조례 19조에 근거, 주기철 목사의 파면을 선포하면서 이인식(李仁植) 목사를 산정현교회 당회장으로 임명하였다.[29] 노회장이 당회장을 지명해 파견하는 것은 '청빙제'를 택하고 있는 장로교회 법과 제도에 어긋나는 '불법' 행위였다. 그러나 다수 노회원들은 '묵묵부답'으로 노회장의 결정을 받아들였다. 이 과정에서 분명하게 반대의사를 밝힌 '단 한 명'은 벽지도교회의 우성옥(禹成玉) 목사였다. 그도 현장에서 경찰에 연행되었다. 파면 결정이 내린 직후 산정현교회 박정익(朴禎翊) 장로가 일어나 "이 문제를 총회에 고소하겠다"는 의사를 밝혔다. 그 역시 경찰에 연행되었다.[30] 경찰의 적극적인 진압으로 양심 있는 노회원들의 반발은 미동(微動)에 그치고 말았다.

이로써 주기철 목사의 파면은 돌이킬 수 없는 상황이 되었

28 앞 편지.

29 "問題의 牧師는 罷免하고 '神社參拜'를 實現하기로 平壤山亭峴敎會事件 段落", 〈每日新報〉, 1939. 12. 20; "長老會 平壤老會에서는 臨時老會", 〈東亞日報〉, 1939. 12. 20; 〈朝鮮日報〉, 1939. 12. 20.

30 김요나, 앞 책, 373. 박정익 장로는 곧바로 풀려났지만 우성옥 목사는 계속 조사를 받았다. 우성옥 목사는 벽지도교회 장로들이 경찰서에 와서 "신사참배한 목사를 모시겠다"는 서약을 하고 나서야 연행 18일 만에 풀려났다. C. F. Bernheisel's letter to Dr. J. L. Hooper, Dec. 20, 1939; C. F. Bernheisel's letter to Dr. J. L. Hooper, Jan. 27, 1940.

다. 이 같은 평양노회 결정 사항은 장로교회 기관지 〈장로회보〉에
도 실렸다.

> 평양노회내 산정현교회 목사 주기철씨가 신사참배에 순응치 아
> 니함은 소화 13년 9월 평양에서 열린 장로회 제27회 총회 개회
> 모두에 '신사참배는 국민의식이요 종교가 아니므로 국민된 의무
> 상 의당히 참배하기로 함' 하고 결의한 정신에 위반이므로 작년
> 말 즉 소화 14년 12월 19일 평양노회 임시노회를 남문외 예배당
> 에서 회집하고 노회장 최지화 목사의 사회 하에 주 목사에게 준
> 렬히 면직처분의 결의를 하였다.[31]

노회석상에서 격렬하게 항의하다가 노회장 밖으로 끌려 나
온 번하이슬은 경찰서로 연행된 후 노회에서 한 발언을 영어로 적
어 제출한 후 석방되었다. 그는 풀려난 기쁨보다 주기철 목사와 산
정현교회가 당할 고난의 미래에 대한 걱정이 더 컸다.

> 우리는 교회 폐쇄 명령이 내리지 않은 것만도 다행으로 여깁니
> 다. 경찰은 교인들에게 신사참배한 목사를 받아들이라고 온갖
> 노력을 기울일 것입니다. 그렇게 되면 모든 것이 경찰이 원하
> 는 대로 될 것입니다. 주 목사는 분명 순교자가 될 충분한 자격
> 을 갖추었습니다. 그러나 노회의 비겁한 행동은 영원한 수치가
> 될 것입니다. 노회원들은 경찰로부터 화를 입지 않으려 애쓰고
> 있습니다. 그들 중에는 직접 당해본 사람도 있고 남에게 들어 그
> 형벌이 어떤지 알고 있는 사람도 있습니다. 이제는 교인들이 예

---

31 〈長老會報〉, 1940. I. 24.

배당 문을 닫을지언정 이처럼 치명적이고 중대한 문제에 굴복하
지 않기를 바랄 뿐입니다.[32]

　　번하이슬의 우려와 예상은 적중했다. 경찰은 노회를 앞세워
산정현교회에 '신사참배 목사'를 집어넣으려 하였고 이를 거부한
산정현교회 교인들은 '예배당 폐쇄'라는 최악의 상황을 맞았다. 교
회와 노회에서 추방당함으로 순교자가 될 '충분한 자격을 갖춘' 주
기철 목사도 순교의 길로 접어들었다.

32　C. F. Bernheisel's letter to Dr. J. L. Hooper, Dec. 20, 1939.

[5] 신사참배 반대운동 신앙인들의 연대와 투쟁

12월 19일 임시 노회 이후 산정현교회 상황은 더욱 악화되었다. 당회장 주기철 목사는 3차 검속 기간 중이었고 방계성 전도사 역시 주기철 목사보다 2주 늦게 경찰서에 연행되어 세 달 가까이 '목회자 부재' 상황이 지속되었다.[33] 그나마 경찰이나 노회 결정을 무시하고 주일 예배를 인도하는 번하이슬 선교사가 있어 교인들에게 위안이 되었다. 주기철 목사 파면을 결정한 12월 임시노회 이후 한때 "번하이슬과 방계성 이외의 장로가 예배를 인도하는 것을 묵인한다"는 경찰과 교회 사이의 타협은 깨지고 말았다. 교인들은 다시 번하이슬에게 강단을 맡아달라고 요청하였고 번하이슬은 이번에도 기꺼이 승낙했다. 이런 번하이슬이 경찰에게는 눈엣가시 같았다. 그 점은 번하이슬도 잘 알고 있었다.

경찰은 나에게 당분간 산정현교회에 관여하지 말라고 경고하고 있습니다. 그 말은 압력을 넣어서라도 교인들이 신사참배 목사를 받아들이기까지는 손을 떼라는 뜻입니다. 나는 어제(12월 28일) 밤 교회 임원들을 내 집으로 초대하여 그들이 처한 상황을 다시 한 번 점검했습니다. 그들은 계속 나와 함께 일하기를 원했습니다. 그동안 나는 주일 아침 예배만 인도했고 다른 예배는 당회원들이 인도했습니다. 내가 좀 더 많은 일을 할 수 있는 날이 오기를 기대합니다만 전혀 일을 하지 못하게 제한받을지도 모릅

33 C. F. Bernheisel's letter to Dr. J. L. Hooper, Jan. 27, 1940.

니다. 저는 교회에 대한 책임감을 느끼고 있습니다. 곤경에 처한 교회, 특히 목사와 전도사 모두 감옥에 가 있는 상태에서 교인들을 버려 둘 수 없습니다. 저들은 어떻게든 나와 교회 관계를 떼어놓으려 하고 있는데 그렇게 된다면 교회는 경찰의 의지대로 되고 말 것입니다.[34]

번하이슬을 붙들어 두려는 산정현교회 교인들의 의지가 강한 것만큼 그를 산정현교회에서 떼어 놓으려는 경찰의 의지 또한 강했다. 평양경찰서는 수시로 번하이슬을 소환하여 교회 일에서 손을 뗄 것을 지시하였다.

경찰은 〔주기철〕 목사와 〔방계성〕 전도사를 체포한 후 나를 교회에서 제거하려고 애를 썼습니다. 그들 생각에 우리 세 사람만 교회 밖으로 쫓아내면 교회 대표들을 신사에 참배시키고 신사참배 목사를 초빙해 오는 일을 쉽게 처리할 수 있을 것으로 기대했기 때문입니다. 그들은 내가 교회에 있는 한 자기네 목적을 달성할 수 없다고 느꼈습니다. 경찰은 나를 경찰본부로 불러 경찰의 의도대로 교회를 경영할 때가 되었으니 이제 교회와의 관계를 끊으라고 요구했습니다. 나는 그들의 경고를 무시하고 전처럼 계속하였습니다. 다음 주일에도 설교를 하였는데 경찰은 다시 나를 불러 다시 산정현교회에서 설교를 하면 나를 벌주거나 추방시키겠다고 하였습니다.[35]

34 C. F. Bernheisel's letter to Dr. J. L. Hooper, Dec. 29, 1939.
35 C. F. Bernheisel's letter to Dr. J. L. Hooper, Jan. 27, 1940.

경찰은 노골적으로 "교회를 경영하겠다"는 의사를 밝히며 번하이슬에게 관계를 끊으라고 요구하였다. 그러나 주기철 목사처럼 번하이슬도 '타협 불가능' 인사였다. 경찰 측에서 방법을 바꾸었다.

> 그 이후로 나는 매 주일 설교를 하였는데 그들은 나를 경찰서로 부르지는 않았지만 형사들을 보내 감시하면서 때로는 욕설을 하고 겁을 주었습니다. 선교부 실행위원들은 모두 나의 입장을 지지하였고 평양 선교부 동료들과도 몇 차례 의논을 한 일입니다. 지금(1940년 1월) 잠잠한 것은 저들이 내 문제를 고위층과 신문 기자들에게 넘김으로 나를 자리에서 쫓아내려는 데 이유가 있습니다.[36]

1940년 접어들어 총독부 차원에서 선교사 추방을 논의하기 시작했다. 이와 함께 언론을 동원하여 선교사를 비난하는 여론을 조성하였다. 평양기독교친목회 핵심인사인 오문환이 교단 기관지 〈장로회보〉에 "선교사 문제 조정론(調整論)"이란 장편의 글을 연재하여 "선교사들은 한국 교회 문제에서 손을 떼라"고 촉구한 것이 대표적이다.[37] 그리고 총독부는 공공연히 "정부 정책에 협조하지 않는 외국인은 추방시키겠다"고 경고하였다. 이미 미·일 외교 관계는 회복이 불가능한 상태로 악화되어 있었다. 이에 미국 정부는 1940년 4월 선교사 철수 결정을 내리고 서울 주재 공사관을 통해 선교사 귀환을 촉구하였다.[38] 선교사 철수는 기정사실이 되었고 시기 결정만 남았다.

---

36 앞 편지.
37 오문환, "對宣教師問題調整論", 〈長老會報〉, 1940. 4. 24-5. 1.

승기를 잡았다고 판단한 경찰 당국은 예배당 폐쇄를 통해 산정현교회 문제를 종결시키려 하였다. 경찰은 이를 위해 다시 한 번 노회를 이용하였다. 경찰의 압력을 받은 평양노회는 1940년 3월 19-22일 평양 연화동교회에서 개최된 38회 정기노회에서 구체적인 작업에 착수했다. 노회는 먼저 '국민정신총동원연맹 평양노회 지맹'(國民精神總動員聯盟平壤老會支盟)을 결성하고 일본의 시책에 더욱 충성할 것을 결의하였다.[39] 그런 다음 주기철 목사 파면을 결의한 임시노회 결정 사항을 재확인하였다. 주기철 목사와 산정현교회 문제가 이번 노회의 핵심 안건이었다. 번하이슬의 증언이다.

> 정해진 날짜에 노회가 열렸는데 회의장은 동원된 경찰들로 완전히 둘러싸였습니다. 작년 12월 19일 임시노회가 소집된 바 있는데 그 때 노회원들은 단지 주 목사를 산정현교회에서 추방하는 안건을 처리하기 위해 경찰이 억지로 소집한 노회인 것을 알았습니다. 노회장은 교회 임원들에게 그동안 진행된 상황을 설명하였습니다. 그리고 경찰이 나와 주 목사는 목사직에서 파면되었다는 점을 확인해 주었습니다. 노회 임원들은 순순히 받아들였습니다. 인쇄된 노회원 명단에는 주 목사의 이름이 없었습니다. 노회원 중 누구도 이의를 제기하지 않았고 결국 주 목사는

---

38 번하이슬 자신도 이러한 분위기를 파악하고 1940년 2월부터 선교본부를 통해 추방되더라도 필리핀에서 계속 선교사로 활동할 수 있도록 조처해 달라고 요청하여 필리핀 선교부 책임자 해밀턴으로부터 호의적인 답을 받았다. C. F. Hamilton's letter to Dr. Hooper, Mar. 6, 1940.

39 평양노회지맹 임원은 이사장에 최지화, 이사에 장운경과 김선환, 박응률, 곽희정, 김화식, 서기에 김표엽 등이었다. "各老會支盟結成", 〈長老會報〉, 1940. 4. 10.

목사직에서 파면되고 말았습니다.[40]

경찰은 마치 노회원처럼 노회장 안에 들어와 있었고 일어나서 발언까지 하였다. 노회장과 경찰의 발언이 있은 후 임시노회에서 산정현교회 임시당회장으로 임명된 이인식 목사의 보고를 들었다.

저들은 지난 12월 임시노회에서 이인식 목사를 산정현교회 당회장으로 선정했습니다. 이인식 목사는 몇 차례 당회를 소집하려 애썼습니다만 장로들은 응하지 않았으며 목사가 필요하게 되면 그 때 가서 부르겠노라 하였습니다. 그는 당회장 직분을 수행할 수 없음을 노회에 보고하였고 교회 문제는 특별위원회에 넘기기로 하였답니다. 저들은 산정현교회의 당회 기능을 잠시 중단시키고 특별위원회에 교회와 관련하여 전권을 부여하기로 하였답니다. 특별위원회를 구성한 7명은 공개적으로 신사참배를 찬성하고 경찰에 아부하는 대표적인 인물들이었습니다. 특별위원들의 목적은 산정현교회가 정부 정책에 순응하여 신사에 참배하고 신사참배 목사를 받아들이는 것인데 지금까지 산정현교회는 두 가지 중 어느 하나도 받아들이지 않고 용감하게 버텨왔습니다.[41]

산정현교회 문제에 관한 전권을 행사할 전권위원으로 장운

---

40 C. F. Bernheisel, "Recent Events in Pyengyang", Mar. 26, 1940. 번하이슬은 노회 참석을 하지 못했지만 다른 경로로 파악한 노회 결과와 자신이 직접 겪은 산정현교회 예배당 폐쇄 상황을 자세하게 적어 "최근 평양 상황"이란 제목의 장문 보고서를 미국에 보냈다.

41 C. F. Bernheisel, "Recent Events in Pyengyang", Mar. 26, 1940.

경과 김선환, 심익현, 박응률, 이용직, 김취성, 변경환 등 7인을 선정했다.[42] 이들은 산정현교회 당회 기능을 인수받아 당회장 청빙과 예배 인도자 선정 등의 문제에 관하여 '전권'을 행사할 수 있도록 권한을 위임받았다. 그 권한 속에 예배당 폐쇄까지 포함되었음은 물론이다. 이어서 노회는 전권위원들이 교회 문제를 처리해 나가는 데 장애물이 될 수 있는 번하이슬 선교사 문제를 논의했다. 이미 10월 정기노회와 12월 임시노회 때 항의 소동을 벌임으로 노회와 불편한 관계가 되었던 번하이슬 선교사는 주기철 목사 파면 이후 여전히 당회 요청을 받고 산정현교회 주일 예배를 인도하고 있었다. 노회는 단호하게 "노회의 명령을 순종치 않는다고 해(該) 선교사에게 설교금지를 통고"하기로 결의하였다.[43] 그리고 그 사실을 번하이슬에게 통보하였다. 번하이슬의 증언이다.

> 주 목사가 체포된 이후 내가 이 교회 목사직을 수행하고 있었는데 이는 노회의 결정이라기보다는 주 목사와 당회의 요청에 의한 것이었습니다. 그런데 노회장과 노회 서기는 23일자로 된 노회 공문을 내게 보내왔는데 거기에 따르면 7인 특별위원회가 교회 전권을 갖고 있기 때문에 이후로 특별위원회가 맡아 처리할 테니 나는 교회와 관계를 끊으라는 것이었습니다. 나는 이 일을 교회 임원 몇 명과 상의했습니다. 거기서 모든 행동 요령이 결정되었습니다. 나는 그들에게 부활주일에 강단에 오르지 않겠으며 모든 일을 7인 위원회에 맡기겠다고 말했습니다.[44]

42 "平壤老會 三十八回 撮要", 〈長老會報〉, 1940. 4. 10.
43 오문환, "對宣敎師問題調整論", 〈長老會報〉, 1940. 4. 24.
44 C. F. Bernheisel, "Recent Events in Pyengyang", Mar. 26, 1940.

경찰의 지휘를 받은 노회는 노회가 끝난 다음 날(3월 23일) 번하이슬 선교사에게 "산정현교회와 관계를 끊으라"는 공문을 보냈고 그 이튿날(3월 24일) 곧바로 행동에 옮겼다. 노회장 최지화 목사와 노회에서 임시당회장으로 임명된 이인식 목사, 그리고 노회에서 선임한 7인 전권위원들이 경찰의 호위를 받으며 교회를 '접수'하기 위해 산정현교회로 갔다. 그날은 공교롭게도 부활주일이었다. 노회 소식을 전해 들은 교인들 역시 '전의를 다지며' 그날을 준비하였다. 교인들은 노회에서 '설교 금지' 통고를 받은 번하이슬 선교사에게 주일 예배를 부탁했다. 번하이슬 선교사도 승낙했다. 산정현교회 교인들이나 번하이슬 선교사 모두 노회의 권위를 인정치 않았기에 노회의 지시나 명령을 듣지 않을 것은 당연했다. 노회 전권위원들과 산정현교회 교인들 사이의 충돌은 불가피했다. 그리고 예상대로 충돌이 일어났다. 그날 현장을 〈동아일보〉가 자세히 보도하였다.

> 평양 산정현교회는 오랫동안 문제가 되어 왔는데 작(昨) 24일 오전 11시 예배시간에 또다시 문제가 일어났다. 동 교회를 임시담임하고 있던 편하설(片夏薛) 선교사가 정각 전에 예배당으로 갈 때 정문 앞에서 들어가기를 거절당하고 노회에서 9명의 장노를[45] 새로 정하야 예배를 보도록 하여 9명의 장노가 정각이 되어 예배를 보려고 최지화, 장운경, 이인식, 세 장로[목사]가 등단하였으나 이보다 5분 전에 등단하야 찬미를 인도하던 양재연(梁在演)은 204장 찬미를 끄칠 줄 모르고 계속함에 교인들은 모다 이를 따라

---

45 전권위원을 말한다. 교회 용어에 익숙치 않았던 〈동아일보〉, 기자는 목사와 장로를 구분하지 못했으며 7인 전권위원 외에 최지화 노회장과 이인식 목사까지 포함해서 '9인 장로'라고 표현하였다.

찬송만 하자 황(黃) 형사부장이 이를 끌어내고 예배 보기에 순응 안코 찬미만 하는 신도들 중에서 다음과 같은 남녀 13명을 평양서로 데리고 가서 취조중이라 한다.[46]

〈동아일보〉 기사에 의하면 1) 오전 11시 예배 시간이 되어 번하이슬 선교사가 예배를 인도하러 교회에 왔으나 정문에서 제지당하였고, 2) 노회 전권위원들이 예배당 안으로 들어가, 3) 노회에서 나온 최지화, 이인식, 장운경 등 세 목사가 예배를 인도하기 위해 강단에 올랐으나, 4) 5분 전부터 양재연 집사의 인도로 교인들이 찬송 204장을 계속 부르며 예배를 시작할 기회를 주지 않자 5) 한국인 형사부장 지휘하에 양재연 집사를 비롯한 교인 13명이 연행됨으로 부활주일 예배는 소란으로 끝났다. 번하이슬도 그날 사건에 대해 자세한 기록으로 남겼다. 그의 증언은 부인 이야기로 시작된다.

부활주일이 되었습니다. 밝고 청명한 영광스런 날이었습니다. 내 아내는 병원에 있는 친구 두 명에게 꽃을 전하기 위해 아침 일찍 집을 나섰습니다. 병원을 거쳐 교회에 도착하니 예배 시작 전 20분쯤이었답니다. 의심할 나위 없이 이 모든 과정을 주도하는 경찰들의 호위를 받으며 노회 전권위원들이 뒤이어 도착하였답니다. 예배당 건물의 모든 문마다 경비를 세웠고 건물 안과 마당에도 경찰들을 풀어 놓았답니다. 경찰들은 예배당 뒷자리에 앉아 있는 아내를 발견하고는 예배당 밖으로 나가 골방에 잠깐 들어가 있으라고 하였답니다. 그들은 아내가 예배당 안으로 들어가지 못하도록 막았으며 집으로 돌아가는 게 좋을 것이라고

46 "山亭峴敎會問題 再燃 敎徒 13名 檢擧",〈東亞日報〉, 1940. 3. 26(A夕).

[5] 신사참배 반대운동 신앙인들의 연대와 투쟁

하였답니다. 아내는 그들과 승강이를 벌이던 중 이인식 목사가 들어오는 것을 보고 이 목사에게 부탁했답니다. 그는 경찰에게 무언가 얘기를 하였고 아내는 자기 자리에 가서 앉을 수 있었답니다. 그리하여 아내는 이후에 일어난 모든 진행 상황을 목격할 수 있었습니다.[47]

얼마 후 번하이슬이 예배당에 도착했으나 그는 예배당 안까지 들어가지 못하고 경찰에 끌려 나와 귀가조치를 당하였다. 그러나 그날 오후 '울면서' 귀가한 부인을 통해 번하이슬은 예배당 안에서 일어난 그날 사건을 자세히 듣고 기록할 수 있었다.

11시가 되자 노회에서 나온 7인 위원들은 흥분된 상태에서 예배당 안으로 입장하여 잠간 동안 앉아 있었답니다. 그러자 양 집사가 강단으로 올라가 찬송을 부르자고 했답니다. 8백 명이 넘는 회중은 양 집사가 부르자고 한 "내 주는 강한 성이요." 찬송을 진이 빠지도록 불렀답니다. 회중이 찬송 마지막 절을 끝내면 양 집사는 다시 1절부터 시작하였고, 그런 식으로 계속 불렀답니다. 그들은 몇 번이고 반복해 불렀답니다. 처음 반복해서 1절을 부르기 시작할 즈음 위원 중 예배 순서를 맡은 세 사람이 강단에 올라 강대 뒤편 의자에 앉았답니다. 그들은 찬송이 그치지 않자 당황한 것처럼 보였답니다. 20분 넘게 찬송을 계속하자 그들은 양 집사에게 예배 시간이 되었으니 찬송을 중단하라고 말했답니다. 그는 무시하고 계속 찬송을 불렀답니다. 한참 후 경관이 올라가 양 집사에게 그만 하라고 명령했답니다. 그칠 기미를 보이

47 C. F. Bernheisel, "Recent Events in Pyengyang", Mar. 26, 1940.

지 않자 그는 다른 경관을 불러 올려 양 집사를 강제로 끌어내려 예배당 밖으로 데리고 나가 경찰서로 연행했답니다.[48]

양재연 집사의 인도를 따라 8백여 명 되는 회중은 204장(내 주는 강한 성이요)을 부르기 시작했다. 부활주일 예배와는 거리가 먼 찬송이었다. '종교개혁주일'에 부르는 루터 찬송이었다. 두 번째 찬송이 반복될 즈음 최지화 목사, 이인식 목사, 장운경 목사 등 예배위원 세 사람이 강단에 올라갔다. 그런데도 준비찬송은 그치지 않았다. 20분 넘게 찬송이 계속되자 형사부장이 올라와 경찰을 시켜 양재연 집사를 예배당 밖으로 끌어냈다. 그래도 교인들의 찬송은 그치지 않았다.

그런 후 노회장이 일어나 조용히 하라며 손을 저었으나 그가 손을 흔들수록 찬송 소리는 더욱 커졌답니다. 그러자 두 번째 목사가 일어나 손으로 조용히 하라는 신호를 보낸 후 다른 전권위원들과 함께 찬송을 부르기 시작했는데 교인들은 여전히 '내 주는 강한 성이요'만 불렀답니다. 그러자 다른 목사가 일어나 손을 흔들어 조용히 하라고 한 후 기도를 시작했답니다. 그와 전권위원들은 기도하는 자세를 취했지만 교인들은 계속 찬송만 불렀답니다. 그런 후 다른 목사가 나와 조용히 하라며 손을 거칠게 흔들면서 성경을 읽으려 하였답니다. 가까이 있던 사람이 들으니 그 목사는 '이런 식으로 하면 천당에 가지 못할 것이라'고 소리쳤답니다. 그런 다음 그는 부활절에 대해 뭔가를 얘기하려는 것 같았지만 가까이 있던 사람들도 교인들이 목청껏 부르는 '내 주는 강

48 앞글.

한 성이요' 찬송 소리만 들을 수 있었답니다.[49]

"내 주는 강한 성이요" 찬송을 부르는 교인들과 예배를 인도
하려는 전권위원들 사이에 경쟁이 벌어진 것이다. 그러나 10명도
안 되는 노회 인사들이 8백 명 교인들의 함성을 이길 수 없었다.

그러는 동안 경찰들은 크게 놀란 눈으로 지켜보았답니다. 그들
은 병력 지원 요청을 급하게 하였고 곧바로 경찰들이 도착했답
니다. 맨 앞 줄 옆 자리에 앉아 있던 지휘관이 고개를 끄덕거리
는 것을 신호로 만행이 벌어졌는데 경찰들은 회중 속으로 뛰어
들어 찬송을 부르지 못하도록 찬송가를 빼앗아 던지고 닥치는
대로 구타하였답니다. 그들은 제일 극렬하게 대들거나 찬송하는
교인들의 이름과 주소를 조사하여 명단을 작성하였답니다.[50]

경찰들이 회중 가운데 뛰어들어 찬송을 부르는 교인들을 사
정없이 구타하고 끌어내는 '아수라장'이 되고 말았다. 그 사이 형사
들은 극렬하게 저항하는 교인들의 명단을 적고 있었다. 그날 오후
연행될 교인들의 명단이었다.

예배가 끝날 시간이 가까워 오자 자칭 인도자로 나섰던 자들이
부끄럽고 곤혹스러운 표정으로 강단 아래로 내려왔답니다. 회
중들도 찬송을 그치고 흩어졌답니다. 아내는 뒷자리에 조용하
게 앉아 있었는데 곁에 앉아 있던 경관이 '왜 이곳에 있느냐.'고

49 앞 글.
50 앞 글.

물었답니다. '여기 구경하러 왔소?' 하길래 아내는 '아니요, 지난 35년간 그랬던 것처럼 예배드리러 왔소.' 하였답니다. 그가 '예배는 끝났으니 돌아가시오.' 하는 것을 '부인들을 만나야 하기 때문에 돌아갈 수 없다'고 했답니다. 아내가 인도하는 주일학교가 시작될 시간이 되었던 것입니다. 이 말을 듣고 화가 난 경관은 부하 두세 명을 불러 아내를 의자에서 끌어내려 마루바닥에 쓰러뜨리고 발로 찼답니다. 그리고 경관들은 아내를 끌고 예배당 밖으로 나와 목사관과 마당을 지나 교회 문 밖으로 쫓아 낸 뒤 들어갔답니다.[51]

예배당 뒷자리에 앉아 난장판으로 끝난 예배 장면을 마지막 순간까지 목격한 번하이슬 부인은 주일 오후에 있을 장년 주일학교 인도까지 할 생각이었으나 흥분한 경관들에 의해 예배당 밖으로 끌려 나왔다. 그 과정에서 번하이슬 부인은 손목과 어깨에 부상을 입었다. 번하이슬 부인은 마침 현장에 있던 의사의 부축을 받으며 집으로 돌아왔다.

아내는 교회에서 쫓겨나 집으로 돌아오는 중에 노회 전권위원 두 사람을 만나 '노회의 이름으로 이처럼 수치스러운 일을 저지르는 것을 부끄러워하라.'고 쏘아붙였답니다. 그 날 오후 장로 한 사람과 남자 5명, 여자 6, 7명이 연행되었습니다. 그 속엔 주 목사 부인도 포함되었습니다. 사건이 일어난 지 2일이 지나서 이 편지를 쓰고 있는데 아직도 그들은 풀려나지 못하고 있습니다.[52]

51 앞글.
52 앞글.

[5] 신사참배 반대운동 신앙인들의 연대와 투쟁

경찰은 그날 오후 극렬하게 저항했던 교인들을 연행하기 시작했다. 준비 찬송을 인도했던 양재연 집사를 비롯하여 잠시 석방되어 있던 방계성 전도사, 12월 임시 노회에서 항의했던 박정익 장로, 그리고 주기철 목사의 부인 오정모 집사도 포함되었다.[53] 이들이 경찰서 안에서 서로 만날 수는 없었지만 이미 5개월째 갇혀 있던 주기철 목사와 같은 건물 안에 있었다는 사실만으로도 '동지 의식'을 확인할 수 있었다.

예배를 반대한 교인들이 연행된 후에도 예배 진행이 어렵다고 판단한 노회 전권위원들은 경찰의 도움을 받아 교인들을 예배당 밖으로 몰아낸 후 문을 봉쇄하고 다음과 같은 광고문을 써 붙였다.

금번 형편에 의하야 당분간 산정현교회 집회를 정지함[54]

교회를 접수하는 데 실패한 전권위원들은 예배당 폐쇄라는 마지막 수단을 쓴 것이다. 번하이슬의 증언이다.

주일 오후 4시 경 7인 위원 중 한 사람이 경찰들의 호위를 받고 교회에 와서 열쇠들을 확보한 후 교회의 모든 문들을 잠갔습니다. 그리고 노회 전권위원회 명의로 당분간 모든 집회는 중단한다는 내용의 통지문을 붙였습니다. 경찰은 노회를 통해 모든 일을 처리했습니다. 그들은 일련의 사태에 아무런 책임이 없다고

---

53 "宗敎及同類似團體ノ狀況", 〈昭和15年 前半期 朝鮮思想運動槪況〉, 1940. 8. 〈동아일보〉, 기사에 나온 13명은 다음과 같다. 方啓聖 朴柏翊(박정익) 梁在演 方舟 方正國 吳大吉(오재길)(이상 남자) 吳貞模 李基雲 金明哲 鄭炳華 宋氏 金氏 方氏(이상 여자). 〈東亞日報〉, 1940. 3. 26(A夕). 이들은 1주일 정도 조사를 받고 석방되었다. 김요나, 앞 책, 380-381.
54 앞 신문.

말합니다.[55]

경찰은 노회를 앞세워 자신들의 의도를 관철시켰다. 예배당
을 폐쇄한 2주 후, 경찰은 노회 전권위원들을 앞세워 주기철 목사
가족을 교회 구내에 있던 사택에서 추방하였다. 그때 추방 현장에
있었던 주기철 목사 막내아들 주광조의 증언이다.

> 2주 뒤, 목사 두 사람과 형사 열다섯 명이 갑자기 우리 집으로 쳐
> 들어 왔다. 그때는 아버지도, 어머니도 감옥에 계시고 집에는 나
> 와 바로 위의 형(주영해), 할머니 이렇게 셋밖에 없었다. 두 목
> 사님은 주머니에서 쪽지를 하나 끄집어내어 읽고서는 그것을 우
> 리에게 주었다. 그 쪽지는 '주기철 목사가 산정현교회에서 파면
> 당해 이제 목사도 아니니 목사관에 있을 자격도 없고 평양노회
> 에서 이 목사관을 평양신학교 교수 사택으로 전용하기로 했으니
> 오늘 당장 나가달라'는 이른바 '목사관 전도 명령서'였다.[56]

산정현교회 폐쇄에 항거하는 농성을 주도한 혐의로 오정모
집사까지 구금된 상황에서 노회 전권위원들은 경찰의 앞잡이가 되
어 주기철 목사 가족을 목사관에서 추방하였다.

> 할머니께서는 문고리를 붙잡고 '하나님이 주신 집인데 주 목사
> 가 와서 같이 나가자고 하기 전에는 절대 나갈 수 없다'고 하셨
> 다. 그러자 형사 한 사람이 할머니를 번쩍 안아다가 대문 밖에다

55 C. F. Bernheisel, "Recent Events in Pyengyang", Mar. 26, 1940.
56 주광조, 《순교자 나의 아버지 주기철 목사님》, UBF출판부, 1997, 60.

[5] 신사참배 반대운동 신앙인들의 연대와 투쟁

내팽개쳤다. 그리고 우리를 강제로 대문 밖으로 내쫓고 그들이 가져온 손수레 두 개에 짐을 싣고 10분 거리에 있는 어느 기생집 단칸방으로 우리를 전부 쫓아냈다. 그리고 그 목사관까지도 완전히 폐쇄처분하고 말았다.[57]

쫓겨난 가족들은 육로리, '기생집' 단칸방으로 이사하였다.[58] 경찰이 주기철 목사를 사택에서 추방한 것은 산정현교회 교인들이 주기철 목사 가족과 접촉하며 신사참배 반대운동을 계속할 것을 우려한 때문이었다. 이후 주기철 목사 가족은 해방될 때까지 5년 동안 '열세 번이나' 이사를 하며 "핍박과 유랑의 생활을" 해야만 했다.[59]

이처럼 경찰 당국은 신사참배반대운동 거점으로 여겨졌던 산정현교회 목사와 전도사, 장로들을 구금하고 예배당과 목사관까지 폐쇄함으로 반대운동의 의지를 꺾어 그 세력 확산이 수그러들 것으로 기대했다. 그러나 결과는 그렇지 않았다. 오히려 산정현교회 교인들은 목사가 없는 상태에서도 굴하지 않고 노회 지도자들

57 앞 책, 60-62.
58 평양경찰서 형사부장의 첩으로 살던 기생 소유 집이었는데, 이 대목에서 주기철 목사 가족 추방이 경찰의 계획하에 이루어진 것임을 알 수 있다. 즉 형사부장이 상부로부터 주기철 목사 가족 추방을 재촉받았거나 주기철 목사와 그 가족들을 감시하기 용이한 자기 첩의 집 방 하나를 내서 주기철 목사 가족을 이주시킨 것으로 볼 수 있다. 주광조 장로 증언(2003. 2. 28.).
59 주기철 목사 가족은 육로리 기생집 단칸방에서 6개월 정도 살다가 아래채 방 두 칸 짜리로 옮겼다. 1941년 11월 경창리에 있던 산정현교회 교인 집 독채를 얻어 이사했으나 이 집이 신사참배 반대운동자들의 회합 장소로 이용되는 것을 우려한 경찰의 압력으로 1942년 7월 대찰리 112번지 방 두 개짜리 집으로 이사하였고 1943년 봄 경창리로 이사 갔다가 오래지 않아 상수리로 이사하고 다시 서성리로 옮겼다. 심군식, 《손명복 목사의 생애와 설교》, 87; 김요나, 앞 책, 473-479.

과 맞서 대항하였고 예배당을 사용하지 못할지언정 신사참배자를 강단에 세울 수 없다는 '수진제단'(守眞祭壇)의 의지를 대내외에 분명하게 드러냈다. 이러한 저항과 투쟁은 이후 한국 교회 신사참배 반대운동의 방향과 내용을 결정하는 데 중요한 부분으로 작용하였다. 그런 면에서 예배당 폐쇄로 실패한 쪽은 오히려 노회와 경찰이었다. 번하이슬의 설명이다.

> 경찰과 그 앞잡이들인 7인 위원들의 계획은 수포로 돌아갔고 그들은 혼란에 빠졌습니다. 교인들은 강제로 추진하려는 이교도화 (異敎徒化) 작업을 거부하였습니다. 그들은 한 치 오류도 없이 공개적인 방법으로 진리의 증인으로서 신앙의 자유를 얻기 위하여 투쟁하는 모습을 보여주었습니다. 그들은 하나님께 대한 충성을 포기하느니 새로 지어 아름다운 예배당 건물을 포기하기로 하였습니다. 이들에게 영광이 있기를.[60]

교회 폐쇄로 예배당 출입을 할 수 없게 된 산정현교회 교인들은 신사참배 반대의지가 분명했던 채정민 목사와 방계성 전도사, 이인재 전도사 등의 집을 돌며 주일 예배를 드렸고 교인 가정을 구역으로 나누어 백인숙 전도사와 오정모 집사가 심방하면서 신앙을 지도하였다.[61] 이는 신사참배를 수용한 '제도권교회 밖에서' 이루어지는 새로운 차원의 신사참배 반대운동의 전례가 되었다. 즉 '지하교회'(underground Church) 형태의 저항운동이 시작된 것이다.

60 C. F. Bernheisel, "Recent Events in Pyengyang", Mar. 26, 1940.
61 김요나, 앞 책, 381.

주기철 목사를 파면시키고 산정현교회를 폐쇄시킴으로 외견상 경찰 측의 승리로 끝난 것 같았던 '산정현교회 사건'은 오히려 한국 교회의 신사참배 거부운동의 중요한 전기를 만들어주었다. 산정현 교회사건에 대해 교계 언론은 침묵을 지켰지만 〈매일신보〉와 〈동아일보〉, 〈조선일보〉 같은 일반 언론은 사건의 진행 과정을 자세히 보도하였다. 그 때문에 이 사건은 교계뿐 아니라 일반 사회의 비상한 관심을 불러일으켰다. 이 사건을 통해 일제 당국은 신사참배에 관한 한 타협은 있을 수 없으며 이를 거부하는 세력을 단호하게 응징한다는 강경 입장을 과시하였다. 경찰 당국이 사건의 진행과정을 일반 언론에게 그대로 노출시킨 것은 교계에 대한 경고의 의미를 담고 있었다. 실제로 이 사건 이후 신사참배 문제에 대한 교회의 공개적인 저항 움직임이 현저하게 줄어든 것도 사실이다. 그런 점에서 일제 당국은 소기의 성과를 얻은 셈이다.

기독교계도 이 사건을 계기로 신사참배에 관한 입장이 분명하게 정리되었다. 즉 순응 논리로 신사참배를 수용하는 입장과 저항 논리로 이를 거부하는 입장으로 나뉘었다. 신사참배를 하는 목사와 교인, 신사참배를 하지 않는 목사와 교인으로 구분되었다. 산정현교회사건을 계기로 제도권 교회 조직 안에서 신사참배 거부운동은 사실상 불가능해졌다. 결국 신사참배 거부운동은 신사참배를 반대하는 목회자와 평신도들이 제도권 교회 밖에서, 비밀스러운 지하운동으로 전개할 수밖에 없었다. 이들 신사참배 반대파 교인들은 신사참배를 수용한 노회와 교회를 '어용노회', '어용교회'로

칭하며 그 권위나 지시를 철저히 거부했다. 신사참배를 한 목회자가 인도하는 예배 참석을 거부하고 교회 밖으로 추방된 신사참배 거부 목회자들이 '가정집회' 형태로 인도하는 예배에 참석했다.

이런 '지하교회' 형태의 신사참배 반대운동은 1938년 9월, 27차 총회에서 신사참배안을 가결한 직후부터 나타났다. 처음엔 개인 차원의 항의운동으로 시작되었다가 1939년 여름부터 지역 중심 저항운동으로 발전하였고 1940년 들어서 전국적인 '연대운동'으로 진화하는 양상을 보였다. 지역별로 보면, 평양을 중심으로 한 평안남도에서는 주기철 목사와 방계성 전도사, 백인숙 전도사가 있던 산정현교회가 단연 그 중심에 서 있었다. 여기에 원로인 채정민, 최봉석 목사와 김의창 목사, 이인재(이주원) 전도사, 김윤선 전도사, 오윤선(吳潤善) 전도사,[62] 오정모 집사 등이 합류하였고[63] 밀양에서 올라온 이인재 전도사를 비롯하여 신의주에 이광록, 선천에서 김지성과 이병희, 안이숙, 박신근, 정주에서 김형록, 개천에서 박관준, 마산에서 이약신, 부산에서 김두석 등 전국 각지에서 신사참배를 반대하는 목회자와 교인들이 평양으로 몰려들었다.[64] 이들은 산정현교회 교인들과 연대하며 '지하교회' 형태로 신앙을 지켰는

---

62 산정현교회의 오윤선(吳胤善) 장로와 다른 인물이다. 오윤선(吳潤善) 전도사는 1870년 평양 신양리에서 출생하여 젊어서 광산업에 종사하였으나 사업에 실패한 후 서울과 충북, 함남, 황해도를 돌아다니며 상인과 광부로 지내던 중 51세 때 황해도 수안 남정리에서 기독교인이 되었다. 이후 장로교 전도사가 되어 8년 동안 남정리교회, 순동교회, 외치동교회 등지에서 목회하다가 1939년 9월 신사참배를 반대한 이유로 황동노회에서 파면당한 후 평양의 채정민·최봉석·안이숙·이광록 등과 평안도와 황해도 등지를 순회하며 신사참배 반대운동을 전개하였다. "第二十一 被告 吳潤善", 〈李基宣外 二十人 豫審 終決書〉, 平壤地方法院, 1945. 5. 18.

63 김양선, 앞 책, 194-195.

64 심군식, 《이인재 목사의 생애와 설교》, 도서출판 영문, 1996, 43-49; 안이숙, 《죽으면 죽으리라》, 52-53.

데 기성 노회나 교회로부터 견제를 받았지만 선교사들로부터는 암묵적인 지지와 후원을 받았다. 즉 산정현교회 소속이었던 번하이슬 외에 해밀튼(F. E. Hamilton, 함일돈)과 말스베리(D. R. Malsbury, 마두원), 블레어(방위량), 킨슬러(권세열) 등 북장로회 평양 선교부 소속 선교사들은 선교사와 접촉한 교인들에 대한 경찰의 취조가 심해 공개적으로 돕지는 못하였지만 신사참배 구속자 가족 구호나 신사참배 반대운동 지도자들의 활동 자금 지원 등으로 도왔다.[65] 이로써 평양은 신사참배 반대운동의 강력한 거점이 되었다.

평안북도에서는 이기선 목사가 신사참배 반대운동을 주도하였다. 이기선 목사는 의주 북하교회에서 목회하다가 1938년 9월 27차 총회에서 신사참배를 가결하자 이를 반대하여 교회를 사임한 후 의주, 신의주, 위원, 개천, 영변, 남시, 함종 등지 교회 사경회 강사로 다니며 신사참배 반대 설교를 하였다. 그 때문에 여러 차례 검속을 당한 바 있는데 그의 지도하에 평안북도 각 지역에서 신사참배 반대운동이 활발하게 일어났다. 즉 신의주에서는 김화준 전도사와 이광록, 김승룡, 오영은, 김창인, 심을철 등이, 강계에서는 고흥봉 목사와 서정환, 장두희, 양대록 등이, 선천에서는 김린희 전도사와 김의홍, 김지성, 박신근, 이병희, 안이숙 등이 참여했다.[66] 이기선 목사는 1939년 8월 평양 채정민 목사를 방문하여 신사참배 반대운동 방향에 대해 협의하였고 이때부터 평양과 평북 지역 신사참배 반대운동 지도자들 사이의 긴밀한 연락이 이루어졌다.

압록강 건너 만주 지역에서도 신사참배 반대운동이 활발하

65 H. A. Rhodes·A. Campbell, History of the Korea Mission of the Presbyterian Church in the U.S.A. Vol.II(1935-1959), 90.
66 김양선, 앞 책, 195-196.

였다. 이 지역에서는 헌트(B. Hunt, 한부선) 선교사가 적극 도왔다. 미국 북장로회 선교사로 내한해서 청주지역에서 활동하다가 신학적인 노선 차이로 1936년 북장로회 선교부를 탈퇴, 보수적인 미국 정통장로교회로 소속을 옮긴 후 만주 하얼빈을 거점으로 활동하였다. 그는 신사참배 문제가 일어나자 누구보다 앞장서 반대하였고 하얼빈의 김윤섭, 봉천의 박의흠, 무순의 박연지, 안동의 김형락, 최용삼, 계성수, 김성심 등 신사참배 반대운동 지도자들을 적극 도왔다.[67] 이들 만주지역 운동가들은 김윤섭, 박의흠 등을 통해 1940년 2월부터 평북의 이기선 목사, 평양의 채정민 목사와 연락을 취하며 연대하기 시작했다.

이처럼 북부 지역에서 신사참배 반대운동 연대가 이루어지면서 신사참배 반대운동의 방향이 정해졌다. 즉 1940년 3월 하순, 만주 무순의 박연지(박의흠의 조카) 집사 사택에서 만주지역 운동가 박의흠과 김윤섭, 평북 지역 운동가 김린희와 김형락 등이 회합하여 신사참배 반대운동과 관련해 다음과 같은 3개 원칙을 정하였다.

1)   신사참배 등 반계명(反誡命) 정책에는 죽음으로써 반항할 것.
2)   신사참배를 하는 교회에는 출입하지 말고 이를 취소하도록 할 것.
3)   말세 절박한 이때에 신(神)의 예정과 진리를 널리 세상에 전도하
     여 동지를 다수 획득하여 신사참배 등 반계명 정책에 반대시켜
     신(神)의 예정인 지상신국(地上神國) 실현에 서로 노력할 것.[68]

67   한부선, 《증거가 되리라》, 1973; 안용준, "고독한 진리의 파수군, 한부선 선교사", 〈파수군〉, 1957. I; 김양선, 앞 책, 199.
68   "第二 被告 金本麟熙(김린희)", 〈李基宣外 二十人 豫審終決書〉, 平壤地方法院, 1945. 5. 18; 안용준, 《태양신과 싸운 사람들》, 295쪽; 김승태, 《한국 기독교와 신사참배문제》, 한국기독교역사연구소, 1991, 473.

순교할 각오로 우상숭배인 신사참배를 반대하고, 신사참배를 수용한 교회와 관계를 단절할 뿐 아니라 그런 교회 목회자와 교인들도 회개하고 신사참배 반대운동에 참여하도록 이끌어 주의 재림이 임박한 말세에 바른 신앙을 전파함으로 하나님께서 세우실 지상천국에 참여하자는 결의였다. 이는 신사참배 반대운동이 우상숭배를 강요하는 일본의 황민화 정책에 대한 정치적 저항운동일 뿐 아니라 '말세 및 재림 신앙'에 기반을 둔 종교적 신앙수호운동이었음을 보여주는 대목이다. 평북지역 신사참배 반대운동을 이끌었던 이기선 목사의 신앙과 신학에서 그 점을 확인할 수 있다.[69] 이처럼 신사참배 반대운동자들은 임박한 주의 재림에 희망을 두고 현실에 타협한 제도권교회와 불의를 강요하는 정치체제에 저항하였다.

경상남도 지역에서도 신사참배 반대운동이 활발하게 일어났다. 이 지역에서는 한상동 목사가 중심 역할을 하였다. 한상동 목사는 1938년 1월 주기철 목사의 후임으로 마산 문창교회에 부임하였으나 6개월 만에 신사참배를 반대하는 설교를 했다는 이유로 경찰의 압력을 받고 교회를 사임한 후 '무임 목사'가 되어 본격적으로 신사참배 반대운동을 펼쳤다.[70] 여기에 부산의 조수옥 전도사와 손명복 전도사, 김묘년, 박경애, 박인순, 마산의 이약신 목사와 이찬수 전도사, 함안의 이현속 전도사, 거창의 주남선(주남고) 목사, 남해의 최상림 목사, 진주의 황철도 전도사와 강문서, 이봉은, 하동의 박성근 목사와 김점룡, 밀양의 윤술용 목사, 창녕의 한

69 "第一 被告 李基宣",〈李基宣外 二十人 豫審終決書〉, 平壤地方法院, 1945. 5. 18.
70 《마산문창교회 100년사》, 145-146; 심군식,《세상 끝날까지: 한상동 목사 생애》, 소망사, 1977, 136-142.

영원 전도사, 합천의 강찬주, 산청의 김여원, 통영의 최덕지 전도
사 등이 참여하였다.[71] 부산과 경남지역 선교를 담당한 호주장로회
선교사 호킹(D. Hocking, 허대시)과 트루딩거(M. Trudinger, 추마전), 테
이트(M. G. Tate, 태매시), 스터키(J. M. Stuckey, 서덕기), 보얼랜드(F. T.
Borland, 부오란) 등이 이 운동을 적극 지원하였다.[72]

    이처럼 평안도와 경상남도에서 별개 흐름으로 진행되던 신
사참배 반대운동이 1939년에 이르러 하나로 연결되었다. 여기엔
평양 장로회신학교에 다니던 이인재(李仁宰) 전도사의 역할이 컸다.
경남 밀양 출신인 이인재 전도사는 1938년 봄 평양 신학교에 입학
한 후 산정현교회에 출석하며 주기철 목사의 지도를 받았다. 그는
신사참배 문제로 신학교가 폐교된 후 고향으로 내려갔다가 1939년
5월부터 마산교회 전도사로 목회를 시작하였고 윤술용 목사 소개
로 한상동 목사를 만나 신사참배 반대운동에 참여하였다. 그리하
여 1939년 8월, 부산의 수영 해수욕장에서 한상동과 윤술용, 이인
재, 조수옥, 백영옥, 박인순 등이 모여 기도회를 가진 후 다음과 같
이 결의하였다.

> 목하(目下) 당국에서 지도하는 기독교도에 대한 신사참배는 교
> 리에 위배되고 신전(神前)에 죄악을 범하게 된다. 신사참배를 행
> 하는 교회는 마치 도괴(倒壞)하게 된 건물 모양이므로 금후 여하
> 한 박해에도 굴(屈)치 말고 이를 재건하여 신의(神意)의 사명 달
> 성에 매진해야 한다.[73]

---

71   김양선, 앞 책, 196-199; 심군식, 앞 책, 136 이하.
72   Edith A. Kerr·G. Anderson, The Australian Presbyterian Mission in Korea 1889-
1941, Australian Presbyterian Board of Missions, 1970, 23-24.

이날 결의는 신사참배를 수용한 교회를 '우상숭배' 죄를 범한 집단으로 규정하고 이런 교회 출석을 거부하는 것 외에 신사참배를 하지 않은 교인들로 새로운 교회를 '재건'한다는 목표를 설정하였다는 점에서 중요한 의미를 지닌다. 타락한 제도권 교회를 대체할 새 교회를 조직하겠다는 의지 표현이었다. 그러면서 이 운동을 지역 운동으로 끝낼 것이 아니라 전국 차원에서 같은 뜻을 지닌 세력들과 연대하여 전개하기로 했다. 그런 배경에서 이인재 전도사는 1939년 9월 평양 경창리, 북장로회 선교부 동네로 주거를 옮긴 후 평양지역 신사참배 반대운동가들과 접촉하기 시작했다.

이인재 전도사가 평양에 다시 올라왔을 때 출석했던 산정현교회는 평양노회의 주기철 목사 파면과 예배당 폐쇄 문제로 심각한 혼란과 위기를 겪고 있었다. 이인재 전도사는 산정현교회 교인들과 함께 신사참배 반대투쟁에 참여하면서 말스베리 선교사와 오윤선(吳潤善), 이광록, 최봉석, 김지성 등에게 경남지역의 신사참배 반대운동 현황을 알린 후 전국적으로 운동을 확산시키는 방안을 두고 협의하였다.[74] 이인재는 12월 상순 평양 장로회신학교 동창인 김린희, 박의흠 전도사를 통해 평북과 만주 지역 신사참배 반대운동에 대한 정보를 들었고 김린희와 함께 선천으로 가서 박신근 집사를 만나 함께 뜻을 모으기로 했다. 이후 밀양으로 내려온 이인재 전도사는 12월 29일 한상동 목사를 만나 "평안북도 지방 신자는 신사참배하는 교회와 절연(絶緣)할 뿐 아니라 전혀 가정예배를 실행하여 상당히 활발한 운동을 전개하고 있다"며 북쪽 신사참배 반대

73 "第十 被告 西原相東(한상동)", 〈李基宣外 二十人 豫審終決書〉, 平壤地方法院, 1945. 5. 18; 안용준, 《태양신과 싸운 사람들》, 317-318; 김승태, 《한국 기독교와 신사참배문제》, 486.

74 "第十六 被告 國本朱元(이인재)", 〈李基宣外 二十人 豫審終決書〉, 平壤地方法院, 1945. 5. 18.

운동 상황을 알렸다.[75] 그러고 나서 신사참배 운동의 방향 전환에
관한 중대한 발언을 했다.

> 본 운동은 다만 종교운동만으로 시종(始終)하면 목적달성이 불
> 가능하므로 조속히 정치운동으로 전회(轉回)시킬 필요가 있다.
> 이미 말세도 도래하여 근근(近近) 그리스도는 재림하여 악마의
> 지배하에 있는 현 사회는 멸망하고 지상신국(地上神國)이 건설될
> 것은 필정(必定)한 것으로 우리는 강고한 신념하에 결과를 긴밀
> 히 하여 다수 동지를 획득하여 목적달성에 노력해야 한다.[76]

한상동 목사도 이 같은 의견에 동의하였다. 둘은 신사참배
반대운동을 '정치운동'으로 발전시키는 방안을 논의한 후 다음과
같은 5개항 행동 지침을 마련했다.

1) 신사참배를 긍정하는 노회원을 노회에 있는 각종 집회에 출석
     못하도록 조치하고 또 각 교회로 하여금 노회 부담금을 못 바치
     게 하고 그래서 노회를 파괴하도록 할 것.
2) 신사불참배주의 신자들로 새 노회를 조직할 것.
3) 신사참배를 긍정하는 목사에게 세례를 받지 못하게 할 것.
4) 신사불참배 동지의 상호원조를 도모할 것.
5) 가정예배 및 가정기도회 개최를 여행(勵行)하여 일면 개인기도

---

75 일제 측 조사에 의하면 이인재는 선천에서 김린희와 박신근으로부터 '운동자금'
4백 원을 받아 그중 2백 원을 한상동에게 전달한 것으로 되어 있다. "第十 被告 西原相東
(한상동)", "第十六 被告 國本朱元(이인재)", 〈李基宣外 二十人 豫審終決書〉, 平壤地方法院,
1945. 5. 18.
76 앞 자료.

등의 수단으로 신사불참배주의 신도, 기회주의적 신도, 신사참배주의 신도 등 순서로 동지를 획득할 것.[77]

　　신사참배 수용자들과 '절연'하는 수준에 머물던 운동이 가정 예배와 가정 기도회를 통한 신앙 수호와 상호 원조, 개인 전도를 통한 동지 확보, 노회 부담금 납입 거부, 기존 노회 해산과 새로운 노회 조직을 지향하는 '정치적' 운동으로 변하고 있음을 알 수 있다. 여기서 '정치'라 함은 일본 정부나 총독부를 겨냥한 것이라기보다 신사참배를 수용한 교회와 노회, 신도를 대상으로 하는 '교회 정치적' 운동을 의미한다. 그러나 이러한 '교회 정치적' 운동이 일반 정치·사회적 저항운동의 의미와 성격 또한 지닌 것도 사실이다. 신사참배 반대운동이 지향하는 바는 일제의 종교(황민화) 정책에 순응하고 협조하는 기존 교회와 노회 조직을 파괴하고 이와 정반대 성격의 종교 조직을 건설하는 것이었다. 새로 조직될 교회 조직이 일제의 정책에 비협조적일 것은 당연하였다. 일제 당국으로서는 종교영역에서 진행된 신사참배 반대운동을 정치영역의 저항운동으로 해석할 충분한 이유가 있었다. 일제가 1940년 9월 전국의 신사참배 반대운동자들을 일제히 검거하면서 '치안유지법'과 '보안법', '군기보호법', '불경죄' 같은 정치적 형법을 적용한 것도 그 때문이다.

　　이처럼 12월 29일 회합에서 신사참배 반대운동의 방향과 내용을 정리한 한상동 목사와 이인재 전도사는 주변 동지들에게 이 사실을 알리고 세력 확산에 나섰다. 즉 마산과 부산, 진주 등지를 돌며 윤술용과 조수옥, 최덕지, 이현속, 서영수, 박신출, 황원탁 등

77　앞 자료.

을 만나 결속을 다졌고 호킹과 테이트, 스터키 등 호주 선교사들에게도 협조를 부탁했다.[78] 그리고 이인재는 1940년 1월 초 다시 평양으로 올라가 남쪽 상황을 알린 후 북쪽 운동 지도자들과 더욱 활발하게 교류하였다. 1940년 3월 중순 이인재 전도사가 경남지방으로 내려가기까지 평양을 중심으로 전개된 신사참배 반대운동 진행 상황을 정리하면 다음과 같다.

일자	회합 장소	참석자	협의 내용
1940. 1. 7.(토)	채정민 집	채정민 이인재	남·북 운동 상황 점검
1. 9.(월)	안이숙 방	이인재 이광록 안이숙	남·북 운동 상황 협의, 안이숙이 이인재에게 운동 자금 3백 원 제공
1. 20.(금)	방계성 집	방계성 이인재	운동 방법 협의
1. 26.(목)	차용서 집	이인재 이광록 차용서	운동 방법 협의
2. 7.(수)	오정모 집	오정모 이광록 이인재	산정현교회의 평양노회 불복종운동 협의
3. 5.(일)	이인재 방	이인재 이광록 김지성 최성봉	최성봉으로부터 경남지방 운동 상황 청취
3. 8.(수)	해밀튼 집	해밀턴 이인재	해밀턴이 운동 자금 1백 원 제공
3. 15.(수)	안이숙 방	이광록 이인재 안이숙	운동 관련 자료 수집, 안이숙이 박관준의 반대운동 결과 보고

이 기간 진행된 운동 상황에서 주목할 것은 1) 남·북 운동의 정보 교류가 본격적으로 이루어지고 있다는 점, 2) 선교사와 평신도들로부터 운동 자금 모금이 이루어지고 있다는 점이다. 경창리에 있던 안이숙의 방이 신사참배운동가들의 주요 집회 장소로 활용되었다. 선천 보성여학교 교사직을 사임하고 평양에 내려와 신

---

78 앞 자료.

사참배 반대운동에 참여하였던 안이숙은 1939년 3월 개천읍에서 병원을 하던 박관준 장로와 함께 일본으로 건너가 히비키, 마츠야마 등 일본의 기독교계 고위정치인들을 만나 종교단체법 저지 운동을 벌이고 도쿄 제국의회장에 들어가 신사참배를 반대하는 내용의 〈진정서〉를 살포한 후 체포되어 한 달간 조사를 받고 석방되었다.[79] 이 사건 후 안이숙과 박관준은 경찰 당국의 집중적인 감시를 받으면서도 평양의 신사참배 반대운동에 깊이 참여하였다.

그리고 2월 7일 평양 '대찰리 112번지'[80], 주기철 목사 사택(오정모 집)에서 있었던 회합도 중요하다. 이 회합에서 주기철 목사를 파면하고 산정현교회 수습위원을 파송하여 교회를 접수하려는 평양노회에 대한 산정현교회의 노회 부담금 납입 거부운동 방안이 구체적으로 논의되었다. 이는 1939년 12월 밀양에서 한상동 목사와 이인재 전도사 등이 합의한 '신사참배 반대운동' 5개 조항 중 1, 2항에 해당하는 '노회 불복종운동'의 실천이었다. 이인재 전도사는 3월 21일 밀양으로 내려가 한상동 목사에게 평양 운동 상황을 보고한 후 둘이 함께 경남 지역을 돌며 동조자를 포섭하였다.[81] 이인재 전도사는 3월 31일 다시 평양으로 돌아왔다. 이후 평양에서 이루어

79 김양선, 앞 책, 191-192.
80 '대찰리 112번지'는 주기철 목사 가족이 1940년 3월 24일 산정현교회 폐쇄 직후 교회 사택에서 추방된 후 육노리와 경창리를 거쳐 1941년 겨울 이후 잠시 살던 곳이다. 1940년 2월 7일 회합을 가질 당시 주기철 목사 가족은 아직 교회 사택인 '계리 55번지' 산정현교회 사택에 거주하고 있었다. 이처럼 주소에 착오가 생긴 것은 경찰 조사 과정에서 '오정모의 집' 주소를 예심 조서 작성 시점(1942년)의 것으로 착각한 때문으로 추정된다.
81 이인새가 한성동과 함께 접촉한 인물은 부산의 손명복, 통영의 최덕지, 김묘년, 박경애, 진주의 황성호, 이현속, 주남선 등이며 평양에서 해밀턴 선교사와 안이숙에게 받아온 자금 중 1백 원을 한상동에게 경남지방 운동자금으로 주고, 별도로 주남선 목사에게도 40원을 주었다. "第十 被告 西原相東(한상동)", "第十六 被告 國本朱元(이인재)", 〈李基宣外 二十人 豫審終決書〉, 平壤地方法院, 1945. 5. 18.

진 운동 상황을 정리하면 다음과 같다.[82]

일자	회합 장소	참석자	협의 내용
1940. 3. 31.(금)	채정민 집	채정민 이인재 최봉석	경남 지역 운동 상황 보고
	이병희 집	이인재 이광록 김지성 최봉석 안이숙	'5일 기도회' 후 운동 방법 논의
4. 2.(일)	채정민 집	채정민 이인재 김지성	운동 협의
4. 3.(월)	이유택 집	이유택 오윤선 최봉석 이인재	이유택 목사에게 운동 참여 호소
	장응태 집	장응태 이인재 김지성	장응태 집사에게 운동 참여 호소
4. 13.(월)	김지성 방	이인재 김지성 김린희	만주, 평북, 경남 지역 운동상황 점검
4. 20.(월)	김지성 방	김지성 이인재 오윤선 최봉석 김의창 박관준	박관준의 방일 반대운동 결과 보고
	이인재 방	채정민 이인재 오윤선 박관준 최봉석 김지성	채정민 목사 설교 후 운동 방침 논의
4. 21.(화)	채정민 집	채정민 최봉석 한상동 오윤선 이인재 김지성 김의창	한상동 목사 설교 후 운동 방침 논의
	이인재 방	한상동 김형락 박의흠 김린희 이인재	운동 방침 논의

여기서 주목되는 것은 4월 20-21일 회합이다. 이틀 동안 장소를 바꿔가며 모두 네 차례 모였는데 채정민과 최봉석, 오윤선, 김린희, 김지성, 김의창 등 기존의 평양 지도자 외에 만주의 김형락과 박의흠, 선천의 김린희, 경남의 한상동과 이인재 등이 참석하였다. 평양과 평북, 경남과 만주 지역의 신사참배 반대운동 지도인사들의 회합이 이루어진 것이다. 이틀간의 회합에서 1) 각 지역의

---

82 "第二 被告 金本麟熙(김린희)", "第十 被告 西原相東(한상동)", "第十六 被告 國本朱元(이인재)", "第十七 被告 蔡廷敏", "第十八 被告 安川利淑(안이숙)", "第十九 被告 丹陽光祿(이광록)", 〈李基宣外 二十人 豫審終決書〉, 平壤地方法院, 1945. 5. 18.

신사참배 반대운동과 수감자 현황을 점검하고, 2) 향후 신사참배 반대운동의 방향을 모색하였다. 특히 운동 방향에 대해 4월 21일 오후 이인재의 방에서 모인 회합에서 참석자들은 "신사불참배 교회 및 신사불참배 노회 재건을 기(期)하고 전선적(全鮮的)으로 운동을 전개하기를 맹서"하였다.[83] 이 같은 결의를 이끌어내는 데 경남 대표 한상동 목사와 이인재 전도사의 의지가 크게 작용하였다.

그러나 4월 20-21일 회합은 4월 22일에 열릴 회합의 준비모임 성격을 지니고 있었다. 4월 22일 평양 장별리 채정민 목사 사택에서 (가장 많은) 13명의 신사참배 반대운동 지도자들이 모였는데 이 모임의 계기를 마련해 준 인물이 바로 주기철 목사였다. 이들은 방금 평양경찰서에서 석방된 주기철 목사를 위로하기 위해 모였던 것이다.

83 "第二 被告 金本麟熙(김린희)", "第十 被告 西原相東(한상동)", "第十六 被告 國本朱元(이인재)", 〈李基宣外 二十人 豫審終決書〉, 平壤地方法院, 1945. 5. 18.

주기철 목사가 평양경찰서에 구금되어 있는 사이 경찰은 평양노회를 앞세워 주기철 목사를 파면(1939년 12월 19일)하고 산정현교회 예배당마저 폐쇄(1940년 3월 24일)시켰다. 경찰의 삼엄한 감시를 받게 된 번하이슬 선교사도 산정현교회 교인들과 공개적인 접촉을 할 수 없었다. 경찰 당국은 이로써 산정현교회 문제는 완전히 해결된 것으로 인식했다. 신사참배 반대운동의 상징이었던 산정현교회를 단호하게 폐쇄시킴으로 신사참배에 대한 한국 교회의 저항 의지는 자연 소멸될 것으로 자신했다. 경찰은 그동안 '지하운동' 형태로 진행된 신사참배 반대운동의 실상을 아직은 파악하지 못하고 있었다. 경찰이 1940년 4월 20일경[84] 주기철 목사를 석방한 것도 이러한 자신감의 표현이었는지도 모른다. 그러나 산정현교회 교인들은 주기철 목사 석방을 '신앙의 승리'로 해석하였다. 실제로 1940년 8월 작성된 총독부 경무국 정세보고서에 "산정현교회 장로 오윤선은 양재연 외 12명이 석방된 것에 이어 주기철 목사가 유시(諭示)를 받고 석방된 것에 대하여 '주기철 목사의 석방은 신사참배 반대행위를 처벌하는 국법이 없는 것을 말해주는 것으로써 주 목사의 신

---

84 주기철 목사의 정확한 석방 일자는 알 수 없다. 다만 〈李基宣外 二十人 豫審終決書〉 (平壤地方法院, 1945. 5. 18.) 중 한상동 조서에 "同年[1940년] 四月 二十日頃 新川基徹[주기철] 釋放의 報를 듣고 來壤하여"란 표현이 있는 것으로 보아 1940년 4월 20일 이전에 석방되었음을 암시한다. 1940년은 소위 '皇紀 2000年'이라 하여 일제는 연초부터 대대적인 축하 분위기를 조성하였는데 특히 천황의 생일(4월 29일)인 '천장절'(天長節)을 맞아 '은전'(恩典)이란 명목으로 많은 죄수들을 석방하였다. 주기철 목사도 '은전' 명분으로 석방되었을 가능성이 크다. 〈每日新報〉, 1940. 4. 29, 5. 1.

앙은 결국 승리로 돌아갔다.' 운운 함부로 말했다"는 내용이 실렸다.[85]

　　그러나 석방되었더라도 주기철 목사는 전에 목회하던 교회와 살던 사택으로 돌아갈 수 없었다. 주기철 목사는 산정현교회 사택에서 쫓겨난 가족들이 살고 있던 육로리 임시거처로 돌아왔다. 그 집이 평양경찰서 형사부장 첩의 소유였기에 경찰의 감시망 안에 들어간 셈이다. 공개적인 목회는 물론 불가능했다. 못질을 해서 출입을 할 수 없게 된 산정현교회 예배당 안으로 들어갈 수 없었고 드러내놓고 교인들을 심방할 수도 없었다. 그렇다고 교인들이 자유롭게 주기철 목사를 만나러 올 수도 없었다. 여간 용기가 있지 않고는 육로리 '형사부장 첩의 집'에 들어오지 못했다. 경찰이 노린 바가 그것이었다. 그러나 용기를 내서 육로리 셋집을 찾아오는 교인들에게 '말씀을 전하는' 사역까지 막을 수는 없었다. 가까이서 이를 지켜본 아들 주광조 장로의 증언이다.

> 서야 할 강단은 없었지만 그가 서 있는 그곳이 바로 강단이었다. 그리고 그가 서 있는 곳에는 복음의 진리에 굶주렸던 어린양들이 몰려와서 대군중을 이루었다. 그때마다 목자이신 주 목사님은 그 수많은 양떼를 향해서 이렇게 외쳤다. '우리 주님이 나를 위해 십자가 고초 당하시고 피 흘려 죽으셨는데 내 어찌 무섭다고 내 주님을 모른 체 할까? 오직 나에게는 일사각오(一死覺悟)가 있을 뿐이오.' 그는 이렇게 수없이 조그만 방에서, 조그만 마당에서, 길거리에서 외쳤다.[86]

---

85 "宗敎及同類似團體ノ狀況",〈昭和15年 前半期 朝鮮思想運動槪況〉, 1940. 8.
86 주광조, 앞 책, 64.

육로리 셋집 좁은 방과 앞마당, 때론 골목길에서 설교하는 주기철 목사의 모습은 '유대 광야에서' "회개하라 천국이 가까이 왔느니라" 외치는 세례 요한의 모습과 다를 바 없었다(마 3:1-3). 이미 수차례 감옥을 다녀온 터였기에 투옥을 두려워할 주기철 목사가 아니었다. 이런 주기철 목사의 '광야 설교'를 듣기 위해 교인들이 몰려왔다. 당시 평양여자신학원에 다녔던 김두석의 증언이다.

> 이때 주기철 목사님이 석방되셨다는 소식을 듣고, 나는 김택정 선생과 함께 목사님 댁으로 달음질쳐 갔다. 목사님은 반가움에 내 손을 잡아주시며, '김선생! 대관절 어떻게 된 일이오? 이곳까지.' 하며 놀라셨다. 그때 과연 그의 얼굴은 예수님의 형상과도 흡사하였고 영광이 찬 얼굴이시었다…. 주 목사님을 비롯한 오정모 사모님 그리고 우리 몇몇 사람은 깊은 감회 속에서 아침 특별 기도회에 참석하였다. '주여! 나의 말 하나 움직임과 손 하나 드는 이 모든 것을 주께서 감찰해 주시기를 원합니다.' 이렇게 시작한 기도는 하늘을 뚫고 저 보좌에 계신 여호와에게까지 상달될 수 있는 폭넓은 기도였다.[87]

이런 식으로 주기철 목사의 석방은 전국에 흩어져 활동하고 있던 신사참배 반대운동 지도자들이 함께 모일 수 있는 계기를 만들어 주었다. 주기철 목사가 석방되었다는 소식을 듣고 경남 밀양

---

87 마산 의신여학교 교사였던 김두석은 1939년 7월 신사참배를 거부하고 사직서를 낸 후 이듬해 4월 5일 평양여자신학원에 입학해서 이인재, 박의흠, 김린희, 김형락 등 신사참배 반대운동을 전개하고 있던 전도사들과 비밀 집회를 갖고 있었다. 김두석, "감나무 고목에 핀 무궁화- 출옥성도 김두석 선생의 수기", 《신사참배 거부 항쟁자들의 증언》(김승태편), 다산글방, 1993, 22-25.

[5] 신사참배 반대운동 신앙인들의 연대와 투쟁

에서 한상동 목사가 올라오고 이인재와 김린희, 김형락(혹은 박의흠)[88], 이광록, 방계성, 오윤선, 안이숙, 김의창, 최봉석 등 평양에 거주하면서 평북과 만주 지역 신사참배 반대운동 세력과 연결을 맺고 있던 반대운동 지도자들이 처음으로 한 자리에 모였다. 그리하여 4월 22일 장별리에 있는 채정민 목사 사택에서 '주기철 목사 위문'을 명분으로 신사참배 반대운동 지도자들의 회합이 이루어졌다. 주기철 목사와 오정모 집사 부부도 물론 참석했다.

모임 참석자들은 그동안 각 지역별로 진행된 신사참배 반대운동을 점검하고 향후 운동의 방향과 내용에 대해 논의하였다. 이 자리에서 한상동 목사는 "경남지방에서는 금년 안에 신사불참배 노회 결성을 볼 가능성이 있으나 이는 경남으로만 그칠 문제가 아니라"며 전국적으로 노회 재건운동을 추진해 나가자는 의견을 냈다. 이에 주기철 목사는 "새 노회 즉시 재건은 시기상조의 감이 있다"는 뜻을 밝혔고 대부분 참석자들도 "우선 각자 동지 포섭에 주력하면서 현존 노회 해소(解消)에 진력 기회를 따라 운동방침을 연구하자"는 데 의견을 모았다.[89] "즉각 노회 재건운동을 시작하자"는 한상동 목사의 의견에 주기철 목사가 '신중론'을 편 것은 신사참배 반대운동이 정치운동화되는 것과 이 운동으로 교회가 분열되는 것을 막으려는 목회자의 고민을 반영한 것이라 할 수 있다.[90]

4월 22일 회합은 1) 남·북 신사참배 반대운동 지도자들의 첫

88 경찰 조서에 "김형락 혹은 박의흠"이라 표기한 것은 조사 과정에서 만주지역 반대운동 지도자들인 이 두 사람 중 정확하게 누가 참석했는지 참석자들의 진술이 일치하지 않았던 때문으로 추정된다.

89 "第二 被告 金本麟熙(김린희)", 〈李基宣外 二十人 豫審終決書〉, 平壤地方法院, 1945. 5. 18.

90 김인서는 이 대목을 근거 삼아 해방 후 이루어진 재건파 및 고신파 교회 분열을 신랄하게 비판하였다. 김인서, 앞 책, 95-99.

회합이었다는 점, 2) 신사참배 반대운동의 궁극적인 목표를 '어용 노회' 해산과 '새 노회' 결성으로 잡고 동지 규합에 나서기 시작했다는 점에서 중요한 의미를 지닌다. 일제 당국의 지휘를 받아 그대로 수행하는 하수인으로 전락한 제도권 노회의 지시를 거부할 뿐 아니라 해산까지 염두에 두고 이를 대신할 새로운 노회를 조직하겠다는 의지는 기존 교회뿐 아니라 이를 지휘하고 있는 일제 당국에 대한 저항으로 해석하기에 충분하였다.[91]

이처럼 주기철 목사의 석방을 기하여 채정민 목사 집에 회합하였던 신사참배 반대운동 지도자들은 각 지역으로 흩어지기 전에 다시 한 번 모여 운동 방침에 대해 논의하였다. 즉 4월 23일 한상동과 이인재, 김형락, 박의흠, 김린희 등은 평양 이병희 집사 사택에 모여 신사참배 외에 궁성요배 문제에 대하여 논의하였다. 참석자들은 김린희와 박의흠, 김형락 등의 주장을 받아들여 "궁성요배는 우리들 같은 인간인 천황을 고의로 신(神)으로 경배하는 결과밖에 안 되는 것이요 또한 우상숭배인고로 단연코 행해서는 못쓴다"고 결론 내렸다.[92] 이로써 신사참배와 함께 궁성요배도 거부 대상이 되었다. 4월 22-23일 회합 이후 이인재와 채정민, 김린희, 안이숙, 이광록, 방계성, 오윤선 등 평양 지역 운동 지도자들은 산정현교회 교인들과 연대하며 '가정 교회' 형태로 집회를 가지면서 평양 인근 지방으로 나가 동지를 모았다.

---

91 일제가 채정민 목사 사택에서 이루어진 모임을 '비밀결사 조직 음모'로 해석한 증거는 당시 부산진교회에서 목회하였던 김석진 목사의 증언에서도 확인된다. "주 목사가 평양 감옥에서 출옥하여 집에서 요양을 하고 있을 때 평양 채정민 목사댁에 동지들이 모여 주 목사를 위로하는 위안회를 열었던 것이 비밀결사라는 혐의로 오인되어 다시 평양 감옥에 투옥되었다는 소식이 전해왔다." 김석진,《김석진 자서전: 한세상 다하여》, 139.

92 "第二 被告 金本麟熙(김린희)",〈李基宣外 二十人 豫審終決書〉, 平壤地方法院, 1945. 5. 18.

한상동 목사는 이와 별도로 4월 25일 해밀턴 선교사를 만나 지원을 약속받고 4월 27일 평양을 떠나 밀양으로 돌아온 후[93] 마산의 최덕지와 박경애, 부산의 손명복, 해운대의 윤술용과 구재화, 거창의 주남선, 남해의 최상림과 최복음, 통영의 조봉연, 진주의 이현속과 황원택 등을 만나 평양 회합내용을 소개한 후 동지 규합에 나서는 한편 마산의 테이트, 부산의 호킹 등 선교사들과도 접촉하여 평양의 해밀턴과 연결되는 신사참배 반대운동 지지 선교사 연대를 추진했다. 한상동 목사는 6월 27일경 다시 평양을 방문하여 해밀턴을 만나 그동안 진행된 사항을 알렸고 평양 유학중이던 이약신을 만나 협의하였으며 6월 말 경북 영주의 강병철 목사 등을 만나 다른 지역의 신사참배 반대운동 상황을 설명한 후 "경안노회 안에서도 신사 불참배 운동을 전개할 것"을 촉구하여 그의 활동 범위를 경북 지역으로 넓혔다.[94] 한상동 목사는 6월 중순 마산의 최덕지 전도사와 거창의 주남선 목사를 만나 "본 운동 목적달성을 위하여 신사참배를 하지 않는 신도들만으로 교회를 조직하게 해 달라는 진정서를 제출하는 문제를 논의할" 정도로 '새 교회 및 노회 조직운동'에 적극적이었다.[95]

4월 22일 평양 회합 이후 평북 지역에서도 적극적인 신사참배 반대운동이 전개되었다. 평양 모임에 참석했던 김형락과 박의흠은 평북 정주로 가서 신사참배 반대운동을 전개했으며 박신근은

---

93 평양회합 후 4월 24일 이인재는 이병희 집사 집에서 김린희로부터 신사참배 반대운동 활동 자금 2백 원을 받아 4월 27일 평양역에서 한상동 목사에게 전달하였다. "第二 被告 金本麟熙(김린희)", "第十 被告 西原相東(한상동)", "第十六 被告 國本朱元(이인재)", 〈李基宣外 二十人 豫審終決書〉, 平壤地方法院, 1945. 5. 18.

94 "第十 被告 西原相東(한상동)", 〈李基宣外 二十人 豫審終決書〉, 平壤地方法院, 1945. 5. 18.

95 앞 자료.

이기선 목사와 연대하여 선천, 철산 등지에서 활동했다. 평북지역 반대운동 지도자 이기선 목사는 주기철 목사가 참석했던 4월 22일 평양 회합에는 참석하지 못했지만 이 모임 직전 평양을 방문, 채정민 목사를 만나 "평양 산정현교회가 신사불참배로 주기철 목사는 검속당했으나 남은 신도들이 역시 굴복하지 않고 완강하게 신사참배를 거절함으로 최근에는 당국도 이들 불참배 교도들의 완고한 태도에 약간 굴복한 감이 있다"[96]는 말을 듣고 신사참배 반대운동에 대한 의지를 더욱 굳혔다. 그는 김의창 목사와 함께 황해도 황주와 봉산, 재령, 해주 등지를 순회하며 목회자들에게 신사참배를 거절할 것과 동지 규합을 촉구하였다. 그는 가는 곳마다 산정현교회를 예로 들며 투쟁을 촉구하였다. 5월 15일 봉산 유정리교회를 방문하여 "평양 산정현교회는 신사불참배를 고집하다가 폐쇄되었는데 근일 중 무사히 개방될 듯싶다. 이처럼 끝까지 신사참배에 반대할 때에는 승리는 반드시 우리에게 있다"[97]며 동참할 것을 설득한 것이 대표적인 예다. 이런 식으로 주기철 목사와 산정현교회는 한국 교회 신사참배 반대운동의 상징과 모범이 되었다.

평북 강계에서도 반대운동이 치열하게 전개되었다. 이 지역 운동 지도자는 고흥봉(高興鳳) 목사였다. 그는 강계 문포교회에서 목회하다 평북노회가 신사참배를 가결한 직후인 1938년 4월부터 신사참배를 규탄하는 설교를 하기 시작했고 6월 교회를 사면한 후 '무임 목사'로 지방교회 사경회 등을 인도하며 강계 지역 신사참배 반대운동을 이끌었다. 여기에 강계 전천교회 서정환 전도사와 초산교회 양대록 집사, 북장로회 강계선교부 서기 장두희 집사 등이

96 "第一 被告 李基宣", 〈李基宣外 二十人 豫審終決書〉, 平壤地方法院, 1945. 5. 18.
97 앞 자료.

적극 참여하였다. 고홍봉 목사는 1940년 4월 24일 강계읍 장두희 집사 사택에서 이기선 목사를 만나고 온 김화준 전도사를 만나 신사참배 반대운동의 방향과 내용을 다음과 같이 결정하였다.

1)   현재는 이미 말세로 근근(近近) 지상천년왕국이 건설될 것이 분명함으로써 우리들은 끝까지 진정한 교도로서 동시에 다수 동지 획득에 노력해야 한다.

2)   우상인 신사에 참배하는 것 같은 반계명(反誡命) 행위는 절대로 이를 배격한다.

3)   신사참배하는 학교에 자제를 통학시키지 말 것.

4)   신사참배하는 교도, 교역자와 절교할 것.

5)   신사참배하는 교회에는 출입하지 말고 연보도 하지 말 것.[98]

특기할 것은 3항, "신사참배를 실시하는 학교에 자녀를 등교 시키지 않는다"는 규정이었다.[99] 일반 학교든 기독교 학교든 신사 참배를 모두 실시하고 있는 현실에서 교인 자녀가 신사참배를 하지 않는 방법은 자진퇴학밖에 없었다. 일제의 종교 정책뿐 아니라 교육 정책까지 반대하는 적극적인 자세를 보이기 시작한 것이다. 고홍봉 목사는 1940년 5월 19일 강계 사택에서 장두희와 서정환, 양대록, 김용훈, 송병일, 박원봉 등이 회합하고 "1) 그리스도 재림이 목첩(目睫)에 임박한 금일 구원 얻을 진정한 교도를 다수 얻는 것은 충신자(忠信者)의 의무이다. 따라서 이 때문에 가정예배를 성행(盛行)시킬 것, 2) 우상인 신사참배에는 절대 반대할 것은 물론 계

98   "第五 被告 金化俊", 〈李基宣外 二十人 豫審終決書〉, 平壤地方法院, 1945. 5. 18.

99   "第六 被告 高島興鳳(고홍봉)", 〈李基宣外 二十人 豫審終決書〉, 平壤地方法院, 1945. 5. 18.

명에 위반하는 정책에는 모두 반대할 것, 3) 신사참배하는 학교에 자제를 통학시키지 말 것, 4) 신사참배하는 교회에는 출입하지 말고 연보하지 말고 또 그런 타락한 교회를 붕괴하고 진정한 교도를 다수 획득할 것" 등을 결의하였다. 한상동 목사를 중심으로 경남지역에서 전개하던 적극적 반대운동이 고흥봉, 이기선 목사를 중심으로 평북지역에서도 전개되었다.

이처럼 석방된 주기철 목사가 참석했던 4월 22일 평양 회합 이후 신사참배 반대운동은 내용이나 성격에서 한층 적극적인 저항과 투쟁을 담고 있었다. 운동의 기본 내용은 1) 신사참배 거부, 2) 신사참배 교회 출석 거부, 3) 신사참배 교회 및 노회 해산 운동, 4) 신사참배 반대자들의 가정 집회(지하 교회), 5) 신사참배자 설득 및 반대운동 동지 규합, 6) 신사참배 거부 노회 조직운동, 7) 교인 자녀의 학교 등교 거부, 8) 궁성요배 거부 등으로 정리할 수 있다. 이런 운동은 교회 안에서 이루어지는 '종교 차원'의 저항운동을 넘어 일제 당국의 종교와 교육 정책에 정면 도전하는 것이어서 결과적으로 반체제(反體制) 저항운동의 성격까지 띠게 되었다. 결과적으로 주기철 목사의 석방을 계기로 산발적으로 전개되던 신사참배 반대운동이 평양을 중심으로 경남과 평북, 만주 지역을 잇는 전국적 조직 연락망(national network)이 구축되었고 반대운동의 성격도 종교적 저항운동을 넘어 정치적 불복종운동으로 발전하였다. 주기철 목사를 풀어주었던 경찰 당국으로서는 분노와 당혹감을 느낄 만하였다. 이는 곧 주기철 목사를 비롯하여 전국에서 신사참배 반대운동을 주도하는 목회자와 평신도들을 일제 검거할 명분이 되었다.

경찰 당국은 평양노회를 내세워 주기철 목사를 파면하고 산정현교
회 예배당을 폐쇄시킴으로 한국 교회의 신사참배 반대운동이 수
그러들 것으로 예상했지만 그것은 빗나갔다. 오히려 "예배당이 폐
쇄될지언정 신사참배를 수용할 수 없다"는 산정현교회 교인들의
굳은 의지는 다른 지역 교인들에게 자극이 되어 1939년 말부터 신
사참배를 수용한 노회와 교회를 거부하는 목회자와 신도들이 '지
하교회' 형태로 저항운동을 전개하였다. 더욱이 시간이 흐르면서
그 운동 방향이 단순한 신사참배 거부 차원을 넘어 교인 자녀들의
등교 거부, 천황을 향한 궁성요배 거부 등 일본 군국주의 체제를
부인하는 차원으로 발전하였다. 게다가 '황기 2600년'을 맞아 '은
전'(恩典)으로 석방시킨 주기철 목사 역시 풀려난 후에도 신사참배
반대의지를 굽히지 않았고 오히려 그의 석방을 계기로 평양과 경
남, 평북, 만주를 잇는 전국적인 신사참배 반대운동 조직망이 결성
되었다. 경찰 당국으로서는 결코 묵과할 수 없는 상황이 되었다.

　'전시상황'하에서 전체주의, 군국주의 황민화 정책을 펼쳐나
가던 일본 정부와 총독부로서는 지하운동으로 전개되는 반체제 저
항운동 성격의 신사참배 반대운동을 척결할 필요가 있었다. 이에
총독부 경찰 당국은 주기철 목사뿐 아니라 전국에서 이 운동을 이
끌고 있는 지도자들을 '일망타진'하기 위해 1940년 봄부터 은밀하
게 탐문 수사를 시작하였다. 특히 4월 22일 평양 채정민 목사 사택
에서 열렸던 '주기철 목사 석방 환영 회합' 참석자들의 행적을 추적
하며 전국에 산재한 신사참배 반대운동 세력의 조직과 활동 사항

을 파악하기 위해 애썼다. 신사참배 반대운동 지도자들도 경찰의 감시와 추적이 이루어지고 있음을 눈치챘다. 예를 들어 1940년 6월 초순 한상동 목사는 남해읍 최상림 목사와 거창의 주남선 목사를 만나 "본 운동의 내용을 관(官)에서 각지(覺知)하고 내사(內査)하는 의(疑)가 있으니 그 신변에 충분 경계하자"[100] 며 서로 경계하였다.

　　신사참배 반대운동 지도자들에 대한 연행은 한순간에 이루어진 것이라기보다는 시차를 두고 지역별로 진행되었다. 제일 먼저 1940년 5월 이 운동의 거점인 평양에서 채정민과 이인재, 이광록, 안이숙, 방계성, 김린희 등을 체포하였고[101] 6월에는 평북 지역에서 활동하던 이기선과 고흥봉, 김형락, 서정환, 장두희 등을 체포했으며 7월에는 경남 지역의 한상동과 주남선, 최덕지, 이현속 등을 체포하였다.[102] 이들 각 지역 반대운동 지도자들을 연행하여 이들이 접촉한 목회자와 신도들을 파악한 후 마침내 9월 20일 새벽, 전국에서 신사참배 반대운동자들에 대한 일제 검속을 단행하였다. 이날 검속은 총독부 경무국과 법무국, 고등법원 검사국의 합동 작전으로 추진되었다. 비밀 작전으로 진행되었기에 일반인들은 이틀이 지난 후(9월 22일) 〈매일신보〉 보도를 통해 사실을 알았다.

이번 지나사변 이후 각 종교단체에서는 신앙보국(信仰報國)으로 총후의 정성을 다해왔는데 최근 기독교의 일부 신자 중에는

---

100 "第十 被告 西原相東(한상동)", 〈李基宣外 二十人 豫審終決書〉, 平壤地方法院, 1945. 5. 18.
101 이인재 전도사는 5월 13일 평양에서 검속되었다. 심군식, 《이인재 목사의 생애와 설교》, 72.
102 한상동 목사는 7월 3일, 주남선 목사는 7월 17일에 검속되었다. 다만 손명복 전도사만 9월 초에 검속되었다. 심군식, 《세상 끝날까지: 한국 교회의 증인 한상동 목사 생애》, 소망사, 1977, 168; 심군식, 《이인재 목사의 생애와 설교》, 87; 심군식, 《송명복 목사의 생애와 설교》, 도서출판 영문, 1997, 54, 72.

[5] 신사참배 반대운동 신앙인들의 연대와 투쟁

이 비상시국에 용납못할 불순한 행동과 반국책적인 결사를 조직하는 혐의가 잇서 총독부 경무국에서는 각도 경찰부를 동원시켜 전조선적으로 다수한 교역자(敎役者)를 검거하고 취조를 개시하였다. 이 검거는 주로 장로교(長老敎) 계통의 교역자가 거의 전부인 모양인데 20일 새벽 네시를 기해서 일제히 검거를 착수한 것이며 한편으로 기사 게제를 금지하엿든 바 이제 21일 오후 별항과 갓흔 담화로서 이번 사건의 일단을 발표하얏다.[103]

이어 〈매일신보〉는 총독부 경무국 명의로 발표된 담화문을 소개하여 총독부 기관지로서 자기 역할에 충실하였다.

최근 조선 야소교도 중의 일부 불량분자가 비밀결사(秘密結社)를 결성하고 이것을 모체로 해서 전조선적으로 불온한 획책을 하얏슬뿐 아니라 천황(天皇)과 황대신궁(皇大神宮)에 대하야 불경한 언동 혹은 군사에 관한 조언비어(造言蜚語) 총후국민(銃後國民)에 대한 반관(反官)과 반국가적인 기운을 만드는 등 악질적인 범죄를 감행한 것이 판명되었다. 그래서 시국하의 전시체제를 문란케 하는 이러한 비국민적 행동에 대해서는 총후치안확보를 생각해서 20일 전조선 일제히 검거를 단행한 것이다. 그러나 당국으로서는 이번 검거로 말미암아 종교의 선포(宣布) 기타 행위에 대하야 방해 압박 가튼 것은 절대 생각지 안코 잇다. 그럼으로 야소교도 중의 불순한 분자를 일소함으로서 종래 조선에 특수한 경향 하에 가저오든 야소교로서 이번 일을 계기로 순화갱생(純化更生)하야써 황국신민으로서의 자격을 새롭게 하고 종교보국으

103 "基督教에 不穩運動 全鮮서 大檢擧 着手", 〈每日新報〉, 1940. 9. 22.

로 매진하기를 절실히 바라마지 않는 바이다.[104]

경무국 담화문을 요약하면, '불량한' 일부 기독교인들이 '반국가적인' 비밀결사를 조직하여 천황 및 신궁을 모독하는 행위를 하였을 뿐 아니라 군사(전쟁) 관련 유언비어를 퍼뜨림으로 전시 총후보국(銃後報國) 체제를 문란케 하여 '전조선'에 걸쳐 일제 검거를 단행하였다는 것이다. 그리고 이 같은 기독교인 검거가 종교의 선포 행위에 대한 박해나 압박 의도에서 비롯된 것이 아님을 강조하며 이 사건이 '종교 박해사건'으로 해석되는 것을 막으려 하였다. 다시 〈매일신보〉 기사다.

이번 검거의 내용에 대하야 치안유지법(治安維持法) 보안법(保安法) 군기보호법(軍機保護法) 등을 위반한 행동을 하얏다는 것이며 그 외에 불경죄(不敬罪)가 될 만한 행동도 있다는 것인데 검거된 범위는 목사, 장로, 전도사, 전도부인, 그전 목사 등 전부 교역자들이라고 한다. 취조에 따라 사건은 중대화할 것으로 보이나 이번 사건을 계기로 종교보국운동은 새로운 체제를 갖추게 되리라 한다.[105]

일본 경찰과 사법 당국은 신사참배 반대운동 지도자들을 검속하면서 치안유지법(治安維持法)과 보안법(保安法), 형법(刑法), 군사기밀보호법(軍事機密保護法) 등 '정치와 체제' 관련 법률 위반 혐의를

104 "新體制 促進 宣敎엔 無關", 〈每日新報〉, 1940. 9. 22.
105 "新體制 促進 宣敎엔 無關", 〈每日新報〉, 1940. 9. 22.

[5] 신사참배 반대운동 신앙인들의 연대와 투쟁

씌웠다.[106] 그리고 일제 당국이 총독부 차원에서 이 사건을 다룬 것은 기독교인들의 신사참배 반대운동이 반국가, 반체제 저항운동으로 연결될 것을 우려했기 때문이었다. 이 같은 우려는 일제 검속 직후 총독부 경무국에서 작성한 비밀문건을 통해 확인된다.

신사참배를 끝까지 부인하는 소위 비혁신(非革新) 분자가 외국인 선교사의 사주(使嗾) 원조 하에 신사불참배 교회의 재건을 기도하고 있다는 혐의가 있어 소화(昭和) 십오년 사월 이래 평북, 평남, 경남 각도에서 수사에 착수하여 용의자를 검거 구명(究明)한 결과 이들 일당의 기도는 단순한 신사불참배운동에 그치지 않고 현재 국가 사회는 악마가 조직한 것이라고 하여 이를 부인하고 수년 후에는 예수 재림에 의한 지상천국의 신사회(新社會)가 현실로 올 것이라 몽상요망(夢想要望)하고, 이 신사회의 은택을 향유하는 자는 하나같이 신사불참배 교도뿐이라는 사상에 기초하여 신사불참배 교회의 재건을 목적으로 하는 '재건총회조직준비회'(再建總會組織準備會)라는 비밀결사(秘密結社)를 조직하여 이를 모체로 하여 전선적(全鮮的)으로 '신사불참배교회' 재건 기도를 하고 있을 뿐 아니라 천황 및 황대신궁(皇大神宮)에 대하여 불경(不敬)한 언동 혹은 군사(軍事)에 관한 조언비어(造言卑語), 반전(反戰) 반국가적(反國家的) 기운을 양성하는 등 불령행위(不逞行爲)를 한 것으로 대략 판명되었다.[107]

---

106 일제 사법 당국은 1945년 5월 신사참배 반대운동 지도자들을 기소하면서 치안유지법 2조 국체변혁모의죄(國體變革謀議罪)와 3조 선동죄(煽動罪), 형법의 55조 선동죄(煽動罪)와 74조 불경죄(不敬罪), 보안법 7조 치안방해죄(治安妨害罪) 등을 적용하였다. 〈李基宣外 二十人 豫審終決書〉, 平壤地方法院, 1945. 5. 18.

일제는 전국적인 연락망을 갖춘 신사참배 반대운동가들이 신사참배를 거부한 신도와 교회들로 새로운 노회 및 총회를 조직하려는 의도를 반체제 비밀결사 조직 의도로 보았다. 말세신앙과 재림사상에 근거한 신사참배 반대운동가들의 '종교적 저항운동'을 '정치적 저항운동'으로 해석한 것이다. 실제로 신사참배를 거부하는 교인들은 당시 정치 현실과 사회를 말세에 교회를 핍박하는 '악마의 왕국'으로 해석하였다. 그 왕국은 "수년 후" 이루어질 그리스도의 재림과 함께 망하고 대신 우상을 숭배하지 않은(즉 신사에 참배하지 않은) 양심적 성도들을 중심으로 '천년왕국'이 지상에 건설될 것으로 보았다. 즉 우상을 숭배하고 타락한 제도권 교회가 하나님의 준엄한 심판을 받아 붕괴되고 "짐승과 그의 우상에게 경배하지 아니하고 그들의 이마와 손에 짐승의 표를 받지 아니한" 성도들이 지상에서 새로운 교회와 노회, 총회를 조직한 후 "그리스도와 더불어 천년 동안 왕 노릇 할 것"이란 희망을 품고(계 20:4) 신사참배 거부운동을 전개하였다.

이러한 신사참배 반대운동 지도자들의 말세신앙, 재림하실 그리스도를 왕으로 모시는 '지상천국', '천년왕국' 건설 의도는 역시 지상에서 천황을 중심으로 강력한 전체주의 국가를 건설하려는 일본 정부의 제국주의 의도와 정면 배치되는 것이었다. 일본은 1931년 만주 침공 이후 '대동아공영'(大東亞共榮)이란 미명하에 강력한 제국주의 지배 체제를 구축하기 위해 아시아·태평양 연안 국가

---

107 "朝鮮耶穌教徒ノ不穩事件檢擧", 〈高等外事月報〉, 14호, 朝鮮總督府 警務局保安課, 1940. 9; 김승태 편, 《일제강점기 종교정책사 자료집: 기독교편, 1910-1945》, 한국기독교역사연구소, 1996, 335. 같은 내용이 1943년 제84회 일본 제국의회에 제출된 조선총독부 보고 자료에도 실려 있다. "朝鮮耶穌教徒ノ不穩計劃事件", 《朝鮮總督府 帝國議會說明資料》, 제8권 (昭和 十八年 第八十四回), 不二出版, 東京, 1994, 101.

들을 침공, 전쟁을 벌이며 미구(未久)에 미국과도 한판 붙을 전쟁 준비를 하고 있었다. 그러한 때 일본 천황의 지배와 통치를 곧 붕괴될 '악마의 제국'으로 풀이하고 재림하실 그리스도의 통치가 이루어질 지상천국 건설을 기도하고 있는 신사참배 반대운동가들의 저항운동이 일본 정부의 정치, 군사적 의지를 정면으로 거부하는 것으로 해석될 것은 자명했다. 더욱이 정치와 종교가 분리되지 않았던 제정일치(祭政一致) 시대 상황에서 기독교인들의 신앙적 저항운동은 정치적 저항운동의 성격을 띨 수밖에 없었다. 천황은 정치적인 면에서뿐 아니라 종교적인 면에서도 절대 존재였기 때문이다. 이런 천황의 존재와 통치를 거부했다는 점에서 기독교인들의 신사참배 반대운동은 종교를 통한 정치적 민족저항운동으로 해석되었다.[108] 경찰로서는 이런 반체제 종교저항운동과 불온사상 비밀결사를 조직하려는 불순세력의 수괴(?)로 여겨진 주기철 목사를 그냥 둘 리 없었다.

108 이만열, "주기철 목사의 신앙", 《소양주기철목사기념논문(1회-5회 합본)》, 251; 이덕주, "주기철: 신앙 양심으로 민족혼을 지킨 순교자", 〈한국사 시민강좌〉, 30집, 일조각, 2002. 2, 281-282.

끝으로 형제들아 너희는
우리를 위하여 기도하기를
주의 말씀이 너희 가운데서와
같이 퍼져나가 영광스럽게
되고 또한 우리를 부당하고
악한 사람들에게서
건지시옵소서 하라 믿음은
모든 사람의 것이 아니니라
주는 미쁘사 너희를 굳건하게
하시고 악한 자에게서
지키시리라
—
살후 3:1-3

말세에
'바른 신앙' 지키기

이 시대는 마귀의 시험이 강렬한 때이므로 예수를 간절히 사랑치 않는
자 그 신앙을 유지하기 어려운 것이다. 물에 있는 고기가 물의 신세를
알지 못하는 것이나 공중에 나는 새가 공기의 혜택을 알지 못함은
무시로 그 은택을 입음으로 대수롭지 않게 생각됨이라. 마찬가지로
우리들도 항상 주님의 사랑 속에 있음으로 도리어 그 사랑을 잊을
때가 많다. 항상 기도하고 깨어 있는 중에서 그 사랑을 깨달아야
하겠다.
—
주기철의 "네가 나를 사랑하느냐" 중에서

믿음은 처음 갖기도 힘들지만 그 믿음을 끝까지 지키는 일이 더 어렵다. 믿음을 포기하라는 사탄의 유혹과 시련이 끝없이 이어지기 때문이다. "좋은 게 좋은 거야", "남들 다 하는데 너만 특출 나게 그럴 필요가 있냐?"며 끝없이 유혹한다. "우리를 시험에 들지 말게 하옵소서" 기도할 뿐이다.

감옥 안에 있든, 밖에 있든 주기철 목사도 그런 유혹과 시련을 받았다. 주기철 목사는 그런 유혹과 시련을 '그리스도 사랑'으로 극복하였다. "네가 나를 사랑하느냐?", "하나님을 열애하라" 그의 설교제목처럼 '배반할 수 없는 사랑'의 능력과 의지로 마귀의 유혹과 시험을 극복할 수 있었다.

총독부 경찰 당국은 1940년 9월 20일 전국에서 일제히 검거한 신사참배 반대운동가들을 총 193명으로 발표하였다.[1] 이 통계는 5월부터 연행되어 옥고를 치르고 있는 목회자들이 포함된 것으로 보아야 한다. 〈매일신보〉는 검거된 이들의 신분에 대하여 "목사와 장로, 전도사, 전도부인, 그전 목사 등 전부 교역자들이라"고 밝혔다. 여기 언급된 '그전(前) 목사'는 1년 전 평양노회에서 파면된 주기철 목사를 의미하였다.[2] 1938년 봄부터 시작해서 세 번이나 경찰에 연행되어 짧게는 한 달 길게는 여섯 달 옥고를 치르며 고문과 악형을 받았던 주기철 목사였다. 그 사이 그가 그토록 "하나님을 사랑하자", "십자가를 사랑하자" 호소했던 총회와 노회는 신사참배를 결의하고 신앙 훼절과 반역의 길을 가고 있었다. 더욱이 차기 노회장으로 예정되어 있었던 평양노회는 그가 감옥에 있는 사이 그의 목사직을 박탈하였고 그가 목회하던 교회를 폐쇄시켰으며 그의 가족

---

1 "朝鮮耶穌教徒ノ不穩事件檢擧", 〈高等外事月報〉, 14호, 朝鮮總督府 警務局保安課, 1940. 9; 김승태 편, 《일제강점기 종교정책사 자료집: 기독교편, 1910-1945》, 한국기독교역사연구소, 1996, 335.

2 주기철 목사의 마지막 검속이 이루어진 정확한 날짜는 확인하기 어렵다. 연구자에 따라 '1940년 여름'(김인서, 앞 책, 78), '1940년 6월 초'(김요나, 앞 책, 390), '1940년 7월 1일'(심군식, 《이인재 목사의 생애와 설교》, 87), '1940년 9월'(민경배, 앞 책, 230) 등 날짜가 다르다. 다만 주기철 목사의 마지막 연행과정을 지켜보았던 주광조 장로는 "경찰의 눈을 피해 산정현교회 장로님들이 바나나를 사가지고 위문 오셨다"고 증언하여 '여름 지난 후'에 검속되었음을 암시하고 있다. 이로 미루어 주기철 목사는 '가택 연금' 상태에서 외부인과 접촉이 차단된 채 감시를 받다가 1940년 9월 20일, 총독부 경무국에서 일제 검거령을 내렸을 때 연행된 것으로 볼 수 있다.

까지 목사관에서 쫓아냈다.

그래서 1940년 4월 풀려난 주기철 목사에겐 돌아갈 교회도, 목사관도 없었다. 결국 가족들이 세 들어 살고 있던 육로리 '경찰부장 첩'의 집에 들어가 감시를 받으면서도 목숨 걸고 찾아오는 교인들과 좁은 방에서 예배드리고, 은밀하게 신사참배 반대운동을 벌이고 있던 동료 목회자와 교인들을 만나 신앙의 양심과 지조를 지켜나갈 수 있기를 기도하였다. 그렇게 '지하 목회'와 '광야 목회'를 이어가던 주기철 목사는 5월 평양에서 채정민과 이인재, 최봉석, 방계성, 오윤선(吳潤善), 안이숙 등이, 6월 평북 선천과 강계에서 이기선과 고홍봉, 김형락, 서정환 등이, 7월 경남 마산과 부산에서 한상동과 주남선, 최덕지, 이현속 등이 체포되었다는 소식을 접하며 "자기의 때가 가까이 왔음을" 알았다(요 13:1). 주기철 목사는 평양의 동지들이 검속된 이후 외부 교인들과의 접촉이 차단된 채 사실상 '가택연금' 상태로 지내며 자신의 순서를 기다리고 있었다. 그래서 9월 20일 아침, 그를 연행하려고 경찰이 찾아왔을 때 담담하게 응할 수 있었다. 그의 마지막 검속을 지켜본 아들 주광조의 증언이다.

구속되기 직전 주 목사님은 늙은 당신의 어머니에게 작별할 시간을 달라고 했다. 방으로 들어오시자 몸져 누워계신 할머니의 손을 꼭 붙잡았다. 그리고는 큰 절을 하셨다. 할머니를 향한 아버지의 마지막 고별인사는 딱 이 한마디뿐이었다. '어머니! 하나님께 어머니를 맡겨 놓았습니다.' 그리고 우리들을 가까이 불러 모으시고 머리 위에 손을 얹으시고는 우리를 위해 잠시 기도하셨다. '하나님! 불의한 이 자식은 제 어머니를 봉양하지 못합니다. 주님이 십자가에 달리실 때 당신의 아픔도 잊으시고 십자가 밑에서 애통해하시는 어머니 마리아를 보시며 제자 요한에게 그 어머니를 부탁하셨던 당신의 심정을 알 것 같습니다. 오, 주님! 내 어머니를 내 주님께 부탁합니다. 불의한 이 자식의 봉양보다 자비하신 주님의 보호하심이 더 나을 줄로 믿고, 내 어머니를 무소불능하신 당신께 부탁하옵고 이 몸은 주님이 지신 이 십자가를 지고 주님의 발자취를 따라 갑니다.'[3]

소식을 듣고 찾아온 산정현교회 교인 20여 명도 그가 연행되는 모습을 지켜보았다. 좁은 골목길에서 즉석 예배가 이루어졌다. 교인들은 주 목사의 제안대로 찬송 333장(저 높은 곳을 향하여)을 불렀다. 늘 부르던 찬송이었다. 찬송이 끝나자 주기철 목사는 성경을 펴서 아모스 8장 11-13절 말씀을 읽었다.

: 주 여호와께서 가라사대 보라 날이 이를지라. 내가 기근을 땅에 보내리니 양식이 없어 주림이 아니요 물이 없어 갈함이 아니니라. 여호와의 말씀을 듣지 못한 기갈이라. 사람이 이 바다에서 저 바다까지 북에서 동까지 비틀거리며 여호와의 말씀을 구하려고 달려 왕래하나 얻지 못하리니 그 날에 아름다운 처녀와 젊은 남자가 다 갈하여 피곤하리라.

그리고 짧게 말씀을 전하였다.

: 주님을 위하여 이제 당하는 이 수욕을 내가 피하여 이다음 주님이 '너는 내 이름과 내 평안과 내 즐거움을 다 받아 누리고 내가

---

3   주광조, 앞 책, 66.

준 그 고난의 잔을 어찌하고 왔느냐?'고 물으시면 내가 무슨 말을 하겠습니까? 주님을 위하여 져야 할 이 십자가, 주님이 주신 이 십자가를 내가 피하였다가 주님이 이다음에 '너는 내가 준 십자가를 어찌하고 왔느냐?'고 물으시면 내가 어떻게 주님의 얼굴을 뵈올 수 있겠습니까? 오직 나에게는 일사각오가 있을 뿐입니다.[4]

주광조의 표현대로 이것이 "주 목사님께서 산정현교회 성도들에게 하고 간 마지막 말씀"이었고 "마지막 대면"이었으며 주기철 목사에게도 "햇빛을 본 마지막 길"이었다.[5] 그렇게 그는 경찰에 연행되어 이미 여러 차례 검속되면서 익숙해진 평양경찰서 유치장으로 들어갔다.

당시 평양경찰서에는 네 달째 수감생활을 하고 있던 채정민 목사와 최봉석 목사, 방계성, 오윤선, 이인재, 이광록 전도사, 안이숙 집사 등 평양 지역의 신사참배 반대운동 지도자들이 있었다. 밖에서는 '비밀리에' 만났던 이들이 유치장 안에서 '당당하게' 만나게 된 것이다. 주기철 목사와 맞은편 감방에 있던 안이숙은[6] 그때 주기철 목사와 만남을 이렇게 증언했다.

나는 잠잘 생각도 하지 않고 유심히 건너 방을 넘겨다보았다. 열

---

4   주광조, 앞 책, 70.
5   앞 책, 같은 곳.
6   안이숙은 1939년 3월 박관준·박영창 등과 함께 일본 제국의회에 들어가 종교단체법과 신사참배 강요를 규탄하는 유인물을 살포한 후 국내로 압송되어 1개월 옥고를 치르고 석방된 후 평양에 머물면서 신사참배 반대운동자들과 비밀 집회를 갖다가 1940년 5월 체포되었다. 이후 선교리 경찰서에 수감되었다가 순천 경찰서를 거쳐 1940년 11월에 평양경찰서로 이감되었다. 안이숙, 《죽으면 죽으리라》, 113-114, 135.

심히 살펴보고 있으려니 한 죄수가 가만히 조심스럽게 일어나더니 나를 건너다보고 인사를 했다. 나는 누구일까 하고 자세히 보니 긴 수염과 긴 머리카락 밑에서도 뚜렷히 잘 생기고 보기 좋은 얼굴을 한 것으로 보아 주기철 목사가 분명한 듯했다. 나도 엎드려서 절을 하고 또 했다. 간수가 우리 감방 쪽으로 오는 기색이 나서 주 목사는 곧 눕고 나도 눕는 척 하고 있다가 간수가 지나간 후에 다시 일어나 앉았다. 감방 전면에 내리지른 굵고 큰 나무로 인해서 건너 방을 쳐다보기는 힘들었지만 자세히 쳐다보고 있으니 건너 방에서도 다시 주 목사가 일어났다. 그리고 나를 쳐다보고 또 절을 했다. 우리는 한참 서로 쳐다보고 있었다. 마침내 그는 자기 오른손을 번쩍 들어 손가락으로 글을 크게 쓰기 시작했다. 나는 유심히 정신을 가다듬어 글 쓰는 것을 쳐다보았다. '나는 주기철 목사요.' 라고 먼저 썼다. 나는 감격이 되어 엉! 하고 울 뻔했다.[7]

둘 사이에 유명한 '손가락 대화'가 시작되었다.

그는 다시 손을 들어서 '안이숙 선생에게 주님의 축복이 같이 하시기를 기도합니다.' 라고 손으로 글을 썼다. 나도 공중에 내 손을 높이 들고 크게 천천히 그림을 그리듯 손가락으로 글을 써서 답하기를, '주 목사님, 참 반갑습니다. 주님이 목사님을 도우라고 저를 여기 보내신 것을 이제 확실히 알겠습니다. 무엇이나 말씀해 주세요. 제 힘 닿는 데까지 해보겠습니다.[8]

7   안이숙, 앞 책, 136.
8   앞 책, 137.

안이숙 집사는 이런 '손가락 대화'를 통해 함께 갇혀 있는 신앙동지들의 근황도 알 수 있었다. 같은 평양경찰서의 유치장 1호실에 이광록 집사, 2호실에 최봉석 목사, 3호실에 이인재 전도사, 4호실에 주기철 목사, 5호실에 방계성 장로, 6호실에 채정민 목사, 7호실에 오윤선 전도사, 그리고 4호실 건너편의 여성죄수 방에 안이숙 집사가 수감되어 있었다. 아직은 경남이나 평북 지역의 신사참배 반대운동가들이 평양으로 이송되기 전이었다.

경찰은 신사참배 반대운동가들의 집회나 대화가 불가능하도록 여러 감방에 분산 수용하였다. 수감된 '옥중 성도'들은 수시로 불려나가 회유가 목적인 조사를 받으며 견디기 힘든 고문과 악형을 받았다. 그런 중에도 간수의 감시와 통제를 피해 '손가락 대화'로 서로 격려하며 위하여 기도하였다. 특히 안이숙 집사는 마주 보는 감방에 있던 주기철 목사와의 '손가락 대화'를 통해 많은 위로와 교훈을 얻었다. 그렇게 나눈 '손가락 대화'의 일부다.

안이숙:
목사님, 목사님은 이 유치장에서 내어보내 드린다면 무엇을 제일 먼저 하시고자 하시는가요?

주기철:
강대에 올라서서 하나님이 살아계신 것과 그가 어떻게 복과 화를 가지시고 우리에게 군림하시는 것과 예수님의 사랑의 구원을 힘껏 외치며 가슴이 시원하도록 설교를 하고 싶습니다.

안이숙:
목사님, 그 다음에는 무엇을 하고 싶으신가요?

주기철:

아내와 가족을 위로하고 싶습니다.[9]

감옥에 갇혔음에도 주기철 목사의 최우선 관심은 설교와 목회에 있었다. 가족은 그다음이었다. 투옥된 수감자 가족들의 고통도 심하기는 마찬가지였다. 일제 검속 이후 경찰은 평양의 선교사뿐 아니라 목회자와 교인, 특히 수감자 가족들에 대한 감시와 통제를 한층 강화하였다. 그중에도 산정현교회 목사관에서 추방당해 육로리 단칸방 셋집에 머물고 있던 주기철 목사 가족은 집중 감시 대상이었다. 그 무렵 주기철 목사의 장남 영진은 일본 루터신학교에 유학 중이었고 차남 영만도 정주 오산중학교에 다니고 있어 평양 집에는 부인 오정모 집사가 70노모를 모시고 어린 영해와 광조를 키우고 있었다.[10] 1940년 11월 주기철 목사 가족을 방문했던 김두석 전도사의 증언이다.

> 그 길로 주기철 목사님의 초라한 단칸방을 찾아갔더니 눈물겹게도 노모님과 사모님, 그리고 어린 영해 군과 광조 군이 어머님의 뜻을 받들어 3일 금식에 돌입하였을 때였다. 제일 갸륵한 것은 철부지인 막내아들 광조가 어머니를 따라 감옥에 계시는 아버지를 위해 금식하고 있어 더욱 귀엽고 애처로웠다. 이처럼 주의 종의 식구들은 헐벗고 굶어가며 차디찬 냉방에서 지내야 하는가 하고 생각하니 눈물이 앞을 가리웠다. 더구나 이때는 경찰의 경계망이 심하여 아무나 이 집에 드나들 수 없게 되었다. 혹시나

9 앞 책, 192.
10 주광조, "주영진 전도사의 생애와 순교", 〈제8회 소양주기철목사기념강좌자료집〉, 주기철목사기념사업회, 2003. 4. 22, 46.

이 가정을 물질로 돕는 자가 없을까 하여 경찰의 감시가 이만저만이 아니었고, 이로 인해 주동 장로인 조만식 장로도 얼씬도 못했으니 이 가정은 수난의 3중고에 시달리고 있었다.[11]

오정모 집사는 "아버지가 차가운 유치장 안에서 고난당하고 계신데 우리가 어찌 편하게 지낼 수 있겠는가?" 하고 수시로 어린 자녀들과 '3일 금식'을 단행하였다. 감옥 안에 있는 주기철 목사도, 밖에 있던 그의 가족도 모두 '그리스도 십자가 고난'에 함께 참여하고 있었다. 오정모 집사는 면회 기회가 주어질 때마다 유치장으로 찾아가 "목사님은 개인이 아닙니다. 목사님을 지켜보고 있는 수많은 성도들이 있습니다. 승리하셔야 합니다" 하며 주기철 목사의 투쟁의지를 북돋아주었다.

경찰은 주기철 목사의 저항 의지를 꺾기 위해 가족까지 동원했다. 경찰 조사 막판에 주기철 목사의 아내와 어머니, 그리고 막내아들이 '특별 면회' 명목으로 경찰에 호출되었다. 가족들이 안내받아 간 곳은 지하 고문실이었다. 시멘트 바닥의 빈 공간은 투명 유리를 사이로 두 방으로 나뉘어 있었다. 당시 열 살 소년으로 현장에 있었던 주광조 장로의 증언이다.

조금 있으니까 맞은편 방에 아버지께서 들어오셨다. 아버지는 우리를 보고 손을 흔드시며 웃으셨다. 그런데 그들은 아버지를 엄지손가락을 뒤로 해서 공중에 매달아 놓고 우리가 보는 앞에서 이른바 '그네뛰기 고문'을 했다. 발길로 차면 공중에 매달린

---

11 김두석은 1940년 5월 평양경찰서에 첫 번째로 검속당해 28일간 구류를 살고 석방되었다가 6월 초 마산 경찰서에 두 번째 검속당한 후 11월초 풀려나자마자 평양 주기철 목사 가족을 찾았다. 김두석, "감나무 고목에 핀 무궁화", 38.

채 그네가 되어 왔다 갔다 하는 것이다. 벽에는 검도 연습용 칼이 죽 꽂혀 있었다. 일본 형사들이 그 칼을 뽑아서는 검도 연습을 하듯이 칼을 가지고 아버님을 내리쳤다. '얏!' 하고 기합을 넣어 때리면, 아버지는 그네가 되어서 이쪽에서 저쪽으로 날아가고 또 저쪽에서 이쪽으로 날아왔다.[12]

가족들이 보는 앞에서 주기철 목사에게 비행기 고문을 가한 것이다.

정확히 세어보진 못했지만, 내가 스무 번을 세기 전에 아버지는 공중에 매달린 채 기절해 버렸다. 그런데 아버지가 기절하기 전에 내 옆에 있던 할머니가 먼저, 고문이 시작되자마자, 정신을 잃고 쓰려져 버렸다. 그리고는 어머니는 고문이 시작되자마자 손을 깍지 끼고는 '오! 주님' 하시며 기도만 하셨다.[13]

경찰은 기절한 주기철 목사에게 찬물을 끼얹어 회복시킨 후 '고춧물 먹이기' 고문을 가했고 다시 기절하자 또 물을 부어 회생시켰다. 그래도 의지를 꺾지 않자 화가 난 수사관은 유리창 건너편 방으로 뛰어 들어왔다.

그리고는 형사 세 사람이 우리 방으로 건너와서 이번에는 어머니를 고문하기 시작했다. 어머니는 몸이 몹시 가냘프고 약한 분이셨다. 그래서 발길로 한번 차면 2-3미터씩 데굴데굴 구르곤

---

12   주광조, 《순교자 나의 아버지 주기철 목사님》, 90-92.
13   앞 책, 92.

했다. 어머니를 고문하기 시작하자 이번엔 아버지께서 깍지를
끼고 엎드려 기도만 하셨다.[14]

　적지 않은 신사참배 반대운동자들이 이 같은 '가족 고문'을
견디지 못하고 굴복했다. 그러나 주기철 목사 부부는 그 위기를 기
도로 극복했다. 감옥 안이나 밖이나 주기철 목사 가족의 고난은 매
한가지였다. 특히 오정모 집사는 "일본 경찰의 눈을 피하여 [교인
들이] 담장 너머에서 던져주는 쌀이나 잡곡으로 한 끼씩 연명해가
며, 거리에 나앉는 일이 계속되어도 그 가정의 기둥이" 되어 가족
을 돌보았고 수시로 "추위에 떨며 끝없는 고문에 시달리는 남편,
주 목사를 생각하며 불 끼 없는 예배당에서 철야를" 하며 주기철
목사의 의지가 꺾이지 않기를 위하여 기도하였다.[15] 그러면서 낮에
는 갇혀 있는 주기철 목사를 대신하여 교인 가정을 은밀하게 방문
하며 지하교회, '가정예배' 형태로 신사참배 반대운동의 불씨를 이
어나갔다. 오정모 집사는 십자가 고난 상황에서 주기철 목사의 아
내이기 전에 '신앙의 동지'였다.

14　앞 책, 94.
15　정연희, "주께서 정해주신 배역", 〈제6회 소양주기철목사기념강좌자료집〉, 2001. 4.
23, 22.

총독부와 경찰, 사법 당국은 1940년 9월 신사참배 반대 운동 지도 자들에 대한 일제 검속을 '종교보국'(宗教報國)의 확고한 전기로 삼 고자 했다. 종교계에 남아 있는 군국 통치의 장애 요인을 제거하고 자 했던 것이다. 그런 맥락에서 신사참배 반대운동 지도자들과 마 찬가지로 일본의 종교 정책에 불만을 품고 있던 외국인 선교사들 을 추방할 계획을 수립하였다. 경찰 당국은 이 사건을 '선교사 관련 사건'으로 몰고 갔다. 즉 1940년 9월 일제 검속 직후 경무국에서 발 표한 담화에서 "(신사참배 반대운동 지도자들이) 외국인 선교사의 사 주, 원조하에 신사불참배 교회의 재건을 기도하고 있다"고 표현한 것이 구체적인 예다. 경찰 당국은 선교사들을 한국 교회의 신사참 배 반대운동 배후 세력으로 지목하였다. 실제로 1938년 9월 조선예 수교장로회 총회가 신사참배를 결의한 이후 선교사들은 한국 교회 에 비판적이고 비협조적인 태도를 취하기 시작했다.

특히 신학적으로 보수적인 입장을 취하였던 북장로회와 남 장로회, 오스트레일리아장로회 소속 선교사들은 신사참배를 수용 한 총회나 노회와 협력관계를 단절하였고, 사립학교에 대한 총독 부의 신사참배 수용 압력에 맞서 폐교를 불사하며 저항하는 모습 을 보여주었다. 선교사들은 선교회나 선교부 차원에서 신사참배 반대운동을 공개적으로 지지하거나 후원하지는 않았지만 개인적 인 차원에서 이를 후원한 경우가 적지 않았다. 북장로회 평양 선교 부의 번하이슬과 해밀턴, 강계 선교부의 캠벨, 선천 선교부의 치솜, 미국 독립장로회 만주 선교부의 헌트, 평양 선교부의 말스베리, 경남 지역에서 사역하던 호주장로회의 호킹과 트루딩거, 테이트, 스터키 등이 대표적이었다. 이들은 국내외 신사참배 반대운동 지도자들과 긴밀한 관계를 유지하며 한국 교회의 신사참배 반대운동을 지원하였다. 총독부와 경찰 당국은 신사참배 반대운동을 지원하는 이들 선교사들을 국외로 추방하는 방안을 모색하였다.

총독부의 선교사들에 대한 추방 압력은 신사참배 반대운동 지도자들에 대한 일제 검속 직후인 1940년 9월 25일, 서울 기독교청년회관에서 열린 일본인 목사 아베(阿部義宗) 강연회에서 나타나기 시작했다. 일본 감리교회 감독이자 일본기독교연맹 의장으로 일본정부의 종교 정책을 충실히 수행하고 있던 아베 목사는 서울 시내 한국 교회 지도자들과 선교사들이 참석한 강연회에서 한·일 양국 교회의 교파 합동문제, 교회자치 문제 등을 거론한 후 선교사 문제에 관하여, "일본 교회에 대해 더 이상 기여할 것이 없다고 여기는 선교사, 있음으로 해서 오히려 일본 교우들에게 해를 끼친다고 여기는 선교사들은 얼마든지 돌아가도 좋다. 그런 선교사들을 억지로 붙들어 두는 것은 예의가 아니다"고 발언하였다.[16] 이는 선교사를 바라보는 총독부의 시각이기도 했다. 일본에게 미국을 비롯한 서구 국가들은 더 이상 우방이 아니었다. 1937년 중일전쟁 이후 악화된 미·일 외교관계가 선교사들에게 부담이 되었다. 일본 정부도 서울과 워싱턴의 외교 채널을 통해 미국 정부에 "조선에서 활동하고 있는 선교사들을 철수시키라"는 압력을 넣고 있었다.

결국 1940년 10월 10일 서울주재 미국 총영사 마쉬(G. Marsh)

---

16 "阿部監督 動靜", 〈朝鮮監理會報〉, 1940. 10. 1; "敎派 合同問題에 對하야", 〈長老會報〉, 1940. 10. 9; "Changes in the Japanese Church", The Korea Mission Field, Oct, 1940, 146, 161.

는 "극동 아시아 지역의 미국인들은 가급적 이른 시일에 미국으로 귀국하도록 조치하라"는 미 국무부의 지시 사항을 각 선교부에 통보하였다. 같은 압력을 받고 있던 영국 정부도 10월 21일 영국 총영사를 통해 같은 조치를 내렸다.[17] 이에 따라 미국과 영국, 캐나다, 오스트레일리아 각국 선교회에서는 재산 관리를 위한 최소한의 인원만 남기고 선교사들을 한국에서 철수시키기로 하였다. 그리하여 1940년 11월 16일 선교사 가족을 포함한 미국인 219명이 미국정부에서 보내온 특별 수송선 마리포사(Mariposa) 호를 타고 귀국하였다.[18] 이때 대부분 선교사들은 한국을 떠났다. 귀국 대신 아시아 선교를 계속하기 원하는 30여 명 선교사들은 필리핀 마닐라로 옮겨 갔다. 형식은 선교사들의 '자진 출국'이었지만 내용은 일본정부에 의한 '강제 추방'이었다.

그 결과 한국에서 사역하는 선교사들은 현격하게 줄어들었다. 평양에서 활동하던 선교사도 35명에서 10명 수준으로 줄어들었다. 평양에는 북장로회 선교사로 번하이슬 부부와 비거(J. D. Bigger), 클라크(C. A. Clark), 크레인(J. C. Crane), 킨슬러(F. S. Kinsler), 힐(H. J. Hill), 루츠(D. N Lutz), 모우리(E. M. Mowry), 여선교사 버츠(A. M. Butts)와 버그만(A. L. Bergman), 마이어즈(E. Myers), 그리고 미감리회 선교사로 무어(J. Z. Moore) 부부만 남았다.[19]

남은 선교사들도 지방 순회는 물론 공개적인 선교활동을 할 수 없었다. 선교부 사택에서 '준 가택연금' 상태로 경찰의 감시와 통제를 받으며 지냈다. 경찰은 선교사와 한국인 목회자 및 신도들

17 "Basis of Withdrawal", The Korea Mission Field, Mar, 1941, 33-34.
18 "The Mariposa comes to Jinsen", The Korea Mission Field, Dec, 1940, 200-201.
19 "Pyeng Yang", The Korea Mission Field, Aug, 1941, 104.

의 접촉을 차단하려 애썼다. 경찰은 9월 '일제 검거' 이후에도 드러나지 않은 신사참배 반대자 색출에 신경을 곤두세우고 있어 평양은 그 어느 지역보다 예민한 곳이 되었다. 선교사들은 (신사참배를 수용한) 교회 집회에도 참석할 수 없었고 한국인들과 접촉도 금지되었다. 마리포사 호가 떠난 직후 평양에 남아 있던 클라크가 본국 선교부에 보낸 편지다.

> 현재 우리는 한국 교회 집회에 자유롭게 참석할 수 없는 형편입니다. 우리를 만나러 오거나 길가에서 우리와 대화를 나누는 것이 발각되면 그들은 여지없이 경찰에 소환됩니다. 우리 주변을 두르고 있는 담은 아주 견고합니다. 우리 동네 근처를 경찰 순찰대가 수시로 돌고 있으며 출입자들을 일일이 검사하고 있습니다. 경찰은 매일 혹은 격일로 우리를 방문해서 꼬치꼬치 묻고 가는데 아주 기분 나쁜 일입니다.[20]

경찰은 거의 매일 선교사 사택을 방문해서 한국인과의 접촉 여부를 확인하였고 선교사와 접촉한 교인은 여지없이 경찰서에 호출당해 조사를 받았다. 그래서 선교사들은 교인들이 당하는 수난과 피해를 줄이기 위해 한국 교인들의 방문 요청을 거절하였다. 역시 같은 입장에서 평양 선교부에 머물렀던 킨슬러의 보고 편지다.

> 지난 수개월 동안 우리 선교 사업에 대한 경찰들의 훼방은 도를 더해 믿지 못할 수준에 이르렀습니다. 이 도시에서만도 우리 장로교 목사 중에 적어도 5명이 감옥에 갇혀 있고 다른 교회 임원

---

20 C. A. Clark's letter to J. L. Hooper, Nov. 18, 1940.

들도 많이 갇혔습니다. 아직도 우리를 찾아오는 한국 교회 친구들이 상당수 되지만 방문하는 것만으로도 그들에게 위험한 일인 것을 그들도 잘 알고 있습니다. 나는 이번 가을에 나와 함께 성경을 공부하겠다던 유능한 청년 두 사람도 가르치기를 거절하였습니다.[21]

경찰의 삼엄한 감시를 받는 선교사들이 할 수 있는 일은 선교부 안에 머물러 한국 교회를 위해 기도하며 집필하는 일뿐이었다. 다시 클라크의 보고다.

번하이슬과 킨슬러, 그리고 나는 총회 발간 주석 집필에 모든 시간을 쓰고 있습니다. 킨슬러는 요한복음, 번하이슬은 역대기 주석을 쓰고 있으며 크레인은 조직신학 교재를 쓰고 있습니다. 힐에게도 주석 집필을 부탁할 것입니다. 킨슬러만 주일마다 지방을 다녀오고 있습니다. 나머지 인사들은 그렇게 할 수 없습니다. 다만 모우리만 예외인데 경찰 당국은 모우리가 신사참배를 절대 지지하고 있는 것으로 생각하여 그에게는 여행 자유를 주고 있습니다.[22]

신사참배 문제에 대해 '수용 입장'을 취하였던 모우리만 자유로운 여행이 허락되었고 나머지 선교사들은 지방 여행은 물론 외출도 자유롭게 할 수 없었다. 평양 선교부 안에 갇힌(?) 선교사들

21   F. Kinsler's Letter to Publicity Department of the Presbyterian Foreign Board, Dec. 30, 1940.
22   C. A. Clark's letter to J. L. Hooper, Nov. 23, 1940.

은 5년 전 조선예수교장로회 총회에서 '희년기념 사업'의 일환으로 추진한 《표준 성경주석》과 신학교 교재 집필에 전념하였다. 그런 중에도 경찰의 감시를 피해 '은밀하게' 찾아오는 목회자와 교인들을 격려하며 그들의 신앙저항운동을 지원하기도 했다. 클라크의 보고 편지에 흥미로운 내용이 담겨 있다.

> 선교사 부인 네 명이 여학생들과 교회 부인들과 함께 여러 가지 일을 하고 있는데 자세한 내용은 밝히지 않는 것이 좋겠습니다. 이들에게 화가 미칠 위험이 있기 때문입니다. 나름대로 모두 바쁘게 지내고 있습니다.[23]

번하이슬 부인과 버츠, 버그만, 마이어즈 등 평양에 남아 있던 여선교사들은 경찰이 알면 '화가 미칠 위험한' 모종의 일을 꾸미고 있었다. 이들 여선교사들이 평양지역 교회 여성들과 꾸민 '모종의 일'은 3개월 후 '1941년 만국부인기도회사건'으로 세상에 드러났다. '만국부인기도회'(萬國婦人祈禱會)란 매년 한 차례(주로 2월) 날을 정해 초교파적으로 전 세계 교회여성들이 세계평화를 위해 공동기도문으로 기도하는 모임을 의미하는데 한국에서는 여선교사들의 주도로 1930년대부터 실시했다.[24]

1941년도 '만국부인기도회'는 2월 28일로 예정되어 있었고 한국에서 행사 준비는 평양에 있던 감리교 무어(J. Z. Moore) 부인과 장로교 버츠(부애을) 선교사가 맡았다. 이들은 1940년 11월부터 미

---

23 앞 편지.

24 지금도 한국교회여성연합회에서 주관하여 매년 2월에 실시하고 있는 '세계여성기도일'(World Day of Prayer for Women) 행사를 의미한다. 조선혜, "1941년 '만국부인기도회 사건' 연구, 〈한국 기독교와 역사〉, 5호, 한국기독교역사연구소, 1996. 9, 118-152.

국의 기도운동 본부로부터 입수한 영문 기도문을 한글로 번역한 후 감리교의 박현숙과 윤숙현, 임경애, 장로교의 김은섭과 김희선 등과 함께 기도회 순서를 인쇄하고 그것을 서울과 재령, 선천, 강계, 대구, 부산, 청주 등지의 여선교사들을 통해 한국 교회 여성들에게 배포하였다. 그리고 예정대로 1941년 2월 28일을 기해 전국적으로 교회 여성들의 기도회가 열렸다.

그런데 유럽에서 제2차 세계대전이 한창 진행 중에 열린 1941년 2월 만국부인기도회는 "국가 간의 전쟁과 민족 간의 지배로 인한 분쟁과 갈등을 극복하고 세계 평화와 인류 평등의 구현을 기원하는" 내용으로 꾸며져 있었다. 거기에 인류 평화를 위해 '새 하늘과 새 땅'의 도래를 기원하는 내용까지 포함되었다.[25] 이러한 기도회 성격과 내용이 일본 정부의 시책에 어긋날 것은 당연했다. 중국과 동남아시아에서 '대동아공영'을 내세우고 침략전쟁을 벌이며 이를 '성전'(聖戰)이라 미화시키고 있던 터에 전국 교회여성들이 선교사들의 비호 아래 반전(反戰) 평화를 기원하는 기도회를 공개적으로 가졌다는 것은 '전시 체제'하 일본 정부의 시국 정책에 정면 도전하는 모습으로 비쳐졌다.

이에 경찰 당국은 3월 초부터 기도회를 준비하고 기도회에 참여한 인사들에 대한 검거를 시작하였다. 사건을 맡은 평남도 경찰부에서 3개월 동안 전국에서 6백여 명을 연행하여 조사하였는데 주모자로 분류된 27명 중에는 모어 부인과 번하이슬 부인, 버츠 등 실제로 기도회를 주도한 여선교사 외에 클라크와 힐 등 남성 선교

---

25 "朴仁煥 證人訊問調書(1941. 3. 27.)"〈萬國婦人祈禱會事件資料〉, 제20권, 한국교회사문헌연구원, 1998.

사들까지 '지원' 혐의로 경찰에 연행되어 조사를 받았다.[26] 사건은 피의자들이 1941년 5-6월 '기소 유예' 처분을 받고 석방됨으로 일 단락되었는데 사건이 이 정도로 마무리될 수 있었던 것은 총독부 에서 석방 조건으로 선교사들의 출국을 요구하여 타협이 이루어진 결과였다. 이에 대한 클라크의 증언이다.

우리 선교부 소속 45명은 떠나지 않기로 결정했는데 지난 2월 우리 선교부 여선교사 몇 명이 배부한 여성기도일 순서지에 운 이 없게도 저들이 좋아하지 않는 구절이 섞여 있어 경찰 당국이 우리 대부분을 추방시킬 빌미를 제공하고 말았습니다. 이 순서 지를 보내거나 받은 사람, 심지어 그 내용이 무엇인지 모르는 사 람조차 조사 대상이 되었습니다. 3월 26일 여선교사 23명과 남 성 3명이 체포되어 경찰로부터 엄중한 조사를 받았고 풀려난 후에도 자택 연금 상태에서 실질적인 감옥 생활을 하였습니다. 6주 전(1941년 8월) 정부에서 최종 판결이 내렸는데, '죄질이 제일 나쁜' 13명이 출국한다면 이 문제를 덮어두겠다는 것이었 습니다. 그렇지 않으면 모두 재판에 회부하여 최소 3년 징역형 을 선고받을 것이라고 위협했습니다.[27]

'만국부인회사건'은 남아 있던 선교사들을 추방시킬 빌미를 일본 측에 제공했다. '마리포사호 귀환' 후 한국에 남아 있던 선교 사들은 선교부 재산 관리 외에 악화된 정치적 상황에서도 한국 선 교에 헌신하겠다는 신념의 소유자들이었다. 총독부 당국에서 볼

26 "平南高等警; 被疑者素行調書(1941. 4. 30.)", 〈萬國婦人祈禱會事件資料〉, 제23권.
27 C. A. Clark, Home Letter, Mineapolis, Oct. 1, 1941.

때 이런 선교사들이 통치의 장애물이 될 것은 물론이다. 만국부인 기도회사건 이후 선교사들은 한국인들과 접촉이 금지된 '가택 연금' 상태에서 경찰의 감시와 통제를 받았다. 결국 총독부 당국의 압력을 견디지 못하고 남아 있던 감리교와 장로교 선교사들은 한국을 떠나야 했다. 대부분 선교사들은 8월 초에 한국을 떠났고 마지막까지 평양에 남아 있던 감리교의 무어 선교사는 8월 26일, 장로교의 번하이슬 부부와 힐, 버츠 등은 9월 6일 한국을 떠났다.[28] 모든 선교사들이 그러했지만 특히 한국에서 선교사로 은퇴하기를 바랐던 번하이슬의 마음이 아팠다. 그가 미국으로 돌아간 직후 선교본부에 보낸 편지에서 그 같은 아쉬움을 읽을 수 있다.

> 우리는 한국을 위한 봉사 기간에 3년만 더 채우고 한국을 떠나기를 원했습니다. 그러나 일본 정부 압력으로 우리 꿈은 좌절되었습니다. 우리는 아직 건강한 상태이며 선교부에서 다른 곳을 지정해주면 기꺼이 가서 봉사하겠습니다. 우리는 나이가 있기 때문에 한국에 다시 돌아가 봉사하게 될 것으로 기대는 하지 않지만 이 나라를 위해 어떤 일이든 할 수만 있다면 할 생각입니다.[29]

이로써 평양에서 더 이상 선교사 모습을 볼 수 없게 되었다. 거대한 정치권력과 맞서 투쟁하던 신사참배 반대운동자들의 버팀목이었던 선교사들이 모두 떠났다. 주기철 목사의 든든한 후원자

---

28 "地檢庶秘 第190號: 外國人宣敎師ノ動靜ニ關スル件", 〈思想ニ關スル情報 14〉(京城地方法院, 1941. 7. 3.); "京高秘 第2800號: 萬國婦人祈禱會事件關係者ノ引揚ニ關スル件", 〈思想ニ關スル情報 14〉(京城地方法院, 1941. 10. 6.); The Korea Mission Field. Sep-Oct. 1941, 124; The Korea Mission Field, Nov. 1941, 129.

29 C. F. Bernheisel's letter to Dr. J. L. Hooper, Oct. 27, 1941.

였던 번하이슬 부부도 평양을 떠났다. 주기철 목사를 비롯한 신사
참배 반대운동자들은 평양을 떠나는 선교사들을 배웅할 수조차 없
었다. 그들은 감옥 안에서 1년 넘게 외로운 투쟁을 하고 있었기 때
문이다.

[6] 말세에 '바른 신앙' 지키기

감옥 밖의 상황은 더욱 '말세'를 향해 치닫고 있었다. 1938년 신사참배 강요를 기점으로 더욱 강화된 총독부의 황민화 정책은 창씨개명, 국민정신총동원을 거쳐 국민징용령(1939년), 학도동원령(1943년), 징병령(1944년), 여자정신근로령(1944년) 등으로 이어지면서 식민지 수탈과 한민족 말살 정책은 최고조에 달했다. 종교 상황은 더욱 심각했다. 1939년 일본 제국의회에서 통과된 종교단체법을 계기로 모든 종교는 '종교보국'(宗敎報國)이라는 미명 아래 일본 정부와 총독부의 종교통제 정책에 철저히 순응하며 이에 반(反)하는 어떠한 행위도 용납되지 않았다. 모든 종교를 종파와 교파별로 단일 조직을 구성하기 시작했으며 궁극적으로는 일본의 종교 조직과 통합을 추구하였다. 특히 여러 갈래 교파와 교단으로 나뉘어 있던 한국 개신교회를 통제와 관리가 쉬운 단일 조직으로 통합하려는 총독부의 지시와 촉구가 집요하였다. 정부 통제가 편리하도록 교파를 통합한 단일 개신교회를 만들려는 의도였다. 기독교의 '일본화'와 '교파 합동'이 일제 말기 기독교 정책의 핵심이었다.

　　이런 상황에서 한국 교회 지도자들은 교파를 불문하고 총독부 황민화 종교 정책에 순응하였다. 제2차 세계대전 발발 후 일본과 동맹관계를 맺었던 이탈리아(로마)의 영향권 아래 있었던 천주교회는 일찍이 총독부 정책에 협력하였고 시기의 차이만 있을 뿐 장로교와 감리교, 성결교, 구세군, 성공회 등 개신교파 교회들도 신사참배를 비롯한 황민화 정책을 그대로 받아들였다. 주기철 목사가 속했던 장로교회의 경우, 1938년 9월 총회에서 신사참배를 결의한 후부터 교회 지도부는 노골적인 친일 협력 자세를 취하였다. 이듬해 1939년 9월 총회에서 총회장에 선출된 윤하영 목사를 중심한 지도부도 총독부 지시에 따라 '국민정신총동원연맹 조선예수교장로회 연맹'을 조직하고 보다 적극적으로 "국책 수행에 협력할 것"을 결의하였다.[30] 이를 위해 총회 안에 중앙상치위원회를 설치하고 기존 장로교회의 헌법과 교리, 예식 등을 전면 재검토하여 "맹목적이었든 구미의존(歐米依存) 주의를 결연히 차버리고 기독교를 우리나라 국체(國體)에 맞는 일본적(日本的)인 종교로 하야 그 내용을 근본적으로 혁신"하기로 결의했다.[31] 일본정부와 총독부에서 선교사 추방 압력을 강화하는 것에 맞추어 총회 지도부에서 한국 교회에 대한 선교사들의 영향력을 배제하고 교회 조직과 성격을 '일본화'하겠다는 의지를 드러낸 셈이다.

이런 교회 지도부의 '친일 협력' 분위기는 1940년 9월 총회에서 새로 구성된 곽진근 총회장 중심 총회 지도부에도 그대로 이어졌다. 1940년 11월 선교사들이 미국정부에서 보내온 마리포사호로 귀국 길에 오르던 시기, 총회 지도부는 보다 구체적인 내용을 담은 〈장로회 지도요강〉을 작성하여 전국 교회에 배포하였다. 우선 지도요강의 '3대 강령'이다.

1. 아등(我等)은 과거의 구미의존주의(歐米依存主義)로부터 해탈(解脫), 순정(純正) 일본적(日本的) 기독교의 확립을 기(期)함.
2. 아등(我等)은 외인(外人) 선교사가 경영하는 교육, 성경, 기타 전(全) 기관을 점차 접수하고 그 재정적 자립을 도(圖)하는 동시에

30 〈조선예수교장로회 총회 제29회 회록〉, 1939, 87-94.
31 〈每日新報〉, 1940. 4. 11.

지도적 입장에 있는 외인 선교사의 후퇴를 기(期)함.

3. 아등(我等)은 과거의 민주주의적 교단의 헌장(憲章), 의식(儀式),
   포교(布敎), 기타 전 기구(機構)의 일대 혁신을 기(期)함.[32]

그리고 구체적 내용을 담은 '실천방책'이다.

1. 국체명징(國體明徵)의 철저
   1) 교도(敎徒)는 일반민중 동양(同樣) 반드시 신사참배(神社參拜)를
      실행할 것.
   2) 기독교계 제(諸) 학교 직원과 생도는 일반학교 동양(同樣) 신사
      참배를 실행할 것.
   3) 교회마다 국기게양대(國旗揭揚臺)를 설치하고 또 교도(敎徒) 각
      호(各戶)에 국기(國旗)를 비부(備付)하여 축제일(祝祭日) 기타 행
      사가 있을 때는 반드시 국기를 게양할 것.

2. 국가적(國家的) 행사의 실시
   1) 궁성요배(宮城遙拜)의 여행(勵行).
   2) 4대절(四大節) 기타 각종 거식(擧式)에 제(際)하여는 반드시 국
      가(國歌)를 봉창(奉唱)할 것.
   3) 황국신민서사(皇國臣民誓詞)의 제창(齊唱).[33]

신사참배는 물론이고 궁성요배, 국기(일장기) 배례, 황국신
민서사 제창 등 일본 국민이 의무적으로 실시해야 할 국가적, 종교

---

32 "長老敎 歷史的 革新 日本的 基督敎로 새 出發", 〈基督新聞〉, 1940. 11. 28.
33 앞 신문.

적 행위를 모든 기독교인과 기독교계 학교 교사와 학생들도 적극 실시, 실천하겠다는 의지를 밝힌 것이다. 모두가 총독부가 바랐던 바였다. 황민화 정책에 대한 제도권 교회의 반대나 저항 의지는 더 이상 찾아볼 수 없는 상황이 되었다. 총회 지도부는 여기서 더 나가 일본제국주의 통치에 대한 충성과 봉사를 표하였다. 대부분 선교사들이 출국당한 후 1940년 12월 6-8일 서울 부민관과 새문안교회에서 '황기(皇紀) 2600년 봉축(奉祝) 장로교신도대회'가 개최되었다.[34] 총회뿐 아니라 전국 26개 노회 임원들이 참여한 신도대회는 조선신궁 참배와 궁성요배, 국기배례, 황국신민서사 낭송 등 '황국신민(皇國臣民)으로서 의식을 거행한 후 총독부 관료와 일본 신도(神道) 사제, 관변 학자들의 강연으로 진행되었다. 신도대회 참석자들은 기존의 '국민정신총동원장로회연맹'(國民精神總動員長老會聯盟)을 '국민총력장로회연맹'(國民總力長老會聯盟)으로 조직을 확대 개편한 후 다음과 같은 〈결의문〉을 채택하였다.

동양영원(東洋永遠)의 평화를 확립하여 팔굉일우(八紘一宇)의 황유(皇猷)를 회홍(恢弘)함은 아(我) 제국 부동의 국시(國是)이다. 이제 성전(聖戰) 자(玆)에 3년유반(三年有半) 시국은 정(正)히 세계적 일대전환기에 직면하였다. 낭(曩)에 일독이(日獨伊) 3국간에 동맹이 약성(約成)되어 최근에는 일화(日華) 양국의 기본조약이 체결되어 다시 이어 일만화(日滿華) 3국의 공동선언이 있어 제국은 위대한 결심하에 대동아공영권(大東亞共榮圈)의 확보와 세계질서 건설에 매진하고 있다. 자(玆)에 아등(我等) 조선예

34 "長老敎의 新體制", 〈基督新聞〉, 1940. 12. 5; "皇紀二千六百年奉祝 長老敎信徒大會", 〈基督新聞〉, 1940. 12. 12.

수교장로회 신도 일동은 낭(曩)에 선명(宣明)한 혁명요강에 의하여 구미의존주의(歐米依存主義)부터 해탈(解脫)하여 순정(純正) 일본적(日本的) 기독교에의 혁신을 기(期)함과 같이 복음선전 사업을 통하여 신애협력(神愛協力) 유유(愈愈) 단결을 견고히 하여 신도실천(臣道實踐) 각각 그 직역(職域)에 봉공(奉公) 동아(東亞) 신질서 건설의 국시(國是)에 정신(挺身)하여 써 성려(聖慮)를 봉안(奉安)하기를 서(誓)함.[35]

　　해를 거듭할수록 장로회 지도부의 '친일 협력' 행각은 그 도를 더해 갔다. 1941년 9월 총회에서 제30대 총회장으로 선출된 최지화 목사는 1년 전 평양노회장으로 시무하던 시절 주기철 목사를 목사직에서 파면하고 그 가족을 산정현교회 사택에서 추방했던 장본인이었다. 최지화 목사를 중심한 총회 지도부는 1942년 4월 미·일 전쟁 발발 후 전쟁물자 공급의 위기를 맞은 일본정부가 전국에 유기공출(鍮器供出) 시행령을 발표하자 이에 맞추어 '종헌납'(鍾獻納) 운동을 전개하였다.[36] 이때 전국적으로 역사가 오랜 교회 예배당에 걸려 있던 종들이 대거 철거되어 탄환과 대포 주조용으로 소멸되었다. 대부분 종들은 선교사들이 본국에서 주조해 가져온 '유서 깊은' 종들이었다. 총회 지도부는 여기 머물지 않고 군용 항공기인 '애국기'(愛國機) 헌납운동까지 벌여 전국 26개 노회 3천여 교회 신도들의 헌금 15만원을 총독부에 헌납하였다. 그리고 1942년 9월 20일 경성운동장에서 거행된 '해군기 명명식(命名式)', '애국기헌납 기성회' 총간사 오문환의 인솔로 최지화 총회장과 김응순 부총회

---

35 "皇紀二千六百年奉祝 長老敎信徒大會", 〈基督新聞〉, 1940. 12. 12.
36 "長老敎會", 〈基督敎新聞〉, 1942. 4. 29.

장을 비롯하여 김종대, 백낙준, 이창규, 함태영, 전필순, 장홍범, 권의봉, 이창규, 박승준, 차광석 등 80여 명의 장로회 대표들이 참석하여 '조선장로호'(朝鮮長老號)로 명명된 항공모함 함재기 1대를 해군대신(海軍大臣)에 헌납하였다.[37]

이런 국방헌금 헌납운동은 1942년 10월 총회에서 총회장으로 선출된 김응순 목사 지도부에서도 계속 이어졌다. 11월 12일 조선신궁 광장에서 거행된 '황군(皇軍) 환자용 자동차 헌납식'에 총회장 김응순 목사와 총간사(총무) 정인과 목사, 그리고 전국 노회 대표들이 참석하여 육군 환자 수송용 자동차 3대(3,221원)를 헌납하였다.[38] 그리고 닷새 후 11월 17일에는 역시 총회와 노회 대표들이 용산 조선군사령부 연병장에서 열린 '육군 애국기 명명식'에 참석하여 역시 '조선장로호'로 명명된 육군 항공기 1대를 헌납하였다.[39] 또한 1942년 10월 총회에서는 "조선내(朝鮮內) 제교파(諸敎派) 합동을" 결의하고 교파합동위원으로 김응순 총회장과 정인과 총간사 외에 조승제, 김형숙, 채필근, 김화식, 허봉도, 김길창, 김진수, 이보식, 김종대 등을 선정하였다.[40] 초교파 단일 개신교회 조직 역시 총독부의 지시사항이었다. 이후 장로회와 감리회, 구세군, 성공회 사이의 교파 통합운동이 본격적으로 전개되었다.

이런 단일 개신교회 조직은 한국 교회를 일본 교회에 병합시키기 위한 준비 작업이었다. 일본에서는 오래전부터 교파교회 통합운동을 추진하여 1942년 6월, 총 47개 교파교회 가운데 34개 교회가 합동한 '일본기독교단'(日本基督敎團)을 조직하고 평양을 방문

37 "意味 깊은 航空日에 빛나는 海軍機 命名式", 〈基督敎新聞〉, 1942. 9. 23.
38 "皇軍患者用 自動車 3臺 獻納式", 〈基督敎新聞〉, 1942. 11. 18.
39 "陸軍에 獻納한 愛國機의 命名式", 〈基督敎新聞〉, 1942. 12. 2.
40 "朝鮮耶蘇敎長老會總會 第31回 議事錄抄", 〈基督敎新聞〉, 1942. 10. 21.

해서 주기철 목사와 '신사참배 논쟁'을 벌인 바 있는 도미타를 초
대 통리자(統理者)로 선출하였다. 일본기독교단은 1942년 11월 제1회
총회를 개최하였는데 그때 조선예수교장로회에서 축하사절단으
로 김응순 총회장과 회록서기 김종대 목사를 파송하였다. 이들은
일본기독교단 총회 참석 후 일본신도(日本神道)의 총본산이라 할 수
있는 메이지신궁(明治神宮)과 이세신궁(伊勢神宮), 야스쿠니신사(靖國
神社)를 참배하고 돌아왔다.[41] 일본기독교단 총회에 참석하고 돌아
온 총회장이 총독부로부터 보다 적극적으로 정부시책에 협조하고
"조선에서도 단일 개신교단을 속히 조직하라"는 무언의 압력을 받
았음은 당연하다.

이에 김응순 총회장은 1943년 1월 11일 서울 서대문 피어선기
념성경학원 안에 있던 총회 사무실에서 총회 중앙상치위원회를 소
집하고 "1) 2월 11-12일 기원절(紀元節)을 기해 이틀 동안 일본정신
체득(日本精神體得)을 목적으로 남자교역자 연성회(鍊成會)를 개최하
고, 2) 3월 11일 육군기념일(陸軍紀念日)을 기하여 이틀 동안 징병제
(徵兵制) 취지 철저를 목적으로 부녀자 연성회를 개최하며, 3) 4월
3일 신무천황(神武天皇) 제일(祭日)을 기하여 총회장 인솔하에 전선
(全鮮) 각 노회장 일행으로 성지(聖地) 이세신궁(伊勢神宮)을 참배하
기로" 결의하였다.[42] 이에 따라 1943년 2월 11-12일 기원절을 기하
여 국내 24개 노회의 노회장과 서기, 회계 70여 명이 서울 승동교
회에 모여 '남자교역자 연성회'를 개최, 총독부 교학연구소 강사의

---

41 "日本基督敎團 總會", 〈基督敎新聞〉, 1942. 11. 4; 金子鍾大, "內地 日本基督敎團 第一回 總
會를 다녀와서", 〈基督敎新聞〉, 1942. 12. 23.-30; "長老會總會 總代 伊勢神宮에 參拜", 〈基督敎
新聞〉, 1943. 1. 20; "長老會總會代表 靖國神社參拜", 〈基督敎新聞〉, 1943. 3. 3.
42 "長老會總會 中央常置委員會", 〈基督敎新聞〉, 1943. 1. 13.

'황도'(皇道) 관련 강연을 듣고 남산 조선신궁에 참배하였다.[43] 그리고 3월 5-8일, 서울 대화숙(大和塾)에서 전국 22개 노회의 여전도회 대표 80여 명이 참석하여 '여자대표 연성회'를 개최하여 같은 내용의 강연과 참배를 실시하였다.[44] 교회 대표자들의 신사참배는 더 이상 낯선 모습이 아니었다. 한국 교회 대표들은 국내 신사는 물론 일본의 대표적 신사나 신궁까지 찾아가 참배하는 모습을 연출하였다. 신사참배 문제에 관한 한 총독부는 더 이상 걱정하지 않아도 되었다.

---

43 "長老會總會 主催 老會代表 男子鍊成會 盛況", 〈基督敎新聞〉, 1943. 2. 24.
44 "朝鮮耶穌敎長老會總會 女子代表者 鍊成會 盛況", 〈基督敎新聞〉, 1943. 4. 14.

총독부의 다음 관심사는 일본에서처럼 한국에서도 단일 개신교단을 조직하는 일이었다. 이 문제에 대해서도 한국 교회 지도자들은 적극 협력, 참여하였다. 오히려 서로 충성 경쟁(?)하는 모습을 보여주었다. 총독부의 암묵적인 지시 아래 한국 개신교회 각 교파 지도자들이 교회 통합을 논의하기 위해 공식적으로 첫 모임을 가진 것은 1943년 1월 12일, 서울 인사동 중앙감리교회에서였다. 장로회와 감리회, 성결교, 구세단(구세군), 일본기독교단 조선교구회 등 5개 교파교회 대표들이 모여 '조선기독교신교파합동각파대표협의회'(朝鮮基督教新教派合同各派代表協議會)를 조직하였다. 일본기독교단 총회를 다녀온 장로교의 김응순 목사와 김종대 목사가 의장 및 서기를 맡아 회의를 주도하였다. 모임 참석자들은 5개 교파교회 대표 40명으로 통합준비위원회를 구성하고 대표자회의에 참관인 자격으로 참석한 동아기독교회와 조선기독교회, 조선예수교회, 기독교성주(聖主)교회, 예수교중앙선도원뿐 아니라 대표자회의에 참여하지 않은 하나님의교회와 기독교회조선선교회, 기독교회, 기독교오순절교회, 조선복음교회까지 포함된 16개 교회를 통합하여 단일 개신교단을 조직하기로 결의하였다.[45] 자연스럽게 장로회 총회 지도부가 통합교단 창설 작업을 주도하는 모양새를 취하였고 준비위원회 사무실도 서대문 장로회 총회 사무실로 정하였다.

통합 준비위원회는 1월 26일 새문안교회에서 2차 모임을 갖

---

45 "朝鮮基督教新教各派合同 第一回各派代表者協議會", 〈基督教新聞〉, 1943. 1. 20.

고 통합 교단의 명칭을 '일본기독교조선교단'(日本基督敎朝鮮敎團)으로 정한 후 일본기독교단 규칙을 기반으로 한 '일본기독교조선교단규칙'(日本基督敎朝鮮敎團規則)을 만들었다. 그리고 준비회의에 참석한 각 교단 대표자들은 즉석에서 국방헌금을 실시하여 모아진 1백원을 준비위원장 김응순 목사를 통해 조선군 사령부에 헌납하였다.[46] 통합교단이 지향하는 바가 무엇인지 보여주는 대목이다. 그래서 총독부 기관지였던 〈매일신보〉는 준비위원회 활동 사항을 자세히 소개한 후 "기독교 각파의 합동은 구체적인 단계에 접어들었다"고 보도했다.[47] 준비위원회는 5월 1일 통합교단 설립을 목적으로 활동을 시작했다. 교단 통합 과정은 쉬워 보였다. 무엇보다 총독부 보안과(保安課)가 배후에서 통합작업을 지휘하고 있었기에 순응노선을 취하고 있던 각 교단 지도부의 참여와 협력이 무난할 것으로 예상했다. 그러나 속내는 그렇지 못했다. 통합교단의 양대 축이 될 장로회와 감리회 사이에 불협화음이 문제였다.

1939년 기독교조선감리회 제3대 감독으로 선출된 정춘수 목사는 일제 말기 한국 기독교계에서 가장 노골적으로 '친일 협력' 노선을 취했던 인물 중 하나였다. 그는 감독이 되자마자 한국 감리교회와 일본 감리교회의 통합 작업을 추진하였고 1941년 3월 '혁신'을 내세워 (미국교회 영향을 받은) 기존의 감리회 연회와 총회를 해산한 후 일본 교회의 체제와 조직을 모방한 '기독교조선감리교단'(基督敎朝鮮監理敎團)을 창설하였다. 그러했기에 뒤늦게 장로회 지도부가 추진하는 교단 통합작업에 참가하기보다는 별도의 (보다 더 친일

---

46 "基督敎各敎派合同準備委員會 紀念獻金", 〈基督敎新聞〉, 1943. 2. 10.
47 "基督敎 各敎派 合同", 〈每日新報〉, 1943. 1. 26; "基督敎(新敎) 各派의 合同 具體的인 段階에", 〈每日新報〉, 1943. 1. 27.

적인) 교단을 만드는 것으로 방향을 잡았다. 여기에 김응순과 정인과, 오문환, 채필근 등 평양노회와 평북노회, 황해노회 등 '서북계' 인사들이 주도하는 장로회 지도부에 반감을 가진 경성노회 측 인사들이 호응하였다. 그리하여 1943년 5월 7일 기독교조선감리교단과 조선예수교장로회 경성노회가 통합하여 '일본기독교조선혁신교단'(日本基督敎朝鮮革新敎團, 약칭 혁신교단)을 결성하고 경성노회장이던 전필순 목사를 초대 통리로 선출하였다. 감리교 측에서 선수를 친 셈이었다. 그러자 통합교단에 참여하려던 성결교와 구세군, 일본기독교단 조선교구 등이 통합작업에서 발을 뺐다.

　　이런 상황에서 통합작업을 주도하였던 장로회 총회장 김응순 목사는 1943년 5월 4-7일 서울 총회 사무실에서 전국 주요 노회장들을 초청하여 조선예수교장로회 총회상치위원회를 개최하였다. 그는 회의벽두에 그동안의 통합 작업을 설명한 후 통합교단 헌법으로 채용하려고 만든 '일본기독교조선교단규칙'을 제시하고 장로회 단독으로라도 '일본기독교조선교단'을 조직하자고 제안하였다. 그러자 회의에 참석한 지역 노회장들은 "총회 결의를 거치지 않은 총회 해산이나 새 교단 창설은 법에 어긋난다"면서 제동을 걸었다. 그리고 새 교단 규칙에 '집사'와 '장로' 등 장로교 고유 명칭이 삭제된 것도 받아들일 수 없다며 반발했다. 그러나 김응순 목사를 비롯한 통합운동 주도자들은 "총독부 보안과장과 상의한 내용이라"며 미국식 장로교회의 조직과 명칭을 고집하면 '일본적 기독교'로 전환하라는 총독부 정책을 거스른다는 점을 지적하면서 참석자들을 설득하였다. 결국 상치위원회 참석자들은 사흘간 교단 규칙을 검토, 수정한 후 '일본기독교조선교단'이란 명칭에 '장로'를 첨가하여 '일본기독교조선장로교단'(日本基督敎朝鮮長老敎團)을 창설하기로 결의하고 곧바로 1940년 설립된 후(後) 평양신학교 교장 채필근 목사를 초대 통리로 선출하였다.[48] 이로써 30년이 넘는 역사의 조선예수교장로회 총회는 해체되고 대신 '일본기독교조선장로교단'이란 '친일 어용' 교단이 등장하였다.

그렇게 출현한 일본기독교조선장로교단이 조직과 체제, 성격과 내용을 '일본식'으로 바꾸어 일본정부와 총독부의 황민화 정책에 적극 협력한 것은 물론이다. 우선 일본기독교조선장로교단은 창설과 함께 국가봉공(國家奉公), 황민연성(皇民鍊成), 교회혁신(敎會革新)을 3대 강령으로 제시한 후 다음과 같은 18대 실천요목을 발표했다.[49]

1) 대동아전쟁의 목적완성에 협력하는 한편 사상완전(思想完全)을 기(期)함.

2) 시국진전(時局進展)에 적응하여 교회 및 단체를 전시체제(戰時體制)로 바꾸고 국가요청에 적극 호응.

3) 징병(徵兵) 의무와 정신을 강조함.

4) 총후봉공(銃後奉公)의 목적을 위한 실천사항(황군 부상병 및 황군 유가족 위문, 군사원조 사업, 국민저축 실시, 귀금전류 헌납, 전시생활 지도와 절약운동, 전시 근로봉사와 매월 국방헌금, 신사참배와 필승기원 기도회)

5) 각 신도(信徒) 가정마다 대마(大麻, 신사에서 판매하는 천조대신 이패 도장이 찍힌 위패)를 봉제(奉齊)하고 황도정신(皇道精神)을 철저히 함.

6) 국체본의(國體本義)에 기초한 충군애국 정신과 경신숭조(敬神崇

---

48 "朝鮮耶蘇敎長老會總會 常置委員會의 顚末", 〈基督敎新聞〉, 1943. 9. 22-10. 27.
49 "朝鮮耶蘇敎長老會總會 常置委員會의 顚末", 〈基督敎新聞〉, 1943. 10. 6.

祖) 정성을 함양.

7)   아국(我國, 일본)의 순풍미속(醇風美俗)을 존숭하며 그 기풍과 의
      지를 연성(鍊成).

8)   신도(信徒)의 황민연성(皇民鍊成)을 위해 황국고전(皇國古典)과
      국체본의(國體本義)에 관한 지도교본(指導敎本) 편찬.

9)   각소(各所)에 연성회(鍊成會)를 개최하여 교사(敎師, 목사) 및 신
      도의 연성을 기하고 특히 황도문화(皇道文化)의 연구와 지도를
      도모.

10)   기독교 교사(목사)의 교양을 고양하기 위해 현 교사를 신학적으
      로 재교육하고 교사 양성기관을 정비.

11)   일본기독교의 확립을 위해 전문가로 하여금 일본교학(日本敎學)
      을 연구하여 일본적 신학(日本的神學)을 수립할 것.

12)   말세, 재림 및 심판 등 세사적(世事的)이고 물직적(物質的)인 신
      학을 개조하여 종교적 심리적으로 해석하여 가르칠 것.

13)   구약성서에 담긴 비기독교적(非基督敎的) 사상을 시정하기 위하
      여 적당한 해석교본을 편찬.

14)   전시(戰時)에 있어 반도교화(半島敎化)를 확실히 하기 위하여 신
      앙 부흥 및 전도 분야에서 구체적 방법을 강구.

15)   신도가 필휴(必携)할 새로운 찬미가, 기도문 및 예전요의(禮典要
      義) 등을 편찬.

16)   국어(國語, 일본어) 상용(常用)을 적극 장려.

17)   교회 예배당을 신축 및 개축할 때 일본적(日本的) 양식을 취할 것.

18)   교회 예배와 집회 양식에서도 일본적 풍치(風致)를 취할 것.

이대로 추진한다면 칼빈주의 개혁교회, 장로교회의 전통과
정체성은 완전 소멸되고 '일본적 기독교'만 남게 된다. 예배 의식과

예배당 건축 양식도 일본 양식을 취할 것을 요구하였다. 기독교의 핵심 교리 가운데 하나인 재림과 말세 심판에 관한 신앙교리도 '전시체제' 통치 정책에 맞지 않아 삭제하겠다는 점도 밝혔다. 그 대신 신사참배와 궁성요배, 일본 전통문화(황도문화), 신도(神道) 교육을 강화하여 기독교가 아닌 일본신도(日本神道) 분파로 개조하겠다는 것이 궁극적인 목표였다. 이런 실천 요강은 목회자들의 자발적인 결단에 의한 것이라기보다 총독부의 강압적 지시와 요구를 그대로 받아들인 것임은 분명하다. 그렇다 하더라도 2천 년 기독교 전통을 담은 찬송과 기도문, 예전뿐 아니라 성경(특히 구약)까지 시국 정책에 맞지 않으면 뜯어고치겠다는 것은 기독교인으로서 정체성을 포기한다는 선언과 다를 바 없었다.

이런 '일본적' 장로교단의 초대 통리로 선출된 채필근 목사는 전임 김응순 목사에 뒤지지 않는 '친일 협력' 자세를 취하였다. 일찍이 일본유학(메이지학원과 도쿄제국대학)을 다녀와 일본어가 유창하였던 그는 교단 찬송가를 편찬하면서 일본 국가(國歌)인 '기미가요'를 수록했다. 그리고 1943년 8월부터 매주일 오전과 오후, 저녁 등 3회 모이던 주일예배도 오전 예배 1회로 줄이고 '등화관제'(燈火管制)를 실시하는 총독부 정책에 맞추어 주일저녁뿐 아니라 수요일 저녁예배도 폐지하였다. 채필근 목사는 이런 지시를 내린 이유를 〈매일신보〉에 다음과 같이 밝혔다.

나라가 있고서 비로소 종교가 있는 것이다. 이 결전체제(決戰體制) 하에 종교절대의 미영적(米英的)인 개인주의 사상은 하로밧비 뿌리부터 뽑아내야 할 것이다. 조선기독교에 당면한 문제이다. 먼저 교도들을 훌륭한 황국신민(皇國臣民)으로 만든 후에 종교 신자로 만들자는 것이 이번에 단행한 개혁의 취지이다. 오

랫동안 국가에 대하야 또는 사회에 대하여 많은 폐를 끼쳤음을
이 기회에 사죄하는 바이다. 그리고 현재 조선 안에 있는 장로파
교회는 3천 3백 개소나 되는데 이것도 지역과 교도수(敎徒數)를
참작하야 한 3분의 1은 폐합(廢合)할 생각을 가지고 준비 중에
있다.[50]

종교보다 국가가 우선이라는 발언이라든가 '서구적 기독교'
를 '일본적 기독교'로 바꾸겠다는 의지는 그래도 참을 수 있었지만
(국방헌금을 위해) 전국 장로교회의 3분의 1에 해당하는 1천여 교회를
폐지하겠다는 발상은 지역교회 목회자와 교인들의 반발을 불러올
수 있는 것이었다. 실제로 총회 결의나 노회 추인을 거치지 않고
추진된 '일본적' 교단 출현에 지역 노회의 반발이 없지 않았다.

1943년 5월 상치위원회에 참석했던 평양, 평서, 함북, 평북,
경기 등 지역 노회장들도 처음엔 반대 입장을 표명하였지만 '총독
부 의사'가 강하게 반영된 작업인 것을 알고 대부분 교단 조직에
참여하였다. 다만 평북노회장 김진수 목사만 끝까지 참여를 거부
하였다. 평북노회는 1943년 7월 통합교단 운동을 추진했던 김응순
목사를 탄핵하고 총회 소집을 요구하는 결의문을 발표했다. 그렇
지만 평북노회의 거부 이유도 '일본적 교단'의 조직과 성격 자체에
대한 것이라기보다는 설립 과정에서 충분한 검토와 절차, 과정을
거치지 않았다는 방법론적인 것이었다.[51] 그래서 평북노회의 저항
도 오래가지 못했다. 1년 동안 버티던 평북노회도 총독부의 압력을

50 "禮拜를 週1回로 短縮", 〈每日新報〉, 1943. 8. 18.
51 "묻노라 長老會 30萬 敎友에게", 〈基督敎新聞〉, 1943. 9. 15; 金城珍洙, "'참된 日本敎會'
樹立運動 考察", 〈基督敎新聞〉, 1943. 9. 22-9. 29.

받고 1944년 8월 II일 일본기독교조선장로교단과 합동하는 방식으로 교단 조직에 참여하였다.[52] 당시 교단 기관지 〈기독교신문〉 발행인 겸 편집인이었던 정인과 목사는 사설을 통해 통합된 장로교단의 임무를 다음과 같이 밝혔다.

> 장로교단의 대화일치(大和一致)는 그 자체가 목적이 아니요 일종
> 의 수단방법임을 잊어서는 아니 된다. 우리가 대화일치(大和一
> 致)하는 것은 미영(米英)을 격멸하고 세계 신질서(新秩序)를 건
> 설하자는 그 목적을 도달(到達)하고저 하는 것이니 장로회 30만
> 교도는 모름직이 일억(一億) 국민으로 한 덩어리가 되어서 웅휘
> (雄輝)한 목적달성에 용왕매진(勇往邁進)할 것이라 한다.[53]

한국에 선교사를 파송해서 복음을 전하고 교회를 설립했던 미국과 영국을 격멸하고 일본과 독일, 이탈리아가 추구하는 군국주의, 전체주의 세계 질서를 건설하는 데 동참하는 것이 교단 창설의 목적이라는 주장이었다. 이를 위해 일본기독교조선장로교단이 처음 결의한 것은 1) 8월 13일부터 4일간 매일 저녁 전국 교회에서 '성전승리기도회'(聖戰勝利祈禱會)를 갖고 2) 8월 28일부터 9월 1일까지 전국 교회에서 '징병제실시기념 강연회'를 실시하는 것이었다.[54] 교회 집회와 행사의 궁극적인 목적은 일본의 전쟁 승리뿐이었다.

이처럼 조선예수교장로회가 해체되고 일본기독교조선장로

52 "妥協案 成立", 〈基督教新聞〉, 1944. 8. 15.
53 "大和一致의 長老敎團", 〈基督教新聞〉, 1944. 8. 15.
54 "妥協案 成立", 〈基督教新聞〉, 1944. 8. 15.

[6] 말세에 '바른 신앙' 지키기

교단이 출현하던 시기, 앞서 '일본적' 교단을 만들었던 감리교회도 적지 않은 내홍을 거쳐 교단 조직을 재정비하였다. 즉 1943년 5월 장로회 경성노회와 합하여 창설했던 '일본기독교조선혁신교단'은 조직 직후 감리교단 내부의 반발에 직면하였고 장로회 노회 가운데 '홀로' 감리교단과 통합을 시도했던 경성노회 안에서도 반대 목소리가 터져 나왔다. 결국 '혁신교단'은 조직 3개월 만에 와해되고 경성노회는 일본기독교조선장로교단에 흡수되었으며 감리교회는 1943년 10월 '일본기독교조선감리교단'으로 명칭을 바꾸고 정춘수 목사를 다시 통리로 선출하였다. 이후 일본기독교조선장로교단과 일본기독교조선감리교단은 서로 경쟁하듯 총독부의 황민화 정책에 충성, 협력하는 모습을 보여주었다. 명칭에서는 '장로'와 '감리'를 유지했지만 내용에서는 두 교회 모두 '일본기독교'를 모방한 것으로 동일하였다.

전쟁 막바지에 이른 1944년 연말 총독부 산하기구로 조직된 '조선전시종교보국회'(朝鮮戰時宗教報國會)를 내세워 '종교단체 통합'을 다시 시도하였다. 그리고 구체적으로 1945년 6월 25일 총독부 학무국 주선으로 장로교와 감리교, 구세단 등 개신교 지도자 55명을 총독부 회의실로 초치한 후 엔도 총감이 직접 나서 교단 통합을 강력하게 촉구하였다. 이미 성결교회와 침례회(동아기독대)는 교리(재림신앙) 문제로 교단 자체가 해체되어 사라진 후였다. 총독부는 남아 있는 개신교단 통합을 촉구하였다. 결국 일본기독교조선장로교단과 일본기독교조선감리교단, 그리고 구세단은 통합을 결의했다.[55] 그렇게 해서 7월 19-20일 단일 개신교단으로서 '일본기독교조선교단'(日本基督教朝鮮教團)이 조직되면서 평양노회장을 역임했던

---

55 "基督教의 大同團結", 〈每日新報〉, 1945. 6. 24; "새 基督教團 創設", 〈每日新報〉, 1945. 6. 28.

김관식 목사가 통리로 선임되었다. 그러나 이 교단은 조직 한 달 만에 일본이 미국에 무조건 항복하고 8·15해방이 이루어짐으로 제대로 기능을 발휘해보지도 못하고 소멸되었다. 정통성(legitimacy)도, 주체성(authenticity)도, 정체성(identity)도 갖추지 못한 교회 조직의 당연한 결말이었다.

[6] 말세에 '바른 신앙' 지키기

이렇듯 일제 말기, 한국 교회 지도자들이 이처럼 비굴하고 부끄러운 신앙 훼절과 반역의 역사를 써내려가고 있었다. 종말론적 위기 상황에서 순응과 타협의 노선을 선택한 교회 지도자들은 '반민족적'이고 '비신앙적' 오류를 범하며 제도권 교회와 교인들을 이끌고 있었다. 이는 신앙과 민족에 대한 반역의 역사였다. 한국 교회사에서 부끄러운 역사로 기록되는 부분이다. 그러나 일제 말기 한국 교회사에서 이 같은 반역의 역사만 있었던 것은 아니다. 이와는 다른 방향에서, 순응보다는 저항을 선택하였고, 신앙 양심과 민족적 자존심을 지키기 위해 고난을 택하였던 '올곧은' 신앙인들의 저항 역사가 있었다. 곧 신사참배를 거부하고 투옥된 '옥중 성도'들의 저항과 투쟁 역사였다. 비록 숫자로 보면 소수에 불과하지만 이들의 저항 역사가 있었기에 한국 교회는 부끄러운 역사를 속죄할 수 있는 근거를 얻게 된다.

일제 말기 한국 교회사는 이처럼 반역의 역사와 순절(殉節)의 역사가 혼재하고 있다. 일제의 추방 압력에도 마지막 순간까지 평양에 남아 있다가 1941년 8월 한국을 떠난 클라크 선교사가 미국으로 돌아간 직후 쓴 글에서 그 같은 교회의 양면성을 읽을 수 있다. 반역의 역사 한 가운데 저항의 아름다운 역사가 존재하고 있음을 본 것이다.

한국 교회가 처한 암울한 상황을 상상하기는 어렵지 않을 것입니다. 선교사들 중에는 한국 교회가 '배교하였다'고 말하는 분들

이 있는데, 그 근거는 일정 기간 투옥되었다가 풀려났거나 투옥 될 것을 두려워한 나머지 상당수 목사와 교회 지도자들이 신사 참배는 종교의식이 아니라는 정부 측 주장을 받아들여 신사참배를 하였다는 것입니다. 모든 목사들이 후스가 되지 못한 것은 참으로 안타까운 일입니다. 하지만 전체 교인의 반 이상이 믿음 생활한 지 10년도 안 되는 상황에서 지나친 것을 요구하는 것은 무리라는 점도 인정해야 합니다. 후스 같은 인물들이 다수를 점하기까지는 시간이 더 필요합니다.[56]

클라크는 한국 교회가 총회 혹은 노회 차원에서 신사참배를 결의하고 교회 지도자들이 무기력하게 일본 정책에 순응하는 모습을 보고 서구 교회가 "한국 교회는 신앙을 배반했다"고 단정하는 것을 비판하면서 비록 수는 적지만 순교를 각오하고 신사참배를 거부한 신앙인들이 있음을 지적하였다. 반세기도 되지 않은 한국 교회에 중세 가톨릭교회의 폭력 앞에서 신앙 양심을 지키다 순교한 프라하의 후스(John Huss)와 같은 신앙 위인이 나올 것을 기대하기란 시기상조라고 하면서도 그런 기대를 숨기지 않았다. 그는 주기철 목사에게 그런 기대를 걸었다.

그런데 후스 같은 인물들이 있습니다. 세계 모든 기독교인들은 평양에 있는 언덕 위, 평양에서는 제일 큰 교회 중의 하나, 아름다운 벽돌 예배당의 주기철 목사라는 이름을 기억해야만 합니다. 그는 지난 5년간 거의 모든 시간을 감옥 안에서 보냈는데 수도 셀 수 없을 만큼 매를 맞았음에도 교황 앞에 선 루터처럼 견

---

56 C. A. Clark, Home Letter, Oct. 1, 1941.

고하여 흔들리지 않고 있습니다. 그의 나이 어린 아내 역시 그의 확고한 동지가 되어 여러 차례 감옥을 들락날락하였습니다. 경찰은 노회를 앞세워 그의 목사직을 파면시키는 불법을 저질렀습니다. 노모와 나이 어린 자녀들로 구성된 그의 가족은 사택에서 추방되었습니다. 일본에 있는 학교에 다니던 그의 아들은 수업을 계속할 수 없는 처지가 되었습니다. 그럼에도 그는 절을 하지 않을 것입니다.[57]

클라크는 주기철을 '후스 같은 인물', '교황 앞에 선 루터' (Luther before Pope)로 묘사할 만큼 그에 거는 기대가 컸다. 그러면서 방계성, 이기선, 이인재, 최봉석 등 주기철 목사와 함께 투옥된 신앙 동지들에 대한 기대도 숨기지 않았다.

같은 교회에서 주기철 목사를 돕고 있는 방 장로도 거의 대부분 시간을 주 목사와 함께 보냈습니다. 최근 주기철 목사가 너무 많이 매를 맞아 걸을 수조차 없게 되었을 때 방 장로가 그를 업고 감방까지 데려다 준 일이 있는데 그 때문에 방 장로는 심하게 매를 맞았습니다. 이인재도 그 안에 있으며 이기선과 나이 많은 최봉석 외에 12명 정도가 그 안에 있습니다. 신사에 절을 하지 않는다는 이유로 길게, 혹은 짧게 감옥에 갇혔던 기독교인은 근 5천 명이 됩니다. 지금[1941년 10월]도 신앙을 지키며 갇혀 있는 교인이 2백 명은 넘을 것입니다. 다만 몇 명의 교인이라도 이같은 투쟁을 하고 있는 것을 보았다면 한국 교회가 '배교했다'고

---

57 앞 편지.

할 수는 없을 것입니다.[58]

신사참배를 거부했다는 이유로 검속당한 경험이 있는 교인이 '근 5천 명'에 달했고, 옥중에서도 신앙을 지키며 투쟁하고 있는 교인이 '2백 명'을 기록하고 있다는 사실에서 "한국 교회가 배교했다"는 성급한 결론을 내릴 수 없다는 것이 클라크의 주장이었다. 그뿐 아니다.

> 만약 미국 교회가 한국 교회와 같은 상황에 처했다면 과연 미국 교회도 한국 교회와 같은 비율로 고난당하는 교인이 나올 수 있을지 궁금합니다. 아무리 해도 결론을 쉽게 얻을 수 없습니다. 미국인들이 억지로 사당에 끌려 가 사람처럼 생긴 우상, 예를 들어 불상 같은 것에 절을 하라고 강요받을 경우, 차라리 끌려가기보다는 죽음을 택하겠다는 사람이 〔한국과 같은 비율이라면〕 수만 명은 나와야 할 것입니다.[59]

1940년 당시 한국 개신교회 34만 교인 중에[60] 신사참배 문제로 연행되어 조사를 받은 교인이 5천 명(1.5%), 그중에 순교를 각오하고 옥중 투쟁하고 있는 교인이 2백 명(0.06%)에 이르렀으니 같은 비율을 미국 교회에 적용할 경우 적어도 '수만 명'(tens of thousands)

---

58 앞 편지.
59 앞 편지.
60 조선 총독부에서 조사한 1941년 말 현재 기독교인 통계를 보면 천주교 109,210명, 장로교인 262,325명, 감리교인 50,286명, 성결교 9,169명, 성공회 7,738명, 구세군 4,876명이었고 개신교인 총수는 339,499명이었다. 《朝鮮の宗教及享祀要覽》, 朝鮮總督府學務局鍊成課, 1942, 67.

[6] 말세에 '바른 신앙' 지키기

옥중 성도 및 순교자가 나와야 한다는 계산이다.[61] 클라크는 "과연 미국 기독교인 가운데 한국 교회가 처한 현실과 같은 상황에서 목숨을 내놓고 저항할 수 있는 교인이 얼마나 될까?" 생각할 때 그것을 자신할 수 없었다. 이런 클라크의 진술에서 한국 교회에 대한 존경심마저 느낄 수 있다. 미국에 비하면 선교 역사도 짧고, 교세도 미약한 가운데도 외부 지원 없이 오직 신앙의 힘으로 순교 투쟁을 계속하고 있는 옥중 성도들이 있다는 사실만으로 한국 교회는 세계교회에 부끄럽지 않은 역사의 근거를 얻은 셈이다. 주기철 목사를 비롯한 신사참배 거부 '옥중 성도'를 한국 교회의 자존심이라 부르는 이유가 여기에 있다.

---

61 1941년 당시 미국의 정확한 교인 통계는 알 수 없지만 1900년 당시 7천 6백만 명 인구 가운데 7천 3백만이 교인이었고, 1970년대 중반 2억 인구 가운데 1억 8천만이 기독교인이었다는 통계를 참고할 때 1940년대 기독교인을 1억 내지 1억 3천만 정도로 추산할 수 있다. 여기에 한국 교회의 순교를 각오한 투옥 교인 비율(0.06%)을 적용하면 6만에서 7만 명 정도라는 계산이 나온다. David B. Barrett ed., World Christian Encyclopedia: A Comparative Survey of Churches and Religions in the Modern World AD. 1900-2000, Oxford University Press, Oxford, 1982, 711.

이 사람들은 여자와 더불어
더럽히지 아니하고 순결한
자라 어린양이 어디로
인도하든지 따라가는 자며
사람 가운데에서 속량함을
받아 처음 익은 열매로
하나님과 어린양에게 속한
자들이니 그 입에 거짓말이
없고 흠이 없는 자들이더라
—

계 14:4-5

어린양의 신부,
순교의 영광

우리는 요한일서 2장 28절 말씀같이 주가 나타나사 강림하실 때
굳세어 그 앞에서 부끄러움이 없게 해야 할 것입니다. 가령 어떤
여자가 그 남편이 먼 곳에 가서 돈을 모으는 중 딴 남자와 정을
통하여 불의의 관계를 맺고 있을 때 홀연 그 남편이 큰 영광 중에
집에 돌아오게 되면 그 부끄러움과 애식힘이 어떠하리오. 그같이
주님의 신부 된 우리는 어떤 어려운 역경이 있다 해도 주님에게 향한
일편단심을 잃지 말고 우리의 정절을 고이 지켜 주님을 부끄럼 없이
맞아야 하겠습니다. 주님과 한 몸 된 우리는 특별이 이 점에 있어서
주의해야 하겠습니다.
—
주기철의 "주의 재림" 중에서

마지막 날 '천년왕국'에서 그리스도와 함께 왕 노릇 할 성도 '십사만 사천 명'은 그 옷을 더럽히지 아니한 어린양의 신부들이었다. 마귀와 세상으로부터 오는 온갖 유혹과 시험, 시련과 박해 속에서도 믿음의 정절을 지킨 순교자들이었다. 이들에게 영광의 면류관이 씌워질 것은 당연했다.

오직 '예수(耶穌)의 어린양'이기를 원했던 소양(穌羊) 주기철 목사도 하나님의 어린양이 졌던 십자가를 짐으로 순교자에게 주어지는 영광의 면류관을 썼다. 그만 쓴 것이 아니다. 그의 신앙 투쟁에 끝까지 동반했던 아내 오정모 집사, 그리고 맏아들 주영진 전도사까지 순교의 반열에 올랐다.

총독부 경찰 당국은 1940년 9월 20일 '일제 검속'으로 전국에서 193명을 체포한 후 각 지역 경찰서별로 혐의자를 8개월 동안 기소 조차 하지 않고 고문을 가하며 조사만 하였다. 그리고 혐의가 가 볍거나 신사참배를 수용하겠다고 서약한 피의자들은 석방하고 1941년 5월 15일 68명 피의자 명단과 함께 사건을 평양지방법원 검 사국에 송치하였다.[1] 이때부터 사건은 평양 지검에서 담당하게 되었고 지방에서 조사를 받던 피의자들도 평양으로 압송되었다. 1938년 이후 평양이 신사참배 반대운동의 중심 거점이 되었던 관 계로 각 지역별로 진행되던 조사를 평양으로 통합하여 단일 사건, 즉 전국 단위의 '비밀결사'를 조직하려 한 사건으로 처리하려는 경 찰과 사법 당국의 의지가 드러났다.

　　그리하여 평북지역에서 신사참배 반대운동을 지도하던 이 기선 목사와 고홍봉 목사를 비롯하여 서정환, 장두희, 양대록, 김 화준, 박신근 전도사들이 평양으로 이송되었고 1939년 영변에서 검속된 후 신의주경찰서에 구금되어 있던 박관준 장로도 평양으로 이송되었다.[2] 경남지역 신사참배 반대운동 지도자인 한상동 목사 와 주남선 목사, 최상림, 이현속, 조수옥 전도사들도 평양으로 이

1　"朝鮮耶穌敎徒ノ不穩計劃事件", 《朝鮮總督府 帝國議會說明資料》, 제8권(昭和 十八年 第 八十四回), 不二出版, 東京, 1994, 102.

2　박영창, 《정의가 나를 부를 때: 순교자 박관준 장로 일대기》, 두란노, 1998, 359.

송되어 평양과 평북지역 지도자들과 함께 조사받기 시작했다.[3] 이로써 자의로 이루어진 것은 아니지만, 전국의 신사참배 반대운동 지도자들이 평양에 다시 모였다. 1940년 4월 22일 평양 채정민 목사 사택에서 석방된 주기철 목사를 위로하기 위하여 모였던 신사참배 반대운동 남·북지도자 회합 이후 15개월 만의 일이었다. 평양에서 주기철 목사를 다시 만난 한상동 목사의 증언이다.

> 내가 부산에서 검속된 지 1개년이 지난 1941년 7월 10일에 평양으로 옮겨갔다. 평양경찰서에서 하룻밤을 지냈는데, 주님의 은혜로 뜻하지 않게 지금은〔1953년〕순교하시고 안 계신 주기철 목사님이 갇혀 계신 방으로 들여보내 주었다. 나는 너무도 반가웠다. 나는 그 방을 참으로 잊을 수 없다. 주 목사님과 어떤 이야기도 하지 못하게 했다. 주 목사님과는 마지막 말씀할 기회라 생각하고 이미 나는 각오하고 있었다. '연로하신 어머님을 두고 나 먼저 세상을 떠나는 것은…' 하시고 다음은 말씀하시지 못하였다. 간수가 '주 목사님과 말씀 다했지요?' 하고 방해하였다. 부산과 다름없는 평양 간수였다. 그러자 주 목사님은 눈물에 잠기어 침묵하셨다.[4]

검찰 조사가 진행되면서 8월 25일 평양시내 여러 경찰서 유치장에 분산 수용되었던 피의자들이 서성리 창광산 아래 있던 평양

3   주남선, "신사참배 반대 수난기: 출옥성도 주남선 목사 옥고기", 《신사참배 거부 항쟁자들의 증언》, 137; 조수옥, "출옥성도 조수옥 전도사의 증언", 《신사참배 거부 항쟁자들의 증언》, 256.
4   한상동, "주님의 사랑", 122. 한상동 목사는 이튿날 대동경찰서 유치장으로 옮겨졌다가 8월 25일 평양형무소로 이감되면서 다시 주기철 목사를 만나게 되었다.

형무소로 옮겨졌다. 주기철 목사도 이때 형무소로 이감되었다. 이 과정에서 신사참배 반대운동 지도자들은 다시 한 번 전체가 만날 수 있었다. 이들의 관심은 가장 오랜 기간, 가장 혹독한 시련을 겪으면서도 신앙의 지조를 지킴으로 신사참배 반대운동의 정신적 지주로 부각된 주기철 목사에 쏠려 있었다. 주남선 목사의 증언이다.

1941년 8월 25일 갑자기 우리 일행을 불러내어 형무소로 데리고 갔다. 문 앞의 차에서 나섰을 때 최상림 목사가 주기철 목사를 향해 보고, '주 목사는 얼굴이 광채가 난다.' 고 하여 그 말을 듣고 서로 밝은 기쁨이 충만하였다. 다시 나오지 못할 옥문을 열고 들어가는 순교자들의 얼굴에는 기쁨이 충만하였던 것이다.[5]

평양경찰서 유치장 안에서 1년 가까이 주기철 목사와 무언의 '손가락 대화'를 나누었던 안이숙도 같은 내용을 증언하였다.

사무실에는 성도들이 모두 제각기 소지품을 간수에게 맡기고 자기의 이름을 대신할 번호표를 받고 있었다. 나는 다시금 그들의 얼굴을 하나씩 자세히 보았다. 주 목사는 조각한 얼굴같이 희고 아름다운 얼굴, 안질로 인한 빨간 눈에는 눈곱이 아직도 끼었었다. 나는 쏟아질듯 한 설움을 꾹 참고 절을 했다. 그도 절을 하고 미소를 띠었다.[6]

5   주남선, "신사참배 반대 수난기: 출옥성도 주남선 목사 옥고기", 《신사참배 거부 항쟁자들의 증언》, 138.
6   안이숙, 《죽으면 죽으리라》, 176.

이로써 평양형무소는 신사참배 반대운동 지도자들의 최종 집합소가 되었다. 다른 지역에서도 유사한 혐의로 기독교인들이 구속되어 고난당한 경우가 없지 않았지만[7] 수감자의 규모(68명)나 혐의 내용(비밀결사 조직 음모)에서 평양형무소 수준을 따르지 못하였다. 평양이 한국 교회 신사참배 반대운동의 구심점이 되었듯 평양형무소는 신사참배 반대운동가들의 수난 현장이 되었다.

사건을 넘겨받은 평양 지검에서도 피의자들에게 별다른 조사를 하지 않은 채 시간을 끌었다. 이는 경찰에서 이미 1년 넘게 조사한 관계로 사건 내용을 소상히 파악하고 있었기 때문이기도 했지만 사건을 조속히 종결짓기보다는 되도록 지연시켜 가능한 한 피의자들을 형무소 안에 오래 구금시켜 놓으려는 정치적 계산 때문이었다. 즉 정부 당국의 종교 정책을 거부하는 '반체제' 저항 세력을 교회와 사회로부터 격리시켜 사회적 안정 체제를 유지하려는 정치적 의도가 깔려 있었다. 그리고 장기 투옥으로 인해 신사참배 반대운동자들의 저항의지가 약화되기를 기대한 측면도 있었다. 따라서 형무소에 갇힌 피의자들에 대한 검찰의 조사는 '회유'와 '협박'으로 일관되었다.

---

7 대표적인 예로 1940년 9월 20일 '일제 검거령'이 발포되었을 때 전남 순천에서 박용회, 선재련, 김형모, 김상두, 라덕환, 오석주, 김정복, 양용근, 김형재, 강병담, 안덕윤, 선춘근, 박창규, 김순배, 임원석 등 순천노회 소속 목회자 15명이 '재림신앙'을 선전하며 '비밀결사'를 조직했다는 혐의로 체포되어 광주형무소에 수감되어 있었고, 같은 순천노회 소속인 이기풍 목사와 손양원 전도사도 신사참배 반대운동 혐의로 체포되어 광주형무소에 수감 중이었다. 김승태, "1940년대 일제의 종교 탄압과 한국교회의 대응-전남 순천노회 박해사건을 중심으로", 《서암 조항래 교수 화갑기념 한국사학논총》, 아세아문화사, 1992; 김수진·주명준, 《일제의 종교탄압과 한국교회의 저항- 순천노회 수난사건을 중심으로》, 쿰란출판사, 1996; "전남순천노회 박해사건 판결문", 《신사참배 거부 항쟁자들의 증언》, 267-294; "출옥성도 손양원 목사 신문조서 및 판결문", 《신사참배 거부 항쟁자들의 증언》, 295-336.

그리하여 경찰에서 용의자 조사 기한인 1년을 채우고 검찰에 피의자로 넘긴 것처럼, 검찰에서도 기소하기 전 인신을 구속할 수 있는 법적 기한인 1년을 채우고 1942년 5월 12일에야 (68명 피의자 중) 35명을 예심재판에 회부하고 8명을 기소유예, 25명을 불기소 처분하는 것으로 사건을 정리하였다.[8] 사건을 넘겨받은 평양 지방법원도 느리게 가기는 마찬가지였다. 재판부에서는 기소된 35명 피의자를 정식 공판에 회부하기 전 예심법원(豫審法院)에 넘겼다. 이때부터 피의자들은 길고 긴 예심 재판을 받았다. 이들에 대한 예심 종결이 끝나고 정식으로 평양지방법원 공판에 회부하기로 결정된 것이 1945년 5월 18일이었으니[9], 피의자들은 무려 3년 동안 '미결수' 상태로 평양형무소에서 복역하였다. 정식 재판에 넘기기 전 경찰이나 검사 조사 과정에서 작성된 혐의 사실과 이에 관한 증거들을 심사하여 억울한 피의자를 구제하기 위한 예심 제도를 재판 지연의 수단으로 삼은 것이다. 사법 당국은 재판 없이 피의자를 장기 구금할 수 있는 '법적' 장치를 최대한 이용하였다. '합법'을 가장한 '불법' 행위였다.

그리고 경찰이나 검사 조사 과정에서도 그랬지만 예심 과정에서도 사건의 진실을 밝히려는 것보다는 '회유'와 '협박'을 통한 신사참배 반대 의지를 꺾으려는 정치적 의도를 드러냈다. 그 같은 의도는 기소된 지 4개월이 지난 1942년 9월에 처음으로 예심 신문을 받은 한상동 목사의 경우에서 드러났다.

법정에 가서 예심 판사를 만났는데 대단히 친절히 하여 주며 왜

8 "朝鮮耶穌教徒ノ不穩計劃事件", 《朝鮮總督府 帝國議會說明資料》, 제8권(昭和 十八年 第八十四回), 不二出版, 東京, 1994, 101-102.

9 〈李基宣外 二十人 豫審終決書〉, 平壤地方法院, 1945. 5. 18.

예수를 믿었느냐? 신앙의 동기 또는 신학한 동기 등을 물었다. 그리고 마지막으로 일본 나라의 '신'(神)에 대하여 어떻게 생각하느냐 하였다. 물론 내가 일본 왕에게 충의를 다하겠다는 성의가 있었을 줄 알았던 것이다. 그리하여 일본 국가를 위하여 힘써 달라는 말로 설유하고 그날 출옥시킬 예정이었다. 그리고 나도 출옥하리라고 믿었다.[10]

판사의 회유에 마음이 기울어졌으나 정작 한상동 목사의 입에서 다른 말이 나왔다.

그러나 주께서 나의 마음을 주장하사 일본 왕에게 충의를 다하겠다는 말을 하지 못하도록 만들어, 온천하가 캄캄하여 이에 대하여 한 마디도 하지 못하도록 나의 입을 막으시는 체험을 나만이 알 수 있었다. 검사는 다시 물었다. 나는 할 말이 없어 생각해 보지 못하였다고 대답하였다. 검사는 목사로서 일본 국체(國體)에 대하여 생각하여 보지 못하였다는 말을 너무도 뜻밖의 대답이라고 하면서 내가 능히 대답할 수 있을 정도로 대답할 말을 가르쳐 주었다. 그러나 나는 할 말이 없었다. 20분가량 기다리다가 검사는 화가 나서 오늘날 우리 일본 청년들이 누구를 위하여 전지(戰地)에 나가서 죽느냐? 하며 '바가(바보)! 바가! 바가!'하고 수십 차례나 욕을 하였다.[11]

다른 피의자들도 비슷한 내용의 '회유'와 '협박'의 예심 신문

10 한상동, "주님의 사랑", 126.
11 한상동, "주님의 사랑", 126.

을 받았다. 1942년 9월 예심은 한상동 목사를 비롯한 경남지역 신사참배 반대운동 지도자들에게 집중된 것으로 보인다. 주기철 목사를 비롯한 평양과 평북 지역 지도자들에 대한 예심은 해를 넘겨 1943년 I월에 이루어졌다.[12] 그때 예심 법정에 출석하기 위해 나온 주기철 목사의 모습을 안이숙이 다음과 같이 증언하였다.

> 그 뒤에 나오시는 주기철 목사를 보았다. 그야말로 목자를 따라 가는 어린양의 모습 같았다. 얼마나 거룩해 보이고 그 얼마나 성결해 보이고 그 얼마나 고상한지. 햇빛을 못 본 그의 조각상 같은 미모의 얼굴은 맑고 희며, 발산되는 듯이 느껴지는 그의 순교열(殉敎熱)은 뜨거운 인상을 내 마음 속에 새겨주는 것 같았다.[13]

경남 지역 피의자들과 마찬가지로 평양과 평북지역 피의자들도 남정(南町)에 있던 평양 재판소로 호출되어 개인별로 예심 판사와 검사 앞에서 신문을 받았다. 예심 재판정 모습을 안이숙은 다음과 같이 묘사했다.

> 재판소에는 판사가 높은 자리에 앉았고 검사가 그 옆자리에 있고 서기들이 밑에서 필기 준비를 하고 큰 테이블 좌우에 대기하고 있었다. 나는 그들이 위엄을 채리고 나를 정죄하여 보려고 노

12　안이숙이 1943년 I월 초 예심 재판정에 나가 함께 신문받은 피의자에 대해 최봉석·이기선·주기철·박관준·오윤선·방계성·박신근·이광록·서정환 등 평양과 평북 지역 인사들은 자세하게 소개하면서 "이 외에도 한상동 목사나 이인재 전도사와 조수옥 씨와 몇 분 더 목사들이 있는 것을 알지만 이 가운데 보이지 않았다. 그들은 모두 부산서 넘어온 분들이기 때문에 여기에 섞이지 않은 것 같다"고 진술한 것에서 그 사실을 확인할 수 있다. 안이숙, 《죽으면 죽으리라》, 214-215.

13　안이숙, 앞 책, 214.

력을 부리는 것이 얼마나 우스꽝스러워 보여서 마음속으로 웃음
이 터질듯 한 것을 참고 예수인답게 자연스러운 태도로 지명해
주는 자리에 가서 서 있었다.[14]

신문 내용은 한상동 목사의 경우처럼 경찰과 검찰 조서 과
정을 바탕으로 신앙과 신사문제, 천황제도에 대한 입장을 재확인
하는 것으로 진행되었다. 대화는 주로 검사와 피의자 간에 논쟁으
로 전개되었다. 회유 가능한 자와 불가능한 자를 구분하려는 의도
가 다분히 반영된 신문이었다. 경찰이나 검찰 조사과정에서 그러
했던 것처럼 예심 과정에서도 회유당해 석방된 피의자들도 나왔지
만[15] 계속해서 진행된 신사참배 반대운동자들에 대한 검거로 그 수
는 다시 채워졌다. 즉 피의자에 대한 예심 재판이 본격화된 1943년
1월, 마산에서 신사참배 반대운동을 전개하다 체포된 손명복, 최덕
지 전도사가 평양형무소로 이감되어 앞서 구속된 피의자들과 동일
사건으로 재판을 받게 되었다. 이들은 1942년 8월에 단행된 경남지
역 2차 일제 검속 때 김두석, 염애나, 박인순, 송복덕, 배학수, 이술
연, 김영숙, 조복희, 강성화, 김야모, 김수영, 이약신 등과 함께 체
포되었는데 조사과정에서 평양형무소에 수감 중인 한상동, 이인
재, 조수옥 등과 관련된 사실이 드러나 평양으로 이송된 것으로 보
인다.[16] 이들의 합류는 장기 구속으로 인해 지쳐 있던 평양 수감자
들에게 힘이 되었다. 손명복 전도사는 앞서 들어와 있던 '선배'(?)
들로부터 무언의 환영을 받았다.

14 앞 책, 219.
15 회유당해 석방된 이들에 대한 정보는 극히 빈약하다. 다만 김요나는 "끝 무렵에 가
서 무너진" 인물로 김화식, 이유택 목사 등의 이름을 언급하고 있다. 김요나, 앞 책, 432.

손명복 전도사는 남자들이 수용되어 있는 감방으로 들어가고 최덕지 전도사는 여죄수들이 수감된 제5감방에 들어갔다. 남자 감방엔 최상림, 주기철, 이기선, 최봉석, 한상동, 주남선 등의 목사들과 이인재, 이현속 전도사, 박관준 장로, 박신근 집사 등 낯익은 분들이 많이 있었다. 손명복 전도사는 형무소 1동 제4감방에 수감되었다. 옆방 제5감방에는 이현속 전도사가 있었다. 제6감방엔 최봉석 목사, 제7감방엔 주기철 목사가 수감되어 있었다.[17]

그런데 손명복 전도사와 최덕지 전도사가 평양으로 이송된 것이 공교롭게도 주일이었다. 이들은 '주일 이송'을 거부하다가 강제로 끌려서 평양으로 옮겨졌다. 이들의 투쟁 의지는 더욱 타올랐다. 최덕지 전도사는 평양형무소로 들어서자마자 신앙 투쟁의 불길을 당겼다.

평양형무소에 최[덕지] 선생이 수감될 때 앞서 와 있던 성도들이 많았다. 그 중에 안이숙 선생, 조수옥 선생 등이 있었다. 조수옥 선생의 눈에 비친 최 선생의 속옷 차림 모습은 몹시도 초췌하여 저 분에게 영양을 도와야겠다고 느꼈다. 최 선생이 평양형무

---

16   심군식은 이들의 검속이 1941년 9월 초로 보고 손명복과 최덕지의 평양 이감을 1942년 1월로 기록하였으나(심군식,《손명복 목사의 생애와 설교》, 54) 다른 피의자들의 회고록, 특히 평양 지방법원 예심종결서에 나온 손명복과 최덕지 혐의 사실이 '1942년 7월 행적'까지 포함하고 있는 것으로 보아 '1942년 8월 체포-1943년 1월 평양 이송'으로 보아야 할 것이다. "第十四 被告 金德支(최덕지)", "第十五 被告 廣田明復(손명복)", 〈李基宣外二十人 豫審終決書〉, 平壤地方法院, 1945. 5. 18; 최종규,《이 한 목숨 주를 위해: 최덕지 목사 전기》, 대한예수교장로회 재건교회, 1981, 85-92; 김두석, "감나무 고목에 핀 무궁화",《신사참배 거부 항쟁자들의 증언》, 66-67.

17   심군식,《손명복 목사의 생애와 설교》, 57.

소에 도착한 것은 늦은 오후였다. 제5감방에 수감되었다. 모든 사람이 저녁 식사를 마치고 쉬는 시간이다. 최 선생은 고함을 쳤다. '지금 우리 다함께 하나님께 예배드립시다.' 찬송을 우렁차게 불렀다. 모든 감방에서 있는 자가 놀랐다. 그보다 당황한 자는 지키던 간수였다. '멈추라, 멈추라' 고함쳤다. 그 소리보다 찬송은 힘 있게 온 감방에 울려 퍼졌다. 이렇게 하여 평양에서의 싸움은 시작되었다.[18]

신앙인들에게 평양형무소는 감옥이 아니라 신앙 투쟁 장소였다. 찬송 소리가 울려 퍼진 평양형무소는 '옥중 교회'였다. 이 무렵 평양뿐 아니라 부산과 광주, 서울, 청주, 대전, 대구, 철원, 회양, 함흥, 재령, 만주 안동 등지 경찰서와 형무소에도 신사참배를 비롯한 일본의 종교 정책을 비판, 거부하였다는 이유로 체포, 수감된 가운데서도 '옥중 투쟁'을 하는 기독교인들이 상당 수 있었다.[19] 이들의 옥중 투쟁은 체포와 구금만으로 기독교인의 신앙 양심을 제압할 수 없다는 사실을 확인시켜주고 있었다. 그중에도 가장 오랜 기간 옥고를 치르고 있음에도 '굴하지 않는' 신앙인의 자세를 보여준 '평양형무소 제1동 제7감방'의 주기철 목사가 이러한 양심적 신앙인들의 '옥중 투쟁'을 대표하는 상징 인물이 되었다.

18   최종규, 《이 한 목숨 주를 위해: 최덕지 목사 전기》, 92-93.
19   일제 말기 신사참배 문제로 인해 투옥된 기독교인에 대한 정확한 통계를 낼 수 없으나 대략 전국에서 2천여 명이 체포되었고 그중 50여 명이 순교한 것으로 보고 있다. A. D. Clark, A History of the Church in Korea, The Christian Literature Society of Korea, Seoul, 1971, 230.

'처벌'보다는 '격리'가 목적이었던 관계로 예심에 넘겨져 평양형무
소에 수감된 피의자들은 조사나 재판을 받기보다는 감방 안에서
예측할 수 없는 지시를 기다리는 것 밖에 할 일이 없었다. '미결수'
신분이었던 이들 종교적 '양심범'들은 각 방으로 분산되어 일반 잡
범들과 함께 수용되었다. 이들을 파렴치한 일반 잡범들과 함께 수
용한 것은 수치감과 모멸감을 주려는 의도였다. 그러나 성직자와
교인들은 그것을 오히려 전도의 기회로 삼았다. 한상동 목사의 증
언이다.

> 그리고 나서 각방으로 나누어 들어갔다. 나 있는 감방에는 마
> 침 믿다가 낙심한 청년 한 사람이 있어 구약 성경을 가지고 있었
> 기 때문에 그 때부터 하나님의 말씀을 보게 되어 하나님께 감사
> 를 드렸다. 매일 성경을 감방 죄수들과 공부하기 시작하였다. 그
> 때 마침 신의주에 사는 김형석이라는 사람이 들어왔기에 전도하
> 였더니 도리어 업신여기며 반대하였다. 그러다가 성경 공부하는
> 말씀을 듣고 감화를 받아 자기도 회개하고 믿겠다고 작정하였
> 다. 그가 성경을 열심히 공부하여 나에게 세례를 받겠다고 청하
> 여 1942년 1월 첫 주일에 세례를 베풀었다. 그 후 김종원이라는
> 청년에게도 세례를 주었다.[20]

---

20 한상동, "신사참배 수난기", 138.

감방 안에서 전도하고, 성경을 공부하며, 세례까지 베풀어졌다. '옥중 목회'가 이루어진 것이다. 자유를 박탈당한 제한된 공간 안에서 이루어진 예배와 공부였기에 은혜가 더했다. 그리고 그 효과도 컸다. 각 방마다 성직자들이 있었기에 형무소 안의 모든 감방이 '교회'가 될 수 있었다. 주기철 목사가 수감된 감방 또한 마찬가지였다.

5호 감방 복도 건너편에 주기철 목사 감방이 있었다. 독방은 아니었고 여러 죄수들과 함께 있었다. 주기철 목사는 그 감방 안에서 만나는 사기범, 강도, 폭력배, 살인자, 도박꾼, 사상가, 독립투사 등 여러 사람에게 복음을 전하였다. 이인재 전도사는 주기철 목사가 있는 감방 맞은편에 있어 늘 주 목사의 얼굴 보기를 원했다. 그러나 좀처럼 볼 수 없었다.[21]

형무소로 이송되는 과정에서, 그리고 한 차례 예심 법정으로 가는 도중에 서로 얼굴을 본 이후 피의자들이 함께 만날 수 있는 기회는 없었다. 그만큼 철저히 격리시켰다. 그러했기에 피의자들은 서로의 안부가 궁금했다. 이인재 전도사는 특히 자신과 맞은편에 수감되어 있던 주기철 목사를 보고 싶었다. 그는 모험을 하였다.

어느 아침 점호 시간이었다. 이인재 전도사는 감방 안에서 맞은편 감방 사람들의 점호 광경을 구경하기 위하여 밥그릇을 들이고 내어주는 구멍의 문을 열었다. 밖을 내다보려고 그렇게 한 것이었다. 순전히 주기철 목사의 얼굴이라도 한번 보고 싶어서 그

21 심군식,《이인재 목사의 생애와 설교》, 105.

렇게 했다. 밥그릇 들이고 내어주는 구멍문을 열고 밖을 살펴보려는데 불호령이 떨어졌다. '누구야!' 이인재는 깜짝 놀라 안에서 대답했다. '315번입니다.' 315번 이것은 이인재 전도사의 감옥 안에서의 대명사였다. '왜 문 열었어!' '소제하다가 열었습니다.' 그러나 이것은 반 거짓말이었다. 주기철 목사가 보고 싶어 문을 열었다. '주 목사 얼굴에 광채가 난다'는 이야기를 듣고 그 모습을 보기 위해서 문을 연 것이었다.[22]

"주기철 목사 얼굴에서 광채가 난다"는 당시 형무소 안에서 돌던 말이었다. 1941년 8월 25일 평양형무소로 이송되는 과정에서 최상림 목사가 주기철 목사의 얼굴을 보고 한 말인데 이 말이 퍼져 주기철 목사의 얼굴을 보려는 사람들이 많았다. 이인재 전도사도 그런 호기심에서 형무소 규율을 어기고 감방 쪽문을 열었던 것이다. 주기철 목사가 이미 순교 전부터 형무소 안에서 '옥중 성자'로 추앙받고 있었다.

그러나 형무소 안의 수감자들보다 주기철 목사를 더욱 보고 싶은 사람들이 있었다. 주기철 목사의 가족이었다. 부인 오정모 집사와 가족은 감옥 안의 주기철 목사를 면회하면서 함께 '신앙 투쟁' 의지를 다졌다. 1941년 9월 주기철 목사의 맏아들 주영진도 그런 식으로 면회하고 투쟁 의지를 다졌다. 아버지의 뒤를 이어 목회자가 되기로 결심하고 일본에 건너가 루터신학교와 일치신학교에서 수학하다가 신사참배 문제로 학업을 중단하고 귀국한 직후였다. 막내 동생 주광조의 증언이다.

22 심군식, 앞 책, 105-106.

그[주영진]는 바로 평양형무소로 찾아가 주 목사와 면회를 하였다. 아버지의 고난에 동참하지 못하고 긴박한 사태를 외면한 채 멀리 일본으로 피난 가서 조용히 지내온 것을 자책하였다. 그리고 이제는 아버지와 같이 일사각오로 투쟁하겠다고 자신의 의지를 결연히 밝혔을 때 오히려 주 목사는 나서지 말고 조용히 때를 기다리라고 타일렀다. 3년 만에 이뤄진 부자간의 만남에서 주영진은 주 목사의 뜻과 그 깊은 사려를 이해하면서도 조용히 숨어 살기에는 자신이 너무나 비겁해 보이고, 일본 신사참배 강요에 맥없이 굴복하고 믿음의 절개를 버린 선배 교역자에 대한 울분을 삭혀낼 수 없었다.[23]

주영진은 아버지를 면회하고 온 직후 평양경찰서에 연행되어 20일간 조사를 받고 풀려났다. 그리고 어머니로부터 "이제 너는 평양을 떠나라. 이곳은 네가 있을 곳이 못된다"는 지시를 받고 평양을 떠났다. 남편은 비록 감옥에 갇혀 순교를 앞두고 있지만 아들까지 잃을 수 없다는 어머니의 마음이었다. 이후 주영진은 서울과 인천, 황해도, 부산 등지 친척과 교인들의 집을 전전하며 숨어 지내다가 아버지의 순교 소식을 듣고서야 평양으로 돌아왔다.[24]

주기철 목사가 예심에 회부되어 평양형무소로 이감된 후 당국은 '미결수'란 이유로 가족들의 면회까지도 제한하였다. 1942년 가을이 되어서야 부인 오정모 집사는 형무소에 갇힌 주기철 목사를 면회할 수 있었다.[25] 오정모 집사는 주기철 목사에게 아내이기 전에 신앙 동지요 후견인이었다. 주기철 목사가 투옥되고 산정현

23 주광조, "주영진 전도사의 생애와 순교", 47.
24 주광조, 앞 글, 48-49.

교회가 폐쇄된 이후에도 신사참배를 거부한 교인들을 규합하여 '지하교회' 형태로 남편이 해야 할 '목회'의 일부분을 감당하였다. 그 때문에 오정모 집사는 "전후 13회나"[26] 경찰에 소환되어 조사를 받았다. 오정모 집사는 주기철 목사의 순교를 당연한 것으로 인식하고 그의 의지가 약해질 때마다 격려하며 순교 의지를 다지도록 이끌었다. 보석 운동을 하라는 간수와 주변의 권고를 거부한 이유도 분명했다. 안용준의 증언처럼 오정모 집사는 "주 목사님을 생명같이 사랑하지만 예수님을 생각할 때는 주 목사님이 당하시는 어려움이란 둘째 셋째 같았고 또 순교하시는 것이 주 목사님에게 있어서는 두 번 없는 기회이라 이를 단념할 수 있었다."[27]

이런 신앙을 소유하였기에 오정모 집사는 주기철 목사를 면회하러 가서 "만일 당신이 신사참배를 허락하고 나오면 나와는 이혼할 것을 각오하고 나오시오"[28]라고 독한(?) 말을 할 수 있었다. 이 같은 엄격함은 자신과 자녀들에게도 그대로 적용되었다. 즉 "주일을 금식일로 전하고 온 집안이 이에 기도하도록 하였다. 그 밖에 한 달에 3일씩 연달아 금식 기도도 시켰다. 어린 자녀들에게는 언제나 아버지가 옥중에서 고생하고 계시는데 우리가 더운밥에 더

---

25 이때 면회 과정에서 형무소 수인 기록에 주기철 목사의 이름이 '新川基徹'로 바뀌어 있음을 확인하였다. 이는 주기철 목사 자신이 한 것이라기보다는 웅천에 있던 주기철 목사 집안 어른들이 창씨개명 압력에 따라 성을 '新川'(아라카와 혹은 신카와)으로 바꾸어 형무소 안에 있는 주기철 목사의 이름도 집안의 결정에 따라 바꾼 것으로 보아야 한다. '신천'은 주씨의 본관인 '신안'(新安)과 집성촌을 이룬 '웅천'(熊川)에서 따온 것으로 보인다. 다만 주기철 목사가 이런 집안의 결정을 자의로 수용한 것인지, 아니면 형무소 당국의 독단에 의해 이루어진 것인지 여부는 분명치 않다. 민경배, 앞 책, 228-229; 김요나, 앞 책, 388-389.

26 안용준, "주기철 목사와 그 부인", 《태양신과 싸운 이들》, 66.

27 안용준, 앞 글, 67.

28 최병문, 앞 책, 60.

운 방에서 맛있는 반찬을 어떻게 먹을 수 있느냐며 간소한 생활을 했으며 기도와 성경 읽기도 강압적으로 했다."[29] 그런 오정모 집사는 자녀들에게 "세상에서 제일 지독한 사람", "어머니로서는 낙제", "매정한 계모"였다.[30]

그러나 오정모 집사는 경건을 향한 강렬한 의지가 있었기에 "주기철을 순교로 이끌고 간 이 세상 단 하나의 반려자"[31]로서 흔들리지 않는 자세를 유지할 수 있었다. 이처럼 평양형무소 안에 수감된 주기철 목사를 비롯한 종교적 양심범들과 주기철 목사의 가족 및 폐쇄된 산정현교회 교인들은 신앙 양심을 지키기 위해 타협하지 않는 '고집스런' 자세로 수난의 길을 함께 가고 있었다. 정도의 차이가 있을 뿐 감옥 안과 밖이 구분되지 않는 고난의 시대였다.

29 김요나, 앞 책, 449.
30 앞 책, 445-457.
31 민경배, 앞 책, 211.

거센 반역의 역사 흐름 속에서 타협하지 않는 신앙 양심으로 저항
의 역사를 만들어가고 있던 '종교적 양심범'들이 수감된 감옥 안의
상황은 시간이 흐를수록 악화되었다. 전세가 일본에 불리하게 기
울기 시작한 1944년 들어서 형무소 사정은 급속히 악화되었다. 손
명복 전도사의 증언이다.

> 평양형무소는 겨울에 춥고 여름에 더운 곳이다. 겨울엔 추위 때
> 문에 여름엔 갖가지 질병 때문에 어려움을 겪는다. 특히 여름의
> 빈대는 이길 재간이 없다. 그러나 그런 것보다 더 참기 어려운
> 것은 배고픈 것이었다. 일제는 전세가 기울면서 감방 안에 사식
> 이 금지되었고 밥도 콩밥에서 콩깻묵 뭉치로 변하였다. 가축의
> 사료 같은 것을 식사라고 들여보냈다. 그것으로는 건강을 지속
> 할 수가 없었다. 배가 고파 견딜 수 없고 영양실조로 넘어갔다.[32]

건강했던 사람도 들어가면 병자가 되어 나온다는 평양형무
소에서 2년 넘게 고문과 악형을 당하며 수감되어 있던 '옥중 성도'
들의 건강도 급속히 악화되었다. 평소에 몸이 약했던 성직자들은
더욱 큰 고통을 겪었다. 오래전부터 결핵을 앓고 있던 한상동 목사
가 그런 경우였다.

---

32 심군식,《손명복 목사의 생애와 설교》, 59.

나의 폐병은 날로 위독하여 형무소에서도 이 사람은 아무래도 살지 못할 사람으로 알고 있었으며, 나도 죽을 줄 알고 몇 번이나 '오! 주여 어서 데리고 가시옵소서. 나의 한 날의 생활이 괴롭습니다.' 하였다. 나의 마음은 뜨거웠다. 나는 주님을 위하여 옥중에서 세상을 떠나게 되는 것이 너무 감사하였다. 아! 나는 진실로 나의 생명보다도 주님을 더 사랑하게 되었다. 나는 밤마다 '오늘 밤에나 데리고 가실런지?' 하고 기대하였다.[33]

고문과 악형으로 이어지는, 언제 끝날지 모르는 고난의 시간 속에서 "죽음은 차라리 축복"이라는 생각을 갖게 된 것은 당연했다. 이들은 타협해서 살기보다는 신앙 양심을 지키다 죽음으로 하나님과 자신에게 부끄럽지 않는 삶을 보여주기를 소원했다. 한상동 목사만이 아니었다. 형무소 안의 '옥중 성도'들은 모두 '죽음을 향한 열정'을 갖고 있었다. '주를 위해 죽기'를 원하는 이들에게 죽음은 감사함으로 거쳐야 할 통과의례였다. 그들에게 죽음은 피할 두려움이 아니라 기다리는 은혜였다.

신사참배를 거부하였다는 이유로 검속되어 고문과 악형을 견디지 못하고 목숨을 잃은 '순교자'들에 대한 소식은 이미 오래전부터 여러 곳에서 들려오고 있었다. 1940년 8월 14일 경남 진영교회 조용학 영수가 신사참배를 반대하였다는 이유로 김해경찰서에 연행되어 고문을 받다가 뇌를 다쳐 가족들에게 인계된 지 10일 만에 부산 철도병원에서 별세함으로 "신사참배 문제로 인한 최초의 순교자"가 되었다.[34] 1941년에는 만주지역 신사참배 반대운동을 이

---

33 한상동, "주님의 사랑", 127.
34 김승태, 《신사참배 거부 항쟁자들의 증언》, 391-394.

끌던 박의흠 전도사가 체포되어 만주 봉천(심양) 형무소에서 복역 중 순교하였다는 소식이 전해졌다.[35] 1942년에는 감리교 쪽에서 순교자가 나왔다. 철원읍교회 강종근 목사가 서대문형무소에서 복역 중 고문 후유증으로 병이 악화되어 세브란스병원으로 옮겨졌다가 6월 3일 순교하였으며[36] 12월 16일에는 삼척 천곡교회 최인규 권사가 대전형무소에 수감 중에도 동방요배와 황국신민서사를 거부한 이유로 악형을 받다가 순교하였다.[37] 1943년 5월 3일에는 박의흠 전도사와 함께 만주에서 신사참배 반대운동을 지도하다 체포되어 봉천형무소에 수감 중이던 김윤섭 전도사가 별세하였으니[38] 박의흠 전도사보다 1년 늦은 순교였다.

1944년 들어서서 순교자의 수가 급증하였다. 동아기독교(침례교)의 감목(총회장)까지 역임했던 전치규 목사가 '재림 신앙'을 선전했다는 이유로 체포되어 함흥 형무소에 복역 중 1944년 2월 13일 "피골이 상접하여 주려 죽은" 상태로 발견되었다.[39] 그리고 이틀 후인 2월 15일 대구 형무소 안에서는 목포 양동교회 박연세 목사가 '동사'(凍死)한 상태로 발견되었다. 그는 '원탁회'라는 항일 비밀결사를 조직했다는 혐의로 1942년 11월 체포되어 복역 중 비참한 최후를 맞았다.[40] 같은 해(1944년) 4월 13일, 민족의식이 강했던 회양읍교회 권원호 전도사가 '불경죄'와 '치안유지법' 위반 혐의로 체포되어 재판을 받고 서울 서대문형무소에 복역 중 병감에서 숨을 거두

35 김문제, 《수진제단-재건교회》, 대한예수교장로회재건서울중앙교회, 1963, 37-44.
36 김춘배, 《한국기독교수난사화》, 성문학사, 1969, 123-124.
37 김춘배, 앞 책, 93-96.
38 김문제, 《수진제단-재건교회》, 54-57.
39 김춘배, 앞 책, 87-88.
40 김수진, "민족구원에 앞장섰던 박연세 목사", 《호남선교 100년과 그 사역자들》, 고려글방, 1992, 157-267.

었다.[41] 그리고 다시 두 달 후, 1944년 6월 4일에는 충북 연풍교회의 허원훈(허성도) 목사가 교인들에게 '말세론'을 가르쳤다는 혐의로 체포되어 10월 징역형을 선고받고 대전형무소에 수감 중 형무소측의 식사 공급 중단으로 "주려 죽고" 말았다.[42] 수감자들의 식량마저도 줄여야 하는 전쟁 막바지에 이르렀던 것이다. 같은 해 성결교에서 순교자 두 명이 나왔는데 1944년 8월 15일 철원 성결교회의 박봉진 목사가 철원경찰서에 연행되어 고문을 받고 풀려난 지 5일 만에 철원 도립병원에서 숨을 거두었고,[43] 함흥 동부성결교회 김련 목사는 함흥 헌병대에 연행되어 고문을 받던 중 유치장 안에서 순교하였다.[44]

1944년 평양에서도 순교자가 나왔다. 평양형무소에 수감된 '옥중 성도' 가운데 최고령(76세)이었던 최봉석 목사는 1944년 3월부터 금식기도에 들어갔다. 그의 단식은 죽음을 끌어당겨 남은 고난의 시간을 단축하려는 의지를 담고 있었다. 40일 금식 기도를 마친 4월 10일에 이르러 그의 몸은 회복 불능 상태에 빠졌다. 형무소 당국은 병보석으로 그를 가족들에게 인계하여 평양 연합기독병원에 입원시켰으나 결국 회복하지 못하고 4월 25일 "하늘에서 전보가 왔구나. 하나님이 나를 오라고 부르신다"는 말을 남기고 숨을 거두었다.[45] 닷새 전 순교한 주기철 목사의 장례식이 거행되던 바로 그 날이었다.

41 윤춘병·조명호,《마라나타》, 보이스사, 1990, 50-68.
42 김춘배, 앞 책, 83-84; 전순동,《충북기독교 100년사》, 충북기독교선교100주년기념사업회, 2002, 797-798.
43 오영필,《성결교회수난사》, 기독교대한성결교회출판부, 1971, 23-25.
44 김춘배, 앞 책, 112-113.
45 심군식,《손명복 목사의 생애와 설교》, 62-63.

그리고 한 달 후인 5월 23일 이현속 장로가 평양형무소 안에서 숨을 거두었다. 함안읍교회 장로였던 그는 한상동, 주남선 목사 등과 경남지역 신사참배 반대운동을 주도하다 체포되어 평양으로 압송된 후 오랜 수형생활로 영양실조에다 옴으로 회복 불능상태에서 4월 병보석으로 가석방되었다. 그때 평양에 올라와 있던 한상동 목사 부인(김차숙)과 주기철 목사 부인(오정모)의 보살핌으로 건강이 회복되자 다시 수감되었다가 한 달 만에 희생되었던 것이다. 해를 넘겨 1945년 초 박관준 장로가 일본 패망을 예언하며 금식 기도에 돌입했다. 역시 40일 금식 기도 후 건강이 극도로 악화되어 병보석으로 풀려나 집으로 돌아온 지 5일 만인 3월 13일, "하늘 가는 밝은 길이 내 앞에 있으니" 찬송을 부르며 숨을 거두었다.[46]

이 같은 순교 소식을 전해 들은 '옥중 성도'들은 두려움과 절망 대신 오히려 '순교 열정'이 타올랐다. 그러나 순교는 아무나 할 수 있는 것이 아니었다. 누구보다 순교를 향한 열정에 불탔으나 끝내 뜻을 이루지 못한 이기선 목사의 말이다.

내가 아무리 순교할려고 해봐도 못했다. 순교는 인위로 되는 것이 아니라 하나님의 축복으로 되는 것을 깨달았다.[47]

순교가 감옥 밖의 사람에게는 두려운 공포였으나 옥중 성도들에겐 부러운 하나님의 은총이었다. 얻고 싶은 영광의 면류관이었다.

---

46 박영창,《정의가 나를 부를 때》, 380.
47 고택구, "이기선 목사",《한국교회 신앙체험사》, 상편, 복음세계사, 1954, 53.

주기철 목사도 여러 번 순교의 기회를 놓칠 뻔했다. 그가 포기하려 했다기보다는 일제가 그런 '영광'(?)을 허용치 않으려 했다는 것이 옳다. 경찰서에서도 그러했지만 형무소로 이감된 후 3년 동안 예심 판사와 검사, 형무소 당국은 그를 설득하고 회유하였다. 그러나 끝내 타협이 불가능한 것으로 파악한 형무소 당국은 '옥중 순교'라도 막아볼 생각에서 주기철 목사와 가족에게 '병보석'을 제시하였다. 그러나 주기철 목사도, 가족도 그런 제안을 거부하였다. 주광조 장로의 증언이다.

> 한 번은 형무소장이 주기철 목사님께 이런 제안을 했답니다. '네가 신사참배를 하지 않는 것을 인정하겠다. 앞으로 강요하지도 않겠다. 그리고 풀어주겠다. 다만 석방시켜 줄 근거가 필요하다. 다인을 풀어주고 집까지 자동차로 보내줄 터인데 형사 한 사람만 동행할 것이다. 집으로 가는 중 평양신사가 있는 서기산 기슭에 잠시 멈춰 설 것이다. 그러나 당신은 신사로 가거나 자동차에서 내릴 필요도 없다. 그저 자동차 안에 앉아 있다가 창문을 내리면 신사를 향해 고개만 끄덕여라. 그러면 그것을 근거로 문서를 작성해서 상부에 올리겠다. 이건 우리만 아는 내용이다. 어느 누구도 차 안의 당신을 볼 수 없을 것이다. 우리도 비밀을 지키겠다.' 그러나 주기철 목사님은 '보이는 사람보다 보이지 않는 하나님을 더욱 두려워해야 한다. 이건 양심의 문제이다.' 하시며 석방 제안을 거부하셨답니다.[48]

    1944년 들어 주기철 목사의 건강이 눈에 띄게 악화되었다. 건강이 악화된 주기철 목사도, 그를 지켜보는 부인도 '때가 얼마 남지 않았음'을 감지했다. 오정모 집사는 1944년 2월 면회 때 "막내아들이 보고 싶다"는 주기철 목사의 요청을 듣고 3월 31일 면회 때 막내 주광조를 데리고 갔다.[49] 그러나 미성년자 면회 금지라는 형무소 규칙 때문에 면회실로 데리고 들어갈 수 없어 면회실 문을 여는 순간을 이용해 부자(父子) 상면을 시키기로 했다. 그날 마지막으로 아버지 얼굴을 본 주광조의 증언이다.

> 어머니는 오후 4시에 면회실로 들어가면서 문을 천천히 여셨다. 안을 들여다보았더니, 7-8미터 앞에 푸른 죄수복을 입고 머리를 빡빡 깎은 채, 아버지께서 나를 보시며 웃고 계셨다. 아버님의 얼굴을 3초 정도나 보았을까? 보자마자 어린 마음에 이런 생각이 들었다. '내가 3년 동안 아버지께 큰절을 못했는데 큰절을 해야겠다.' 갑자기 왜 그런 생각이 들었는지 모르겠다. 달리 방법이 없어 차렷 자세로 아버지를 향해 90도로 고개를 숙여 큰절을 했다. 그리고 다시 아버지를 보고자 머리를 들었을 땐 이미 아버지 모습은 없어지고 눈앞에는 붉은 철문이 닫혀 있었다. 내가 머리를 숙여 큰 절을 할 때 안에서 간수의 목소리가 들려왔다. '뭐야, 밖에서. 문 닫아!'[50]

48   주광조 장로의 증언(2003년 4월 23일).

49   이 무렵 맏아들 주영진은 경찰의 눈을 피해 서울, 부산, 인천, 황해도 등지로 옮겨 다니며 피신 중이었고 둘째 주영만은 오산학교에 다니다 퇴학당한 후 평양 근교 사동탄광에 광부로 들어가 있었으며 셋째 주영해는 부산 애린원(고아원)에 내려가 있었다. 주광조 장로의 증언(2003년 4월 23일).

50   주광조, 《순교자 나의 아버지 주기철 목사님》, 100.

간수의 호통을 들으며 면회를 하는 중 오정모 집사는 이미 주기철 목사의 몸이 '회복 불능' 상태에 접어들었음을 알았다. 죽음은 이미 눈앞까지 와 있었다. 결국 형무소 당국은 4월 13일 그를 병감으로 옮겼다.[51]

주기철 목사가 병감으로 옮겨졌다는 소식을 며칠 늦게 들은 오정모 집사는 즉시 면회 신청을 하였으나 4월 21일에야 면회가 이루어졌다.[52] 간수들의 부축을 받고 나온 주기철 목사는 형무소장 입회하에 부인과 면회를 가질 수 있었다. 면회 현장에 형무소장이 나온 것은 이례적이었다. 형무소장은 다시 '병보석'을 거론하며 최봉석 목사처럼 평양 기독병원에 입원할 것을 권하였다. 하지만 주기철 목사는 "눈을 뜨고는 이 벽돌 문 밖으로 나가지 않겠다"며 거절하였다. 그 후 부부는 차분한 마음으로 '유언'을 담은 마지막 면회를 하였다. 주광조의 증언이다.

51 이 무렵 주기철 목사가 유언을 담은 편지를 은밀하게 오정모 집사에게 보냈다는 증언이 있다. 당시 평양형무소 간수로 있던 안태석(교인으로 집사였다)이 주기철 목사의 부탁을 받고 종이와 연필을 마련해 주었는데, "지필을 드리니 사모님을 오시라고 하시여도 안 오신다고 하시며 손가락이 부어서 연필을 손바닥으로 움켜쥐시고 겨우 그리다시피 쓰시였는데 생명보험에 가입한 돈 이백 원을 찾아서 노모님 봉양하실 것과 아이들 학비에 쓰고 남으면 생활비에 보태 쓰라는 것과 앞으로 팔일 후면 하나님의 부르심을 받을 것이라는 예언을 하신 간단한 내용"을 적었다. 안태석은 이를 평양고아원 총무로 있던 사촌 동생 안기석에게 전달했고 안기석은 같은 고아원 보모 최운옥을 시켜 오정모 집사에게 전달했는데 "사모님은 유서를 받아보시고 조금도 놀라는 기색 없이 하나님의 부르심을 받아 세상을 떠나시는데 사소한 가정을 생각하시다니 하시면서도 감사의 뜻을 표하드라"는 내용이다. 《순교사 제1집: 주기철 목사편》(증보판), 대한기독교순교자기념사업회, 1981, 131-132.
52 일부 자료는 오정모 집사의 마지막 면회일을 4월 20일로 기록하고 있으나(김인서, 앞 책, 77쪽; 김요나, 앞 책, 459쪽; 민경배, 앞 책, 244쪽) 주광조 장로는 "마지막 면회가 있었던 그 날, 즉 4월 21일 밤에 별세하셨다"고 증언하고 있다. 주광조 장로의 증언(2003년 5월 26일).

아버지는 간수의 등에 업혀 나오셨다. 한 간수가 업고 두 간수가 엉덩이를 받치고 나왔는데, 그 주 목사님을 맞이한 어머니는 이렇게 말했다.

'당신은 꼭, 꼭 승리하셔야 합니다. 결단코 살아서는 이 붉은 문 밖을 나올 수 없습니다.'

남편의 마지막을 바라보면서 가슴 찢기는 아픔을 느끼셨겠지만 어머니는 아버지께 이렇게 첫마디를 꺼내셨다. 그 어머니의 말을 받았던 아버지는 거기에 화답하듯 이렇게 이야기하셨다.

'그렇소. 내 살아서 이 붉은 벽돌문 밖을 나갈 것을 기대하지 않소. 나를 위해서 기도해 주오. 내 오래지 않아 주님 나라에 갈 거요. 내 어머니와 어린 자식을 당신한테 부탁하오. 내 하나님 나라에 가서 산정현교회와 조선교회를 위해서 기도하겠소. 내 이 죽음이 한 알의 썩은 밀알이 되어서 조선교회를 구해 주기를 바랄 뿐이오.'

그리고 다시 아버지는 간수의 등에 업혔다. 어머니는 너무 가슴이 아파서 이런 얘기 저런 얘기 하다가 눈물 섞인 음성으로 '마지막으로 부탁할 말씀이 없느냐?'고 했더니, 아버지께서는 손을 한번 흔들어 주시더란다. 그러면서 어머니를 돌아보시며 마지막으로 한 마디 하셨다고 한다.

'여보! 나 따뜻한 숭늉 한 그릇 먹고 싶은데…'

이 말씀이 나의 아버지 주 목사님이 살아서 하신 마지막 말씀이었다. 7년 동안 차디찬 감방에서 아버지께서 그리워했던 따뜻한 숭늉 한 그릇![53]

면회를 마치고 돌아온 오정모 집사는 유계준 장로를[54] 찾아가 "오늘을 넘기기가 어려우실 것 같다"는 사실을 알리고 산정현교회 폐쇄 이후 지하교회 형태로 신앙을 지키고 있던 주변 교인들에게 각자 자기 집에서 철야기도회를 갖도록 연락을 취했다. 오정모 집사도 집에서 가족과 함께 철야기도를 하며 그 밤을 지냈다. 그렇게 가족과 산정현교회 교인들이 철야기도를 하던 그 날, 1944년 4월 21일 '밤중에' 주기철 목사는 평양형무소 병감에서 '조용히' 숨을 거두었다.[55] 기독교인들이 '십자가의 날'로 기억하고 있는 금요

53 주광조, 《순교자 나의 아버지 주기철 목사님》, 104-106.

54 산정현교회의 재정을 맡아보고 있던 유계준 장로는 주기철 목사가 검속된 후에도 (경찰 당국의 지시와 방해를 피하여) 산정현교회 장로와 교인들의 후원금을 모아 주기철 목사 가족에게 매달 생활비를 지급하고 있었다. 이런 관계는 주기철 목사 순교 이후에도 계속되었다. 주광조 장로 증언(2001년 4월 23일).

55 주기철 목사의 운명 장면에 대해 "주기철 목사가 평양 감옥에서 운명하실 때, '내 영혼의 하나님이시여 나를 붙드시옵소서.' 라고 웨치는 소리에 방안이 진동하니 가까이서 듣는 사람들이 모두 놀랐다"(김인서, 앞 책, 78), "'내 여호와 하나님이여 나를 붙잡으소서' 하시고 고함을 치시니 문지방이 우두둑 하여 간수들이 대경실색하였다"(안용준, "주기철 목사와 그 부인", 59), "운명하시는 순간에, '내 여호와 하나님이시여! 나를 붙드소서' 하고 마즈막 기도를 하니 감방 문지방이 우두둑하며 진동하여 가까이서 듣던 간수들은 크게 놀랬으며 운명하는 주 목사는 얼굴에 미소를 지었다."(최병문, 《순교사 제1집: 주기철 목사편》, 69) 등의 기록이 있으나 확인이 어려운 부분이다. 또한 안이숙은 주기철 목사의 사인에 대해, "몸에 열이 나셨을 때에 의무과장을 출장보내고 일본인 조수를 시켰는지 조수 자신이 그러한 발악을 했는지 살인주사를 놓아서 열을 낮게 해드린다는 구실로 살해해버렸다"(안이숙, 《죽으면 죽으리라》, 441)며 '독살설'을 주장하였지만 이 역시 확인할 수 없는 이야기다.

[7] 어린양의 신부, 순교의 영광

일 밤이었다. 그때 그의 나이 48세였다. 평양형무소에서 옆방에 있었던 주남선 목사의 증언이다.

> 1944년 4월 13일 옆방에 있어서 벽을 두드려 자주 소식을 전하던 주기철 목사가 신병 때문에 병감으로 이감되었다. 그 후 늘 염려하고 기도하던 중 같은 달 21일 밤에 윤산온[56] 목사가 환상 중에 나타나 내 머리 위에서 곡보 찬송을 들고 220장(어둔 밤 쉬 되리니) 찬송을 박수를 치며 부르는 것을 보았다. 깨어서 생각하니 아마 주기철 목사가 순교한 개선가로 생각되어 마음에 새로운 용기를 얻고 하나님께 감사기도를 드렸다. 그런데 그날 정오에 청소부로부터 주기철 목사가 그날 새벽에 별세하셨다는 소식을 들었다.[57]

오정모 집사는 철야기도를 한 이튿날(4월 22일) 주기철 목사의 '순교'를 직감하고 다시 형무소로 찾아가 면회를 신청하였다. 그리고 간수를 통해 주기철 목사의 별세 사실을 전해 들었다. 오정모 집사는 시신을 내어줄 것을 요구했으나 형무소 측은 "하루가 지나야 내줄 수 있다"는 규칙을 내세워 거부하였다. 이에 오정모 집사는 다시 "내일이 안식일이라 시신을 인수할 수 없으니 오늘 중으로 인수할 수 있게 해 달라"고 호소했다. 그러자 그날 밤 형무소 북문으로 시신을 내주었다. 이로써 주기철 목사는 1940년 9월 마지막 검속 때 집을 '살아서 걸어' 나갔다가 3년 7개월 만에 '죽어서 들려' 돌아왔다. 그의 유해는 가족들이 살고 있던 상수리 셋방에 안치되

---

56 평양에서 사역하던 장로교 선교사 매큔(G. S. McCune)을 말한다.
57 주남선, "신사참배 반대 수난기", 139.

었다. 당시 평양에는 오정모 집사와 어머니, 그리고 의성학원을 수료한 후 더 이상 공부할 수 없어 동일치과 병원 사환으로 취직해 있던 막내아들 주광조(당시 13세)만 있었고 맏아들 주영진은 황해도 해안 어장에, 둘째 영만은 일본에, 셋째 영해는 부산 고아원(애린원)에 가 있었다. 아버지의 별세 소식을 듣고 제일 먼저 주영진이 4월 22일 입관예배 후 도착했고 주영해는 4월 25일 발인 직전에야 도착했으며 일본에 있던 주영만은 끝내 오지 못했다.[58]

주기철 목사의 별세 소식은 산정현교회 및 '지하교회' 교인들에게 즉시 알려졌다. 교인들은 상수리 단칸방 빈소로 몰려들었다. 경찰 당국은 주기철 목사의 장례식 자체를 막으려 했지만 조만식, 오윤선, 유계준 등 산정현교회 장로와 교인들은 5일장을 치르기로 하였다. 문상객들을 일일이 감시하는 경찰의 통제하에도 많은 교인들이 자발적으로 부조하며 장례를 도왔다. 장례식 위원을 모두 구속하겠다는 경찰의 엄포에 장례식 순서를 맡을 목사도, 장례식을 거행할 예배당이나 건물도 구하기 어려웠다. 결국 발인예배는 상수리 셋집 골목 입구에 있는 평양 제2고등보통학교(해방 후 서광중학교) 정문 앞 공터에서 드리기로 하고 사회는 유계준 장로, 설교는 박정익 장로가 맡기로 하였다.[59] 비록 산정현교회는 폐쇄되어 사라졌지만 내용으로는 '교회장'이 된 셈이다.

경찰 당국의 훼방에도 장례식은 예정대로 4월 25일 오전 상수리 평양 제2고등보통학교 교문 앞 공터에서 거행되었다. 영결 예배 후 상복(베옷)을 입은 교인들이 운구한 상여는 상수리를 떠나 평

58 주광조 장로의 증언(2003년 4월 23일).
59 김인서, 앞 책, 79; 김요나, 앞 책, 463-465; 주광조, "주영진 전도사의 생애와 순교", 50; 이인재, 《손명복 목사의 생애와 설교》, 88-92.

남도청, 만수대, 칠성문, 기림리를 거쳐 평양 북부 대동군 서천면 돌박산(石礴山) 공동묘지에 시신을 안장하였다. 주기철 목사의 유언에 따른 것이었다.[60] 주기철 목사 장례식으로 모든 고난이 끝난 것은 아니었다. 주기철 목사의 유가족과 그를 따랐던 교인들은 여전히 어려움을 당했다. 도피 생활을 하다가 간신히 장례식에 참석했던 상주(喪主) 주영진은 경찰의 체포를 우려한 오정모 집사의 지시로 하관예배를 마치고 산에서 내려오는 길로 다시 도피 여행을 떠났으며 장례식이 끝나자마자 장례위원으로 활동한 산정현교회 장로와 교인들도 줄줄이 경찰에 소환되어 조사받았다.[61] 경찰은 장례비용 문제까지 들추며 장례를 준비하고 주도했었던 교인들을 괴롭혔다. 주기철 목사는 순교하였지만 한민족의 '고난의 때'는 아직 끝나지 않았음을 보여주는 대목이다.

60 김요나, 앞 책, 464-467.
61 주광조, "주영진 전도사의 생애와 순교", 50.

주기철 목사의 '순교'는 그를 지지하고 따랐던 많은 교인들에게 충격과 슬픔이 되었음은 물론이다. 그러나 그의 죽음이 주기철 목사 가족이나 '지하교회' 교인들의 신앙 투쟁 의욕을 저하시키거나 약화시킨 것은 아니다. 오히려 주기철 목사의 순교가 이들의 신앙 의지를 더욱 강화시킨 면도 없지 않았다. 오정모 집사는 여전히 산정현교회의 '남은 교인'들을 심방하며 신앙 투쟁 의지가 약화되지 않도록 격려하는 일에 몰두하였다. 교인들 역시 생전의 주기철 목사를 생각하며 신앙을 지켜 나갔다. 이들에게 돌박산 주기철 목사의 무덤은 신앙의 활력소를 얻는 '성소'(聖所), 예루살렘 초대교인들이 첫 번째 성지로 꼽았던 갈보리 언덕과 같은 곳이었다. 그래서 '조선의 예루살렘'으로 불렸던 평양에서도 주기철 목사 순교 이후 "교인들은 주 목사를 잊지 못해 자주 묘지로 몰려가 기도하며 예배를 드렸다"는 증언이 나왔다.[62] 그러자 경찰은 돌박산 묘소를 찾는 교인들까지 감시하였다.

　　감옥 안의 상황도 마찬가지였다. 주기철 목사 순교 이후에도 옥중 성도들에 대한 예심 과정은 느릿느릿 '우보'(牛步) 형태로 진행되었다.[63] 말이 '예심'이지 판사가 확인하는 것은 신사참배에 대한 입장 변화 여부였다. 판사나 형무소 당국자들은 '죽음'을 협박하며 회유하려 애썼다. 그러나 같은 형무소에서 수감생활을 하던 주기철 목사와 최봉석 목사, 이현속 장로의 순교를 목도한 '옥중 성도'

62　김요나, 앞 책, 468.

들에게 죽음은 더 이상 두렵지 않았다. 오히려 부럽기까지 한 '축복'이었다. 이미 죽음을 각오하고 들어간 그들이었기에 동료 성도들의 '순교' 소식을 들을 때마다 오히려 신앙과 투쟁 의지가 강화되었다. 채정민, 이기선, 한상동, 주남선 목사와 이인재, 방계성, 오윤선(吳潤善), 이광록 전도사 등 주기철 목사와 같은 공간 안에 갇혀 있던 옥중 성도들은 물론이고 같은 형무소이지만 건물이 다른 '여감방'에 갇혀 있던 성도들도 마찬가지였다. 마산에서 잡혀 온 최덕지 전도사의 증언이다.

> 고난은 이렇게 계속되었다. 그때, 주기철 목사님이 별세하셨다는 소식을 전해 듣고 더욱 기도하고 싶어 또다시 독방을 달라고 하나님께 기도하였더니, 하나님께서 나에게 독방을 또한 주셨다.[64]

형무소 수감자들이 제일 싫어하는 '독방'을 오히려 기도와 신앙생활의 공간으로 활용하며 '때'를 기다렸던 것이다. 같은 '여감방'에 수용되어 있던 안이숙 역시 주기철 목사의 순교 소식을 듣고 처음엔 울었지만 이내 신앙 의지를 굳게 다졌다.

> 그(주기철 목사)는 한참 일할 나이였다. 마치 권위를 갖추고 경

63 주남선 목사의 증언에 의하면 1944년 12월 한 차례 예심 법정에 나갔고 1945년 5월 초에 예심 판사가 형무소로 와서 최후 심문을 한 후 5월 18일 "이기선 등 21명을 평양지방법원 공판에 회부한다"는 내용의 예심 종결서를 발송하였다. "신사참배 반대 수난기", 《신사참배 거부 항쟁자들의 증언》, 139-140; 〈李基宣外 二十人 豫審終決書〉(平壤地方法院, 1945. 5. 18)

64 최덕지, 《나의 모든 것 다 버리고》, 소망사, 1981, 93.

험과 자신이 서신 분이었다. 그런데 악마는 그를 찔렀다. 나는 세례 요한의 죽음을 생각하고 이것은 20세기 세례 요한의 죽음이라고 외치고 싶었다. 이리하여 성도들은 한 사람씩 한 사람씩 그의 본향으로 가고 나는 낙제한 열등생같이 이 시험장인 감옥에 언제까지 남아 있게 되었다.[65]

평양경찰서에서 1년 동안 주기철 목사와 '손가락 대화'를 나눈 적이 있던 안이숙은 주기철의 죽음을 헤롯왕에게 살해당한 '세례 요한'의 순교로 해석하였다. 그러면서 순교에 미치지 못한 자신을 '낙제한 열등생'으로 표현하였다. 이처럼 옥중 성도들에게 순교는 신앙 시험에서 '합격'을 의미하였다.

주기철 목사의 순교 소식은 평양 밖의 다른 지역 옥중 성도들에게도 전달되었다. 주기철 목사의 경남성경학원 제자로 청주형무소에 수감 중이던 손양원 전도사의 경우가 그렇다. 그는 아버지(손종일 장로)로부터 주기철 목사의 순교 소식을 듣고 곧바로 (1944년 5월 8일) 부인에게 다음과 같은 편지를 썼다.

나를 유독 사랑하시던 주기(朱基) 형님의 부음(訃音)을 듣는 나로서는 천지가 황혼하고 수족이 경전(驚顚)하나이다. 노모님과 아주머니께 조문과 위안을 간절히 부탁하나이다. 그런데 병명은 무엇이며 별세는 자택인지요, 큰댁인지요, 알리워주소서.[66]

여기서 '주기'는 주기철 목사. '노모'는 주기철 목사의 어머니,

---

65 안이숙, 《죽으면 죽으리라》, 441.
66 안용준, "손양원 목사의 옥중 서신", 〈파수군〉, 1952. 9, 23.

'아주머니'는 주기철 목사의 부인 오정모 집사를 의미하였다. '큰
댁'은 형무소를 지칭하는 암호였다 "자택인지요, 큰댁인지요?"는
"집에서 돌아가셨는가? 형무소 안에서 돌아가셨는가?" 묻는 질문
이었다. '옥중 순교'를 확인하려는 그의 의지를 읽을 수 있다. 주기
철 목사의 순교는 같은 혐의로 갇혀 있던 청주 형무소의 손양원에
게 충격이자 순교에 대한 각오를 다지는 계기가 되어 해방되기까
지 굴하지 않는 신앙 의지로 고난을 견디어 낼 수 있었다.

1945년 8·15해방이 되고 평양형무소에 갇혀 있던 옥중 성도들이 풀려난 것은 8월 17일 금요일 밤이었다. 그 장면을 안이숙은 이렇게 진술하였다.

> 옥문은 크게 활짝 열리고 우리는 문 밖으로 나왔다. 누가 주선해서 예비했는지 인력거가 수 십 대 준비되어 있었다. 성도들을 모두 인력거에 태우고 수천의 무리는 찬송을 부르며 행진했다. 어두운 평양성엔 찬송 소리가 우렁차게 불려져서 진동을 하고 장사진을 친 예수인들은 줄을 서서 따라온다. 모두 숨어 있었던 기독교인들은 산에서, 굴에서, 또 비밀히 숨어 신앙을 지키던 가난한 집에서, 순교도들의 가족들과 친척들은 대성통곡을 하며 또 어떤 이들은 환성을 지르며 수없이 수없이 모여 들었다.[67]

풀려난 이들은 신양리에 있던 주기철 목사 유족들을 방문하였고 이튿날 오전 한상동 목사 부인이 세 들어 살고 있던 집 정원에서 1천여 명 성도들이 참석한 가운데 '해방 감사 및 출옥성도 환영 예배'를 드렸다.[68] 그리고 8월 19일 주일, 5년 동안 폐쇄되어 있던 산정현교회 예배당 문이 열리고 출옥성도들과 산정현교회 교인들, 그리고 영웅이 된 출옥성도들을 보려는 일반 시민들까지 몰

67   안이숙, 《죽으면 죽으리라》, 453.
68   주광조, "주영진 전도사의 생애와 순교", 51.

려들어 대 군중이 참여한 가운데 해방 경축 예배를 드렸다. 한상동 목사가 인도한 이 예배에는 오정모 집사를 비롯하여 황해도 염전에서 도피생활을 하던 주영진까지 올라와 참석하였다. 예배 후 산정현교회 당회는 한상동 목사를 주기철 목사 후임 당회장으로 선정하였고 주영진을 전도사로 세웠다.

'출옥성도'들의 영웅담을 들으려는 교인들의 요구에 산정현교회를 비롯한 평양 시내 여러 교회에서 특별 사경회가 시작되었다. 안이숙의 표현대로 평양에는 "교회마다 부흥은 일어나고 삼일 간씩 금식을 선포하고 회개하는 통곡소리가 메아리쳤다."[69] 그러나 이러한 '은혜의 물결'이 오래 지속되지 못했다. 평양 교회는 곧바로 시련을 겪었다. 해방 직후 이북에 진주한 소련군과 이들의 후원을 받으며 정권을 장악하게 되는 공산주의 세력으로 인한 정치적 탄압에도 원인이 있었지만 교회의 내부 갈등이 보다 큰 원인이었다. 그 갈등은 일제 말기 교회 지도자들이 보여준 친일 행위 청산, 그리고 새로운 시대를 향한 교회 '재건'의 원칙과 방안에 대한 의견 차이에서 비롯되었다.

출옥성도를 비롯하여 신사참배를 거부하다가 투옥된 경험이 있거나 '지하교회' 형태로 저항운동에 참여했던 교인들은 총독부 정책에 순응하여 '비신앙적', '반민족적' 행위를 보여주었던 교회 지도자들의 철저한 회개를 촉구하며 일정 기간 교직에서 물러나 있을 것을 요구하였다. 반면에 노골적으로 친일하지는 않았다 하더라도 소극적 순응 자세를 취하며 교회 조직을 유지해 온 교회 지도자들은 "일제 말기에는 감옥 밖에 있든, 안에 있든 모두가 피해자였다", "교회를 지키기 위해서는 어쩔 수 없었다"며 출옥성도들의 자숙 및

---

69 안이숙, 앞 책, 460.

퇴진 요구를 거부하였다. 해방 직후 '식민지 역사 청산' 문제로 인한 민족 내부 갈등과 분열을 한국 교회도 똑같이 겪었다.

해방 한 달 전 총독부 지시로 급조된 '일본기독교조선교단' 지도자들은 해방되자마자 '일본' 자만 떼어내고 '기독교조선교단'이란 간판을 내걸고 통합된 단일 개신교단 체제를 유지하려 하였다. 하지만 이미 탄생 때부터 정통성을 갖추지 못했던 통합교단 지도부의 권위로는 강제로 통합작업에 참여하였던 교회들의 '교파 환원' 움직임을 막을 수 없었다. 결국 장로교와 감리교, 구세군, 성공회, 성결교, 침례회 등 각 교파교회는 1943년 강제 통합작업이 이루어지기 이전 상태로 돌아갔다. 그리고 교파교회로 환원한 후에는 역시 '일제 말기 역사 청산' 문제로 각 교파, 교단 내부의 갈등이 빚어져 교회 분열을 경험하였다. 즉 감리교회는 재건파와 복흥파로 분열되었고 장로교회도 재건교회와 혁신복구파, 고려파 분열을 겪었다.[70] 일제 말기 잘못된 역사에 대한 반성과 회개, 그 청산 작업을 거치지 못한 민족과 교회의 갈등과 비극이었다.

당회장(주기철)을 순교자로, 전도사(방계성)를 출옥성도로 배출한 평양 산정현교회도 그런 갈등과 분열을 피하지 못했다. 출옥 성도였던 한상동 목사와 방계성 전도사가 예배를 인도하였던 기간 중 산정현교회는 기존 교회와 목회자, 교인들에게 철저한 회개와 반성을 촉구하는 '재건운동'의 선두에 섰다. 그러나 1946년 3월 한상동 목사가 공산주의자들의 압력을 피해 월남하여 부산으로 내려간 이후 서서히 교회 분위기가 바뀌었다.[71] 재건 방향과 방법을

---

70 김양선, 《한국기독교 해방 10년사》, 대한예수교장로회 총회교육부, 1956, 146-153; 이덕주, "해방 후 한국 감리교회 분열에 관한 연구", 《한국교회, 사회의 어제 · 오늘 · 내일: 송학 김지길 목사 고희기념논문집》, 정암문화사, 1992, 19-46.

71 김인서, 앞 책, 88-89; 김요나, 앞 책, 492.

둘러싼 '적극파'(과격파)와 '소극파'(온건파) 사이의 갈등이 형성되기 시작하였다. 주기철 목사의 부인 오정모 집사가 살아 있는 동안은 양측이 물리적 충돌을 자제했으나 오정모 집사가 별세한 1947년 1월 이후 '잠복기'를 끝낸 전염병처럼 갈등이 폭발하고 말았다.

한상동 목사가 떠난 후 예배를 전담하게 된 방계성 전도사는 같은 출옥성도인 이기선 목사, 채정민 목사 등과 함께 기성 교회의 철저한 회개를 촉구하는 '혁신복구파' 운동을 적극 추진하였다. 산정현교회에서는 장기려 집사, 양재연 집사와 여성 신도들이 지지하였다. 반면 유계준 장로와 오윤선 장로 등은 '온건노선'을 표방하며 방계성 전도사의 과격한 운동에 제동을 걸었다. 이들 사이에 김현석 장로, 김경진 집사 같은 이는 중립을 선언함으로 교인들은 세 그룹으로 나뉘어 주일마다 예배 주도권을 차지하기 위해 '몸싸움'도 마지않았다.[72] 이 싸움은 9개월 동안 진행되다가 방계성 전도사 지지 세력이 신양리 양촌에 있던 양재연 집사 목장에 별도 예배 장소를 구해 나감으로 북한 지역에서 교회 분열의 구체적인 선례가 되었다.[73]

이로 인해 산정현교회나 한국 교회가 입은 피해가 적지 않았다. 일제 말기 신사참배반대운동의 거점이자 순교자 주기철 목사를 배출한 교회로서 산정현교회는 한국 교회의 자존심이자 자부심의 상징이었다. 하지만 해방이 되자마자 갈등을 극복하지 못하고 싸우다가 분열하는 모습을 보여줌으로 교회뿐 아니라 일반 사회로부터 부정적인 평가를 받을 수밖에 없었다. 이는 산정현교회만의 문제는 아니었다. 과거 부끄러웠던 행적을 보였던 인사들이 철저

72 김요나, 앞 책, 492-495; 박용규, 《한국교회와 민족을 깨운 평양 산정현교회》, 377-384.
73 이규일, 《순교자 정일선 목사의 생애》, 소망사, 1991, 90.

하게 회개하는 자세로 교권 전면에서 물러났더라면, 또한 출옥성
도들이 너그러운 관용으로 저들을 용서하였더라면 피할 수 있었던
상황이었다. 그러나 회개가 있어야 할 자리에 자기변명과 기득권
수호의지가, 용서가 있어야 할 자리에 독선적이고 배타적인 의인
의식(義人意識)이 차지하고 있었기에 갈등과 분열을 피할 수 없었다.

　　산정현교회와 한국 교회가 이처럼 비극적인 현상을 연출하
고 있을 때 주기철 목사의 남은 가족들은 세인들의 관심에서 점차
멀어져 '남은 고난'을 채우고 있었다. 남편을 순교의 길로 이끌었
고 그 자신도 순교한 남편 못지않게 감옥 밖에서 신앙 투쟁을 전개
하였던 오정모 집사의 신앙 투쟁은 해방 후에도 계속되었다. 그것
은 살아 있는 교인들이 주기철 목사를 순교 영웅으로 받들면서 그
를 '우상화'하려는 온갖 시도에 대한 반대운동으로 시작되었다. 우
선 산정현교회 당회는 예배당 뜰에 주기철 목사 순교 기념관과 동
상을 세우겠다고 알려왔다. 그 소식을 들은 오정모 집사는 "주 목
사의 순교는 하나님께 영광 돌린 것으로 그 자신의 사명을 다한 것
이라"고 하면서 "교인들이 주일 날, 예배드리러 교회에 왔다가 하
나님의 영광을 보고 하나님만을 찬양, 경배해야지 주 목사가 그것
을 가리우는 존재가 되어서는 안 된다" 하며 허락하지 않았다.[74] 그
러나 장로들의 진심 어린 건의를 저버릴 수 없어 돌박산 묘지에 기
념비 건립은 허락하였다. 산정현교회 당회에서 주기철 목사 가족
을 위해 땅을 사주겠다고 결의하였을 때도 오정모 집사는 거부하
였다.

　　오정모 집사는 주기철 목사의 순교로 그 후손이 어떤 혜택
도 받아서는 안 된다는 철저한 신앙을 지켜나갔다. 맏아들 주영진

74　주광조, "주영진 전도사의 생애와 설교", 52.

이 오랜 도피생활을 끝내고 평양 집으로 돌아와 당회의 요청으로 산정현교회 전도사로 부임하였으나 오정모 집사는 아들이 산정현 교회 교역자로 시무하는 것을 별로 환영하지 않았다. 교인들의 절대적인 지지를 받으며 전도사로 부임하여 그의 설교가 교인들에게 호응을 받았음에도 "주영진 전도사가 주 목사의 후광을 입어 주 목사의 영광을 드러내면서 주 목사의 아들 행세를 하는 것을 바라지 않았던 것이다".[75] 결국 주영진 전도사는 1945년 12월 말 대동군 긴재(長嶼)교회로부터 청빙을 받고 그곳으로 떠났다.[76]

오정모 집사는 해방 후 평양노회가 일제 말기 주기철 목사와 그 가족에게 가했던 행위를 사과하며 '주기철 목사 순교 기념예배'를 드리겠다고 한 것도 거부했다.[77] 평양노회에 대한 반감 때문이 아니라 주기철 목사의 순교를 지나치게 미화하거나 영웅시하려는 '우상화' 의도를 막은 것이다. 같은 맥락에서 공산당 정부에서 주는 훈장이나 포상금도 거부하였다. 즉 해방 후 북한 정권을 장악한 공산당 인민위원회에서 항일 투사인 주기철 목사의 숭고한 정신에 감복해 "김일성이 보낸 것이라며" 금일봉과 함께 적산가옥 문서를 보내왔으나 오정모 집사는 "주 목사님은 포상받을 목적으로 순교한 것이 아니오. 하나님께서 명령하신 대로 따랐을 뿐이니 그냥 돌아가라"며 그것을 돌려보냈다.[78] 그 결과 주기철 목사 가족의 생활은 해방이 되었어도 해방 전이나 마찬가지로 '극빈'에 가까운 생활

75 주광조, 앞 글, 52.

76 긴재교회는 장현교회(長嶼敎會)라고도 하는데 1910년 평남 대동군 김제면 장현시(大同郡金祭面長嶼市)에 설립되었으며 1940년 당시 강두화 목사가 담임하고 있었다.《朝鮮耶穌敎長老會年鑑》, 조선예수교장로회 총회종교교육부, 1940, 268.

77 김인서, 앞 책, 83.

78 주광조, "순교자의 후손",《역경의 열매(2): 절망은 神의 출발》, 국민일보사, 1990, 64-65.

을 했다.

그러던 중 1946년 4월 21일 주기철 목사 순교 2주기 추도 예배를 드린 직후 오정모 집사는 기도회에 참석했던 기독교연합병원 간호사들을 통해 자신이 유방암을 앓고 있다는 사실을 알게 되었다. 즉시 기독교연합병원 장기려 박사의 수술을 받아 종양을 제거하였지만 10개월 후 다시 병이 재발되어 손도 써보지 못하고 누워 앓다가 1947년 1월 27일, 막내아들 주광조가 가정예배를 인도하는 중에 숨을 거두었다. 그때 나이 45세였다. 장례는 산정현교회에서 방계성 전도사 집례로 진행되었고 시신은 돌박산 주기철 목사 묘지 곁에 안장되었다.[79]

이로써 평양에는 막내아들 주광조만 남게 되었다. 일제 말기 가정 상황 때문에 학교를 제대로 다닐 수 없었던 그는 열네 살 때 해방을 맞아 1945년 9월 오윤선 장로가 이사장으로 있던 숭덕학원에 편입하여 1년 공부를 마친 후 1946년 9월 숭인중학교에 입학했으나 이듬해 삼일절 때 반탁운동과 반공 학생 시위에 가담한 혐의로 제적을 당했다. 더 이상 평양에 머물 수 없어 대동 장현교회로 가서 맏형 주영진 전도사와 할머니에게 인사를 드린 후 월남하여 당시 서울 국립맹아학교 교사로 있던 둘째 형 주영만의 집에 머물면서 서울 중학교에 입학, 학업을 계속하였다.[80]

주기철 목사의 아들 중 제일 강하게 '계모'인 오정모 집사에게 반감을 표시하였던 둘째 아들 주영만은 일제 말기 일본으로 건

79 김요나, 앞 책, 489-491.
80 이후 그는 연세대학교 경제과를 졸업하고 흥국생명과 대한화재, 극동석유, 극동기업 등지에서 근무하였으며 은퇴 후 극동방송국 부사장으로 근무하면서 1991년 영락교회 장로로 장립되었고 2011년 6월 별세하였다. 주광조, "순교자의 후손", 71; 김요나, 앞 책, 524-530.

너가 있던 관계로 아버지의 장례식에 참석하지 못했다. 그는 해방 후 귀국했으나 서울 국립맹아학원 교사로 있다가 문교부 특수교육과 과장을 거쳐 국립 맹아학교 교장을 역임했는데 38선 때문에 어머니 장례식에도 참석하지 못했다. 전쟁 후 한때 서울에서 정치에 몸을 담았으나 성공하지 못하였다.[81] 셋째 주영해는 일제 말기 평양 의성학원을 졸업한 후 둘째 형을 따라 일본 유학을 가려다 뜻을 이루지 못하고 부산 애린원(고아원)에서 해방을 맞았다. 해방 후 38선으로 평양에 올라오지 못하고 고아원인 새들원에 들어가 경남중학교를 졸업한 후 서울 국립 맹아학교 교사로 시작하여 맹아와 농아, 노인 등 사회복지 사업에 헌신하였다.[82]

맏아들 주영진 전도사는 앞서 언급했던 것처럼 1945년 12월 평양에서 40리 떨어진 대동군 김제면 긴재교회 청빙을 받아 내려갔다. 그는 긴재교회에 부임하기 직전 어머니의 중매로 기독병원 간호사 출신인 김덕성(金德聲)과 결혼하였으며 교회에 부임하면서 갈 때 80 넘은 할머니(조재선)도 모시고 내려갔다. 그의 설교는 주기철 목사와 마찬가지로 성경에 근거한 복음적 내용으로 꾸며졌고 처녀 목회지에서 열성을 다해 목회하였다. 그 결과 긴재교회는 그가 부임하자마자 크게 부흥했는데 100명 수준이던 교인이 400명으로 늘어났다. 그러나 그의 목회 성공은 공산당 정권의 방해와 탄압을 불러일으켰다. 공산당으로부터 주목을 받던 중 교회 건물에

---

81 이후 그는 1974년 가족을 이끌고 미국에 이주하여 뉴욕에서 사업을 하였다. 김요나, 앞 책, 512-514.

82 그는 신성북교회 장로로 장립되었고 순교자기념사업회 부회장으로 활동하다가 1990년 12월 별세하였다. 그의 막내아들 주승중이 1987년 예장 통합에서 목사 안수를 받은 후 장신대 교수로 봉직하다가 인천 주안교회 당회장으로 사역하고 있다. 김요나, 앞 책, 515-521.

김일성과 스탈린 사진을 게양하지 않았다는 이유로 1946년 6월, 체포되어 서평양 보안서에 수감되었다가 30일 만에 풀려났다. 그 후에도 공산당의 감시와 탄압은 계속되었고 주영진 전도사는 1946년 11월 인민공화국 주일 선거를 거부하는 등 비협조적인 자세로 일관했다.[83] 그렇게 타협하지 않는 목회자의 양심으로 긴재교회에서 마지막까지 목회하다가 1950년 7월, 6·25전쟁 중 체포된 후 후퇴하는 공산군에 의해 희생되었다.

> 주기철 목사는 팔순 어머니와 병든 아내, 그리고 어린 아이들을
> 하나님께 맡기고 평양형무소에서 영적 전쟁을 치루었고, 주영진
> 전도사는 갓 태어난 어린 남매와 88세가 된 할머니, 그리고 사랑
> 하는 아내를 남겨둔 채 형장에서 사라졌다. 주기철 목사는 평양
> 산정현교회와 교우들이 일제의 우상들 앞에서 승리하길 위해 기
> 도하였고, 주영진 전도사는 긴재교회를 비롯한 북한 교회를 지
> 키기 위해 기꺼이 순교의 길을 갔다.[84]

　주영진 전도사도 아버지의 뒤를 따라 '순교의 길'을 갔다. 그는 주기철 목사로부터 부와 명예, 안락 대신 가난과 고난 목회, 그리고 순교를 세습(世襲)하였다. 주영진 전도사 가족의 고난은 가장의 죽음으로 끝나지 않았다. 주영진 전도사 유가족은 월남하지 않고 긴재교회 사택에 머물러 살았다. 한국전쟁이 터지고 1950년 10월 평양 수복 때 긴재교회 출신 최병문 장로가 긴재교회를 찾아

83　최병문, "젊은 진리의 파숫군 주영진 전도사(상)", 〈파수군〉, 1952. 11, 13-14; 주광조, "주영진 전도사의 생애와 순교", 53-61.

84　주광조, "주영진 전도사의 생애와 순교", 84.

갔을 때 그는 주영진 전도사 부인이 두 아이와 시할머니(주기철 목사의 어머니)를 모시고 어려운 살림을 살고 있는 것을 목격하였다.[85] 다시 오랜 세월이 흐른 후 주광조 장로는 일본을 통해 입수한 자료를 통해 "주영진 전도사의 아내 김덕성 역시 '당과 정부 정책과 반국가적 선전행위를 감행'한 혐의로 1970년 10월 26일 체포되어 1971년 1월 15일 처형되었다"는 사실을 확인하였다.[86] 그렇게 해서 대를 이은 목회자 부부의 십자가 사랑, '순교역정'(殉敎歷程) 이야기는 완성되었다.

85 최병문, "파숫군의 발자취: 주영진 전도사 순교기", 〈새가정〉, 1957. 3, 97-98.
86 주광조, "주영진 전도사의 생애와 순교", 74.

부록

1897. 11. 25.	경남 창원군 웅천면 북부리(현 진해시 웅천 1동)에서 주현성과 조재선의 아들로 출생
1906. 3.	개통소학교 입학하여 신학문 수학
1910. 12. 25.	웅천읍교회에 출석하기 시작
1912.	웅천 개통학교 고등보통과 졸업, 이광수의 강연을 듣고 정주 오산학교 유학 결심
1913.	봄 정주 오산학교 입학
1915. 11.	오산학교에서 세례를 받음, 그해 겨울 조만식과 함께 전국 순회 전도
1916. 3. 23.	오산학교 7회로 졸업
1916.	봄 서울 '조선예수교대학'(연희전문학교) 상과 입학했으나 여름에 휴학하고 낙향
1917.	가을 김해읍교회 교인 안갑수와 결혼
1919.	웅천읍교회 집사가 됨
1919. 10. 25.	장남 영진 출생
1920. 9.	마산 문창교회 김익두 사경회 참석하여 은혜 받음
1920. 11. 1.	웅천읍교회 사경회에 참석 김익두 목사 설교를 듣고 신학을 결심
1921. 9.	웅천교회 여자야학 설립
1921. 12. 13.	웅천교회에서 개최된 경남노회 13회 노회에서 신학생 시취 합격
1922. 3.	평양장로회신학교 입학
1922. 11. 5.	차남 영만 출생
1923.	봄 양산읍교회 조사 취임
1924. 7.	〈新生命〉에 계몽주의 논문 "기독교와 여자해방" 발표
1924.	가을 가정 사정으로 양산읍교회 조사직 사임과 평양 장로회신학교 휴학 웅천교회 분규 사건

1925. 1. 9.	3남 영묵 출생
1925.	봄 평양 장로회신학교 복학
1925. 12. 22.	평양 장로회신학교 19회로 졸업
1925. 12. 30.	진주 시원여학교에서 개최된 경남노회 20회 노회에서 목사 안수
1926. 1. 10.	부산 초량교회 당회장 취임
1926.	부산 경남성경학원 교사로 출강
1926. 9.	경남노회 대표로 장로회 15회 총회 참석
1927. 11. 13.	3남 영해 출생
1928. 6. 6.	〈基督申報〉에 서울 승동교회 김영구 목사 추모 기도문 발표
1928. 7.	3남 영묵 병사
1928. 1. 3.	경남노회 부노회장 피선
1930. 6. 9.	경남노회 부노회장 피선
1930. 6. 22.	장녀 영덕 출생
1931. 6. 15.	독립교회를 설립한 윤치병 목사에게 서신 발송
1931. 7.	초량교회 사임
1931. 8. 1.	마산읍(문창)교회 당회장 취임
1932. 1. 5.	밀양읍교회에서 개최된 경남노회 31회 노회에서 노회장 피선
1932. 3. 18.	4남 광조 출생
1932.	윗동서 김성철 장로 병사
1932. 9.	경남노회 대표로 장로회 21회 총회 참석
1932. 10.	문창교회 교회학교 건축 기성회 조직
1933. 1. 3.	경남노회 회장 재선
1933. 5. 10.	큰 처형 병사
1933. 5. 13.	웅천읍교회 헌당식에 참석하여 설교
1933. 5. 16.	부인 안갑수 별세
1933. 7. 3.	경남노회 임시노회에서 정덕생 파면, 배철수 전도사 파면

1933. 9.	경남노회 대표로 장로회 22회 총회 참석
1933. 11.	평양 장로회신학교 부흥회 인도
1934. 2. 20.	경남노회 부인전도회 총회에 안갑수 장례식 참석 감사 편지 발송
1934. 4.	서울 남대문교회 부흥회 인도
1934. 5.	〈宗教時報〉에 설교 "은총과 책임" 발표
1934. 8.	부친 주현성 장로 별세
1934. 8.	〈宗教時報〉에 설교 "사의 준비" 발표
1934. 8.	경남노회 대표로 장로회 23회 총회 참석
1934. 9.	평양 장로회신학교 연구과에서 2개월 수학
1934. 10. 30.	가락 죽림교회에서 개최된 경남노회 종교교육협의회 강습회 강사
1934. 12.	경남노회 농촌수양회를 문창교회에서 개최
1935. 2.	〈宗教時報〉에 설교 "천하에 복음을 전하라" 발표
1935. 3.	〈神學指南〉에 "선배의 고백과 부탁" 발표
1935. 11.	마산에서 오정모와 결혼
1935. 12. 19.	평양 장로회신학교 사경회 인도
1936. 3.	일본 여행
1936. 4. 30.-5. 4.	금강산 기독교수양관에서 개최된 장로교 목사 수양회 강사
1936. 5. 13.	〈基督申報〉에 설교 "목사직의 영광" 발표
1936. 7.	마산 문창교회 사임, 평양 산정현교회 당회장 취임
1936. 8.	평양 숭실전문학교에서 개최된 제5회 관서남녀기독교청년회 수양회 기도회 인도
1936. 9. 24.	평양장로회신학교 개학 특별 청신(새벽)기도회 인도
1937. 3.	산정현교회 새 예배당 건축 시작
1937. 3.	〈새사람〉에 설교 "전도의 사명", 〈說教〉에 "성신과 기도" 발표
1937. 4.	〈說教〉에 "마귀에 대하야" 발표

1937. 5.	〈說敎〉에 "이삭의 헌공" 발표
1937. 6.	〈說敎〉에 "네가 나를 사랑하느냐", 〈福音時代〉에 "무거운 짐 진 자여 오라" 발표
1937. 8.	〈說敎〉에 "하나님 앞에 사는 생활" 발표
1937. 8.	평양 장대현교회에서 개최된 평양노회 남녀도사경회 아침반 인도
1937. 9.	〈說敎〉에 "십자가의 길로 행하라" 발표
1937. 9. 5.	산정현교회 입당예배
1937. 9.	평양노회 대표로 장로회 26회 총회에 참석, 새벽기도회 인도
1937. 10.	〈說敎〉에 "주의 재림", 〈基督敎報〉에 "십자가의 길로 가자" 발표
1937. 10. 5.	평양 서문밖교회에서 개최된 평양노회 33회 노회에서 부노회장 피선
1938. 2. 13.	평양 장로회신학교 '김일선 기념식수 훼손 사건' 발생
1938. 3. 22.	산정현교회에서 개최된 평양노회 34회 노회에서 부노회장 재선, 부총대로 선임
1938. 3.	〈說敎〉에 "하나님을 열애하라" 발표
1938. 4.	평양경찰서에 검속
1938. 6. 29.	평양경찰서에서 석방되어 '도미타 간담회'에 참석, 도미타와 신사참배 논쟁
1938. 8.	'농우회사건'으로 의성경찰서에 검속
1938. 9.	평양노회 신사참배 결의
1938. 9. 10.	장로회 27회 총회 신사참배 결의
1938. 10.	평양노회 부노회장
1939. 1. 29.	대구경찰서에서 석방되어 평양 귀환
1939. 2.	《기도지남》에 "겸손하기 위하야" 발표
1939. 10.	평양경찰서에 검속

1939. 10.	산정현교회 교인들이 주기철 목사 해임을 요구하는 경찰에 요구를 거부하며 투쟁
1939. 12. 19.	평양 남문밖교회에서 개최된 평양노회 임시노회에서 주기철 목사직 파면
1940. 3.	평양노회 38회 노회에서 '산정현교회 전권위원' 선정
1940. 3. 24.	평양노회 전권위원 산정현교회를 폐쇄하고 주기철 목사 가족을 목사관에서 추방
1940. 4. 20.	석방되어 육로리 셋집으로 귀환
1940. 4. 22.	평양 채정민 목사 방에서 주기철 목사 석방 환영 모임
1940. 9. 20.	총독부의 신사참배 반대운동자 일제 검거 때 평양경찰서에 검속
1940. 11.	안이숙과 평양경찰서 유치장에서 수화로 대화
1941. 5. 15.	평양지방법원 검사국에 송치
1941. 8. 25.	평양경찰서 유치장에서 평양형무소로 이감
1941. 9.	일본 유학 중 신사참배 문제로 검속되었다가 풀려난 아들 주영진과 면회
1942. 5. 12.	평양지방법원 예심에 회부
1943. 1.	평양지방법원 예심판사의 심문을 받음
1944. 3. 31.	4남 광조 마지막 면회
1944. 4. 13.	건강이 악화되어 병감으로 이송
1944. 4. 21.	부인 오정모 집사와 마지막 면회 후 밤중에 별세
1944. 4. 25.	평양 서광중학교 앞 공터에서 장례식을 치른 후 평양 교외 돌박산 공동묘지에 안장
1947. 1. 27.	부인 오정모 집사 별세, 돌박산 공동묘지에 안장
1950. 6. 24.	맏아들 주영진 전도사 긴재교회에서 목회하던 중 6 · 25 전쟁 전날 보위부에 연행되어 행방불명
1963. 3. 1.	대한민국 정부에서 주기철 목사에게 건국공로훈장(단장) 추서

1. 주기철 관련 1차 문헌 자료

주기철, "基督敎와 女子解放", 〈新生命〉, 1924. 7.

주기철, "기도", 〈基督申報〉, 1928. 6. 6.

주기철, "恩寵과 責任", 〈宗敎時報〉, 1934. 5.

주기철, "死의 準備", 〈宗敎時報〉, 1934. 8.

주기철, "天下에 福音을 傳하라", 〈宗敎時報〉, 1935. 2.

주기철, "선배들의 고백과 부탁", 〈神學指南〉, 1935. 3.

주기철, "牧師職의 榮光", 〈基督申報〉, 1936. 5. 13.

주기철, "무거운 짐진 자여 예수께 오라", 〈福音時代〉, 1937. 6.

주기철, "傳道의 使命", 〈새사람〉, 1937. 3.

주기철, "성신과 기도", 〈說敎〉, 1937. 3.

주기철, "마귀에 대하야", 〈說敎〉, 1937. 4.

주기철, "이삭의 獻供", 〈說敎〉, 1937. 5.

주기철, "네가 나를 사랑하느냐", 〈說敎〉, 1937. 6.

주기철, "하나님 압헤 사는 생활", 〈說敎〉, 1937. 8.

주기철, "십자가의 길노 행하라", 〈說敎〉, 1937. 9.

주기철, "십자가의 길로 가자", 〈基督敎報〉, 1937. 10. 5.

주기철, "주의 재림", 〈說敎〉, 1937. 10.

주기철, "하나님을 열애하라", 〈說敎〉, 1938. 3.

주기철, "겸손하기 위하야", 《기도지남》, 1939. 2.

주기철 목사가 윤치병 목사에게 보낸 편지, 1931. 6. 15.

주기철 목사가 경남노회 부인전도회 총회에 보낸 편지, 1934. 2. 20.

2. 주기철 관련 2차 문헌 자료

1) 단행본

김요나,《주기철 목사 순교일대기: 일사각오》, 2권, 한국교회 뿌리찾기선교회,
    1987.

김요나,《주기철 목사 순교일대기: 일사각오》(증보판), 한국교회
    뿌리찾기선교회, 1992.

김요나,《한 알의 밀알이 되어: 주기철 목사 순교전기》, 엠마오, 1988.

김인서,《일사각오: 주기철 목사의 순교사와 설교집》, 기문사, 1969.

김인서,《주기철 목사의 순교사와 설교집》, 신앙생활사, 1958.

김충남,《순교자 주기철 목사 생애》, 백합출판사, 1970.

대한기독교순교자기념사업회,《순교자 제1집: 주기철 목사편》(증보판),
    경진문화사, 1981.

민경배,《순교자 주기철》, 대한기독교출판사, 1985.

민경배,《순교자 주기철》(개정판), 대한기독교서회, 1997.

민경배,《주기철》, 동아일보사, 1992.

박용규(朴龍奎),《저 높은 곳을 향하여》, 생명의 말씀사, 1992.

박용규(朴龍奎),《피를 바치련다: 순교자 주기철 전기》, 혜성문화사, 1974.

박용선,《일사각오의 삶 순교자 주기철》, 죠이선교회 출판부, 1997.

오병학,《신앙위인 전기 시리즈 3: 주기철》, 규장문화사, 1992.

이덕주,《사랑의 순교자 주기철 목사 연구》, 한국기독교역사박물관, 2003.

이상규 · 노데라히로부미 편《일본인이 본 주기철 목사》, 한국교회와역사연구소,
    2019.

정연희,《순교자 주기철》, 2권, 두란노, 1997.

조광래,《신앙인물 만화 9: 대동강의 순교자 주기철》, 두란노, 1998.

주광조,《순교자 나의 아버지 주기철 목사님》, UBF출판부, 1997.

주기철 목사기념사업회,《주기철 목사 기념강좌(1회-5회 합본)》,
주기철목사기념사업회, 2000.
최경탄,《순교자 전기 만화 1: 일사각오 주기철 목사 일대기》,
대한예수교장로회총회, 1997.
최병문,《순교자 제1집: 주기철 목사편》, 대한기독교순교자기념사업회, 1959.
한국교회순교자기념사업회,《주기철 설교집》, 엠마오, 1988.
주기철(KIATS 엮음),《한국기독교 지도자 강단설교: 주기철》, 홍성사, 2008.
Chu Kwang-jo, More than Conquerors: The Story of the Martyrdom
of Reverend Ki-Chul Chu, Seoul: JCR Books, 2004.
Kim In Soo(Tr. Son Dal Ig), Ju Gi-Chul: The Life of the Reverend
Soyang, Ju Gi-Chul, Lamb of Jesus, Seoul: Presbyterian College
and Theological Seminary Press, 2008.

2) 논문 자료

권일연,〈주기철 목사의 생애와 그 신학사상〉, 장로회신학대학(석사학위 논문),
1984.
김병원, "목회자로서 주기철 목사",〈제4회 소양 주기철 목사 기념강좌〉, 1999.
김승태, "일제의 '천황제' 이데올로기와 신사참배 강요",〈제7회 소양 주기철
목사 기념강좌〉, 2002.
김인서, "일사각오 주기철 목사",《한국교회 순교사와 그 설교집》, 신앙생활사,
1962.
김인서, "주기철 목사 순교기",〈信仰生活〉, 1951. 12-1952. 2.
김인서, "주기철 목사의 설교",〈信仰生活〉, 1952. 2-8.
김인수, "소양 주기철 목사의 신학 사상",〈제1회 소양 주기철 목사 기념강좌〉,
1996.
김호재,〈주기철 목사의 순교사〉, 기독신학대학원대학교(석사학위 논문), 2001.

노데라히로부미(野寺博文), 〈주기철 목사의 저항권 사상〉, 고신대학교(석사학위
  논문), 1998.
노데라히로부미, "일본인이 본 주기철 목사", 〈제4회 소양 주기철 목사
  기념강좌〉, 1999.
민경배, "주기철의 신학", 〈제2회 소양 주기철 목사 기념강좌〉, 1997.
박용규(朴容奎), "소양 주기철 목사의 생애", 〈제1회 소양 주기철 목사
  기념강좌〉, 1996.
박일영, 〈주기철 목사의 윤리 사상 연구〉, 장로회신학대학(석사학위 논문), 1993.
안용준, "주기철 목사와 그 부인", 《태양신과 싸운 이들》 상권, 칼빈문화사,
  1956.
안용준, "진리의 부처: 순교자 주기철 목사님과 사모님 오정모 집사", 〈파수군〉,
  1952. 4-5.
윤일, 〈주기철 목사의 생애와 영성에 관한 연구〉, 장로회신학대학교(석사학위
  논문), 2000.
이덕주, "신앙 양심으로 민족혼을 지킨 순교자 주기철", 〈한국사 시민강좌〉
  30집, 일조각, 2002.
이덕주, "영성으로 신학하기: 주기철 목사의 설교와 기도", 〈세계의 신학〉 58호,
  한국기독교역사연구소, 2003. 3.
이덕주, "주기철 목사의 신학과 신앙", 〈세계의 신학〉 53-54호,
  한국기독교역사연구소, 2001. 12-2002. 3.
이덕주, "주기철 목사의 영성", 〈제6회 소양 주기철 목사 기념강좌〉, 2001.
이덕주, "한국교회사에서 사료비평과 해석 문제: 주기철 목사 설교 자료를
  중심으로", 〈세계의 신학〉 51호, 한국기독교연구소, 2001. 6.
이동만, 〈주기철 목사의 설교연구〉, 장로회신학대학교(석사학위 논문), 2003.
이만열, "주기철 목사의 신앙", 〈제3회 소양 주기철 목사 기념강좌〉, 1998.
이상규, "주기철 목사의 신사참배 반대와 저항", 〈제2회 소양 주기철 목사
  기념강좌〉, 1997.
정성구, "주기철 목사의 설교를 논함", 〈제3회 소양 주기철 목사 기념강좌〉,

1998.

주광조, "주영진 전도사의 생애와 순교", 〈제8회 소양 주기철 목사 기념강좌〉,
　　2003.

주광조, "순교자의 후손",《역경의 열매 2: 절망은 신의 출발》, 국민일보사,
　　1990.

주승중, 〈주기철 목사의 설교 분석 연구〉, 장로회신학대학(석사학위 논문), 1984.

최병문, "젊은 진리의 파숫군 주영진 전도사", 〈파수군〉, 1952. 11-12.

최병문, "파숫군의 발자취: 주영진 전도사 순교기", 〈새가정〉, 1958. 3.

3. 기타 관련 문헌

1) 단행본

감부열(김윤국 역),《한인 심중의 그리스도》, 기독교교문사, 1957.

김광수,《한국기독교순교사》, 기독교문사, 1979.

김광수,《한국기독교인물사》, 기독교문사, 1974.

김문제,《수진제단 재건교회》, 대한예수교장로회 재건서울중앙교회, 1963.

김석진,《한 세상 다하여》, 세진기획, 1972.

김수진 · 주명준,《일제의 종교 탄압과 한국교회의 저항》, 쿰란출판사, 1996.

김승태,《식민권력과 종교》, 한국기독교역사연구소, 2012.

김승태 편,《일제강점기 종교정책사 자료집》, 한국기독교역사연구소, 1996.

김승태 편,《신사참배 거부 항쟁자들의 증언》, 다산글방, 1993.

김승태 편,《한국 기독교와 신사참배문제》, 한국기독교역사연구소, 1991.

김승태 편,《신사참배문제 자료집》, 전3권, 한국기독교역사연구소, 2014.

김양선,《한국기독교 해방10년사》, 대한예수교장로회 총회교육부, 1965.

김양선,《한국기독교사연구》, 기독교문사, 1971.

김인서, 《김인서 저작전집》, 7권, 신망애사, 1976.

김재준, 《범용기》, 1권, 독립신문사, 1981.

김춘배, 《한국교회 수난사화》, 성문학사, 1969.

김해교회 백년사편찬위원회, 《김해교회 백년사》, 김해교회, 1998.

노치준, 《일제하 한국 기독교민족운동 연구》, 한국기독교역사연구소, 1993.

대지교회, 《대지교회 70년사》, 대한예수교장로회 대지교회, 1977.

마산문창교회85년사편찬위원회, 《마산문창교회 85년사》, 대한예수교장로회
  마산문창교회, 1986.

민경배, 《교회와 민족》, 대한기독교출판사, 1981.

민경배, 《일제하 한국 기독교 민족 · 신앙운동사》, 대한기독교서회, 1991.

민경배, 《한국기독교회사》(신개정판), 연세대학교출판부, 1993.

박영창, 《정의가 나를 부를 때: 순교자 박관준 장로 일대기》, 두란노, 1998.

박용규, 《한국교회와 민족을 깨운 평양 산정현교회》, 생명의말씀사, 2006.

백도기, 《殉敎者 信夫 백남용 목사》, 한민미디어, 1998.

백도기 · 서재경, 《聖貧의 牧者 非堂 윤치병 목사》, 한민미디어, 1998.

변린서 편, 《平壤老會地境 各敎會史記》, 평양 광문사, 1925.

서정민, 《한일 기독교관계사 연구》, 대한기독교서회, 2002.

신기영, 《한국 기독교의 민족주의, 1885-1945》, 도서출판 동혁, 1995.

심군식, 《세상 끝날까지: 한국교회의 증인 한상동 목사 생애》, 소망사, 1977.

심군식, 《손명복 목사의 생애와 설교》, 영문, 1997.

심군식, 《이인재 목사의 생애와 설교》, 영문, 1996.

심군식, 《해와 같이 빛나리라: 죽지 못한 순교자 주남선 목사 생애》, 성광문화사,
  1976.

안광국, 《한국교회 선교 백년비화》, 대한예수교장로회총회 교육부, 1979.

안이숙, 《죽으면 죽으리라》, 기독교문사, 1976.

오산중고등학교, 《伍山 八十年史》, 오산중고등학교, 1987.

와다나베노부오(김산덕 옮김), 《신사참배를 거부한 그리스도인 조수옥 증언》,
  엘맨, 2002.

이규일,《순교자 정일선 목사의 생애》, 소망사, 1991.

이덕주 · 조이제,《한국 그리스도인들의 신앙고백》, 한들출판사, 1997.

이만열,《한국 기독교와 역사의식》, 지식산업사, 1981.

이만열 역편,《신사참배문제 영문자료집》, 전2권, 한국기독교역사연구소, 2003-2004.

이만열 편,《산돌 손양원 목사 자료선집》, 한국기독교역사연구소, 2015.

장규식,《일제하 한국 기독교민족주의 연구》, 혜안, 2001.

장동민,《박형룡의 신학연구》, 한국기독교역사연구소, 1998.

정석기,《서마전동 예수꾼: 백인숙 전도사 생애》, 정평해, 1982.

정인과,《耶穌敎長老會年鑑》, 조선야소교장로회 종교교육부, 1940.

주태익,《이 목숨 다 바쳐서: 한국의 그룬트비히 허심 유재기전》,
    선경도서출판사, 1977.

차재명,《조선예수교장로회사기》, 상권, 신문내교회, 1926.

초량교회 100년사 편찬위원회,《초량교회 100년사》, 대한예수교장로회
    초량교회, 1994.

최덕지(구은순 옮김),《모든 것 다 버리고: 여목사의 옥중 간증 설교집》, 소망사,
    1981.

최종규,《이 한 목숨 주를 위해: 최덕지 목사 전기》, 도서출판 진서천, 1981.

최종규,《한국기독교재건운동사》, 예수교재건교회 남한지방회, 1955.

최훈,《한국교회 박해사》, 예수교문서선교회, 1979.

평양노회사편찬위원회,《평양노회사》, 대한예수교장로회 평양노회, 1990.

한국기독교역사연구소,《한국 기독교의 역사》, 2권, 기독교문사, 1989-1991.

한규무,《일제하 한국 기독교농촌운동 연구》, 한국기독교역사연구소, 1997.

한부선,《증거가 되리라》, 1973.

황정덕,《진해시사》, 진해향토문화연구원, 1987.

2) 회의록과 정기 간행물

〈조선예수교장로회 경남노회 회록〉, 1925-1937.

〈조선예수교장로회 총회 회록〉, 1934-1939.

〈朝鮮耶穌教長老會神學校學友會報〉, 1923.

〈朝鮮耶穌教長老會神學校學友會神學報〉, 1925-1927.

〈思想彙報〉, 1938-1940.

〈東亞日報〉, 1924-1940.

〈朝鮮日報〉, 1935-1940.

〈基督申報〉, 1926-1937.

〈宗敎時報〉, 1934-1935.

〈基督敎報〉, 1936-1938.

〈基督新聞〉, 1938-1940.

〈長老會報〉, 1939-1940.

〈每日申報〉, 1937-1938.

〈每日新報〉, 1938-1945.

〈新生命〉, 1924-1925.

〈信仰生活〉, 1934-1958.

〈神學指南〉, 1923-1940.

〈說敎〉, 1936-1938.

〈새사람〉, 1937.

〈파수군〉, 1952-1960.

〈기독공보〉, 1954-1998.

3) 외국어 자료

A.D. Clark, A History of the Church in Korea, The Christian

Literature Society of Korea, 1971.

Harry A. Rhodes, History of the Korea Mission of the Presbyterian
Church in the U.S.A. 1884-1934, Chosen Mission Presbyterian
Church in the U.S.A., YMCA Press, Seoul, 1935.

Harry A. Rhodes · Archibald Campbell, History of the Korea Mission
of the Presbyterian Church in the U.S.A., Vol.II, Commission on
Ecumenical Mission and Relations of the United Presbyterian
Church in the U.S.A., 1965.

The Korea Mission Field, 1935-1942.

Korea Mission Materials of the Presbyterian Church in the
U.S.A.(1911-1954), Vols. 62-66, 한국기독교역사연구소, 1996.

《朝鮮總督府 帝國議會 說明資料》, 不二出版社, 東京, 1994.

《最近に於ける朝鮮治安狀況 昭和 八年 · 十三年》, 嚴南堂書店, 東京, 1966.

韓晳曦,《日本の朝鮮支配と宗敎政策》, 東京: 未來社, 1988(김승태 역,《일제의
종교 침략사》, 기독교문사, 1990).

《朝鮮統治と基督敎》(改訂四版), 朝鮮總督府, 1923.

同志社大學人文科學硏究所/キリスト敎社會問題硏究所 編,
《特高資料にょる戰時下キリスト敎運動》, 3卷, 東京: 新敎出版社, 1981.

明石博隆 · 松浦總三 篇,《昭和特高彈壓史》, 6-8卷, 東京: 太平出版社, 1975.

藏田雅彦,《天皇制と韓國キリスト敎》, 新敎出版社, 東京, 1991(구라타마사히코,
《일제의 한국기독교 탄압사》, 기독교문사, 1991).

澤正彦,《未完 韓國キリスト敎史》, 東京: 日本基督敎團出版局, 1991.

富坂キリストセンター- 編,《日韓キリスト敎關係史資料》II, 東京: 新敎出版社,
1995.

주기철: 사랑의 순교자
JU GI CHEOL : Martyr Amor

지은이 이덕주
펴낸곳 주식회사 홍성사
펴낸이 정애주
국효숙 김의연 김준표 박혜란 손상범
송민규 오민택 임영주 차길환

2023. 4. 10. 초판 1쇄 인쇄   2023. 4. 20. 초판 1쇄 발행

등록번호 제1-499호 1977. 8. 1.
주소 (04084) 서울시 마포구 양화진4길 3   전화 02) 333-5161   팩스 02) 333-5165
홈페이지 hongsungsa.com   이메일 hsbooks@hongsungsa.com
페이스북 facebook.com/hongsungsa
양화진책방 02) 333-5161

ISBN 978-89-365-0387-1 (03230)